역사의 시작
미·중 전쟁과 한국의 선택

역사의 시작
미·중 전쟁과 한국의 선택

초판 1쇄 발행 2021년 7월 15일

지은이 허윤
펴낸이 장길수
펴낸곳 지식과감성#
출판등록 제2012-000081호

교정 정은지
디자인 박예은
편집 박예은
검수 백승은, 양수진, 윤혜성
마케팅 고은빛, 정연우

주소 서울시 금천구 벚꽃로298 대륭포스트타워6차 1212호
전화 070-4651-3730~4
팩스 070-4325-7006
이메일 ksbookup@naver.com
홈페이지 www.knsbookup.com

ISBN 979-11-6552-942-0(03320)
값 19,000원

- 이 책의 판권은 지은이와 지식과감성#에 있습니다.
- 이 책 내용의 전부 또는 일부를 재사용하려면 반드시 양측의 서면 동의를 받아야 합니다.
- 잘못된 책은 구입하신 곳에서 바꾸어 드립니다.

지식과감성#
홈페이지 바로가기

허윤의 글로벌 퍼스펙티브

경제대항해 시대, 위기에 처한 열린 사회의 운명은?

역사의 시작

미·중 전쟁과 한국의 선택

글 · 허윤

지식과감성#

추천사

허윤 교수의 새로운 책이 세상에 나왔다. 지난 10년간 그가 언론에 기고한 칼럼들을 묶고, 칼럼을 쓸 당시 배경, 그리고 이후 상황변화 등을 추가한 칼럼 모음집이다. 국제통상은 국가의 생존과 번영을 고심하는 실천학문이다. 칼럼은 시시각각으로 변하는 상황 속에서 세계경제를 형성하고 변화시키는 경제주체들과 소통하는 것이 그 목적이다. 칼럼의 생명력은 명쾌한 분석과 뿌연 봄 안개 너머의 세상을 뚫어 보는 통찰력에 있다. 때문에 칼럼은 시간의 심판대 위에 선다. 칼럼의 분석과 주장이 이후 시간의 경과에 의해 얼마나 적절했는지, 얼마나 세상에 통용되었는지가 판가름 나기 때문이다. 허윤 교수의 칼럼 모음집은 그 스스로 시간의 심판대 위에 서기를 자청하는 위험한(?), 동시에 자신만만한 시도이다.

허윤 교수는 상아탑 안에 매몰되지 않고 적극적으로 세상과 소통하는 실사구시 학자이다. 그의 주장은 좌고우면, 이것도 좋고, 저것도 좋다는 식의 우유부단함에 갇히지 않는다. 미중 패권경쟁이 가속화되는 지금, 사람들은 한국의 선택을 묻는다. 이 책을 관통하는 그의 주장은 안미경중(安美經中, 안보는 미국, 경제는 중국)이 아닌 안미경미(安美經美, 안보도 경제도 미국)를 지렛대로 삼아 당당하게 중국과 협력을 추구해야 한다는 것이다. 이 책을 계기로 공론화의 장의 활성화를 기대한다.

한국고등교육재단 사무총장
이화여대 국제대학원 교수
전 한국경제연구원 원장
최병일

> 들어가며

위기감을 조성할 생각은 추호도 없다. 그저 우리의 현실을 냉정하게 한번 되짚어 보고자 한다. 그래야 미래를 위한 전략도 세울 수 있기 때문이다.

지금 바다 깊은 곳에서는 '4차 산업혁명'의 물결이 도도하게 흐르고 있다. 이 물결은 분초를 다투며 우리 인류의 일상을 변화시킨다. 플랫폼 혁명과 디지털 전환이라는 이 거대한 흐름은 가끔 역류를 만나 소용돌이를 일으키기도 하지만 결코 방향을 바꾸는 일은 없다. 엄청난 해수의 무게를 묵묵히 이기며 미래를 향해 오늘도 위대한 전진을 계속하고 있다. 그 깊고 도도한 흐름 위로 '내셔널리즘'이라는 또 다른 강한 조류가 흐른다. 이 조류는 '반이민주의'와 '보호무역주의'라는 해저 포말을 일으키며 종착역인 '탈세계화'를 향해 빠르게 질주한다. 바다 심연의 '4차 산업혁명' 물결과 그 위 '내셔널리즘'이라는 조류가 물밑에서 부딪혀 충돌하는 지점에는 굉음이 일고 마그마가 폭발한다. 바로 패권을 둘러싼 미·중의 전투 현장이다.

수면 위로 눈을 내밀면 '코로나 팬데믹'이라는 너울 파도가 출렁인다. 이 파도는 지난 30여 년간 인류를 지배한 세계화라는 현상을 '아련한 추억'의 포말 정도로 역사의 시간을 되돌리고 있다. 심화된 연계성의 비용이라 할 수 있는 언택트 문화의 확산이 이동 제한과 새로운 기술 발전을 매개로 가속화되는 모습이다. 그리고 그 파도 위에 한국호가 이리저리 기우뚱거리며 침몰을 피하려 마구 바둥댄다. 기술혁명과 미·중 갈등 그리고 코로나가 만들어 내는 삼각파도에 배가 흔들릴 때마다 선장과 기관사의 걱정과 한숨은 깊어만 간다.

하지만 한국은 경이로운 나라다. 지구상 최빈국이자 신생 독립국이었던 한국, 하지만 불과 반세기 만에 세계 10위권의 제조업 강국, 선진 통상대국으로 우뚝 솟는 기적을 이뤘다. 바로 '한강의 기적'이다. 산업화와 민주화를 동시에 성공시킨 나라, 경제 위기의 직격탄을 두 차례나 맞고도 오뚝이처럼 다시 일어선 나라. 하지만 지금 해풍은 거세어지고 파도는 위세를 더하고 있다. 한국호는 이 위기를 어떻게 헤쳐 나갈 것인가.

이 책은 한국호를 둘러싼 조류와 파도, 바람, 비의 방향과 세기를 점검하고 향후 한국호의 최적 운항 전략과 방법론을 모색하고자 쓰였다. 물론 배 내부도 심각한 문제를 노정하고 있다. 승객들 중에는 비상시 헤엄치기 힘든 고령자가 너무 많다. 더 큰 문제는 엔진이 고장 나 배의 운항 속도를 높이기도 어렵다는 데 있다. 선장의 배 운항 능력도 기관사의 엔진 수리 능력도 미지수다. 최적의 솔루션은 외부 위기 요인과 내부 역량에 대한 엄격한 점검에서 나올 수밖에 없다. '도전의 실체'와 '응전의 능력'을 함께 평가하는 작업 없이는 제대로 된 해법이 나올 리 만무하다.

이 책은 모두 7개의 장으로 구성되어 있다. 각 장의 큰 주제는 다음과 같다.

1장 열린 사회와 그 적들: 승자의 미소 뒤에 드리운 그림자
2장 몰려오는 먹구름: 대한민국의 생존전략을 묻다
3장 역사의 시작: 피할 수 없는 한판 싸움
4장 메가-FTA: 자유무역을 구할 것인가
5장 동아시아의 협력과 경쟁: 한·중 한·일 한·베 다이내믹스
6장 한·미 관계의 미래: 워싱턴은 서울을 버릴 것인가
7장 무역 이야기: 무역이 만들어 가는 더 멋진 세상

1장에서는 2020년 코로나 사태의 발생과 그 파급효과에서 내셔널리즘과 빅브라더의 등장에 이르기까지 '열린 사회의 적들'과 이들의 등장 배경을 집중 조명하였다. 특히 바이든 취임 이후 미국 글로벌 전략의 변화와 이전 트럼프 행정부의 통상정책을 비교하며 살펴보았다.

2장은 소용돌이 한가운데 선 대한민국 생존전략 모색의 장이다. 포퓰리즘의 의미와 파장, 음모론의 발생 원인, 안미경미(안보는 미국, 경제도 미국) 전략의 유효성, 통상 거버넌스 문제와 한국의 지구촌 나눔 성적 등을 되짚어 보는 글들이 소개되고 있다.

3장은 미·중 전쟁의 큰 그림을 그려 보고 향후 전개 방향을 전망하였다. 공산주의에 대한 자유 민주주의의 완전하고도 영원한 승리, 즉 '역사의 종언'을 점쳤던 프랜시스 후쿠야마 교수의 예언은 역사적으로 실

현되지 않았다. 소련을 대신해 중국이란 나라가 부상하면서 신냉전의 역사가 눈앞에 펼쳐지고 있기 때문이다. 바이든이 트럼프의 대중 정책을 더욱 강화하고 있다는 점을 강조하면서 트럼프 시절 행해진 많은 정책들의 효과와 향후 지속가능성 등을 분석하였다. 이와 함께 중국의 맞대응전략과 그 성공 가능성도 평가하였다.

4장에서는 메가-FTA 특히 RCEP(역내포괄적 경제동반자협정)과 CPTPP(포괄적·점진적 환태평양경제동반자협정)의 물밑 움직임을 면밀히 관찰하였다. 인도가 빠진 RCEP 공식 서명의 의미, 바이든 정부 하의 CPTPP 전망, CPTPP의 리더 격인 일본의 입장, 한국의 CPTPP 가입 가능성과 미국의 가입 시나리오 등을 주요 주제로 다루었다. 메가-FTA는 기로에 선 자유무역체제의 견인차가 될 수 있을까.

5장은 동아시아, 특히 한·중 한·일 한·베 이슈들을 중점적으로 분석하였다. 중국 왕이 외교부장 방한의 의미, 수출규제를 둘러싼 한·일 갈등의 원인과 해법, 한·베 상생협력 방안과 베트남 환상의 덫 등의 내용을 소개했다. 역동적인 동아시아의 주요 양자이슈를 다루었다.

6장에서는 한·미 관계의 현재와 미래를 조망하였다. 바이든의 핵심 통상정책이 한국 기업에 미칠 영향, 한국을 상대로 한 트럼프의 협상전술, 한·미 FTA 개정협상의 문제점 등을 제시했다. 바이든 행정부가 반중스크램을 짜는 상황에서 한국은 어떤 스탠스를 취해야 할지 의문과 고민을 적어 보았다.

7장에는 무역과 관련된 가벼운 주제를 다룬 글들이 소개되었다. 대청봉에 BTS 공연장이 들어선다면, 브랜드 아파트의 불편한 진실, 스마트워치는 시계인가 전자기기인가? 커피의 역사와 스타벅스의 성공 요인, 스웨덴 예테보리호의 항해 이야기 등의 글들이 소개되고 있다.

필자는 지난 10여 년간 언론에 게재한 칼럼들을 주제별로 나눠 이 책에 수록하였다. 칼럼을 취사선택하지 않고 있는 그대로 모두 실었다. 칼럼의 제목(큰 제목, 부제)과 내용 또한 언론에 나간 그대로이다. 단 한 자의 가필도 수정도 없었다. 동일한 주제에 대해 현재에서 과거로 거슬러 올라가는 시간의 여정을 밟고 있다. 과거의 칼럼이 현재 칼럼의 배경이자 역사가 되어 페이지를 더할수록 스스로 설명이 되는 구조를 택했다.

칼럼을 소개한 뒤에는 관련 용어에 대한 간단한 설명과 함께 이 칼럼에 대한 필자의 소감 혹은 최신 정보들을 제시하였다. 특히 다루는 주제와 관련된 세계적 석학, 저명한 연구자들의 흥미로운 글이나 발언 내용 등도 추가했다. 즉, '칼럼'과 '용어 설명' 그리고 '현재와의 대화'에 이어 '지식 한 토막' 순서로 하나의 글이 완결되는 구조다. 예를 들어 칼럼 자체는 2019년에 쓰였지만 이에 대한 해석과 설명은 하나같이 2021년 현재의 시점으로 집필되었다. 따라서 국제경제와 외교·안보 전공자는 물론 직장인이나 취업을 앞둔 대학생들이 지금 눈앞에서 벌어지고 있는 수많은 국제문제를 이해하는 데 이 책은 큰 도움이 될 것이라 믿는다.

글을 쓰면서 영국 파이낸셜 타임즈의 대기자 마틴 울프가 생각났다. 그의 절규가 뇌리를 떠나지 않고 있다. "우리는 열린 사회를 우리 후손에게 물려줘야 할 책무를 지고 있다. 열린 사회의 적들이 결코 승리해서는 안 된다!" 현실은 그러나 하나같이 이들 열린 사회 적들의 승리를 굳히는 방향으로 전개되고 있다. 내셔널리즘, 보호무역주의, 반이민주의, 미·중 무역전쟁에 코로나까지 겹친 현실은 '세계화'라는 열차의 탈선과 '자유주의의 몰락'을 동시에 예고하고 있다. '자유주의의 승리로 역사는 끝이 났다'던 후쿠야마 교수의 예상은 틀렸다. 역사는 종언을 고한 것이 아니라 이제 막 새롭게 시작되고 있다. 30년을 숨죽이며 기회를 엿보던 열린 사회의 적들이 마침내 대규모 반격에 나선 상황이다. 이제 인류의 미래는 어떤 운명을 맞을 것인가. 아니, 인류의 운명은 어떤 미래를 맞을 것인가.

목 차

추천사 5
들어가며 6

열린 사회와 그 적들: 승자의 미소 뒤에 드리운 그림자 17

  1. 루비콘강 건넌 미국의 민주·공화 연합군
  2. 흑역사 쓰고 추락하는 소통령 트럼프
  3. '벨벳 장갑 속의 강철 주먹' 캐서린 타이
  4. 코로나, 100년 전의 데자뷔?
  5. '빅 브라더 신드롬'이라는 또 하나의 바이러스
  6. 수요·공급·금융 3重 충격 … 'GDP −6%' 스페인 독감 근접할 듯
  7. 자유무역이 불러낸 내셔널리즘의 망령
  8. 안보·통상 분리 시대는 끝났다
  9. 글로벌 무역전쟁과 한국 경제의 대응
  10. 트럼프의 배신, 시진핑의 위선
  11. 보호주의 악행이 부메랑으로 돌아와
  12. '보호주의로의 회귀' 유혹

몰려오는 먹구름: 대한민국의 생존전략을 묻다 95

  1. '포퓰리즘' 열차에 올라탄 한국 정치
  2. 음모론에 휩싸인 대한민국의 낮과 밤
  3. 버뮤다 삼각지대 진입하는 '시계 제로' 한국 경제
  4. 안미경미(安美經美) 지렛대 전략 필요하다
  5. 알맹이 빠진 정부의 수출제고 대책
  6. 북핵과 포퓰리즘 그리고 한국 경제
  7. '경제 따로 외교 따로' 칸막이 걷어내야

8. 통상, 앞으로가 문제다
9. 외면하고 징징대면 통상 마찰 해결되나
10. 한국의 '지구촌 나눔' 성적은 D 학점
11. 실패한 정책, 한국의 무역조정지원제도
12. '성장' 없으면 '동반성장'도 없다

역사의 시작: 피할 수 없는 한판 싸움   167

1. 중국 기업 '소유권' 넘보는 트럼프
2. 중국이 변해야 세상이 안전해진다
3. 미·중 新냉전 파고 맞설 준비 돼 있나
4. 정치적 셈법이 낳은 美·中 무역 '스몰딜'
5. 미·중 무역전쟁 쉽게 안 끝난다
6. 중국 겨냥한 트럼프의 '지렛대 전략'
7. 타결 임박 美·中 협상, 자유무역 복원 아니다
8. 근본적 합의 불가능한 美·中 무역협상
9. '중국 손보기' 나선 트럼프의 미·중 무역협상 전략
10. 미·중 무역전쟁, 장기화 불가피
11. 미·중 무역전쟁 승기 잡은 트럼프의 속셈
12. 관세전쟁 돌파구, 다자주의에 있다
13. 미·중 전쟁, 中이 원인 제공
14. 美, 중국산 수입품 보호무역조치 강화, 기업 M&A도 제동
15. 커들로는 미국 국제주의의 구원투수 될까
16. 중국, 경제적으로 부상했으나 '미국의 길들이기'에 빠진 형국

메가-FTA: 자유무역을 구할 것인가 — 273

1. 자유무역 회복에 물꼬 틀 RCEP
2. RCEP 출범, 자유무역 진영의 국지적 승리
3. 메가 FTA 시대, 개방을 두려워 마라
4. 세계경제 37% 차지하는 TPP … 韓國 가입 땐 어떻게 될까?
5. 농어민 중소기업도 TPP에선 수출업 도전 가능해
6. 국제분업체계 재편할 TPP서 소외되면 안 돼
7. TPP 참여, 선택의 여지 없다
8. '環태평양 메가블록 경제' 대비하자
9. 3차 세계 무역大戰 … TPP 놓고 美·中 사생결단

동아시아의 협력과 경쟁: 한·중, 한·일, 한·베 다이내믹스 — 333

1. 미국이 넘볼 수(?) 없는 한국 만들기
2. '헥시트' 이후 시나리오 준비돼 있나
3. 일본의 대한(對韓) 수출규제와 우리의 대응 전략
4. 여론·소송·국내戰으론 역부족
5. '생산적인 원조'로 새로운 협력 공간 함께 열어야
6. '베트남 환상'의 세 가지 덫
7. 사드 경제보복은 중국에도 득보다 실
8. 양날의 칼, 韓·中 FTA 타결
9. 동상이몽, 한·중·일 FTA 감상법
10. 한·중 FTA, 국민적 합의 거쳐 전략적으로 추진해야

한·미 관계의 미래: 워싱턴은 서울을 버릴 것인가 — 399

1. 바이든 승리 시 주목할 두 가지 변화
2. 미 경제번영네트워크(EPN)의 성공조건
3. 對美 무역협상, 때로는 '눈에는 눈'으로 대응해야
4. 한·미 FTA 개정협상을 통해 본 미국의 협상 전술

    5. 미국이 15년 만에 휘두른 칼에, 한국은 영문도 모른 채 당하고 있다
    6. 미국 철강·세탁기 압박, WTO 제소로 풀어야
    7. 한·미 FTA, 효과 극대화는 우리 몫이다
    8. 소모적 '통상정치'의 비용
    9. FTA 재협상, 한·미 모두에 독(毒)이다
    10. 클린턴, 페로, 그리고 한·미 FTA
    11. 한·미 FTA 실익이 더 많다

무역 이야기: 무역이 만들어 가는 더 멋진 세상 467
    1. 대청봉에 BTS 상설 공연장 들어선다면
    2. 브랜드 아파트의 명(明)과 암(暗)
    3. 삼성·애플 스마트워치와 스위스 명품 시계의 '손목 대결' 승자는?
    4. 중세 이슬람 세계선 커피가 '숙취 없는 술' 공장선 졸음 쫓는 각성제로
    5. 18세기 스웨덴 … 중국까지 항해 한 번으로 국가 GDP만큼 벌었다는데

감사의 글 499
용어 색인 501
참고문헌 508

열린 사회와 그 적들: 승자의 미소 뒤에 드리운 그림자

1

루비콘강 건넌 미국의 민주·공화 연합군

'美 제조업 위기론'은 '제조된 위기론'인가
경제적 편익 중시, '정치의 작동기제'는 무시
중국변수에 美정계 안보 내셔널리즘 확산

향후 미국 주도의 자유무역 질서 복원에 대한 기대감이 워싱턴 싱크탱크와 학계를 중심으로 솔솔 피어나고 있다. 자칫 희망 사항에 그칠 가능성이 크지만 이들 자유무역 옹호론자들의 논리와 주장은 여전히 매력적이다.

우선 고용 감소의 원인부터 살펴보자. 제조업 일자리가 줄어드는 현상은 미국을 포함, 주요 선진국에서 관찰되는 일종의 추세이다. 제조업 일자리는 경제 발전 초기에 늘어나다가 경제가 일정 수준을 지나면 줄어드는 이른바 '역 U 자형' 경로가 일반적이라는 설명이다. 여기에는 기술의 변화와 경기 사이클 그리고 이민이나 무역, 투자 패턴 등이 복합적으로 작용하고 있다. 특히 제조업 축소는 서비스업 발전의 거울 이미지라 할 수 있다. 무역 흑자를 내는 나라들에서 제조업 일자리가 상대적으로 더 빠르게 사라지고 있다는 최근의 연구 결과도 흥미롭다. 따라서 보호무역은 일자리 문제의 해법이 될 수 없다는 주장이다.

안보를 위해서라면 정부가 발 벗고 나서 국내 기업들을 지원하고 외국산 수입을 가로막아야 한다는 발상 즉 '안보 내셔널리즘'은 '중국제조 2025'만큼이나 위험하다고 이들은 말한다. 미국의 무역 제한 조치로 국제가격이 상승하자 글로벌 경쟁사들의 이윤이 오히려 늘어나 미국 경제를 더욱 옥죈 역사적 경험들이 아직도 뇌리에 남아 있기 때문이다. 이들은 자유무역이 중국과 인도, 베트남에서 이룬 눈부신 빈곤퇴치 성과에도 주목할 것을 요구한다. 수억 명의 인류를 절대 빈곤에서 해방시킨 주역이 자유무역이었음을 강조한다.

미국 제조업이 망해 간다는 '미국 제조업 위기론'도 이들에게는 정치권의 필요에 의해 '제조된 위기론'에 불과하다. 특히 국가 안보와 관련된 금속, 수송, 통신, 컴퓨터, 전기·전자, 바이오, 의료제품 등에서 미국은 여전히 세계 최고의 생산 역량과 기술력을 보유하고 있다는 평가를 내놓고 있다.

문제는 이들 자유무역론자들이 '정책의 효과'만 들여다볼 뿐 '정치의 작동기제'를 놓치고 있다는 사실에 있다. 경제적 편익만 계산할 뿐, '역사'나 '미래' 혹은 '가치'에 대한 고려가 부족하다. '절대 빈곤'을 이야기할 뿐, '상대 빈곤'의 정치적 귀결은 무시하고 있다. 지난 30년의 역사가 앞으로도 지속되리라는 믿음 속에서…. 하지만 세상은 변했다.

구소련과 동구권의 몰락 이후 지난 30년, 서방의 정치권이 자유시장경제의 승리감에 도취한 사이, 상대적 박탈감에 멍든 수많은 유권자들은 메시아의 등장을 꿈꾸게 되었다. 그리고 시간이 지나면서 이들의 응축된 불만은 정치적 열망으로 타올라 기존 자유무역의 경로를 뒤틀고 있다. 영국의 유럽연합 탈퇴나 미국의 자국 우선주의도 바로 이 연장선상에서 이해할 수 있다.

특히 2008년 글로벌 금융 위기 이후 튀어 나온 '중국 변수'는 세계 시장의 근본적인 구조 변화를 예고하고 있다. 정부의 지원에 기댄 거대 중국기업들이 게임의 규칙을 무시하고 시장을 교란시키는 일상이 바이러스처럼 확산되는 양상이다. 미국의 '안보 내셔널리즘'은 바로 그 대척점에 서 있다. 장기적으로 중국과의 결별을 염두에 둔, 단계적이고도 전략적인 디커플링의 수순을 워싱턴이 밟기 시작한 것이다. 미국 주도의 서방 공급망 형성은 그런 점에서 중국과의 디커플링에서 오는 충격을 완화시켜 주는 긍정적인 역할을 해낼 것으로 보인다.

미국의 민주·공화 연합군은 이미 루비콘강을 건넜다. 건너온 다리도 불살랐다. 전쟁 중인 적국과는 무역을 하지 않는다. 자유무역의 경제적 이익을 논하는 것이 공허하게 들릴 수밖에 없는 이유다.

한국의 창(窓)
〈한국일보 2021년 2월 10일〉

용어 설명

루비콘강(Rubicon River)
이탈리아의 속주인 알프스 내륙 쪽 갈리아주와 경계를 이루는 강. 이탈리아 북동부에서 아드리아해로 흐른다. 기원전 49년 1월 카이사르는 폼페이우스를 추대한 원로원의 보수파에 대항하여 반란을 일으켰고 로마 진격을 위해 이 강을 건너며 "주사위는 던져졌다!"고 외쳤다. 이후 '루비콘강을 건너다'는 표현은 '일이 돌이킬 수 없는 상황으로 진행되다'의 의미로 사용되고 있다.

♖ 현재와의 대화: '자유무역', 희망 고문의 주술이 되다

2021년 초 워싱턴 싱크탱크의 많은 학자들은 여전히 '자유무역의 혜택'이라는 주술을 늘어놓고 있다. 자유무역질서의 복원과 장점을 논하기에는 이미 세계가 루비콘강을 건넜음에도 말이다. 세상이 그대로 유지될 것이라 믿는 자유무역론자들은 스스로 만든 논리적 세계에 갇혀 상황 변화를 외면한 채 희망 고문을 읊조린다. 미·중 패권전쟁과 각국 보호주의의 확산은 이제 지구촌의 변수가 아닌 상수가 되었다. 기술 혁명과 코로나 팬데믹은 언택트라는 새로운 세상을 열고 있다. 탈세계화 광풍에 자유주의라는 나무는 뿌리째 흔들리고 있는 것이 지금의 현실이다. 바야흐로 우리는 빅브라더가 지배하는 디지털 뉴월드 게이트 문을 열고 들어섰다.

♖ 지식 한 토막: '전문지식'이 민주주의의 적?

컬럼비아 대학의 바그와티(Jagdish Bhagwati) 교수는 대표적인 자유무역론자이다. 그는 보호무역주의를 '반자본주의와 반시장논리에 기초한 정치 이데올로기' 정도로 여긴다. 특히 젊은이들 사이에 '자본주의'라는 단어가 '부당함' 혹은 '불평등'과 동의어가 되어 가는 현실을 개탄하고 있다.

"독일 하이델베르그의 대학생들이 베트남 전쟁 중에 아래와 같은 묵직한 선언을 한 적이 있다. '전문지식이야말로 민주주의의 적이다. 교수는 자신이 잘 아는 분야가 아닌 무지한 분야를 가르쳐야 한다. 그래야 학생들과 동등한 지적 권력을 나누게 되며 진리를 향한 긴 여정을 무지(無知)라는 동일선상에서 학생들과 동시에 출발할 수 있다.' 이 이야기를 듣고 나는 이 학생들이 교수 집단에 매력적인 선택지를 제시하고 있다는 생각이 들었다. 그렇게 된다면 연구한 내용의 효과적인 전수를 고민할 필요가 없게 된다. 많은 교수들은 안식년을 영구히 즐기게 될 것이란 생각마저 들었다. 어쩌면 대중(大衆)의 영역에서는 자유무역도 유사한 입장에 처한 것이 아닐까. 자유무역 비판론에 접한 경제학자들은 누구도 적극 나서 자유무역을 변호하려 하지 않는다. '경멸' 아니면 '무관심', 둘 중 하나의 반응이 나올 뿐이다. '자유무역의 적'들과 한바탕 치열한 지적 전투를 치러 낼 열정과 용기를 이들 경제학자들에게서 찾아보기란 매우 힘들다. (Bhagwati, 2002)"

2

흑역사 쓰고 추락하는 소통령 트럼프

의회 난입 사태로 국격 추락시킨 트럼프
홍콩시위대에 워싱턴 프레임 씌운 중국
성공한 정부평가 스펜스 기준 되새겨야

트럼프 지지자들의 지난 6일 의회 난입 사태는 국가 지도자의 품격과 역할이 얼마나 중요한지를 일깨워 주는 일대 사건이다. 같은 날 의사당 인근에서 열린 지지층 집회에서 트럼프는 "우리의 힘을 보여 주자"며 시위대를 부추겼다. 현직 대통령이 미국 흑역사(黑歷史)의 배후가 된 참담한 현실 앞에 많은 미국인이 절망하고 있다.

중국 관영 글로벌타임스는 "홍콩과 워싱턴에서의 공격은 반민주적이고 반법치주의라는 점에서 유사하다"고 논평했다. 관영 CCTV는 '세계적 망신'이라며 비웃었다. 중국 외교부 화춘잉 대변인도 "홍콩의 폭력 시위를 '아름다운 광경'이라고 묘사했던 미국 정치인과 언론이 오늘 미국에서 발생한 일에는 전혀 다른 반응을 보이고 있다"며 이중성(?)을 꼬집었다.

중국 정부와 언론은 바야흐로 홍콩 문제에 '워싱턴 물타기'를 시도하는 중이다. 홍콩 시위대에 워싱턴 폭도 '프레임'을 씌우려 들고 있기 때문이다. 하지만 말은 똑바로 하자. 홍콩 시위대가 권위주의 정부에 맞서 화염병을 들었다면 워싱턴 폭도들은 민주적 선거 결과에 불복해 총을 들고 의사당을 공격한 범죄자들이다. 미국 민주당은 트럼프의 '내란 선동'에 대해 초유의 '퇴임 후 탄핵'을 추진할 뜻을 비쳤다. 하지만 추락한 국격은 어디서 어떻게 만회할 것인가.

미국 퓨(Pew) 리서치센터가 작년 가을 발표한 여론조사 결과가 떠올랐다. 한국과 일본, 호주, 캐나다, 유럽 9개국 등 총 13개국 국민을 상대로 '미국에 대한 호감도'를 물었더니 모든 나라에서 전년 대비 많게는 27%p, 적게는 12%p 대미 호감도가 대폭락하는 현상이 나타났다. 트럼프 집권 이후 호감도는 이미 하향 곡선을 그리던 중이었다. 대미 호감도 1위인 한국(59%)에서조차 전년 대비 18%p나 하락하였다.

미·중 커플링(coupling)일까? 이들 국가들의 중국에 대한 비호감도 또한 2019년에 비해 평균 12%p나 급상승하는 패턴을 보였다. 중국을 제일 싫어하는 나라는 일본(86%), 스웨덴(85%), 호주(81%), 한국(75%) 순. 시진핑 집권 이후 대중 비호감도는 상승했고 2020년엔 퀀텀점프하였다. 흥미로운 점은 한국인의 대중 비호감도가 박근혜 정부 때는 평균 43% 낮은 수준이었지만 현 정부 들어 60%대로 수직 상승하더니 작년에 역대 최고치 75%를 기록했다는 점이다. 현 정부의 친중 정책에도 불구하고 한국인들은 중국의 사드 보복과 외교적 무례, 우한 바이러스와 홍콩 탄압의 기억을 결코 지우지 않는, 뒤끝(?) 있는 민족임이 드러났다.

트럼프의 추락을 보면서 마이클 스펜스 뉴욕대 교수가 생각났다. 노벨상 수상자인 그는 저서 『넥스트 컨버전스(The Next Convergence)』에서 성공하는 지도자와 그의 정부는 다음 네 가지 기준을 충족시키는 놀라운 특성을 갖는다고 주장했다. 첫째, 정부가 경제의 중요성을 심각하게 인식하고 있는가? 둘째, 지지자 그룹만이 아닌 국민 전체의 행복을 증진시키는 일에 정부가 중요한 가치를 두고 있는가? 셋째, 정부가 능력이 있고 효율적인가? 넷째, 경제적 자유가 지금 존재하는가?

트럼프 대통령은 우선 둘째와 셋째 기준에서 탈락한 듯싶다. 지지자들의 소통령임을 자임했던 그는 새로운 미국 흑역사를 쓰고 추락했다. 중국의 경우 정부가 효율적인지 의문이다. 국유화 바람에 알리바바까지 떨게 만든 나라 아닌가. 경제적 자유는 공산당 체제와 양립 가능하지가 않다. 그렇다면 문재인 정부는 위 기준들을 얼마나 충족하고 있을까? 현명한 독자들이 냉철하게 한번 판단해 볼 일이다.

한국의 창(窓)
〈한국일보 2021년 1월 13일〉

용어 설명

미국의 탄핵 절차(impeachment process)
모든 공직자는 탄핵의 대상이며 그 사유는 반역, 뇌물수수, 기타 중범죄와 비행 등에 한한다. 탄핵 절차는 하원 상임위의 조사로 시작되며 하원 전체(총 435석) 투표와 과반수(218석 이상) 찬성으로 통과되면 이후 상원으로 넘어간다. 하원이 일종의 검찰 역할을, 상원이 법원 역할을 하는 셈. 상원은 탄핵 재판을 진행하게 되는데 탄핵재판장은 연방대법원장이 맡게 되며 상원 전체 의석(총 100석)의 3분의 2(67석) 찬성으로 탄핵안이 가결되면 대통령은 탄핵당하고 즉시 대통령직이 박탈된다. 이후 부통령이 대통령직을 넘겨받아 수행하게 된다. 미국 역사상 탄핵절차를 밟은 대통령은 앤드루 존슨(17대, 1868, 상원 기각), 리처드 닉슨(37대, 1974, 탄핵 절차 중 사임), 빌 클린턴(42대, 1998, 상원 기각) 그리고 도널드 트럼프(45대, 2019, 2021년 두 차례 상원 기각) 등 4인이다. 미국 정치권은 선출된 최고 권력에 대해서는 선거를 통해 심판해야 한다는 입장이 지배적이다.

♜ 현재와의 대화: 초당적 대중전선(對中戰線) 구축한 트럼프

2021년 1월 트럼프 대통령의 퇴장을 지켜보는 마음은 씁쓸하다. 부끄러운 흑역사를 쓰고 물러나는 그이지만 2020 대선에서 그를 지지한 유권자의 수가 무려 7,400만 명에 이른다. 미국우선 정책들을 쏟아 냈던 트럼프는 적어도 코로나 바이러스가 미 대륙에 퍼지기 전까지는 세율 인하로 인한 경기 활성화와 이로 인한 실업률 감소 등 경제적 호황을 이끌었다. 특히 중국과의 경쟁을 패권전쟁으로 인식하고 워싱턴에서 강력한 대중전선을 초당적으로 구축했던 대통령으로 기억될 것이다.

♜ 지식 한 토막: 음악 선생님 얼굴을 멍들게 한 악동

"초등학교 2학년 때 음악 선생님 얼굴에 멍을 들게 한 적이 있다. '음악에 대해 아무것도 모른다'고 그분이 나를 꾸짖어서 내가 주먹을 휘두른 것이다. 그 일로 학교에서 쫓겨날 뻔했고, 나는 그 사건을 자랑스럽게 생각하지는 않는다. 하지만 나는 어릴 때부터 폭력적인 방법을 써서라도 내 생각을 알리려 했다. 협상에서 그런 '파이트-백(fight-back, 반격)' 정신은 지금도 변함이 없다. 차이가 있다면 지금은 주먹 대신 머리를 써서 다양하게 반격을 한다는 점일 것이다. (안세영, 2017)"

국내 최고의 협상전문가인 안세영 서강대 교수가 소개한 트럼프의 어린 시절 일화. 안세영 교수의 분석에 따르면 트럼프는 위에서 소개한 '파이트-백' 전략 외에도 협상의 판을 완전히 흔들기 위한 '지렛대(leverage)' 전략, 누구도 예측하기 힘든 '싱크-빅(think-big, 통 큰 생각)' 전략, 가격 후려치기 '하이-볼(high-ball, 극단적 제안)' 전략 등을 즐겨 구사한다고 한다. 그가 대통령 당선 후 차이잉원(蔡英文, Tsai Ing wen) 대만 총통과 바로 통화한 것은 이전까지 미·중이 공유하고 있던 '하나의 중국 정책(One China Policy)' 즉 타이완(Taipei, China)도 중국의 일부라는 기존 생각을 흔들어 향후 미국의 대중(對中) 협상력을 높이려 한 지렛대 전략의 좋은 예이다. 싱크-빅 전략은 1992년 타지마할 등 그가 소유한 3개 카지노의 부채가 무려 13억 달러(1.4조 원)에 달하자 파산 제도를 적극 활용해 빚을 정리하고 카지노까지 살려 냈던 사례를 들 수 있다. 한때 2.5억 달러(2,700억 원)를 호가했던 마이애미 팜비치 마라라고(Mar-A-Lago) 저택이 매물로 나오자 트럼프가 가격을 마구 후려쳐 결국 단돈(?) 700만 달러(77억 원)에 구입한 것은 하이-볼 전략의 전설이 되었다.

③

'벨벳 장갑 속의 강철 주먹' 캐서린 타이

**바이든, 미 무역대표에 캐서린 타이 지명
협상과 설득에 능한 대중(對中) 강경론자
대만계 이민자의 딸 입각에 중국 긴장**

조 바이든 미 대통령 당선자는 향후 중국과의 무역·기술 전쟁을 어떻게 가져갈 것인가. 그의 최근 각료급 인사(人事)에서 그 해답의 일부를 엿볼 수 있지 않을까 싶다. 바로 차기 미 무역대표부(USTR) 대표에 지명된 캐서린 타이(Katherine Tai·45) 이야기다.

대만계 이민자의 딸로 코네티컷주(州)에서 나서 워싱턴 DC에서 자란 타이 지명자는 자타가 공인하는 대중(對中) 강경론자. 사우스차이나모닝포스트(SCMP)는 그녀를 '벨벳 장갑 속의 강철 주먹'이라 불렀다. '벨벳 장갑'은 협상과 설득에 능한 부드러움을, '강철 주먹'은 원칙과 소신에 흔들림이 없는 그녀의 강인함을 표현하고 있다.

예일대와 하버드 로스쿨을 나와 통상(通商) 변호사라는 엘리트 코스를 달리던 그녀가 USTR에 처음 몸담게 된 해는 2007년. 미·중 무역 분쟁, 특히 중국의 통상정책 이행 이슈를 담당하다 2017년에는 미 의회로 진입, 미 하원세입위원회(위원장·리처드 닐 민주당의원) 민주당 수석자문위원이 된다. 작년에 발효된 미국·멕시코·캐나다 무역협정

(USMCA)에 노동, 환경 조항을 도입하는 등 '의회 내 다양한 세력을 조정하는 촉매 역할을 초당적으로 잘 수행해 왔다'는 평가를 받고 있는 그녀지만 원칙만큼은 명확하다. "미국의 대중(對中) 정책은 우리가 누리는 개방적이고 민주적인 삶의 방식을 수호하는 데 그 초점을 맞춰야 한다." 타이 지명자가 올해 여름에 한 말이다. 그녀의 발언은 지난 7월 "파산한 전체주의의 신봉자"라고 시진핑 국가주석을 맹비난한 폼페이오 국무장관의 닉슨 도서관 연설이나 2018년 10월 "중국은 미국인 전체가 공화 민주를 떠나 중국에 대해 마음을 단단히 먹었다는 점을 알아야 한다"고 역설한 펜스 부통령의 허드슨 연구소 연설을 떠올리게 한다. 그녀의 입각을 중국이 불안해하는 이유다.

바이든 당선자의 차기 무역대표 조기 지명은 몇 가지 측면에서 그 의미가 크다.

첫째, 인권과 안보 그리고 통상의 연계전략이 미국 차기 행정부에서 더욱 노골화될 전망이다. 타이 지명자는 중국을 겨냥, '인류의 존엄성과 인간애'의 중요성을 강조하면서 통상 정책수단을 인권이나 안보 이슈에도 적극 활용할 것임을 경고하고 있다. 특히 그녀는 홍콩·위구르·신장·티베트에서 광범위한 인권 탄압이 자행되고 있는 사실에 분노하고 있으며 중국식 사회 및 사상 통제가 중국인과 세계에 초래할 위험성을 여러 차례 지적한 바 있다.

둘째, 리쇼어링(기업의 본국 회귀)이나 바이아메리칸(미국산 구매) 정책 등 미국 경제 회복을 돕기 위해서도 바이든 행정부는 통상정책을 최대한 활용할 방침이다. 타이 변호사도 무역대표 지명식에서 "무역은 그 자체가 목적이 아니라, 희망과 기회를 창출하는 수단"이라며 "경제 위기 극복에 있어 무역의 활용을 기대하고 있다"고 밝혔다.

셋째, 타이 지명자는 복수의 동맹국들과 함께 반중연대 스크럼을 짤 것으로 보인다. 특히 EU·일본과 손잡고 환경, 노동, 디지털, 보조금 등 여러 영역에서 분야별 협상을 진행하는 동시에 기회를 포착, 중국에 '강철 주먹'을 날릴 태세다. 그 과정에서 유럽연합(EU)이나 한국에 부과한 철강 관세나 쿼터 혹은 방위비 분담금의 증액 요구 등은 다소 완화될 수도 있을 것이다. 반면 미국의 포괄적·점진적 환태평양경제동반자협정(CPTPP) 재가입이나 트럼프 행정부가 추진해 온 영국이나 케냐와의 무역협상 등은 국내 경제대책에 우선순위가 밀려 당분간 모멘텀을 잃고 표류할 가능성이 크다.

한국의 창(窓)
〈한국일보 2020년 12월 16일〉

용어 설명

USMCA(미국·멕시코·캐나다무역협정, US·Mexico·Canada Agreement)
USMCA란 트럼프 집권 이후 그의 대선 공약대로 기존 NAFTA(북미자유무역협정)를 개정하여 미국과 멕시코 및 캐나다 3국이 새롭게 맺은 NAFTA 2.0 무역협정을 말한다. 2020년 7월 1일부로 발효되였다. 주요 내용은 첫째, 자동차 부문에 까다로운 원산지 규정과 노동부가가치 기준을 도입하였다. 미국 내 생산을 유도하기 위해서다. 둘째, 국영기업 지원과 차별적 상관행을 금지하는 규범이 제시되었다. 향후 중국을 겨냥한 조항이다. 셋째, 수준 높은 디지털 무역규범을 선보였다. 이 규정은 이후 미·일 디지털무역협정의 토대가 되었다. 넷째, 환율정책의 투명성 강화와 경쟁 촉진 조항이 구속력 있는 조항으로 제시되었다. 끝으로 캐나다와 멕시코에 대해 비시장경제(중국)와 FTA(자유무역협정)를 맺을 시 이를 근거로 미국은 USMCA를 종료할 수 있도록 하였다. (안덕근, 2020)

원산지 규정(rule of origin: ROO)

원산지 규정이란 특정 제품의 경제적 국적인 원산지를 결정하기 위한 여러 가지 기준과 절차 등을 규정한 법률이나 규정, 절차 등을 총칭하는 개념이다. USMCA 자동차 분야 원산지 규정은 북미산 부품 사용 비중 75%(2023년까지 단계적 이행)를 충족하여야 한다. 특히 자동차용 철강과 알루미늄은 북미산이 70% 이상을 차지해야 관세를 부과하지 않는다.

노동부가가치 기준(labor value added)

제품의 구성비에서 임금이 차지하는 최소 비중을 정해 특정 지역 생산을 유도하려는 시도. USMCA 자동차 협상의 경우 자동차 1대 구성품의 40%(2023년까지 단계적 이행)는 시간당 임금 16달러(약 17,500원) 이상인 곳에서 생산되어야 한다. 미국에서의 생산을 촉진하기 위한 미국의 의도가 깔려 있다.

♟ 현재와의 대화: '아마조네스' 캐서린 타이

캐서린 타이는 '아마존 여전사(女戰士)'를 연상시키는 강렬함을 내뿜는다. 미 하원세입위원회의 수석전문위원이란 그녀의 이전 타이틀은 통상정책의 입안과 집행에 있어서 매우 중요한 포지션이다. 특히 통상협상에 관한 권한을 의회가 가진 미국에서 전문적인 식견과 정무적 능력을 모두 겸비하지 않고서는 감당하기 어려운 자리이다. 자유민주주의에 대한 확고한 신념과 통상정책의 수단적 유용성을 강조한 그녀가 앞으로 펼칠 미국의 통상정책이 궁금하다.

♟ 지식 한 토막: 조지 오웰의 동물농장이 현실로

트럼프 시절인 2018년 10월 4일 당시 부통령 마이크 펜스는 보수 성향의 싱크탱크인 허드슨연구소(Hudson Institute)에서 역사적인 '허드슨 연설'을 하게 된다. 그의 연설은 대중(對中) 선전포고이자 신냉전의 신호탄이었다는 평가를 받고 있다. 그 주요 내용을 요약해 보자.

"첫째, 중국 공산당은 관세, 쿼터, 환율조작, 기술이전 강요, 지식재산권 절도, 외국 자본투자 유치를 위한 산업 보조금 지급 등 온갖 수단을 사용해서 자유무역과 공정무역을 해치고 있다. 특히 '중국제조 2025'라는 산업정책을 통하여 로봇공학, 생명공학, 인공지능 등 세계 첨단 산업의 90%를 장악하여 21세기 세계 경제의 사령탑 자리를 차지하려 하고 있다. 둘째, 중국은 국방비에 다른 아시아 국가들의 방위비를 몽땅 합친 것만큼 지출하고 있으며 육상, 해상, 공중, 우주에 있어서 미국이 확보하고 있는 군사 우위를 허물어뜨릴 수 있는 군사 능력을 가지겠다는 목표를 최우선과제로 설정하고 있다. 중국은 동아시아 태평양 지역에서 미국을 밀어내고 이 지역 미국의 동맹국에 대해 미국이 지원할 수 없도록 만들려고 시도하고 있다. 셋째, 중국은 2020년까지 조지 오웰이 소설 『1984 동물농장』에서 그린 통제국가를 만들 계획을 진행 중이고 종교를 탄압하고 후진국을 상대로 채권 외교를 펼치는 동시에 미국의 국내정치에도 간여하고 있다. 결론적으로 미국은 중국과의 신냉전 관계에 돌입하였으며 양국의 관계가 공정하고 상호적인 것으로 될 때까지, 또 중국이 미국의 주권을 존중할 때까지 중국에 대한 압박을 늦추지 않을 것이다. (허윤, 2019)"

허드슨 연설에서 드러난 미국의 대중(對中) 스탠스는 바이든 행정부 출범 이후 초당적으로 강화되는 모습이다. 2021년 2월 24일 바이든 대통령은 반도체, 배터리, 희토류, 의약품 등 4개 품목에 대해 100일간 공급망을 조사하라는 행정명령에 서명했다. 아울러 향후 1년 동안 국방, 보건, 정보통신, 에너지, 교통, 농업 부문의 공급망을 조사해 보고할 것을 요구했다. 공급망 검토는 핵심 소재, 제조 역량, 공급망 위험 요인 및 취약성 등을 파악하여 중국을 배제한 서방 민주주의 가치 및 기술 동맹을 추진하는 데 선행되어야 할 작업이다. 바이든 대통령은 트럼프 시절 취해졌던 반도체 수출통제 기업 리스트에 중국 슈퍼컴퓨터 운영 기관과 관련된 기업 7곳을 추가했다. 이는 중국 인민해방군의 현대화 전략을 저지하기 위한 목적이다. 트럼프 대통령이 서명한 『외국기업 책임법(Holding Foreign Companies Accountable Act)』도 여전히 위협적이다. 동 법은 중국기업이 외국(중국을 말함) 정부의 통제 속에 있지 않다는 것을 증명하는 자료를 미 증권거래위원회(SEC)에 제출해야 할 의무를 부과하였다. 자료 제출을 거부하면 해당 기업의 주식은 미 증시에서 퇴출된다. 현재 미 증시에 상장된 250개 이상의 중국기업 그중에서도 약 150개의 국유기업이 미 증시를 떠나

든지 아니면 자료 제출에 응해야 하는 상황이다. 중국의 글로벌 금융시장 침투를 저지하는 미국의 디커플링 조치인 셈이다. 이 밖에도 미 상원 외교위원회는 중국을 경제, 기술, 군사안보 분야에서 협상이 불가능한 적으로 규정, 『전략적 경쟁법(Strategic Competition Act)』의 입법을 서두르고 있다.

4

코로나, 100년 전의 데자뷔?

100년 전과 유사한 파노라마 지금 펼쳐져
절망의 골짜기에서 희망의 싹 틔운 인류
엄청난 부의 분배만 고민할 미래에 기대

100년 전의 역사를 이야기하고자 한다. 이유는 유사한 역사가 지금 파노라마처럼 눈앞에 펼쳐지고 있기 때문이다. 1920년, 세계는 스페인 독감으로 몸살을 앓고 있었다. 1918년부터 번지기 시작한 역병이 무려 3,900만 명에 달하는 목숨을 빼앗고도 소멸을 거부한 채 지구촌 곳곳을 배회하는 상황이었다. 인도에서만 1,650만 명이, 중국에서도 850만 명이 사망하였다.

스페인 사람들은 이 역병을 '프랑스 독감'이라 불렀다. 스페인 사망자 수(30만 명)는 상대적으로 적고 이웃 프랑스인들이 바이러스를 옮겼다고 믿었기 때문이다. 하지만 세계는 '스페인 독감'으로 여전히 기억하고 있다. 특이한 점은 이 바이러스의 발원국에 대해 미국설, 중국설, 영국설, 프랑스설 등 가설만 무성할 뿐 과학계의 공식 입장이 없다는 사실이다. 중국 정부가 '우한 바이러스'라는 초기 명칭에 격한 반응을 보이며 '미국 발원설'까지 퍼뜨리는 것도 같은 맥락에서 이해할 수 있다.

1914년 시작된 1차 세계대전은 스페인 독감이 시작되던 해 끝이 났다. 독감이 막을 내린 세상에는 예기치 못한 역사가 꿈틀거리고 있었다. 1921년 중국 공산당이 창당되었고 소련에서는 레닌 사후 스탈린이 등장하였다. 그리고 1929년, 미국발 대공황이 세계를 덮쳤다.

미국은 자국 산업 보호를 위해 2만여 개 수입품에 평균 59%, 최고 400%의 관세를 부과하는 스무트홀리법을 시행하였다. 캐나다, 프랑스, 영국 등은 보복관세와 평가절하 등으로 이에 대항하였다. 대공황 여파로 전체주의가 세력을 확장하면서 무역과 환율에서 타오른 불길은 물리적 전장터로 옮겨 붙었다. 모든 불행한 사건들이 한꺼번에 몰려온 마(魔)의 30년이었다.

하지만 이 절망의 골짜기에서도 인류는 희망의 싹을 틔웠다. 1870~1914년 소위 '1차 세계화 물결'이 출렁이는 가운데 전기와 자동차 엔진, 수도와 양변기 등이 선을 보인 것이다. 전기는 에너지 혁명과 함께 축음기 라디오 전화 TV라는 통신혁명을, 자동차는 수송혁명을, 수도와 양변기는 위생혁명을 가져왔다. 바로 2차 산업혁명이다. 미국 포드사가 모델 T로 대량 생산의 길을 연 것도 이때였다. 전쟁 또한 신기술의 응용을 가속화하였다. 로버트 고든(R.J. Gordon) 노스웨스턴대 교수는 "2차 산업혁명이 전 세계 생산성 향상과 경제성장에 결정적인 영향을 미쳤다"며 "삶을 영구히 바꿔 놓았다"고 평가했다. 신기술이 고통에 빠진 인류에게 신세계를 선사한 것이다.

이제 2020년을 살펴보자. 1992년 탈냉전으로 시작된 '2차 세계화 물결'은 2008년 글로벌 금융위기로 역풍을 맞은 뒤 반세계화, 탈세계화로 방향을 틀었다. 민족주의를 내세운 많은 독재자들이 등장한 가운데 G2(주요 2개국)의 충돌이 시작되었다. 바로 미·중 무역전쟁이다. 그 와중에 코로나 팬데믹이 터졌고 이제 미국은 코로나 책임론에 안보와 인권 문제까지 연계해 글로벌 반중 전선을 강화하고 있다. 전염병과 보호무역주의 그리고 대공황과 전쟁이라는 먹구름이 100년 전의 오늘처럼 한꺼번에 몰려오는 형국이다. 세계는 다시 전쟁 주기에 접근하고 있는 것일까?

하지만 어떤 고난에도 인류는 굴하지 않고 4차 산업혁명의 깃발을 높이 들고 미래를 향해 진격을 계속할 것이다. 그리고 고립주의와 인종주의 그리고 전체주의라는 집단적 광기를 물리치고 종국에는 자유와 인권 그리고 법치의 승리를 쟁취할 것이라 믿는다.

"만약 자동화로 인해 인간의 노동이 더 이상 필요하지 않게 된다면 우리의 주된 문제는 자원의 희소성이 아니라 분배가 될 것이다." 인공지능(AI)과 로봇이 밤낮으로 일하는 세상에서 인류는 엄청난 부를 어떻게 나눌지만 고민하면 된다는 MIT 대학 오토(D.H. Autor) 교수의 미래 진단이다. 희망과 위로가 모두에게 필요한 시점이다.

한국의 창(窓)
〈한국일보 2020년 6월 3일〉

♜ 용어 설명

산업혁명

영국에서 비롯된 1차 산업혁명(1760~1830)은 증기기관의 등장과 이로 인한 직물산업의 발전으로 요약된다. 2차 산업혁명(1870~1930)은 전기 혁명. 전기의 보급과 함께 자동차 내연기관의 대량 생산이 시작되었다. 독일 화학산업의 혁신도 미국 정유산업의 발전도 이때 이뤄졌다. 3차 산업혁명은 디지털 혁명이다. 시기는 1970년대 PC의 대중적 보급에서 시작하여 1990년대 인터넷의 등장에 이르는 시기. 온라인 시대의 인프라 구축 시기다. 4차 산업혁명은 3차 산업혁명의 연장선상에서 AI, 빅데이터, 클라우드, 3D 프린팅, IoT, 자율주행차 등의 신기술 등장과 응용이 그 핵심으로 현재 진행형이다. 경제학자들은 2차 산업혁명이 인류의 복지와 생산성 향상에 기여한 바가 가장 큰 것으로 본다. 전기와 자동차, 수돗물과 양변기의 발명이 바로 2차 산업혁명의 핵심 성과인데 이 중 단 하나도 4차 산업혁명 신기술 모두와도 결코 바꿀 수 없다는 것이 중론이다.

♜ 현재와의 대화: 코로나 이후(After Corona: AC)

코로나19는 바이러스다. 바이러스는 숙주가 있을 때만 증식할 수 있다는 점에서 세균과 다르다. 코로나 팬데믹을 겪으면서 100년 전 스페인 독감이 떠올랐다. 스페인 독감은 선행 요인으로 1차 세계화(1870~1914)가 있었고 2차 산업혁명의 와중에 발생했다. 1차 세계대전의 마무리 단계에서 퍼졌다. 코로나 팬데믹은 그 이전에 2차 세계화

(1992~2008)가 있었고 4차 산업혁명의 와중에 발생했다. 미·중 패권 전쟁도 시작된 시점이다. AC(After Corona)는 BC(Before Corona)에 비해 상당한 변화를 예고하고 있다. 첫째, 신자유주의가 쇠퇴하는 가운데 전염병 대응과 포퓰리즘이 결합된 거대 정부의 출현이 예상된다. 둘째, 국가나 기업에 있어서 '성장과 효율성 극대화' 대신 '분배와 안정성 확보'가 주요 목표로 떠오를 것이다. 국가나 기업 모두 친환경 정책과 소외 계층에 대한 도덕적 책무 그리고 경영 지배구조의 투명성 확보라는 '가치 경영'의 과제를 안게 되었다. 셋째, 물리적 세계화와는 달리 디지털 세계화는 폭발적으로 확산될 전망이다. 넷째, 탈탄소와 순환경제에 대한 미국, EU 등 주요국 규제가 강화되면서 신재생에너지 수요가 급증할 것이다. 다섯째, 미·중 패권경쟁이 본격화되면서 국가별 기업별 줄 세우기와 동맹국 진실게임이 벌어질 것이다.

♟ 지식 한 토막: '세계화'는 '국제화'와 다르다?

디컨(Peter Dicken, 1998)은 '세계화(globalization)'와 '국제화(internationalization)'를 다르게 설명한다. 국제화가 '국경을 초월한 경제행위의 지리적 확장을 의미하는 양적인 과정'이라면 세계화는 '국제적으로 분산된 경제행위들을 기능적으로 통합하는 질적인 과정'으로 보았다. 이는 전자가 '민족국가라는 당구공 유형의 교류 형태'로, 후자는 '각국 국민경제를 하부구조로 통합한 하나의 유기적인 시스템'으로 파악한 허스트·톰슨(Hirst·Thomson, 1996)의 정의와 유사하다. 국내에서 영위해 오던 경제활동을 해외로 확장시키는 과정이 국제화라면 세계화는 세계 단일시장의 형성을 전제로 각국 시장이 기능적·

제도적으로 통합되는 과정인 셈이다. 세계화는 국제화의 상위개념이자 질적 변화를 동반하는 완성개념이라 할 수 있다. 인터넷 보급과 국제금융시장 동시 결제시스템 구축, 냉전 종식, WTO 등 자유무역체제의 확립 등 일련의 역사적 사건들을 되짚어 보면 세계화는 1990년대 이후의 현상으로 판단된다.

'빅 브라더 신드롬'이라는 또 하나의 바이러스

코로나 사태 이후 미중 갈등 재점화
신자유주의 기반 국제분업체계도 몰락
정부만능의 '국가주의' 망령부활 우려

코로나 팬데믹은 향후 세계경제질서에 어떤 변화를 초래할까? 특히 그 핵심인 미중 무역관계에는 어떤 영향을 미칠까? 결론부터 말하자면 코로나 사태는 '보호주의'와 '일방주의'에 의해 휘청거리던 국제질서에 '국가주의'라는 마지막 일격을 가함으로써 '신자유주의 국제분업체제의 몰락'을 가속화할 전망이다. 특히 '1단계 미중 무역합의'로 봉합된 미중 갈등은 코로나 사태를 겪으며 다시 격랑의 소용돌이에 휩싸일 가능성이 크다. 이유는 무엇일까?

우선 워싱턴은 이번 사태를 계기로 반중(反中)연대를 강화하려는 일련의 움직임을 노골화하고 있다. 이는 트럼프가 집권 이후 순차적으로 추진해 온 우방국과의 '관계 리셋(재정립) 전술'의 연장선상에서 이해할 수 있다. 즉 트럼프는 집권 이후 한국과 자유무역협정을 개정한 데 이어 USMCA(미국멕시코캐나다협정)를 체결했고 일본과의 무역협정도 타결했다. 최근에는 영국, EU(유럽연합)와 무역협정을 추진 중이다. 관심을 끄는 대목은 미국이 인도, 케냐, 브라질과의 무역협정을 적극 모색하고 있다는 점이다. 비동맹국까지 대중국 견제에 활용하려는 백악관의 의도가 엿보인다.

인도-태평양 전략의 한 축인 인도가 최근 중국을 '코로나 발원국'이라며 맹비난하고 나선 것도 흥미롭다. 인도 변호사협회는 '우한 바이러스 글로벌 확산의 주범은 바로 중국 정부'라며 천문학적 금액의 소송을 제기한 상태다. 미국 일부 주와 영국의 학회, 이탈리아의 네티즌들 또한 대중 소송전에 돌입했다. 인도는 1918년부터 1920년까지 스페인 독감 때 무려 1,650만 명이 사망한 나라다. 보건·위생 인프라가 취약해 사망자의 폭발적인 증가가 시한폭탄처럼 째깍거리고 있다. 사정이 이렇다 보니 인도 전역은 코로나 공포에 휩싸인 상태다.

미중 충돌이 불가피한 또 다른 이유는 지난 1월 1단계 합의에서 중국 정부가 한 약속이 공수표가 될 운명에 놓였기 때문이다. 중국은 내년까지 대미(對美) 수입액을 2,000억 달러어치 추가로 늘리겠다고 약속했다. 하지만 코로나로 중국의 수입 수요가 급감한 데다 국제유가 급락으로 미국산 에너지 수입액을 늘릴 방도도 마땅찮다.

이런 가운데 미국은 국영기업과 보조금 이슈에 대해 EU, 일본과 함께 공동 대응을 천명하고 나섰다. 특히 중국을 겨냥, 미 상무부가 중심이 되어 통화가치의 절하 행위를 보조금으로 간주, 그에 상응하는 관세 부과가 가능하도록 상계관세 규정을 개정하였고 발효를 앞두고 있다. 전문가들은 사이버 절도나 보조금 등을 다루기로 한 미중 2단계 합의 또한 사안이 중국의 체제 유지와 직결된 것이니만큼 타결이 힘들 것으로 보고 있다.

대선을 앞둔 트럼프는 조만간 코로나 거액 배상 제소나 대규모 무역

보복 조치 등 극단적인 중국 때리기를 감행할 가능성이 크다. 잘나가던 미국 경제의 추락 원인으로 중국을 지목, 법적, 경제적 책임을 미국이 일방적으로 묻는 형식이 될 것이다. 코로나로 멍든 세계 경제에 또 다른 암운이 몰려오고 있는 형국이다.

포스트 코로나 시대에는 상이한 두 개의 국제 체제가 서서히 그 모습을 드러낼 전망이다. 하나는 미국을 정점으로 하는 서방 연합체이고 또 하나는 중국의 일대일로 원조·협력 관계를 제도화한 반자유주의 동맹체이다. 두 체제의 진화 과정에서 상당수 다국적 기업들은 디지털 시장과 인공지능 기술의 발전에 힘입어 탈중국을 포함한 지역화나 리쇼어링(본국회귀) 등 생산기지의 재배치를 서두를 것으로 보인다.

글로벌 팬데믹 시대, 정부가 모든 것을 해결해 줄 것이라는 '빅 브라더 신드롬'이 바이러스처럼 전 세계로 확산되고 있다. 바로 '국가주의' 망령의 부활이다. 이 위기의 과정에서 개인의 창의와 시장의 활력이 급속도로 위축되고 배급과 분배만 난무하는 국가주의 '빈곤의 덫'에 우리 경제가 빠지지나 않을까 두렵다. 자유와 시장경제의 소중함을 깨닫게 될 미래의 시간들이 지금 속절없이 흐르고 있다.

한국의 창(窓)
〈한국일보 2020년 5월 6일〉

용어 설명

국가주의(statism)

국가주의(國家主義)는 전체주의(totalitarianism)의 한 형태이다. 개인주의 혹은 자유주의의 대척점에 서 있는 조어(造語)로 우월적 개체인 국가가 개인의 자유를 통제해야 한다는 이데올로기다. 내셔널리즘(nationalism)이나 국가간섭주의(interventionism) 역시 국가주의와 같은 맥락에서 이해할 수 있다. 인권과 자유 그리고 법치를 근간으로 하는 자유주의와는 달리 국가주의는 인간을 거대한 이상의 실현 혹은 사회 변혁의 수단으로 간주한다. 따라서 법에 근거한 정치(rule of law)가 아닌 '법을 이용한 통치(rule by law)'가 발생한다.

팬데믹(pandemic)

특정 전염병이 대유행하는 현상. WHO(세계보건기구) 전염병 경보 단계 중 최고 위험등급에 속한다. 그리스어인 팬데믹에서 '팬'은 '모두'를, '데믹'은 '사람'을 의미한다. 모든 사람이 전염된다는 어원을 갖고 있다. WHO가 가장 최근에 선언한 팬데믹은 2009년 신종 인플루엔자 A(H1N1)였는데 214개국에서 1만 8,500명이 숨진 것으로 집계되었다.

현재와의 대화: '중국 때리기', 트럼프의 대선 전략이 되다

2020년 1월 타결한 미·중 1단계 합의 이후 당시 기업 연구소들을 중심으로 미·중 갈등이 완전히 해결된 듯한 낙관적인 보도가 연일 쏟아져 나왔다. 하지만 트럼프는 '전쟁 중에 대선을 치를' 정치인으로 보였다. 저자는 위 칼럼에서 트럼프가 2020 대선을 앞둔 시점에 '본격적인 중국 때리기'에 나설 것이라 전망했다. '전쟁 중에 장수를 바꾸지 않을 것'이라는 말을 트럼프가 굳게 믿는 징후가 여기저기서 관찰되었기 때문이었다. 미·중 1단계 합의 또한 중국이 약속한 2천억 불 추가 구매(2017년 기준)가 어려울 것으로 저자는 내다봤다. 미국이 농산물을 갑자기 많이 생산하기도 힘들뿐더러 에너지 가격이 급락했기 때문이다. 틀렸으면 했던 예측은 불행히도 이후 현실이 되었다. 바이든 행정부 출범 이후 시진핑은 이전 트럼프 행정부와의 협상 책임자였던 류허 부총리를 경질하고 그 자리에 후춘화 부총리를 임명했다. 후춘화 부총리는 차기 총리감으로 주목받는 인물이다.

♖ 지식 한 토막: 열린 사회의 적들이 승리해서는 안 된다

글로벌 금융위기가 발생하기 4년 전인 2004년, 영국 파이낸셜 타임즈(Financial Times)의 대기자 마틴 울프(Martin Wolf)는 '세계화 십계명(Ten Commandments of Globalization)'을 발표했다.

1. 지속가능한 경제번영의 구가, 안정적인 자유민주주의의 실현, 개인의 자유와 기회 보장을 가능하게 하는 유일한 장치는 시장경제이다.
2. 각국 정부는 정치적 논의와 합법성의 중심지로 남게 된다. 초국적 기구(supranational institutions)는 회원국들의 동의를 통해서만이 합법성과 권위를 확보하게 된다.
3. 개방 시장, 환경 보호, 보건과 안보 등 글로벌 공공재를 제공하기 위한 국제기구 혹은 국제조약의 가입 여부는 개별 국가와 그 국민들이 생각하는 이익에 달렸다.

4. 국제기구나 조약은 명확하고(specific) 집중적이어야(focused) 하며 이행가능(enforceable)해야 한다.
5. WTO는 무역자유화 촉진을 위한 본래의 기능에서 너무 벗어나 있다. '모든 것이 타결되기 전에는 아무것도 타결된 것이 아니다'라는 WTO의 일괄타결방식(single undertaking)은 수정되어야 한다.
6. 투자와 글로벌 경쟁에 관한 협정은 일괄타결방식이 아닌 소수의 국가들이 참여하고 높은 수준을 확보하는 방식으로 가는 것이 최선이다.
7. 개별 국가는 글로벌 금융시장 통합에 대한 리스크 평가를 충분히 한 후에 신중하게 이를 진행해야 한다.
8. 마지막 수단으로서의 최종 글로벌 대부자(lender)가 없다면 현재의 논의 중단을 수용하고 개별 국가의 부채에 대한 협상을 재개하는 것이 필요하다.
9. 선진국들이 제공하는 ODA(공적개발지원)는 개도국들의 성공적인 경제발전 보장과는 거리가 멀다. 원조 규모 또한 GDP의 0.2%에 머물고 있어 너무 작다. 지원액이 너무 늘어나는 것도 바람직하지 않다. 불합리한 정책을 펼치고 있는 개도국들이 있기 때문이다.
10. 국가는 자신의 실패에서 배워야 한다. 글로벌 커뮤니티는 국가가 실패하는 영역에 개입할 수 있는 능력을 갖춰야 한다.

"10계명은 모두 중요하다. 하지만 계명 1, 2가 가장 중요하다. … 무엇보다도 우리는 불평등과 빈곤이 제한된 세계 경제 통합의 결과가 아니라 정치적 분열의 결과임을 명심해야 한다. 세상을 더 나은 곳으로 만들고 싶다면 시장의 실패를 들여다볼 것이 아니라 우리의 정치를 망치는 위선과 탐욕 그리고 무지에 주목해야 한다. …

열린 사회는 항상 그랬듯이 내부와 외부 모두에 적들이 존재한다. 우리 시대라고 예외가 될 수는 없다. 우리는 '열린 사회'를 우리 후손에게 물려줘야 할 책무를 지고 있다. '열린 사회의 적'들이 결코 승리해서는 안 된다. (Wolf, 2004)"

수요·공급·금융 3重 충격 …
'GDP −6%' 스페인 독감 근접할 듯

― 코로노믹스(corona+economics): 글로벌 경제 ―

GDP 1~3% 증발 '사스'때보다 더 큰 타격…
고립주의·보호무역 심화 전망
각국 대규모 양적완화 조치 나섰지만
포퓰리즘 결합 땐 경제 회복 더 멀어질 수도

    신종 코로나바이러스 감염증(코로나19) 팬데믹(세계적 대유행)이 세계를 강타하고 있다. 진원지 중국과 그 인접국 한국에서는 확산세가 주춤하는 반면 미국과 이란, 유럽 전역에서는 감염자와 사망자 수가 빠르게 늘어나는 추세다. 코로나19는 이미 206개국 70만여 명을 감염시켰고 3만 3,000여 명의 목숨을 앗아갔다. 인류는 보이지 않는 이 잔인한 점령군에 맞서 '잃어버린 일상'을 되찾기 위해 사투를 벌이고 있다. 코로나 팬데믹은 세계 경제에 어떤 영향을 미칠까. 코로나 팬데믹의 파급효과를 정확히 가늠하기란 쉽지 않지만 글로벌 경제에 가해지는 충격의 상한선은 한 세기 전 발생했던 스페인 독감, 그 하한선은 2002년에서부터 2003년까지 발생한 사스(중증급성호흡기증후군)가 될 전망이다.

스페인 독감과 사스 사이

　미국 하버드대의 로버트 배로 교수는 최근 스페인 독감에 대한 연구 결과를 발표했다. 그는 지난 150년간 1인당 실질 국내총생산(GDP)이나 실질소비액을 10% 이상(누적 기준) 감소시킨 역사적 대참사를 조사했는데, 2차 세계대전과 1930년대 대공황, 그리고 1차 세계대전 순으로 뽑혔다. 스페인 독감은 43개국 평균 1인당 실질 GDP의 6%, 1인당 실질소비액의 8% 감소를 가져왔고 주식 실질수익률의 26%, 단기국채 실질수익률의 14% 하락을 불러 세계를 뒤흔든 네 번째 사건으로 평가됐다. 1918년에서부터 1920년까지 발생한 스페인 독감은 당시 세계 인구의 2%인 약 3,900만 명을 죽음으로 내몰았다.

　배로 교수는 이번 코로나19의 충격파가 스페인 독감의 그것에까지는 미치지 못할 것이라고 봤다. 국별 방역 정책이 나름대로 작동 중이고 그동안 의학 기술이 눈부시게 발전했기 때문이라는 설명이다. 실제 20세기 초에는 초기 감염자의 진단이 어려웠고 확진자의 동선 확보도 불가능했다. 하지만 현재는 글로벌 공급망이 촘촘하게 형성돼 있고 금융·무역 시장의 연계성이나 인력의 이동 규모가 엄청나다. 배로 교수는 정부 정책과 의료 기술의 발전이 감염 확산을 막을 것으로 본 것이다.

　2002년에서부터 2003년까지 사스는 중국, 홍콩, 싱가포르, 대만에서 집중 발생했는데 감염자는 총 8,096명, 사망자는 774명에 이르는 치사율이 꽤 높은 질병이었다. 한국인 감염자는 4명이었고 사망자는 없었다. 사스 발생 10년 후인 2012년 4월부터 중동 지역을 중심으로 급성 호흡기 감염병이 돌기 시작했는데 바로 메르스다. 우리나라에서는 2015년 5월 첫 감염자가 발생해 그해 7월까지 186명의 감염자와 39명의 사망자가 발생했다. 전 세계적으로는 총 1,367명이 감염됐고 528명이 사망했다. 사스와 메르스가 경제에 미친 효과는 스페인 독감보다는 상대적으로 약했다. 유행병의 종료와 함께 모든 관련국에서 V자형 회복이 뒤따랐다. 2003년 상반기 사스 국가들의 GDP가 1~3% 하락했지만, 하반기에는 소비와 투자, 수출이 급증하면서 V 자형 급반등 패턴을 보였다.

현재진행형인 코로나19는 사스나 메르스보다 세계 경제에 미치는 파급효과가 훨씬 클 것이다. 코로나19는 올해 하반기에 진정세를 보일 수도 있겠지만, 스페인 독감처럼 재발해 매년 나타날 가능성을 배제하기 어렵다. 특히 보건·의료 인프라가 열악한 나라들에서 시차를 두고 감염이 본격화된다면 사태는 다시 악화일로로 치달을지 모른다. 이런 정황과 과거 팬데믹의 경험을 고려할 때 코로나19 대유행이 글로벌 경제에 미칠 충격은 스페인 독감과 사스 사이 어디쯤일 가능성이 크다. 현재 전 세계적으로 연결된 밸류 체인을 감안한다면 사스보다는 오히려 스페인 독감 쪽에 가깝다고 볼 수 있다. 이 경우 코로나19로 인한 전 세계의 올해 실질 GDP나 총생산 감소치는 최대 6%에 이를 수도 있다.

코로나가 만든 각자도생의 세계

코로나 팬데믹을 겪으면서 세계는 어떻게 달라질까. 무엇보다 코로나 고립주의로 반이민자 정서가 더욱 기승을 부릴 것이다. 탈냉전 이후 불어온 세계화 물결이 2008년 글로벌 금융위기라는 역풍을 만들었다면, 이번 코로나 사태는 세계 각국의 이민자 차별 정책을 가속화하는 계기가 될 것이다. 1992년 구소련 붕괴 이후 세계 경제는 미국 주도의 일극 체제로 돌입했다. 그리고 그 여세를 몰아 2001년 중국을 세계무역기구(WTO)에 가입시켰다. 이후 미국과 유럽의 다국적기업들이 앞다퉈 중국 시장에 진출했다. 중국과의 무역·투자액은 기하급수적으로 증가했고 마침내 그 반작용이 '차이나 쇼크'로 몰려왔다. 상당수 서방 세계 근로자들이 무역 자유화와 이민자 증대로 직장을 잃거나 임금이 줄어드는 '세계화의 덫'에 걸린 것이다. 2008년 터진 글로벌 금융위기는 세계화에 대한 이들의 회의감을 이데올로기로 승화시킨 일대 사건이었다.

서구의 근로자들은 세계화에 대한 보상을 정부에 요구했지만 외면당했다. 특히 조세 부담까지 늘어나자 이들은 기존 정치권을 혐오하게 됐다. 피해 보상 요구를 포기하게 된 이들은 특히 비숙련 노동자를 중심으로 '과거로의 회귀'를 꿈꾸게 되는데 이 같은 표심 변화는 그 지역에서 포퓰리스트의 부상을 불러왔다. 이제 포퓰리즘과 내셔널리즘으로 무장한 정치인들이 감세를 추진하고 반세계화 보호주의와 반이민자 고립주의 정책들을 쏟아 내게 된 것이다. 코로나 팬데믹을 거치면서 다자 협력기구 등에 대한 불신도 커졌다. 특히 세계보건기구(WHO) 등 국제 협력을 유도할 지도력의 부재에 실망하는 분위기다. 다자주의 와해를 돌이킬 수 없는 추세로 인식한 각국은 각자도생을 생존전략으로 모색하는 형국이다.

코로노믹스의 경제 충격과 과제

세계 경제는 코로나 팬데믹 이전에 이미 성장 둔화 조짐을 보이는 상태였다. 상품과 에너지 가격이 하락하고 브렉시트와 트럼프 무역정책으로 인해 일방주의와 보호주의가 팽배한 가운데 중국의 경착륙 가능성 또한 높아졌기 때문이다. 여기에 코로나19 대유행이 결정타를 날렸다. 그리고 그 경제적 충격은 수요 충격과 공급 충격, 그리고 금융 충격이라는 세 가지 경로로 이미 현실화되고 있다. 첫째 수요 충격. 이는 사람들이 이동에 제약을 받고 감염의 공포에 휩싸이면서 소비와 투자가 멈춰서는 현상이다. 둘째 공급 충격. 글로벌 공급망에 이상이 생겨 원자재나 부품·소재·장비 등을 제때에 공급받지 못해 생산 차질이 발생하는 것이다. 셋째 금융 충격. 주가나 환율의 변동성이 확대되고 기업이 파산하거나 신용등급이 하락함에 따라 유동성 경색이 확산하는 것이다.

각국 정부는 수요 충격에 대비해 천문학적 규모의 재정 지출 패키지를 내놓고 있다. 하지만 재정 지출이 포퓰리즘을 만나 자원 배분의 왜곡을 가져오는 상황을 막아야 한다. 그 과정에서 국가 간 재정정책의 공조가 필요하다. 아울러 경쟁적 환율 절하는 환율전쟁을 촉발할 수도 있다는 점에서 각국 정부가 피해야 할 선택지다. 전 세계의 많은 정부가 파격적인 금리 인하와 양적 완화를 단행하고 있지만, 무역과 관련해서는 눈에 띄는 조치가 보이지 않는다. 글로벌 공급망의 원활한 작동과 자국민의 건강 보호를 위해서라도 의료용품을 포함한 주요 품목의 수출 금지나 관세 부과는 일시적인 경우에만 제한적으로 허용하는 국제적 합의가 절실한 상황이다.

Deep Read
〈문화일보 2020년 3월 31일〉

용어 설명

포퓰리즘(populism)

대중추수주의 혹은 대중영합주의를 말한다. 대중을 뜻하는 라틴어 '포풀루스(populus)'에서 유래된 말. 나라의 미래는 아랑곳 않고 득표를 위해 곳간을 풀고 재정파탄을 두려워하지 않는 정치인의 사상을 말한다.

차이나 쇼크(China shock)

차이나 쇼크란 중국의 등장으로 인한 충격을 의미. 세계화 물결 속에 글로벌 생산거점이자 거대시장이 된 중국에 의해 세계 경제가 크게 영향을 받게 된 현실을 압축적으로 나타내는 조어이다. 선진국에서는 중국 경제의 등장으로 인한 제조업 쇠락과 고용의 급속한 감소를 뜻하고 개도국에는 미국과 EU에 이은 새로운 거대 경제권의 출현을 의미함.

차이나 쇼크의 주요 요인으로는 중국의 풍부한 노동력, 값싼 임금, 평가절하된 인민폐, 정부의 전방위 지원 등이 손꼽힌다.

♟ 현재와의 대화: 스페인 독감 〉 코로나 팬데믹 〉 사스

코로나19의 충격이 스페인 독감과 사스의 중간 정도가 될 것으로 필자는 내다보았다. 경제 충격은 수요와 공급 그리고 금융이라는 세 가지 경로를 통해 파급될 것이고 각국은 각자도생이라는 험난한 길을 나선 상황이다. 코로나19의 확산으로 각국이 국경을 폐쇄하고 이동을 엄격하게 제한함에 따라 운송 서비스, 관광, 숙박, 교육 서비스, 정보거래, 음식점 등의 서비스 산업이 큰 피해를 보고 있다. 특히 관광산업은 많은 개발도상국 경제를 지탱하는 핵심축이다. 동남아시아 및 중남미 경제에서 관광은 GDP의 약 1/3을 차지하고 있다. 전 세계 약 5억 명의 유학생들 또한 자국에 거주하면서 비대면 온라인 수업에 참여하는 등 언택트 교육방식에 길들여지고 있다. 그 결과 미국, 호주, 캐나다, 영국 등에서 최대 약 50%의 유학생 감소가 예상된다. 반면 제조업이 강한 나라는 상대적으로 피해가 적게 나타나는 현상을 보인다. 2021년 들어 주요국들이 코로나 백신을 성공적으로 보급하면서 2022년 이동 제한은 크게 완화될 전망이다.

♟ 지식 한 토막: 2020년은 레이건주의 사망의 해

"2020년은 레이건주의(Reaganism)가 죽은 해이다. 여기서 레이건주의는 무당(巫堂) 경제학(voodoo economics)까지도 뛰어넘는, 즉 마법적인 감세(減稅)가 모든 문제를 해결할 수 있다고 주장하는 괴상한 논리체계를 말한다. 한 줌의 사기꾼과 괴짜들 그리고 공화당원들 제외하고 이제 이 주장을 믿는 사람은 아무도 없다. 이처럼 레이건주의란 서민들의 삶을 향상시키는 유일한 방법이 부자를 더 잘살게 하고 그 혜택이 낙수효과(trickle down)로 떨어질 때까지 기다리면 된다는 황당한 믿음이다. … 엘리트 의식과 인종적 적대감에 뿌리를 둔 이들은 '복지사회의 사악함'와 '감세의 기적'에 대해 지속적으로 떠들어 댄다. … 우리가 가장 무서워해야 할 대상은 자신의 직무를 수행하지 않는 정부이다. (Krugman, 2021)"

2008년 노벨경제학상 수상자인 폴 크루그만(Paul Krugman) 미 프린스턴대 교수는 수많은 저서와 칼럼을 통해 '큰 정부' '적극적 재정정책' '빈곤층에 대한 돈 풀기'를 주장해 왔다. 2008년 글로벌 금융위기 이후 지속적으로 과감한 정부 개입을 주장했던 그가 최근 뉴욕타임즈 칼럼에서는 '이보다 덜 위기 상황에서도 실업자와 빈곤층 지원에 정부가 예산을 아끼지 말아야 한다'는 강력한 처방을 제시하였다. 크루그만은 하지만 그 돈을 어떻게 마련하고 적자 재정 지출의 중·장기적 파급효과가 미래 세대에 어떻게 미칠 것인지에 대한 해법과 분석은 제시하고 있지 않다. 워싱턴 포스트는 그가 경기부양책을 신봉하는 '독실한 케인지안'이라 말했고 영국 파이낸셜 타임즈는 '재정절제(fiscal austerity)라는 처방전을 무참하게 찢어 버린 과격한 논쟁가'라고 평가했다. 세계의 포퓰리스트 지도자들은 크루그만식 돈 풀기 처방에 열광하고 있다. 뉴욕대 마이클 스펜스 교수는 최근 한 언론과의 인터뷰에서 "가장 큰 문제는 정부의 무능"이라면서 "많은 정부가 빚으로 마련한 재정을 효과적으로 사용하지 못해 결국 빚 갚을 능력을 키우는 데 실패하고 있다"며 "저 멀리서는 폭풍우가 몰려오고 있다"고 말했다.

자유무역이 불러낸 내셔널리즘의 망령

세계화 역풍이 트럼프 보호주의 초래
무역으로 먹고사는 한국엔 끔찍한 재앙
분노하는 유권자들은 참신한 후보 갈망

"탈냉전 이후 세계화를 거치면서 서구의 좌파들은 전략을 수정했죠. '노동자여, 단결하라!'는 플래카드를 내리고 사회에서 소외된 단체들을 파고들기 시작한 거죠." 저서 『역사의 종언』으로 유명한 스탠퍼드대 후쿠야마 교수의 진단이다. 좌파가 성소수자, 이민자, 페미니스트 등 정체성(identity)이 뚜렷한 집단의 후견자로 적극 나서면서 이들의 분화된 이해관계를 정치 세력화하는 데 올인하고 있다는 분석이다. 왜 그럴까?

이유는 지지기반의 와해에 있다. 지난 30년간 서구 근로자들 상당수가 보수 중산층 대열에 합류했다. 당황한 좌파는 새 지지층 모색에 나섰고 소수자(minority) 그룹이 그 타깃으로 떠올랐다.

소외된 이들을 보듬겠다는 데 이의가 있을 수 없다. 하지만 후쿠야마 교수는 그 위험성을 다음과 같이 경고한다. 소수자 그룹이 과거에는 '차별의 철폐'를 추구했다면 지금은 다른 집단보다 '더 나은 대우'를 요구하며 이를 정치 행위를 통해 쟁취하려 한다. 우파는 소외 그룹을 내셔널리즘으로 변형하여 민주주의를 위협한다. 미국 트럼프 대통령의 행보나 영국 존슨 총리의 브렉시트(영국의 EU 탈퇴) 그리고 난민 강경책을 내세운 오스트리아 국민당이나 카탈루냐 독립을 반대하는 스페인 복스(Vox)의 약진 등이 좋은 예다. 인종이나 민족을 정체성 정치의 영역으로 끌어들인 셈이다.

한국으로 눈을 돌려 보자. 문재인 정부와 여당은 각종 단체를 이끌고 관리하는 역량 면에서 독보적이다. 김대중·노무현 정부 때 조직되거나 성장한 수많은 시민·사회단체, 직능단체, 노조를 여전히 핵심 지원군으로 거느리고 있다. 여기에 퀴어축제나 미투운동, 탈원전정책에 연금지원책까지 펼치면서 성소수자와 여성, 환경 단체에 노인층까지 끌어안았다. 압권은 청와대 청원제도이다. '국민이 물으면 정부가 답한다'며 20만 이상 청원에 대해서는 청와대가 이들의 대변자 역할을 자임하고 나섰다. 반면 자유한국당은 새로운 그룹을 포섭하기는커녕 눈앞에 보이는 우호세력조차 애써 외면하고 있다. 광화문 태극기나 기독교 모임이 그 예다. 좌파가 '내 편 만들기'에 열중하고 있다면 우파는 '반문(反文) 동맹'마저 걷어차는 묘한 형국이다.

이와 관련, 서유럽 15개국을 분석한 이탈리아의 콜란톤·스타닉 교수의 최근 연구결과가 흥미롭다. 자유무역 확대에 따른 중국 쇼크가 클수록, 이민자 유입이 많은 지역일수록, 유권자들의 표심이 보수 그중에서도 내셔널리즘을 앞세운 극우 정당으로 이동하는 것으로 나타났다. 같은 현상이 미국에서도 관찰되고 있다. 왜 그럴까?

탈냉전 이후 서구의 저숙련 노동자들은 무역 자유화와 공장 자동화

그리고 이민자 증대로 직장을 잃거나 임금이 줄어드는 상황을 맞게 된다. 이들은 정부에 피해 보상을 요구했지만 우선순위에서 소수자 그룹에 밀려 원하는 결과를 얻지 못하고 외면당한다. 취업 근로자들 또한 소득세가 계속 늘어나자 기존 정치권을 혐오하기 시작한다. 결국 근로자들은 '피해 보상 요구'를 포기하고 세계화 이전 '과거로의 회귀'를 꿈꾸게 된다. '반세계화! 반이민자! 반엘리트!'를 외치는 카리스마형 정치인이 구원투수로 등판하는 시점이 바로 이때다. 그는 중산층을 의식해 감세를 추진하고 민족의 우월성을 자랑하며 고립주의, 보호주의 정책을 쏟아 낸다.

한국에도 극우 내셔널리스트 지도자가 등장할 수 있을까? 무역으로 먹고사는 우리로서는 끔찍한 일이지만 다행히 가능성이 없어 보인다. 반미·반일 민족주의가 현 집권세력의 전유물인 데다 이민 문제 또한 서구처럼 심각하지 않기 때문이다. 다만 여당의 거듭된 정책 실패와 위선 그리고 야당의 무능과 비겁함을 지켜보면서 많은 한국인들이 기존 정치권에 분노하고 좌절하고 있다. 총선 대선 할 것 없이 이 땅의 유권자들이 참신한 후보를 그토록 갈망하는 이유다.

한국의 창(窓)
〈한국일보 2020년 2월 12일〉

♖ 용어 설명

퀴어축제(queer festival)

'퀴어'는 본래 '색다른' 혹은 '이상한'이라는 뜻을 가진 형용사이다. 현재는 성소수자들(레즈비언, 게이, 양성애자, 트랜스젠더 등)을 포괄하는 단어로 사용되고 있다. 퀴어축제는 전 세계에서 열리는 성소수자의 문화축제인데 우리나라의 경우 2000년 서울을 시작으로 전국 8개 지역에서 매년 개최되고 있다. 퀴어축제는 2015년부터 서울시의 공식 승인을 받아 외곽이 아닌 서울 도심인 서울광장에서 개최되고 있다.

브렉시트(Brexit)

영국의 유럽연합(EU) 탈퇴를 의미하는 말로 Britain(잉글랜드, 웨일즈, 스코틀랜드)과 exit(출구)의 합성어. 2016년 국민투표로 영국의 EU 탈퇴가 결정되었다. 유럽경제공동체(EEC)에 합류한 지 47년 만인 2020년 1월 31일 영국은 독자노선을 걷게 되었다. 영국과 EU는 2020년 12월 브렉시트 전환기 종료를 며칠 앞두고 극적으로 미래 관계 협상을 타결, 노딜(협상결렬, no deal) 사태를 피했다. 상호 무관세, 무쿼터를 골자로 하는 무역합의도 이뤄 냈다.

♖ 현재와의 대화: 내셔널리즘 독점한 한국의 진보좌파

한국의 정치지형은 매우 특이하다. 진보좌파가 내셔널리즘을 독점하는 양상을 보이기 때문이다. 이는 문재인 정부 핵심 실세 중 상당수가 NL계(반미자주파) 출신이라는 점과도 무관하지 않다. 일본과의 관계에서도 정부가 나서서 갈등을 관리하기보다는 오히려 반일정서를 부추긴다. 하지만 중국에 대해서만은 예외이다. 특정 그룹을 깊숙이 파고드는 '정체성 정치(identity politics)'도 진보좌파의 자산이다.

♟ 지식 한 토막: 역사의 종언? 글쎄요…

원문 제목은 *The End of History and the Last Man*, 우리말로는 '역사의 종언'으로 소개되었다. 스탠퍼드대 정치학자 프랜시스 후쿠야마 교수가 쓴 논문(1989)이자 저서(1992). 1990년대 초반 동유럽과 소련의 사회주의 체제 붕괴를 지켜보면서 후쿠야마는 자유민주주의의 승리로 이제 "역사는 종언을 고하였다"고 선언한 것이다. 자유민주주의와 시장경제가 공산주의와 계획경제를 이기고 인류사회의 궁극적인 체제로서 정착하게 되었다고 그는 이 책에서 주장하였다. 하지만 이후 역사는 그의 예측과 다르게 전개되고 있다. 공산당이 지배하는 중국이 소련을 대신하여 자유민주주의 체제를 위협하는 새로운 형국이 펼쳐지고 있는 셈이다. 바로 미·중 간의 신냉전이다. 그런 점에서 후쿠야마는 틀렸다. 역사는 종언을 고한 것이 아니라 이제 막 '신냉전'이란 모습으로 다시 시작되고 있다.

8
안보·통상 분리 시대는 끝났다

일제하 강제징용 배상과 관련한 한국 정부의 움직임에 일본은 대한국 수출 규제라는 통상 이슈로 제동을 걸고 나섰다. 과거사와 관련된 외교적 사안을 경제적 수단을 동원해 교차 보복하는 일본의 행태를 두고 '글로벌 분업 체계의 핵심인 국제 공급망을 흔드는 심각한 도발 행위'라며 국내외에서 비난 여론이 들끓고 있다.

외교·안보 문제를 경제·통상 이슈로 연계하는 것은 제국주의 시대 이후 계속된 강대국의 협상 관행으로 보인다. 과거 서구 열강들은 약소국이 항구를 열지 않으면 군함을 몰고 와 대포를 쏘았다. 중국은 한국의 사드(고고도 미사일 방어 체계) 배치에 불만을 품고 중국에 진출한 롯데마트와 현대자동차를 교묘하게 공격했고 한국행 단체 관광을 금지한 바 있다.

미국은 핵미사일 개발을 계속하는 북한에 경제제재를 가하고 있고 안보상의 이유를 걸어 심지어 동맹국 한국에까지 철강 수출에 쿼터(물량 제한)를 부과한 상태다. 경제 대국 일본이 외교적 사안을 전략물자 수출 제한으로 한국에 응수하는 것은 역사적으로 그리 놀랄 일은 아니다.

세계 역사에서 안보와 통상이 그나마 분리돼 세계 각국이 안보에 신경 쓰지 않고 수출에만 힘쓸 수 있었던 시기는 1990년대 초 탈냉전 이후 도래한 팍스 아메리카나 시대 정도가 아닐까 싶다. 한국도 1992년 중국·베트남과 수교하는 등 북방 정책을 서둘렀고 이후 이들 국가의 부상과 함께 경제적 혜택을 상당히 누려 온 것이 사실이다. 이 기간에 한국을 포함한 여러 아시아 국가는 무역 상대국의 이익 증가에 관심을 두지 않고 무역을 자국의 효과적인 경제성장 전략으로 채택, 안보상의 적과 동지를 구별하지 않는 경향을 보였다.

즉 통상의 '안보 외부성'을 무시하고 돈벌이에만 몰입한 셈이다. 통상의 '안보 외부성'은 A국이 B국과의 무역으로 얻는 이익의 일부로 A국의 군사력을 증강시켜 B국을 위협하게 되는 현상을 말한다. 이는 과거에 군사 동맹국끼리 군사동맹 합의문에 경제적 협력을 명시적으로 적시해 이런 '안보 외부성'을 회피하는 전략을 구사한 것과는 전혀 다른 양상이었다. 미국의 군사적 헤게모니에 대한 신뢰가 명확한 상황에서나 가능한 일이었다.

1930년대 유럽 각국은 심각한 보호주의로 치달으며 관세와 환율 전쟁을 벌이다 결국 물리적 전쟁인 제2차 세계대전까지 촉발했다. 이후 전승국인 연합국들은 '세계 각국의 경제적 상호 의존성을 높여 전쟁이 터지면 모두가 피해를 보게 되는 국제 분업 체계를 확립하겠다'는 대명제 아래 비교 우위에 의한 글로벌 생산·공급망 심화를 관세 및 무역에 관한 일반협정(GATT)과 투자 협정 등을 통해 뒷받침했다.

솔로몬 폴라첵(Polachek) 뉴욕주립대 교수가 분석한 바에 따르면 양국의 무역이 2배가 되면 상호 적대감이 20% 줄어드는 효과가 있는 것으로 나타났다. 물론 A국이 B국에 엄청나게 투자하면 그 매몰비용으로 인해 B국은 A국의 희생을 강요하는 저지 전략을 펼칠 수도 있다. 사드 보복이 이에 해당하지만 적어도 지금까지 그런 경우는 드물었다.

하지만 도널드 트럼프 미국 대통령 집권 이후 세상은 빠르게 변하고 있다. 중국과의 전략적 경쟁에 대한 우려와 함께 미국 경제 재건이 국가적 어젠다로 떠오르면서 미국은 안보와 경제를 강하게 그리고 광범위하게 연계하는 신냉전 시대를 열었다. 미국은 동맹국 독일·일본·한국의 자동차에도 232조 안보 조항 적용을 고민하고 있고 중국은 한국이 사드를 본격적으로 배치하면 제2의 경제 보복을 감행할 태세다.

일본은 한국을 우방국 리스트에서 지우고 싶어 하는 이 혼돈의 시대, 미·중·일 3국에 몰아닥친 삼각파도에 한국호가 심하게 흔들리고 있다.

허윤의 경제 돋보기
〈한경비즈니스 제 1236호 2019년 8월 5일〉

용어 설명

GATT(General Agreement on Tariffs and Trade)
『관세 및 무역에 관한 일반 협정』으로 관세 및 비관세장벽(관세를 제외한 모든 무역장벽)을 제거하고 무역분쟁 해결절차를 마련함으로써 자유무역을 확대하기 위해 1947년 제네바에서 미국을 비롯한 23개국이 서명하고 1948년 1월에 발효된 국제조약. 국제무역기구(International Trade Organization: ITO) 헌장(Havana Charter)의 일부로 추진되었으나 ITO가 미 의회의 반대로 무산되자 23개국 간 무역 협정으로 잠정 출범했다. 1995년 WTO(세계무역기구) 출범 이전까지 사실상(de facto) 국제기구로서의 역할도 수행했다. 원래의 GATT를 'GATT 1947'이라 부르며, GATT 1947과 우루과이라운드(UR) 협상에서의 GATT 관련 결정 등을 묶어 'GATT 1994'라고 한다. WTO 협정문은 상품협정인 'GATT 1994'와 서비스협정인 'GATS' 및 지적재산권 협정인 'TRIPS'로 구성되어 있다.

수출제한조치(export control)

경제적·안보적 목적 등 다양한 이유로 수출국이 일방적으로 수출을 제한하는 행위를 말한다. 안보상 이유로는 1974년에 설립된 핵물질공급그룹(Nuclear Suppliers Group: NSG)의 핵물질 수출 통제를 들 수 있다. 2006년 10월 UN 결의에 의한 북한에 대한 무기류와 사치품의 수출금지조치도 그 예이다. 식료품이나 의약품과 같은 필수물자의 수출 통제도 여기에 속한다. 이 밖에도 환경보존 등을 목적으로 멸종위기 동식물에 대한 수출제한도 이뤄지고 있다.

현재와의 대화: 날개 없이 추락하는 한·일 관계

2019년 7월 일본 수출규제가 시작된 지 벌써 2년이 다가오고 있다. 일본 정부는 한국 대법원의 일제징용 피해자 손해배상 판결 이후 한국에 대해 경제보복으로 수출규제를 시작했다. 한국은 일본에 대해 한일군사정보보호협정(GSOMIA) 종료 통보를 하기도 했었다. 결국 GSOMIA 종료 유예로 한 발 물러섰지만 일본 수출규제 조치에 대해서는 WTO 제소절차를 최근 재개했다. 일본의 수출규제 조치는 특별 지정품목에 대한 수출규제와 한국에 대한 백색국가 제외조치로 요약된다. 특별규제는 포토레지스트, 불화수소, 플루오린 폴리이미드 3개 품목에 대해 포괄수출허가 대상에서 개별수출허가 대상으로 전환한 것이다. 한국서 이 품목을 수입하는 절차가 까다로워진 것이다. 백색국가 제외 조치는 한국에 대한 전략물자 수출심사 절차와 허가 유효기간 등이 강화되었고, 비전략물자에 대해서도 캐치올(catch-all, 대량살상무기 및 재래식 무기 등으로 전용될 가능성에 높은 품목에 대한 통제 방식) 통제가 적용되었다. 2021년 현재 한국의 일본산 불화수소 수입은 급감했지만 다른 소재의 수입은 일본산 비중이 여전히 높게 유지되고 있다.

♟ 지식 한 토막: 비상장사 화웨이 주인은 공산당?

"화웨이는 비상장사이다. 때문에 주주 구성 자체가 베일에 가려져 있다. 주식의 98.6%를 노동조합인 공회에 가입한 직원이 갖고 있다. 직원은 재직 중 소유한 주식을 팔 수 없으며 퇴사하면 반납해야 한다. 런정페이(任正非, Ren Zhengfei) 회장의 지분은 1.4%에 불과한 것으로 알려졌다. … 이사회 선출 절차도 외부에 일체 공개되지 않는다. 중국 정부는 공식적으로 화웨이 주식을 단 한 주도 가지고 있지 않지만 공회가 중국 공산당의 직접 감독을 받는 하부조직이라는 점이 의혹의 핵심이다. … 중국의 공회법에는 '공회가 공산당의 기본노선, 방침, 정책 등을 견지하고 당의 지도자 상을 관철한다'고 명시되어 있다. 서구의 종업원 지주회사와 큰 차이가 있다. 전문가들은 화웨이의 이런 지배구조가 '눈속임'이며, 화웨이는 사실상 중국 정부가 통제하는 기업이고 이를 '노동자 소유기업'이라는 외피로 은폐하고 있다고 분석한다. 런정페이 회장은 인민해방군 정보기술학교 출신이며 중국공산당과 관련된 경력도 있는 것으로 알려져 있다. (최병일, 2019)"

최병일 이화여대 교수(한국고등교육재단 사무총장)는 '화웨이의 주인이 다름 아닌 공산당'이라는 사실을 그의 저서 『미·중 전쟁의 승자, 누가 세계를 지배할 것인가?』를 통해 적나라하게 고발하고 있다.

9

글로벌 무역전쟁과 한국 경제의 대응

글로벌 무역전쟁 속 생존전략

글로벌 통상환경이 요동치고 있다. 트럼프의 일방적 보호주의와 시진핑의 강력한 산업정책이 정면충돌하면서 미·중 관세전쟁은 비관세장벽을 포함한 무역전쟁으로, 나아가 전방위 경제전쟁으로 비화될 전망이다. 불붙은 전쟁의 화염 속에서 우리가 취할 수 있는 생존전략은 무엇인가?

다자주의의 복원 및 메가-FTA 가입 혹은 체결해야

첫째, 우리 정부는 다자주의의 복원 나아가 메가-FTA 가입 혹은 체결을 서둘러야 한다. 트럼프에 대한 국제적 압박은 사실 '고양이 목에 방울 달기'에 가깝다. 그리고 한국 정도 규모의 나라가 혼자서 할 수 있는 일은 결코 아니다. 다자주의를 지키려는 나라들과 힘을 합쳐 국제 대오를 형성하고 사안별로 미국을 압박하는 동시에 혼수상태에 빠진 WTO를 대체할 메가-FTA의 활성화에 한국이 앞장서야 한다.

환태평양경제동반자협정(TPP)은 미국이 빠진 상태에서 일본의 주도로 포괄적·점진적 TPP(CPTPP)가 되어 올 3월 11개국이 서명을 마쳤다. 미국이 돌아와 현재 유보상태인 지재권 등 조항의 복원으로 재협상이 마무리될 수도 있겠지만 미국이 재협상 범위(scope)의 확대를 원하게 되면 상황은 어렵게 전개될 것이다. 한국은 내부입장을 정한 후 공식적인 '관심 표명'과 '예비양자회담' 순서를 밟게 될 것이다. 현재 CPTPP는 일본과 멕시코가 비준을 마친 상태이고 2019년 발효될 전망이다.

역내포괄적경제동반자협정(RCEP)의 경우 미국이 TPP에서 탈퇴함에 따라 중국으로서는 일종의 추진 모멘텀이 사라진 상황이다. 중국의 관심은 RCEP보다는 '일대일로'에 경도된 모습이다. 한·중·일(CJK) FTA는 올해 5월 3국 정상회담으로 탄력을 받는 듯했지만 여전히 교착상태를 벗어나지 못하고 있다. 중국과 일본의 관계가 최근 개선되는 양상과는 달리 한·일 정부 간 냉기류는 여전하다. 문제는 한·일 간 시장접근에 대한 양자협상 타결이 없이는 TPP, RCEP, CJK FTA 모두 우리는 단 한 발짝도 나갈 수 없다는 데 있다. 일본·EU 메가-FTA는 2019년에 발효될 예정이다.

중국의 '시장 왜곡 반대' 목소리 높여야

둘째, 막대한 보조금 지급 등 산업정책의 강화와 불공정 규제의 확대에 나선 중국에 대해 우리 정부는 미국과 EU 그리고 일본과 함께 '시장 왜곡 반대'와 '제도 개선 요구'의 목소리를 높여야 한다. 사실 트럼프의 통상정책은 오바마의 연장선상에 있다. 오바마는 2009년 이후

TPP를 전략적으로 주도한 인물이다. 그는 환태평양 12개국이 힘을 모아 중국을 견제해야 한다고 판단했다. 무엇을 위한 견제인가? 바로 중국 경제의 급부상과 이를 뒷받침하는 중국 정부의 반개혁적이고 반시장적인 산업정책이 그 대상이었다.

오바마 행정부는 집권 2기에 중국 상품에 대해 무차별적으로 반덤핑/상계관세를 부과했다. 트럼프는 이에 더하여 직권상정과 불리한 가용정보(AFA) 및 특별시장상황(PMS)을 적극 적용하여 관세마진을 확대하고 제재품목을 늘렸다. 7월 6일 중국 상품 340억 달러 어치에 대해 관세폭탄을 먼저 투하한 것은 트럼프지만 중국 또한 그 원인 제공자라는 비판에서 자유롭지 않다.

2025년 제조강국 진입, 2035년 제조강국 중간수준 도약, 그리고 2045년 글로벌 제조업 선도국가가 되겠다는 중국 정부의 야심찬 계획은 WTO 규범과는 거리가 멀다. 특히 중국은 국제규범이 아닌 지경학적(geoeconomic) 접근을 통해 주변국들과의 갈등을 증폭시킨 바 있다. 2010년 일본과의 센카쿠 열도(댜오위다오) 분쟁으로 희토류 수출을 중단시켰고 2011년에는 남중국해 사태를 이유로 필리핀 바나나 수입을 중단하는가 하면 2016년 한국을 상대로는 사드 배치에 반대하여 롯데마트와 현대자동차에 대한 보복 및 중국 단체 관광객 한국 방문 금지를 실시했고 같은 해 대만 차이잉원 집권에 항의해 한국과 유사한 조치를 취한 바 있다. 다자주의 최대 수혜자 중국이 다자주의를 패싱(passing)하는 현실이 눈앞에 펼쳐지고 있다.

중국 정부가 일시적 혹은 부분적 조건을 제시하며 미국과의 화해를 시도하려고 하는 한 G2 무역전쟁은 상당기간 지속될 수밖에 없다. 협박과 보복, 재보복과 물밑 협상, 일시적 휴전, 다시 협박이라는 패턴이 반복되면서 세계 경제는 크레바스라는 미답의 얼음 골짜기로 추락할지도 모른다.

끝으로 세계 통상환경의 구조적 변화를 눈여겨볼 필요가 있다. 미국을 포함한 많은 나라에서 포퓰리스트 지도자들이 각광받고 있다. 포퓰리즘은 처음에는 과격하고 엉뚱하게 치부되기 쉽지만 긴 시각을 두고 대부분 제도권으로 흡수된다. 포퓰리스트 정치지도자는 비정부 국내 행위자들과의 접점을 늘리고 연계를 강화하는 방식으로 움직인다.

특히 우파 포퓰리스트는 다른 민족 혹은 국가를 타깃으로 정해 세계화와 개방에 따른 국내 피해자들의 분노를 활용한다. 미국의 경우 11월 중간선거 결과에 관계없이 트럼프식 보호주의는 미국의 정치문화에서 구조적 방향성으로 자리 잡게 될 것이다. 특히 보호주의는 상대가 있어 그 조치들의 전염성이 강하다.

보호주의가 전 세계적으로 확산되면 국내 기업들은 관세·비관세 장벽을 피해 거대 수출시장으로 생산기지를 옮기거나 기존 해외 생산기반을 확대할 것이다. 그리고 그 과정에서 국내 경제는 생산 축소와 일자리 감소, 나아가 소득 감소와 내수 위축이라는 악순환에 빠져들 것이다. 우리 기업을 국내에 머물게 할 수 있는 보다 적극적인 유인책이 필요한 이유다.

특집
〈국회보 2018년 8월호〉

용어 설명

반덤핑관세(anti-dumping duty: ADD)

수출국의 기업이 가격을 부당하게 낮춰 수출하여 수입국 경쟁기업에 피해를 입혔을 때 수입국 정부에서 정상적인 가격과 부당한 가격의 차액에 대하여 부과하는 세금을 말한다. 이때 정상가격으로는 수출국의 국내가격이 주로 이용되지만 수출국의 국내 시장 규모가 미미한 경우 제3국으로의 수출가격이 활용되기도 한다. 비용과 이윤 등을 더한 구성가격(constructed price)으로 정상가격을 산출하기도 한다. 미국의 경우 국제무역위원회(ITC)가 국내산업의 피해 여부를 조사한다. 피해가 크다고 판정되면 상무부(Dept. of Commerce)가 반덤핑관세를 부과한다.

상계관세(countervailing duty: CVD)

수출국 정부가 직·간접으로 보조금을 지급하여 생산된 품목이 수입국 산업에 실질적인 피해를 초래할 경우, 수입 당국이 해당 품목에 대해 보조금의 왜곡행위를 시정하기 위해 부과하는 세금을 말한다. 보조금은 정책당국이 정책목표를 달성하기 위하여 산업 및 기업 활동에 제공하는 금융·세제상의 각종 지원을 말한다. 수출주도형 성장전략을 택한 개도국의 경우 수출산업에 대한 지원정책이 일종의 관행이 되다시피 했다. 선진국에서도 개도국과의 경쟁으로부터 자국의 산업을 보호한다는 명목하에 노동집약적인 사양산업에 보조금을 지급하는 예가 많다. 첨단 산업의 선점효과를 확보하기 위한 선진국 정부의 보조금 경쟁도 치열하다. 유럽의 에어버스와 미국의 보잉사간 분쟁이 좋은 예이다.

AFA(불리한 가용정보, adverse facts available)

미국 상무부는 반덤핑·상계관세 조사 시 대상 기업이 미국 정부가 요구하는 자료 제출 등 조사에 충분히 협조하지 않는다고 판단할 경우, 자의적으로 AFA를 활용해 고율의 관세를 산정하고 있다. 미국은 2015년 무역특혜연장법(Trade Preference Extension Act of 2015, TPEA)을 통해 반덤핑 및 상계관세법을 개정하여 조사당국의 재량권을 확대·강화하였다. 최근 반덤핑 조사에서 AFA가 적용된 기업 수는 2013년 이전 한 자릿수에서 계속 늘어나 2017년 11월 말 기준 40개로 크게 증가하였다. AFA 적용은 철강제품 관련 기업이 대부분이다. 2020년 7월 미국이 한국산 페트 시트(PET sheet)에 AFA를 적용, 최고 52%의 반덤핑 관세를 부과하기로 최종 결정하였다. AFA를 적용했을 때 덤핑마진(평균 100% 이상)은 적용하지 않은 경우(평균 20% 내외)보다 훨씬 높다.

PMS(특별시장상황, particular market situation)

PMS는 특정 국가 시장 상황이 비정상적이기 때문에 해당 기업이 제출한 제조원가를 신뢰할 수 없어 조사 당국이 재량으로 가격을 산정한 후 고율의 관세를 부과하는 보호무역 조치이다. 미국은 2015년 무역특혜연장법을 통해 PMS와 관련된 정상가치 산정 방식에 대한 근거 조항을 마련했다. 동 규정은 중국, 베트남 등 비시장경제(nonmarket economy)에 적용되던 덤핑 마진 산정 방식과 매우 유사한 방식이 시장경제 국가에도 적용되는 내용으로 이는 미국이 중국을 시장경제국가로 인정해야 할 상황에 대비하기 위해 도입한 것으로 이해된다. 미국은 2017년에 한국산 유정용강관(OCTG)의 주재료인 열연코일의 한국 내 구매가격이 특별시장상황으로 왜곡되어 있다고 판단하고 재량적인 방법을 통해 연례재심 덤핑 마진을 이전보다 높게 산정했다. 이는 미국이 2015년 PMS 규정을 재정비한 이후 처음으로 적용한 사례이며 그 이후 2017년 12월에 스탠다드 강관, 2018년 1월에 송유관 반덤핑 연례재심의 예비판정에서 유정용강관에 적용된 PMS가 그대로 인용됐다. 미국의 국별 PMS 적용 건수는 2017년 1건에서 2018년 6건, 2019년 9건, 2020년(11월까지) 10건으로 늘어나고 있다.

♜ 현재와의 대화: '나쁜 나라, 중국' 이미지 확산시킨 사드 보복

사드(Thaad, 고고도미사일 방어체계) 보복은 중국에 대한 부정적 이미지를 한국서 형성하는 결정적 계기를 제공한 사건이었다. 발단은 미국의 무기 배치. 2016년 7월 미국이 한국에 사드 배치를 결정하자 중국이 한국을 상대로 경제보복을 개시한 것이다. 우선 한국인 상용비자 발급 절차를 까다롭게 하고, 한국산 설탕, 화학제품에 대한 반덤핑 조사를 시작한 데 이어 한한령으로 한류 콘텐츠의 중국 내 방영을 제한하는 동시에 사드 부지를 제공한 롯데 중국 사업장에 대해서는 각종 세무조사와 소방안전 점검 등을 실시하게 된다. 중국 롯데마트는 40여 군데에서 영업 정지를 받고 급기야 중국에서 철수하게 된다. 롯데마트 대표는 중국 당국서 임금 체불 등을 이유로 출국금지 당하는 수모를 겪었다. 롯데는 사드 보복으로 인해 중국서 약 2조 원 이상의 손실을 본 것으로 추정된다. 현대차 또한 사드사태로 중국 내 관제 현대차 불매운동이 일어나면서 판매가 급감하는 상황을 맞이했다. 2015년 중국서 기록적인 179만 대를 판매했던 현대차(기아차 포함)가 2017년에는 115만 대로 주저앉더니 이후에도 하락 추이에서 벗어나지 못하고 있다. 중국은 또한 한국산 배터리 보조금 지급을 중단하고, 한국산 화장품 수입을 고의로 지연시키기도 했다. 한국에 대한 단체관광을 제한했는데, 단체관광을 금지한 이후 중국인 관광객(유커) 수는 30% 이상 줄어든 것으로 나타났다.

지식 한 토막: 약해진 한·미 연계고리를 노려라!

"시진핑은 미국과 한국 사이의 심각한 균열에 주목하고 있으며 기회를 활용해 양국 관계를 흔들 수 있다고 판단한 것이 분명하다." 미 싱크탱크 브루킹스(Brookings)는 2020년 7월 '연계고리 약화를 통한 중국의 한국 접근 전략(Trying to loosen the linchpin: China's approach to South Korea)'이라는 보고서를 통해 중국의 대한(對韓) 접근 전략을 면밀히 분석했다. 중국은 동북아 내 한국의 위치와 전략적 중요성을 잘 인지하고 있으며 그 결과 한국을 중화 영향권 아래 두고자 끊임없이 전략·전술을 구사하고 있다는 것이 주된 내용이다. 한국이 미국 대 세계 동맹 전략의 핵심 연계고리(린치핀, linchpin)로 파악한 중국은 한국에 대한 영향력 확대를 통해 미국과의 동맹 관계를 약화시키고 북한 비핵화 등 한반도 문제에 대한 중국의 입장을 관철시키려는 전략을 구사하고 있다는 분석이다. 동 보고서는 미·중 전쟁이 확대되는 상황에서 사드의 전례처럼 중국은 강압적 수단을 동원해서라도 미래 한국을 더욱 압박할 것이라 전망했다.

10

트럼프의 배신, 시진핑의 위선

트럼프 집권 이후 미국이 빠르게 변하고 있다. 미국 우선주의를 내세우며 전후 미국이 국제사회에서 힘들게 쌓아 온 사회적 자본을 일거에 무너뜨리고 있다. 북대서양조약기구와 세계무역기구(WTO)를 흔들고 파리기후협약과 환태평양경제동반자협정(TPP)에서는 탈퇴했다. 폐기도 불사하겠다며 동맹국들과 맺은 자유무역협정을 맹비난하고 재협상에 나섰다.

지난 70년간 세계를 이끈 것은 미국의 '국제주의(Globalism)'였다. 국제주의의 핵심은 자유주의 국제질서에 있다. 질서의 하부구조는 자본주의 시장경제이고 방법론은 '다자주의(Multilateralism)'다. 다자주의는 미국과 수많은 나라들이 머리를 맞대고 지구촌 문제를 함께 풀어 가는 방식이다. 물론 미국 공화당은 이를 위해 물리적 힘이 뒷받침돼야 한다는 입장이지만 적어도 가치와 규범 그리고 절차의 중요성을 다자협의체를 통해 보장하고 이행한다는 대원칙에서는 민주당과 큰 차이가 없다. 국제연합의 창설과 세계은행 및 국제통화기금의 설립 그리고 WTO 발족 등 굵직굵직한 다자체제의 출범은 하나같이 미국의 주도적인 역할이 없이는 불가능한 일이었다. 국제주의의 확산은 소련과 동유럽을 붕괴시켰고 중국을 개방의 길로 내몰았다.

트럼프는 집권과 동시에 '다자협상에서 양자협상으로의 전환'을 전격 선언했다. 이는 다자주의 나아가 국제주의에 대한 자해이자 심각한 배신행위이다. 법이 아닌 힘을 내세워 협박과 회유의 논리가 횡행하는 곳이 바로 '양자주의(Bilateralism)'가 아닌가. 일대일, 한 명씩 맞붙어 미국의 힘을 제대로 보여 주겠다는 의도가 깔려 있다. 실제 트럼프는 집권 후 세이프가드나 반덤핑 등 각종 수입제재조치를 발동, 많은 나라에 일대일 전방위 압박을 가하고 있다.

트럼프의 출현으로 희망을 본 곳이 중국이다. 중국은 전후 다자주의 체제의 최대 수혜자로 G2에 등극했다. 하지만 그 리더가 될 수는 없다는 현실에 절망하고 있다. 공자와 맹자 그리고 모택동을 자랑하지만 빛바랜 봉건 철학이나 한물간 마오이즘은 문화유산일 뿐 지구촌의 현재를 이끌 가치 체계가 될 수 없다. 인권을 탄압하며 소수민족과 종교인에 폭력을 서슴지 않는 나라, 주변국과는 하나같이 영토분쟁을 일으키며 협박을 일삼던 나라지만 트럼프의 외도에 마침내 '글로벌 리더의 꿈(중국몽)'을 한껏 키우게 된 모습이다.

지난해 초 다보스에서 시진핑은 당시 미국 대통령 당선자였던 트럼프를 겨냥, '중국은 세계화라는 거대한 바다에서 수영하는 법을 배웠다'며 이제 미국이 아닌 중국이 '글로벌 자유무역의 강력한 수호자'임을 천명했다. 하지만 미 전략문제연구소 존 알트만(Jon Alterman)의 지적대로 중국의 세계전략은 철저하게 양자협상에 의존할 수밖에 없다. (타임지 2월 5일 자) 다자체제를 이끌 어떤 철학도 동조국도 없기 때문이다.

시진핑의 위선은 한국을 상대로 한 사드 보복에서 적나라하게 드러났다. 시진핑의 한마디에 '한국 상품 죽이기' 광풍이 대륙 전역에 몰아쳤다. 편법과 탈법으로 무장한 중국 공무원들의 보이지 않는 주먹과 각목이 롯데와 현대차를 사정없이 내리쳤다. 다보스의 그 다자주의 수호자는 도대체 어디로 사라진 것일까.

자원 확보와 영토 확대라는 야욕을 숨기고, 인프라 건설을 미끼로 중국은 주변 개도국들을 하나씩 양자협상으로 엮어 '반자유주의(Illiberal)' 다자체제 형성을 시도하고 있을 뿐이다. 일대일로나 아시아인프라개발은행(AIIB)도 돈을 담보로 한 중국식 권위주의 네트워크의 확산에 지나지 않는다. 하지만 올해 다보스 포럼에서 확인했듯이 국제주의는 미국 없이도 살아남을 것이다. 미국의 공백을 유럽과 일본이 주도적으로 메우면서 세계는 미국의 귀환을 인내하며 기다릴 것이다.

전후 미국이 이룩한 자유주의 국제질서를 배신하고 양자주의로 돌아선 트럼프, 그리고 양자주의 권력과 돈의 늪에 빠진 채 말로만 다자주의의 수호자임을 자처하고 나선 시진핑, 2018년 국제 사회는 이들이 펼칠 배신과 위선의 극적인 행보에 촉각을 곤두세우고 있다.

포럼
〈디지털타임스 2018년 2월 6일〉

용어 설명

중국몽(中國夢)

 2012년 12월 시진핑 주석이 중국 공산당 제18차 당대회에서 제시한 미래 비전. '중화민족의 위대한 부흥'을 뜻하는 '중국몽'은 총서기에 오르면서 처음으로 내세운 시진핑의 통치 이념이다. 시진핑은 "중국몽의 실현은 국가 부강, 민족 진흥, 인민 행복이며 중국몽은 민족의 몽이면서 동시에 개개 중국인의 몽이다"라고 말했다. 중국몽에는 두 가지 목표가 담겨 있다. 공산당 창건 100주년이 되는 2021년까지 전면적인 샤오캉 사회(小康社會, 의식주 문제가 해결된 사회)를 실현하는 것과 중화인민공화국 건국 100주년이 되는 2049년까지 부유한 사회주의 국가를 건설하겠다는 것이다. 이른바 '백 년의 목표' 두 개를 성취해 '중국몽'을 이룬다는 계획이다. 중국몽을 이룰 방법은 내수를 강조한 소위 쌍순환(dual circulation) 전략이다. 쌍순환 경제의 방점은 국내 대순환이며 그 목표는 기술기반의 자력갱생이라 할 수 있다. 보다 구체적으로는 현재 4억 명인 중국 중산층의 수를 2035년까지 8억 명으로 늘리고 중국 자체시장의 잠재력을 활용하는 방향으로 성장 패러다임을 전환하는 방식이다. 이는 중국을 상대로 미국이 핵심기술에 대한 접근을 어렵게 하면서 중국 자체 과학기술의 발전과 기술자립을 도모할 수밖에 없게 된 중국의 현실이 반영된 전략으로 판단된다.

다보스포럼(Davos Forum)

 클라우스 슈타브(Klaus Schwab, 82세) 제네바 대학교 교수가 설립한 '세계경제포럼(World Economic Forum)'이 주최하는 연차 총회를 말한다. 연초에 약 1주일간 스위스 다보스에서 개최된다. 현재 미국과 유럽 등의 약 1,200개 이상의 기업체와 단체를 회원으로 두고 있으며 2,000명이 넘는 참가자들이 정치와 경제 및 문화 등 폭넓은 주제에 대하여 다양한 형식의 토론을 벌인다.

세이프가드(Safeguard)

특정 품목의 수입이 급증하여 국내 업체에 심각한 피해가 발생했거나 발생의 우려가 있을 경우, 수입국이 관세를 인상하거나 수입수량제한을 통해 수입품을 규제하는 긴급수입제한조치를 말한다. 세이프가드는 반덤핑관세, 상계관세와 함께 개방에 따른 피해를 줄이려는 무역구제제도의 핵심을 이루는 조치이다. 동 조치는 수출기업이나 수출국 정부의 불공정행위 여부와 관계없이 수입국 정부가 취할 수 있다는 점에서 반덤핑·상계관세 조치와는 차별화된다.

♜ 현재와의 대화: WTO의 재앙, 중국

1978년 덩샤오핑(鄧小平, Deng Xiaoping)이 개혁·개방을 선언한 이후 중국은 2001년 WTO 가입을 맞아 또 한 번 도약의 발판을 마련하였다. 중국 정부가 개방을 촉진하면서 산업 및 기업의 개혁을 강도 높게 추진한 것이 경제적 성과로 이어졌기 때문이다. 효율성 확보와 산업구조 고도화 등을 목표로 강력한 산업정책을 집행해 온 중국은 1978년에서부터 2017년까지 약 40년간 연평균 실질 GDP 9.5% 성장을 기록하였고 같은 기간 1인당 GDP는 약 155배 증가했다. 전 세계 GDP 중 중국 비중도 1978년 1.8%에서 2017년 15.2%로 증가했다. 중국의 WTO 가입의정서 제15조엔 '가입 15년 후 비시장경제 분류에 따른 반덤핑 조사가 종료된다'는 내용이 포함돼 있다. 하지만 미국과 EU는 중국을 여전히 비시장경제로 분류하고 있다. 비시장경제로 중국을 분류하면 중국 제품에 대한 반덤핑 마진을 높게 산출할 수 있게 된다. 중국은 이 문제를 WTO에 가져갔지만 2019년 제소를 포기했다. 승소가능성이 희박했기 때문이었다. 트럼프 전 미국 대통령은 한 인터뷰에서 "중국은 WTO의 재앙"이라 선언한 뒤 "WTO가 중국을 개발도상국으로 간주하고 있는데 중국이 만약 개도국이라면 세계 모든 나라가 개도국이다"라며 중국과 WTO를 맹비난하였다. 한국은 2005년 노무현 정부가 중국에 일찌감치 시장경제 지위를 인정한 상태이다.

♟ 지식 한 토막: '중국몽' 꿈 깨! 패치워크 인문학이 본 시진핑의 '중국몽'

"'중국모델'은 성공할 수 있을까. 공감해석학과 패치워크 문명이론으로 판단해 볼 때 성공하기가 상당히 어려울 것으로 예상된다. 패치워크 문명이 성공하기 위해서는, 확실한 자신의 문명을 토대로 한다는 정체성과 앞선 외국 문명의 장점을 적극 받아들여 내 것으로 만들려고 하는 개방성, 이런 정체성과 개방성을 바탕으로 한 단계 앞선 문명을 만들어 내는 창조성이 필요하다. 정체성과 개방성 및 창조성이 있어야 어설픈 절충물이 아니라 자기 통일성을 가진 든든한 '자기완결적 엔텔레키(완전자)'가 만들어진다. 하지만 시정부가 추진하고 있는 '중국모델'은 중국 인민들의 외적 그리고 일시적 공감을 이끌어 낼 수 있을지 몰라도 내적, 장기적 공감을 얻어 내기가 쉽지 않을 것으로 예상된다. 경제성장이 이뤄지는 동안에는 공감을 계속 얻을 수 있겠지만, 성장률이 둔화되고 실업이 불거지면 불균등 이슈가 터져 나오면서 공감은 급속히 악화될 가능성이 높다. 특히 시정부가 강조하는 '중국 특색 사회주의'와 '위대한 중화민족을 부흥시킨다는 중국몽'은 인류의 보편적 가치로 인정받고 있는 자유와 평등, 인권 등을 적극 받아들이는 개방성을 전혀 보여 주고 있지 않고 있다. 오히려 자유 평등 인권을 억압하는 통제를 강화함으로써 위에서 만들어 높은 이데올로기를 아래로 강제로 주입시키는 방식을 취하고 있다. … 7명으로 구성된 중국 최고 의사결정, 집행기구인 '중국공산당 정치국 상무위원회'의 상무위원이 거의 대부분 시주석의 '측근'으로 채워져 'No'를 자유스럽게 제기할 수 있는 분위기가 아님은 확실하다. No라고 할 수 없으면 사람이 아무리 많아도 '집단지성'보다는 '집단사고'에 빠지기 쉽다. 집단지성은 바람직한 새로운 문제해결방안과 문명을 창조해 내지만 집단사고는 공멸하는 오류만을 되풀이한다는 것은 역사에서 수없이 증명된 史實이다. (홍찬선, 2019)"

머니투데이 편집국장 출신의 홍찬선 시인에 따르면 패치워크란 '헝겊이나 가죽 조각들을 꿰매고 모아 붙여 짜깁기한 쪽모이식의 옷이나 보자기, 우산 텐트 누비이불 축구공 같은 섬유, 가죽 제품'을 말한다. 패치워크 문명론은 '인류문명도 앞선 문명을 서로 받아들여 자기 고유 문화와 짜깁기, 접붙이기해 보다 앞선 새로운 문명을 만들어 낸다는 이론'이다.

보호주의 악행이 부메랑으로 돌아와

루스벨트, 관세율 59%로 올린 '스무트-홀리法' 비난
미국 수출 절반 아래 수준으로 뚝… 대공황 가속화

1920년대 미국 경제는 호황을 구가했다. 월스트리트가 '새로운 번영의 시대가 도래했다'며 장밋빛 전망을 마구 쏟아 낸 것도 이때였다.

그러나 1929년 초를 정점으로 미국 경제는 내리막길을 걷기 시작했다. 1929년 10월 24일 '검은 화요일'의 주가 대폭락을 기점으로 미국은 대공황의 소용돌이에 휘말리게 된다.

스무트-홀리(Smoot-Hawley) 관세법은 당시 상원의 리드 스무트(Smoot) 재무위원장(유타·공화당)과 하원의 윌리스 홀리(Hawley) 세입세출위원장(오리건·공화당)에 의해 추진됐다. 당초 입법 취지는 공급 과잉에 시달리는 농민 보호를 위해 농산물 관세를 인상하자는 것으로, 후버(Hoover) 대통령의 1928년 대선 공약사항이었다. 하지만 입법과정에서 이 법안은 정치인들의 흥정과 야합으로 관세 인상의 대상이 공산품으로까지 확대되었다.

1930년 5월, 어빙 피셔(Fisher)와 프랭크 타우시그(Taussig) 등 1028명의 경제학자들은 상하원을 통과한 이 법안에 대해 후버 대통

령이 거부권을 행사하라며 탄원서를 제출했다. 특히 피셔는 전후 최대 채권국이 된 미국이 무역장벽을 이처럼 높인다면 유럽의 채무국들이 미국으로 수출하지 못해 결국 미국에 빚을 갚지 못하는 문제가 발생할 것이라고 경고했다. 헨리 포드(Ford) 등 기업가들도 이 법안이 교역상대국의 보복을 가져와 미국의 수출 길을 막게 될 것이라고 비판했다. 하지만 후버 대통령은 1930년 6월 동 법안에 서명했다. 그리고 그 대가는 혹독했다.

33개국에서 약 160건의 공식 항의가 미 국무부로 빗발쳤고, 무역보복을 내세운 이들의 협박은 현실로 드러났다. 최대 교역국이었던 캐나다가 미국산 주요 수입품 16개 품목에 대하여 관세를 인상했다. 영국은 1931년에 관세를 올렸고, 프랑스 또한 국제수지 악화를 이유로 무역에 대한 제한 조치를 취했다. 스무트-홀리 법안 발효 후 2년 동안 미국의 기업들은 유럽과 캐나다 등 해외에 258개의 공장을 세웠다. 무역장벽을 피해 해외로 떠난 것이다. 미국의 수출량 또한 농산품과 공산품 모두 절반 아래 수준으로 뚝 떨어졌다.

미국의 경우 스무트-홀리 법안 통과로 관세 부과 품목의 평균 관세율이 이전의 40% 수준에서 59.1%로 치솟았다. 1830년 이후 가장 높은 수준이었다.

대공황은 복합적인 요인에 의해 진행됐다. 하지만 스무트-홀리법이 초래한 소모적인 관세 전쟁이 대공황에 부정적으로 작용한 것만은 분명하다. 결국 후버 대통령은 1932년 대선에서 '뉴딜 정책'을 앞세운 민주당의 루스벨트(Roosevelt) 후보에게 패했다. 루스벨트는 선거 캠페인에서 '우리가 저지른 보호주의의 악행이 이제 부메랑이 되어 우리에게 돌아왔다'며 후버를 맹비난했다. 5선의 스무트 상원의원 역시 1932년 공화당의 아성인 유타에서 민주당 후보 앨버트 토머스(Thomas)에게 패했고, 홀리 하원의원은 공화당의 공천을 받지 못했다.

Weekly Biz
〈조선일보 2009년 2월 28일〉

용어 설명

스무트-홀리법(Smoot-Hawley Tariff Act)

미국 역사상 가장 악명 높은 보호주의 법. 대공황 때 자국 산업을 보호하기 위해 제정된 법으로 당시 법안 제출자들의 이름을 따서 『스무트-홀리법』으로 불리었는데 정식 명칭은 『1930년 관세법』이다. 1929년 10월 뉴욕증시 대폭락으로 경제 대공황이 시작됐고, 당시 허버트 후버 행정부는 증시 급락이 경기 침체로 이어지는 것을 막기 위해 동 법안을 제정했다. 1928년 공화당의 대통령 후보였던 후버는 농업생산량 급증으로 농가소득이 반으로 감소하자 수입농산품의 관세를 인상하겠다는 정책을 공약으로 내세웠다. 『1930 관세법』을 통해 미국서는 반덤핑법, 상계관세법, 불공정 수입에 대한 제재 등 수입규제를 위한 법이 제정되었다. 평균 관세율을 최대 59.1%(1932년)까지 높였고, 국내 산업에 대한 보호와 지원을 통해 정치적 지지를 받았던 의원들이 담합(logrolling)하여 20,000여 개 품목의 관세율을 인상해 20세기 최고의 관세율이 책정되었다. 결과적으로 고율의 관세 때문에 무역이 감소하면서 대공황을 더욱 심화시켰다. 수출과 수입이 모두 4분의 1로 쪼그라든 것이다.

♟ 현재와의 대화: 미국의 주요 통상법 핵심 내용

다음 글은 통상법과 통상정책 분야의 저명학자인 안덕근 서울대 교수가 정리한 미국 통상법 주요 내용을 요약한 것이다.

"오바마는 금융위기 직후인 2009년 대통령에 부임하면서 반덤핑과 상계관세 조사 강화 등 보호주의 고삐를 세게 조였다. 경제 상황이 악화되면 통상정책은 더욱 보호주의 경향을 띠게 된다. 스무트-홀리법의 뒤를 잇는 주요 통상법으로는 1962년 『무역확장법(Trade Expansion Act of 1962)』을 꼽을 수 있다. 무역을 자유화하면서 국내 피해계층의 지원 토대가 되는 무역조정제도를 처음 구축하는 계기가 된 법이다. 특히 이 법에는 냉전 시대 안보상의 이유로 적성국과의 교역을 금지할 수 있다는 232조 조항이 포함되어 있었는데 그동안 일종의 사문화된 상태였다가 트럼프 행정부가 출범하면서 빛(?)을 보게 된다. 『무역확장법』은 또한 USTR의 전신인 특별무역대표부(Office of the Special Trade Representative, STR)를 신설하여 대통령의 재량권을 확대하였다. 『1974년 통상법(Trade Act of 1974)』은 불공정무역관련 조항인 제301조와 세이프가드(긴급수입제한제도) 규정인 제201조를 제정하였다. 트럼프 행정부는 세탁기, 태양광 셀·모듈에 대해 세이프가드 조치를 취하기도 했다. 레이건 시절 경쟁력 위기에 봉착한 미국은 외국의 불공정 무역 관행 철폐와 시장개방을 위한 압력을 행사하기 위해 슈퍼 301조,

스페셜 301조, 통신 301조 등이 담긴 『1988년 종합무역법(Omnibus Trade and Competitiveness Act of 1988)』을 제정했다. 그리고 가장 최근 미국은 대중 무역적자 확대와 보호무역조치를 위해 『2015년 무역특혜연장법(Trade Preferences Extension Act of 2015)』을 만들었다. 글로벌 금융위기 이후 세계 경기 침체와 미국의 무역수지 적자 심화로 대외경제여건이 악화되자 무역불균형을 해소하기 위해 무역구제조치(반덤핑, 상계관세, 세이프가드)를 강화한 것이다. 『1988년 종합무역법』이 일본을 견제하기 위한 법이었다면 『2015년 무역특혜연장법』은 중국을 겨냥한 법이다. (안덕근, 2020)"

♟ 지식 한 토막: 피셔 효과(Fisher Effect)와 피셔의 상처

스무트-홀리법을 거부하라는 집단 탄원서를 미 대통령에 제출한 경제학자 어빙 피셔(I. Fisher)가 제시한 이론. 명목 이자율은 실질 이자율과 기대 인플레이션율의 합과 같다는 피셔 방정식을 경제 전체로 확대시킨 이론이다. 이에 따르면 인플레이션이 예상되면 명목 이자율이 그만큼 상승하기 때문에 실질 이자율은 변하지 않는다. 피셔효과는 통화긴축을 할 경우 유동성 부족으로 금리가 상승하는 유동성 효과는 단기에 그치고 중·장기적으로 물가 하락을 가져와서 명목 금리도 하락하는 것을 말한다. 피셔 효과를 통화 정책에 적용하면 중앙은행이 정책 금리를 인상하는 긴축 정책을 시행했을 경우 단기적으로 명목 금리가 상승할 수 있지만 중·장기적으로는 기대 인플레이션율이 낮아져 명목 금리가 하락할 수 있다. 피셔는 신고전파를 대표하는 당대 최고의 수리 경제학자이자 통계학자로 명성을 날렸지만 1929년 월스트리트 붕괴 바로 직전 그가 한 말 때문에 평생 치유할 수 없는 상처를 안고 살았다. "미국의 주식시장은 이제 영구히 높은 고원(高原)에 도달했다(The US stock market had reached a permanently high plateau)."

⑫
'보호주의로의 회귀' 유혹

**경제위기 맞아 고개 들지만
그래도 성장동력은 자유무역**

"만약 상품이 국경을 건너지 못한다면, 대신 군대가 진격할 것이다." 19세기 초 프랑스의 경제학자이자 저널리스트인 프레데릭 바스티야(Bastiat)가 남긴 말이다. 식민지 경험을 한 우리로서는 제국주의의 팽창 논리처럼 오싹하게 들리지만, 활발한 국제 무역이 국가 간 상호 의존성을 증대시켜 물리적 전쟁의 발발 가능성을 그만큼 낮춘다는 역사적 사실을 표현한 것이다.

실제로 17세기와 18세기 유럽의 국가들은 끊임없는 전쟁의 소용돌이에 휘말렸다. 중상주의(重商主義)로 일컬어지는 보호무역주의가 당시 유럽을 휩쓸고 있었기 때문이다. 미국의 독립전쟁도 영국의 지나친 관세와 조세 정책 때문에 시작됐고, 대공황 이후 1930년대 주요 국가들이 취한 극도의 보호무역 조치들은 사태를 더욱 악화시키면서 2차 세계대전의 발발로 이어졌다.

세계 경제가 불황의 늪에 빠져들면서 각국의 정치 지도자들이 '보호주의로의 회귀'라는 치명적 유혹(fatal attraction)에 지금 흔들리고 있다. "겁에 질린 자는 무역 장벽을 쌓을 것이요, 자신감에 가득 찬 자는 그 장벽을 허물 것이다!" 2000년 대선 캠페인에 나섰던 조지 W 부시(Bush) 미 대통령 연설의 한 부분이다. 하지만 그 또한 이번에는 '겁에 질려' 미 자동차업계를 상대로, '당장은 살리고 보자'며 174억 달러 규모의 구제 금융안을 들고 나왔다.

경제적 애국주의자인 버락 오바마(Obama)는 노조의 표를 의식하여 선거 기간 내내 보호주의적 공약들을 쏟아 내었다. 그의 이러한 행보는 적어도 통상정책에서만은, 그가 존경하는 에이브러햄 링컨을 확실히 빼닮았다. 남북전쟁을 치르면서 44%라는 엄청난 관세를 부과했던 링컨은 '자유무역이 무역상들만 배불리고 생산자들을 노예로 만든다'고 굳게 믿었던 고립주의자였다.

기회주의적 정치인은 어려움이 닥치면 지지자들을 달래기 위해 그럴듯한 희생양을 필요로 한다. 생산과 소득이 감소하고 일자리가 줄어드는 작금의 상황에서 그 책임을 전가할 수 있는 원인 제공자로 '자유무역'이 정치인의 인기 검색어로 떠오른 셈이다.

하지만 자유무역이 불황을 가져온다는 증거는 경제학 어디에도 없다. 세계 역사를 살펴보면 무역 규모의 증대와 경제 성장은 오히려 같은 방향으로 움직인다는 사실을 확인할 수 있다.

우리나라도 예외가 아니다. 이번 경제위기를 계기로 우리도 개방과 규제 완화를 골자로 하는 신자유주의적 정책 기조에 근본적인 수정을 가해야 한다는 주장이 일부 정치인들로부터 제기되고 있다. '신자유주의의 몰락'이라는 희망적 기대(wishful thinking)에 부푼 이들에게 미국발 금융위기가 한 줄기 구원의 빛(?)이 되고 있다. 하지만 진단부터 잘못되었다.

지난 10년간 국민의 정부, 참여정부를 겪으면서 개방과 세계화는 조직화된 저항에 직면, 엄청난 사회적 비용을 치르며 광화문에서 혹은 여의도에서 아직도 표류하고 있다. 또 국민경제는 방만한 공기업 경영과 지나친 정부 규제로 질식될 위험에 처해 있다. 미국이 경제적 자유를 너무 만끽하다 이번 위기를 맞았다면, 우리는 아직 시장경제의 기본 틀조차 제대로 확립하지 못한 상태에서 외부 충격의 직격탄을 맞은 것이다.

세계 경제의 침체는 보호주의가 아닌 자유무역의 확대로 정면 돌파해야 한다. 특히 대외 의존도가 높은 우리나라는 도하라운드(DDA)의 재개에 적극적으로 나서는 한편, 권역별 중심 국가와의 전략적 FTA 추진에 힘을 쏟아야 할 때이다. 자유무역은 위기의 책임을 전가시킬 비난의 대상이 아니라, 보릿고개를 넘어 오늘의 우리를 이 자리에 있게 만든, 경제 발전의 주역이자 미래 한국의 성장 동력이기 때문이다.

시론
〈조선일보 2009년 1월 3일〉

♜ 용어 설명

WTO 각료회의(Ministerial Conference: MC)

WTO의 최고의결기구. 회원국의 통상각료(通商閣僚)들로 구성된다. 각료회의는 적어도 2년마다 한 번씩은 열리도록 규정되어 있다. WTO 1차 각료회의는 1996년 싱가포르(Singapore), 2차는 1998년 스위스의 제네바(Geneva), 3차는 1999년 미국의 시애틀(Seattle)에서 열렸다. 2차 각료회의에서 회원국들은 UR의 뒤를 이어 이른바 '뉴라운드(New Round)'라고 불리는 새로운 다자간 무역 자유화 협상을 추진하기로 합의하였다. 그리고 1999년 11월 30일에서 12월 3일까지 미국의 시애틀(Seattle)에서 열린 3차 각료회의에서 뉴라운드 출범을 위한 협상을 시작하였으나, 주요국들 사이의 갈등, 시민과 농민 단체들의 격렬한 시위 등으로 합의를 이루지 못하였다. 시애틀(Seattle) 각료회의 이후 WTO는 최빈(最貧) 개발도상국에 대한 특별대우와 기술 지원 방안 등에 대한 협의를 진행하였고, 이를 기초로 2001년 11월 카타르(Qatar)의 도하(Doha)에서 4차 각료회의를 개최하였다. 이 회의에서 WTO 회원국들은 '뉴라운드' 출범에 합의하였고 그 공식 명칭을 DDA로 명명했다.

♜ 현재와의 대화: 한 번도 경험해 보지 못한 나라

한국은 신자유주의(규제완화·감세·민영화·개방)를 한 번도 제대로 경험해 보지 못한 나라이다. 그런데 미국발 금융위기가 닥치자 마치 신

열린 사회와 그 적들: 승자의 미소 뒤에 드리운 그림자

자유주의가 모든 문제의 원인인 양 공격의 타깃이 되었다. 하지만 진단 자체가 틀렸다. 미국이 신자유주의를 만끽하다 금융위기를 맞았다면 한국은 규제와 정부 간섭 때문에 질식할 상태에서 미국발 위기를 겪게 된 것이다. 따라서 미국과 한국을 동일선상에 놓고 미래의 정책 방향을 논한다는 것은 위험한 발상이다. 금융위기 이후 오바마 행정부는 반덤핑, 상계관세는 물론이고 표준이나 기술 및 위생 등의 조치를 통해 보호무역주의 강화 조짐을 나타냈다. 트럼프는 백악관 입성과 함께 철강 수입규제, 세탁기, 태양광 세이프가드 조치 등 보호무역 조치들을 강화했고 중국과 본격적인 무역전쟁을 시작했다. 이처럼 트럼프의 통상정책은 오바마 정책의 연장선상에 있다. 다만 트럼프의 스타일이 민주당에 비해 다소 거칠고 전통 우방에 대해서도 거부감을 감추지 않은 점이 오바마와는 차별되는 특징으로 해석된다.

지식 한 토막: Don't Do it Again, DDA!

DDA(Doha Development Agenda, 도하개발어젠다)가 '라운드' 대신 '개발어젠다'라는 명칭을 사용한 것은 개발도상국의 개발과 성장 문제를 중요하게 다루겠다는 의지를 표현한 것이었다. 하지만 협상은 선진국과 개발도상국 사이의 이해관계의 차이를 드러내며 난항(難航)을 거듭해 현실적으로는 이미 사망선고를 받은 상태이다. 미국과 일본, EU, 캐나다 등 선진국들이 개도국들을 설득해 협상 타결을 성공적으로 이끈 것이 과거의 다자협상 타결 방식이라면 DDA는 중국과 인도, 브라질, 이집트 등 개도국들의 경제 규모와 목소리가 1990년대 이후 급속히 커지면서 각종 사안에 대한 다자적 합의가 어렵게 된 상황에 직면해 결국 좌초했다고 볼 수 있다. 특히 '모든 것을 합의하기 전에는 어떤 합의도 할 수 없다'는 WTO의 일괄타결방식도 다자협상타결의 걸림돌로 작용하였다. Don't Do it Again(다신 하지 마세요!), DDA에 대한 자조 섞인 말처럼 다자주의가 살아남기 어려운 국제환경이 우리 눈앞에 펼쳐지고 있다.

몰려오는 먹구름: 대한민국의 생존전략을 묻다

①

'포퓰리즘' 열차에 올라탄 한국 정치

**긴급재난지원금에 선심성 흔적 엿보여
포퓰리즘은 좌파, 중도, 우파도 모두 가능
한국사회는 포퓰리즘의 덫에 걸린 상태**

"건강보험료를 몇 달째 못 내고 있어요. 주방장 내보내고 제 손으로 닭을 튀기는데도 지난달 적자가 200만 원입니다. 장사를 아예 접고 싶지만 그러면 임대료 400만 원이 매월 손실로 발생하게 되니…." 후배랑 오랜만에 들른 치맥 가게 사장님의 하소연이 이어졌다. "착한 임대인? 없어요. 정부가 몇 달만이라도 임차대료 절반을 내어 줬으면 좋겠어요. 아니면 건강보험료와 국민연금을 당분간 면제시켜 주든지…. 이 동네 가게들, 슈퍼마켓과 빵집 빼고는 다 죽게 생겼어요."

정부의 긴급재난지원금에 대해서도 불만이다. "국민 하위 70% 중에는 그 돈이 절실하지 않은 사람도 많을걸요. 인기영합주의 아닌가요?" 우리 빼고는 손님이라곤 없었다.

하긴 일본 정부도 긴급지원금을 준다. 하지만 신청자가 이번 재난 때문에 소득이 감소한 사실을 입증해야 한다. 총선을 앞두고 여당 주도로 국민 70%에게 현금 지원을 약속하는 것은 누가 봐도 '선심성' 냄새가 난다. 그런데 야당도 이에 질세라 '모든 국민에게 1인당 50만 원

즉각 지급하겠다'는 공약을 내놓았다. 포퓰리즘, 갑자기 그 정체가 궁금해졌다.

"포퓰리즘은 하나의 언어다." 마이클 카진 조지타운대 교수의 말이다. 사고는 언어를 통해 그 구조가 완성되고 표현된다. 따라서 포퓰리즘은 일종의 사고 체계이자 소통 방식인 셈이다. 사고의 핵심은 편 가르기이고 행동은 소수에 대한 공격으로 시작한다. 포퓰리스트들은 대중과 엘리트 사이의 적대감을 숙주 삼아 대중의 편에 서서 분노의 바이러스를 퍼뜨린다. 하지만 대중을 끝내는 죽게 만드는 것도 이들이다. 이념은 상관없다. 좌파나 중도 혹은 우파 등 다양한 포퓰리즘이 존재하는 이유다.

문제는 이들이 대중을 '고귀한 집단'으로 포장하고 소수 기득권층은 '자기 잇속만 차리는 속물'로 매도하는 데서 발생한다. 서구의 상류층이 오랜 진화 과정을 통해 기부나 사회공헌을 생존 전략으로 채택해 왔다면 우리는 사정이 다르다. 한국 지배 엘리트들의 노블레스 오블리주는 걸음마 단계다. 여기에 정치권의 편 가르기 광풍이 몰아치면 이들이 그나마 틔우려던 사회 통합의 싹마저 얼어 죽게 된다. 한국 사회는 포퓰리즘에 의해 진영논리가 강화되고 다시 계층 갈등이 심화되는 '포퓰리즘의 덫'에 걸린 모습이다.

정치평론가 존 주디스는 포퓰리스트를 좌파와 우파로 나눠 설명한다. 좌파가 사회 상층부에 총구를 겨눈다면 우파는 제3의 그룹, 예를 들어 특정 국가나 이민자를 1차 타깃으로 정하고 이들과 연대한 국내 엘리트 집단을 함께 공격한다. 미국 민주당의 버니 샌더스나 스페인

포데모스의 '우험한 남자' 파블로 이글레시아스가 좌파의 대표라면 우파로는 트럼프 미국 대통령이나 프랑스 국민전선의 설립자 장마리 르펜을 들 수 있다. 좌파의 투쟁 구도가 양자적(dyadic)이라면 우파는 삼자적(triadic)인 셈이다.

포퓰리즘을 사회악으로 볼 수만은 없다. 순기능도 있기 때문이다. 예를 들어 현재의 정치 시스템이 국민 다수의 문제를 간과한다면 포퓰리스트가 앞장서서 경보 시그널을 보낸다. 그 과정에서 불만을 가진 대중은 타협하지 않는 정치 엘리트에 대항하여 진지전에 돌입한다. 그 결과 시차를 두고 상당수 포퓰리즘 공약들을 제도권에 흡수시키는 성과를 보이기도 한다.

포퓰리스트들은 법과 제도 혹은 관행을 무시하는 경향이 짙다. 자신의 카리스마와 이단자 매력을 부각시키기 위해 지지 세력에 트윗을 날리며 감성적인 어필을 계속한다. 전쟁을 일으키거나 국회를 해체하지 않는다는 점에서 파시스트와는 다르다.

사회적 거리 두기를 고집하자니 경제가 울고, 당장 경제를 살리자니 코로나 확산이 두렵다. 정부의 고민이 깊은 이유다. 재난 취약계층과 피해 산업을 과감하고 신속하게 살려 내면서도 전염병과의 전쟁에서 승리할 수 있는 지혜와 용기가 절실한 시점이다.

한국의 창(窓)
〈한국일보 2020년 4월 8일〉

♜ 용어 설명

장마리 르 펜(Jean-Marie Le Pen, 1928년생)

　프랑스 극우 민족주의자. 극우파 정당 국민전선의 창립자이며 前 총재였다. 프랑스 대통령 선거에 출마해 특히 2002년에는 1차 투표에서 2위를 차지하는 기염을 토했으나 결선 투표에선 자크 시라크에게 참패하였다. 프랑스의 전통과 문화를 중시하고 이민자들 때문에 프랑스 실업률이 높다고 주장하였다. 따라서 강력한 이민 제한을 주창하였고 사형 제도에 찬성하였으며 통합유럽에 대한 회의적인 시각을 견지했다. 프랑스 국가대표 출신으로 아프리카계 이민자 집안에서 태어난 축구선수 드사이와 지단, 알제리계 영화배우인 이자벨 아자니 등은 이민자들을 적대시하는 그를 크게 비판하였다. 막내딸인 변호사 마린 르 펜이 그의 뒤를 이어 국민전선의 총재를 맡았다. 그러나 마린 르 펜 부임 이후 장마리 르 펜은 홀로코스트를 부정한다고 발언한 것이 문제가 돼 2015년 국민전선에서 퇴출되는 운명을 맞았다.

♜ 현재와의 대화: 분노의 바이러스를 퍼뜨려라!

　포퓰리즘의 핵심은 편 가르기이다. 편 가르기는 소수에 대한 다수의 공격에서 시작한다. 포퓰리스트 정치인들은 다수의 편에 서서 소수에 대한 분노의 바이러스를 퍼뜨린다. 코로나 팬데믹이 지배하는 세상은 포퓰리즘이 득세하기 좋은 토양을 제공하고 있다. 포퓰리스트들은 '큰 정부'를 정당화하면서 '돈'과 '표(票)'를 맞교환하고 있다. 한국도 예외가 아니다. 2020년 10월 문재인 정부는 2025년 예산안부터 국가채

무비율을 국내총생산(GDP) 대비 60% 이내, 통합 재정수지는 GDP 대비 -3% 이내로 관리하겠다는 이른바 '재정준칙'을 발표했지만 여당 정치인들은 시큰둥한 반응을 보이고 있다. 문재인 정부 출범 이후 각종 현금 복지 등 선심 사업이 늘면서 국가 부채는 4년 만에 무려 220조 원이 늘어났다. 국가 채무 비율은 이미 40%를 넘어섰고, 2022년에는 50%를 넘을 것으로 예상된다. 일종의 재난 상황에서 정부의 역할이 중요하다는 것은 인정하지만 그래도 국가부채의 증가 속도가 너무 빨라 효과적인 대응이 절실한 시점이다.

지식 한 토막: 포퓰리스트와 파시스트

정치평론가 존 주디스(John Judis)는 포퓰리스트(populist)와 파시스트(fascist)의 차이를 다음과 같이 지적한다.

> "독일 히틀러의 나치당이나 이탈리아 무솔리니의 파시스트당은 원래 특별히 특정 민족이나 국민을 적으로 만들어 공격하지 않았다. 이들과 오늘날 포퓰리스트들과 유사한 점을 찾는다면 카리스마틱한 지도자와 민주주의 가치의 훼손 그리고 외부 그룹에서 희생양을 찾는 점 등을 들 수가 있겠다. 하지만 미국이나 서유럽의 포퓰리즘과 1~2차 세계 대전 사이의 파시즘에는 역사적으로 중요한 차이점이 존재한다. 첫째, 독일과 이탈리아 파시스트들은 사회주의나 공산주의가 서방을 혁명으로 몰아갈 것이라 보았고 따라서 자국 내의 사회주의자들과 공산주의자들을 공격의 타깃으로 삼았다. 이들을 선거에서 이기는 것에 그치지 않고 무장한 상태에서 이들을 절멸시키려 하였다. 파시스트들은 공산주의자들을 때려잡는 데 민주주의가 장애가 되고 있다고 비난하였고 결국 민주주의를 독재로 대체하는 양상을 보였다. 하지

만 오늘날 포퓰리스트들은 오히려 민주주의 토대하에서 정권을 잡았다. 둘째, 원래의 파시스트들은 사회 혁명을 시도하려는 공산주의자에 대한 대응으로 나타났지만 동시에 1870년대 이후 계속된 서구 제국주의의 지배에 맞서는 민족주의 전략의 일환으로 파시즘을 택하게 되었다. … 히틀러나 무솔리니는 서구 제국주의에 의해 쪼그라들던 자국 영토를 되찾거나 회복하겠다는 야심을 가지고 있었다. 이런 측면에서 파시스트들은 영토 확장주의자들이다. 반면 포퓰리스트들은 영토적 야심이나 정복욕은 찾아보기 어렵다. (Judis, 2016)"

음모론에 휩싸인 대한민국의 낮과 밤

나비의 날갯짓이 거대한 쓰나미로 몰려와
음모론 비판하면 '악랄한 은폐자'로 의심
국민은 정부의 변명 아닌 설명 듣길 원해

신종 코로나바이러스가 맹위를 떨치면서 한국 사회 곳곳이 마비 증상을 보이고 있다. 북적대던 명동 거리와 인천공항은 적막강산이 되었고 여행사와 영화관, 동네 치맥 가게, 식당, 커피숍도 손님이 끊겨 죽을 맛이다. 문제는 이 바이러스의 실체를 아직도 정확히 몰라 국민적 불안감이 가중되는 현실에 있다.

우리는 주변 사람들이 하나같이 어떤 정보를 믿는다면 스스로도 그 정보를 믿으려는 경향을 보인다. "어떻게 모두가 다 틀릴 수가 있겠어?"라고 속삭이며 말이다. 행동경제학에서는 이를 '정보의 폭포 효과'라고 한다. 우리는 또 주위의 비위를 맞추거나 애써 얻은 자신의 평판을 잃지 않기 위해 주위에서 전해준 음모론을 믿는 척하거나 적어도 의구심을 드러내지 않으려는 경향도 보인다. 바로 '평판의 폭포 효과'이다. 폭포에 접근할수록 헤어 나오기 어려운 것은 나도 모르게 주위의 의견에 휩쓸리게 되기 때문이다.

가령 누군가가 우한 바이러스의 파괴력에 관한 황당한 이야기를 지어내 사회관계망서비스(SNS)에 올린다고 치자. 팔로어들이 이 글을 퍼 나르기 시작하고 여기에 폭포 효과까지 더해지면 인터넷 공간은 서서히 공포감으로 달아오른다. 확산된 가짜 정보는 이제 댓글과 토론을 거치면서 집단적인 하나의 믿음 즉 음모론으로 발전한다. '집단극화' 현상이다. '집단극화'란 비슷한 신념을 공유한 한 집단의 구성원들이 특정 이슈를 논의하면 할수록 더욱 극단적인 입장을 취하게 되는 현상이다. 그리고 그 과정에서 합리적인 목소리는 위축된다. 왜냐하면 '음모론이 잘못되었다'고 지적하는 사람은 대니얼 카너먼 교수의 주장처럼 '뭔가를 악랄하게 은폐하려는 사람'으로 의심받게 되기 때문이다.

우리는 이런 '집단적 광기'를 지난 2008년 5월에 시작된 광우병 사태에서 경험한 바 있다. 인간 광우병에 대한 대중의 공포가 정치 선동의 도구로 전락한 어이없는 사건이었다. 그리고 한갓 나비의 날갯짓에 불과했던 광우병 괴담들을 거대한 정치적 쓰나미로 승화(?)시키는 데는 미디어의 역할이 결정적이었다.

신문, 방송, 유튜브 등의 미디어는 정보의 진실성을 파헤치기보다는 독자 혹은 시청자의 반응에 큰 관심을 둔다. 즉 정보·비정보의 코드가 작동한다. 반면 학계 등 전문가 그룹의 준거 체계는 진리·허위의 코드를 따른다. 일치된 목소리가 나오기 어려운 이유다. 왜냐하면 연구에 시간도 걸리고 연구가 끝나도 학계 특성상 비판적 논란이 계속되기 때문이다. 일부 미디어는 이런 상황을 이용해 지지자에게 분노와 원망의 배출구를 제공하는 동시에 자신의 뿌리 깊은 신념을 정당화하는 전략을 구사한다. 예를 들어 입맛에 맞는 얼치기 폴리페서를 불러다가 그의 입을 통해 미디어가 원하는 주장을 쏟아 내는 방식이다. 혹은 언변과 궤변으로 무장한 비전문가를 동원해 전문가의 신뢰성을 무너뜨리는 작업도 서슴지 않는다.

코로나19의 위험에 대한 평가는 현재로서는 주관적일 수밖에 없다. 어떤 전문가는 '100% 안전하다'는 근거가 없다면 그 위험성을 강조하는 것이 도덕적 의무라고 생각하지만 다른 전문가는 '99% 안전하다'면 위험성을 과장하기보다 오히려 위험이 적음을 강조해야 한다고 말한다. 마찬가지로 어떤 정부는 코로나바이러스의 전파력에 주목, 출입국 조치를 엄격하게 취하는 반면 어떤 정부는 '따뜻해지면 곧 소멸될 바이러스'라며 유연한 태도를 보일 수 있다. 하지만 어느 경우라도 정부의 정책 결정은 그 근거와 논리가 명확해야 한다.

우리 국민은 정말 '그것이 알고 싶다'. 초기에 중국인 입국 금지를 하지 않았던 이유와 마스크 대란의 근본 원인이 '그것'이다. 정부의 그럴듯한 변명이 아니라 진솔한 설명을 듣고 싶다. 정보의 단절과 고립이야말로 망국적 음모론이 번성할 토양을 제공하기에 그 마음은 더욱 간절하다. 정치라는 꼬리에 휘둘리지 않고 몸통을 지켜내는 지혜가 지금 우리 모두에게 절실하기에 하는 말이다.

한국의 창(窓)
〈한국일보 2020년 3월 11일〉

♜ 용어 설명

집단극화(group polarization, 集團極化)

비슷한 신념을 공유한 한 집단의 구성원이 개별적으로 의사 결정을 했을 때의 입장이나 수위에 비해 집단으로 의사 결정을 했을 때의 입장이나 수위가 더욱 극단적으로 치닫는 현상을 말한다. 만약 집단 토론 전 구성원들의 개별적인 의사 결정의 평균이 진보적이었다면, 그러한 사람들이 한 집단이 되어 함께 내린 집단 의사 결정의 평균은 더 극단적인 진보 쪽으로 극화된다. 논의의 과정에서 확정 편향성이 강화되는 기제가 작동하는 것이다. 특히 한계 지점에 있는 입장을 가진 구성원들의 목소리가 큰 경우 이런 현상이 반복되는 경향을 보인다.

♜ 현재와의 대화: 음모론이라는 또 다른 바이러스

최근 우리 사회는 근거도 없는 가짜 뉴스들이 각종 음모론으로 포장되어 사회 통합을 저해하고 집단 지성을 마비시키고 있다. 2008년 5월에 시작된 광우병 괴담이 자고 나면 재연되는 현실을 경험하고 있다. 영국 「이코노미스트」는 불확실성과 혼란 때문에 음모론으로 기울기도 하는 불만 세력을 무조건 극단주의 음모론자로 몰아세우는 건, 오히려 극단주의 정치세력에게 기회를 주는 꼴이 될 수 있음을 지적했다. 음모론이란 또 다른 바이러스가 기승을 부리는 때이다.

♖ 지식 한 토막: 가용성 폭포와 인간 지각의 한계

"대니얼 카너먼(2012, p.207)은 캐스 선스타인과 티머 쿠란이 창안한 '가용성 폭포(availability cascade)' 개념을 다음과 같이 풀어서 설명하고 있다.

"가용성 폭포는 사건들의 자기자족적 사슬이다. 비교적 소소한 사건에 대한 언론 보도들에서부터 시작해서 대중의 공포와 정부의 대규모 조치로까지 이어질 수 있는 사슬이다. 언론의 위험 보도가 대중의 관심을 사서 그로 인해 대중이 흥분하고 걱정에 사로잡히면, 이러한 감정적 반응이 그 자체로 다시 이야깃거리가 되면서 추가적인 언론 보도의 소재가 되고, 그 결과 더 큰 걱정과 관심이 생긴다. 걱정스런 소식들을 지속적으로 흘려보내려는 개인 혹은 조직들 때문에 의도적으로 가속도가 붙기도 한다. 이때 언론이 사람들의 이목을 집중시키려는 기삿거리들을 얻기 위해서 경쟁하다가 위험도가 점점 더 과장된다. 이처럼 점점 더 커지는 위험과 공포심을 낮추려고 노력하는 과학자들은 별로 주목받지 못한다. 위험이 과장됐다고 주장하는 사람은 누구나 뭔가를 '악랄하게 은폐'하려는 사람으로 의심 받는다. 이제 이 문제가 모든 사람의 머릿속에 들어 있기 때문에 정치적으로도 중요해지며, 정치 시스템의 반응은 대중의 감정적 강도에 따라 달라진다. 그러면 가용성 폭포가 우선순위를 다시 결정한다."

이 같은 설명은 인간 지각의 한계를 잘 나타낸 것으로 2008년 한국의 광우병 사태의 전개와 매우 닮아 있다. (허윤·이지훈, 2017)"

버뮤다 삼각지대 진입하는 '시계 제로' 한국 경제

한국 경제가 시계 제로, 위험천만의 버뮤다 삼각지대에 빠지고 있다. 미·중 무역 전쟁이 장기화하는 가운데 많은 국내 기업이 영문도 모른 채 일본과의 경제 전쟁터로 내몰리는 처지가 됐다.

한국 정부의 지소미아(한일군사정보보호협정·GSOMIA) 파기 결정에 '강한 우려와 실망감'을 토로한 백악관은 새로운 먹잇감을 노리는 듯 동맹국 한국에 대해서도 날카로운 이빨을 감추지 않는다. 이 와중에 북한은 청와대를 조롱하며 연일 미사일을 쏘아 대고 시진핑 중국 국가주석 또한 미국이 한국에 새로운 전략무기를 배치한다면 한국을 가만두지 않겠다는 굳은 결의를 다지는 형국이다.

대외 환경의 급속한 악화는 이미 휘청거리는 한국 경제에 몇 가지 경로를 통해 치명타를 날릴 가능성이 높다.

첫째, 미국의 경제 보복이다. 한국 정부의 지소미아 파기는 도널드 트럼프 미국 대통령에게 안보를 이유로 한국 철강 수입 쿼터를 더 줄이거나 한국산 자동차를 건드릴 명분을 제공하기에 충분하다. 돈세탁

방지법이나 이란과 북한에 대한 세컨더리 보이콧(제삼국 제재) 위반을 내세우며 한국의 대기업이나 금융회사 한두 개를 작심하고 손볼지도 모른다. 화웨이 제재에 소극적인 한국 기업에 대한 트럼프 대통령의 불만은 아직 가시지 않았다. 그는 최근 프랑스에서 열린 G7 정상회의에서도 참여국에 대중 공동전선을 구축하자고 제의했었다.

미군 주둔에 따른 한국 측의 방위비 분담금을 갑자기 몇 배나 올리려는 무모한 시도는 한국을 더 이상 동맹국으로 예우하지 않겠다는 워싱턴의 기류 변화를 감지하게 하는 대목이다. 최악에는 로버트 라이트하이저 미 무역대표부(USTR) 대표가 나서 개정된 한·미 자유무역협정(FTA)을 미국·멕시코·캐나다 무역협정(USMCA)에 맞춰 미국 이익에 부합하는 방식으로 재개정하자고 요구할 가능성도 배제하기 어렵다.

둘째, 일본과의 확전 가능성이다. 일본은 한국을 화이트리스트(수출심사 우대국)에서 제외했고 한국은 이에 지소미아 폐기로 맞대응한 상태다. 강제징용 배상을 둘러싼 외교적 불만을 통상 보복으로 들고 나온 일본이나 통상 문제를 안보 협정의 폐기로 나온 한국이나 교차 보복이라는 방식에서는 다를 바 없다. 다만 지금의 갈등이 수출 금지로 현실화하면 불리한 쪽은 우리다. 대한해협을 사이에 두고 기술 수준과 시장 규모에서 좁히기 힘든 간극이 자리하고 있기 때문이다. 양국 기업들은 확전이 아닌 서로 자유롭게 거래할 수 있는 외교·통상 관계의 복원을 원하고 있다. '병 주고 약 주는' 방식의 정부 대응책은 지친 기업에 피로감을 더할 뿐이다.

셋째, 미·중 무역 전쟁에 따른 글로벌 경기 둔화 현상이다. 많은 해외 학자들은 한국이 미국 시장에서의 중국산 대체 가능성이나 중국 시장에서의 미국산 대체 가능성이 모두 낮다고 분석하고 있다. 특히 중국 시장에 대한 대체 투자처로서도 한국은 대만·태국·말레이시아·베트남·필리핀에 뒤져 인기가 없다. 만약 미국이 모든 중국산 수입품에 대한 관세율을 30%로 높인다면 중국 국내총생산(GDP)은 1~1.5% 추가 하락할 것으로 전망된다.

중국은 대미 결사 항전을 외치고 있지만 돈은 글로벌 안전 자산을 향해 빠르게 이동하고 있다. 중국에 진출한 한국 기업들과 중국에 부품·소재를 수출하는 한국 기업들의 한숨이 깊어지고 있다.

허윤의 경제 돋보기
〈한경비즈니스 제1241호 2019년 9월 9일〉

용어 설명

지소미아

(General Security of Military Information Agreement: GSOMIA)

국가 간 군사 기밀 공유 협정. 2016년 11월 체결된 한·일 지소미아 협정은 1급 비밀을 제외한 양국 군사 정보의 공유를 그 내용으로 하고 있다. 한국은 주로 북한과 중국 접경 지역 인적 정보를 일본에 제공하고, 일본은 첩보위성이나 이지스함 등에서 확보한 정보 자산을 한국에 제공하는 형태이다. 양국은 협정을 1년씩 자동 연장해 왔다. 하지만 일본이 한국 대법원의 '강제징용 일본 기업 배상 판결'에 대한 보복으로 2019년 7월 수출규제 조치를 강행했고 우리 정부는 맞불 차원에서 지소미아 종료 통보를 하기도 했다. 그러나 미국의 중재 등으로 유예기간 만료를 앞둔 상황에선 종료 통보의 효력을 정지하며 지소미아 사태는 일단락되었다.

셰일가스(shale gas)

오랜 기간 모래와 진흙이 쌓여 단단하게 굳은 퇴적암층(셰일층)에 매장되어 있는 가스. 지표면을 향해 한 군데 모여 있는 전통가스와 달리 가스가 새어 나올 수 없는 암반층에 갇혀 있어 채굴방법을 달리해야 한다. 셰일가스는 150년 전에 발견됐음에도 불구하고 기술 부족과 경제성 문제 때문에 채굴이 이뤄지지 못했었다. 그러나 2000년대에 들어 유가 폭등과 함께 셰일가스 채굴기술의 향상으로 마침내 차세대 에너지원으로 떠오르게 된 것이다. 미국은 2018년 8월 사우디아라비아를 제치고 세계 최대 에너지 생산국이 됐다. 셰일가스(원유 기준)는 하루 약 1,500만 배럴에 달하는 미 원유 생산량의 63%를 차지하고 있는데 채굴의 손익분기점은 약 45달러로 알려졌다. 반면 세계 최대 산유국 사우디아라비아는 원유 1배럴을 생산할 때 불과 10달러 정도의 비용만 쓴다. 미국의 에너지 자립에 대한 자신감은 중동 정책에 대한 중요성 혹은 방향성까지 바꿔 놓았다.

♜ 현재와의 대화: 미국 정부의 타깃 기업과는 거래 못 한다

화웨이는 삼성전자의 5대 바이어 중 한 곳이고 SK하이닉스 또한 화웨이가 매출의 약 11%를 차지하고 있다. 하지만 앞으로 화웨이와의 거래는 어렵다. 이유는 반도체 공정 특성상 미국의 기술과 장비를 사용하지 않고 제품을 생산하고 검사하는 것은 사실상 불가능하기 때문이다. 미 상무부는 2020년 9월 추가 제재안을 발표하면서 "제3국에서 미국의 소프트웨어와 기술·장비를 사용했을 경우, 화웨이에 납품하기 전 사전 승인을 받아야 한다"고 밝혔다. 삼성전자·SK하이닉스는 미 상무부 제재안에 따라 2020년 9월 15일부터 중국 통신기업 화웨이에 반도체 공급을 중단했다. 메모리는 물론 5세대(G)·모바일 AP 등 시스템 반도체까지 공급이 불가능해질 것으로 보인다. EU도 2024년까지는 그동안 화웨이와 맺은 계약을 인정하지만 2024년 이후 새로운 화웨이와의 계약은 금지한다는 내부 방침을 세운 상태이다. 반도체와 함께 구글 스마트폰 운영체제인 안드로이드까지 차단당하자 화웨이는 빠르게 추락하고 있다.

♜ 지식 한 토막: 국산화가 능사 아니다!

"먼저, 일본으로부터 수입에 의존해 온 전자부문 핵심 소재·부품·장비(이하 '소부장') 산업의 전면적인 수입 다변화와 국산화의 기회비용을 합리적으로 고려하고 있는가 (정부에) 묻고 싶다. 점진적인 수입 다변화에는 공감한다. 수입대체를 위한 국산화는 내수시장 확대와 국내 고용 증대의 긍정적 파급효과를 가져올 수도 있다. 그러나 수입대체를 위해 자원배분을 전환함으로써 지급해야 할 대가도 커질 수밖에 없다. 몇몇 기업의 일부 소재 국산화는 단기적으로 가능할 것이다. 그러나 산업 전체로는 막대한 대가를 지급해야 한다. 국산화 선언이 능사는 아니다. '소부장' 산업의 국산화를 정부 주도적으로 추진하는 것은 승산이 있는가. 개방경제체제에서 우리 기업은 품질과 가격이 유리한 '소부장'을 해외에서 조달해 최종 상품의 부가가치를 높이고 글로벌 경쟁력을 향상시켜 왔다. '소부장'의 글로벌 공급과 수요에 대한 정보와 판단은 기업이 정부보다 우위에 있으므로 기업이 합리적이고 전략적인 선택을 통해 조달하도록 해야 한다. 정부 주도적인 단기 성과 위주의 무리한 국산화는 오히려 기업의 장기적 경쟁력을 왜곡시키거나 사업 리스크를 증대시킬 것이다. (김태황, 2019)"

유럽통상 전문가로 잘 알려진 김태황 명지대 교수의 예리한 지적이다.

4

안미경미(安美經美) 지렛대 전략 필요하다

美·中 양자택일 갈림길에 선 한국
중국 노출 큰 기업 가치사슬 점검
첨단기술 유출도 선제적 관리해야

    안미경중(安美經中, 안보는 미국, 경제는 중국), 그 꿈같은 시절이 작별을 고하고 있다. 글로벌 패권을 놓고 미국과 중국이 한판 전쟁을 벌이면서 우리의 미래 선택지에서 '양다리 걸치기' 옵션이 사라졌다. 탈냉전 이후 30년, 한국은 미국이 구축한 자유주의 국제질서를 만끽하며 안보에 대한 중·장기 전략도 없이 경제적인 성공에 몰두해 왔다. 안보와 경제는 분리해도 된다는 일종의 자기 최면에 빠져 중국 특수를 여과 없이 누려 온 셈이다.

    하지만 여기까지다. 미국이 2차 세계대전 이후 전 세계에 공급해 온 제도와 가치, 안보, 경제 원조에 관세 혜택까지 모두를 회수하고 있기 때문이다. 도널드 트럼프 미국 대통령은 양자 협상을 통해 상대국이 미국의 요구를 수용하는 정도에 따라 거둬들인 양보의 일부만 되돌려 주는 기막힌 '무임승차 퇴치 전략'을 펼치고 있다. 동맹국도 예외가 아니다. "혜택만 누리고 의무를 다하지 않는 동맹은 적에 가깝다"며 무임승차자 색출에 나섰다.

인류 역사는 안보가 경제와 분리돼 존재한 적이 한순간도 없었음을 입증하고 있다. 상품이 국경을 건너지 못하면 군대가 진격했고, 나라가 정복당하면 온 국민이 노예 생활을 면치 못했다. 작년 철강에 이어 올해 자동차를 겨누고 있는 미 무역확장법 232조 안보조항도 그런 배경에서 만들어졌다. 전쟁 중인 적국과는 무역을 할 수 없다는 것이 입법취지였다. 232조 조사 사례는 트럼프 이전에 26차례나 있었지만 실제 금수(禁輸)가 된 대상은 적성국 이란과 레바논의 원유가 전부였다. 트럼프는 지금 이 법을 동맹국에도 적용하고 있다. "너의 행복이 우리의 행복임을, 아니 네가 미국의 적이 아님을 입증하라"는 것이다.

미국의 이 같은 입장 변화는 미·중 무역전쟁에서 잘 드러난다. 미국의 십자포화가 5G(5세대) 표준 선점에 나선 화웨이를 정조준하면서 전투는 전면전, 나아가 국제전 양상으로 치닫고 있다. 반(反)화웨이 전선에 일본, 영국, 호주 등 동맹군이 속속 도착하면서 백악관은 한껏 고무된 분위기다. 워싱턴은 정부 보조금 철폐 요구와 함께 지식재산권 위반을 더 가혹한 형법으로 다스려야 한다며 중국 압박의 고삐를 늦추지 않고 있다. '중국제조 2025' 핵심 기업들을 거래 제한 블랙리스트에 추가하면서 제2, 제3의 화웨이에 시장의 이목이 집중되고 있다. 중국과 북한, 러시아, 이란, 시리아 등에 대해서도 제재 수위를 높이며 이들과 거래하는 각국 정부와 다국적 기업들을 내리칠 철퇴를 만지작거리고 있다. 그동안 '전략적 모호함'으로 일관해 온 한국 정부로서는 곤혹스러운 '진실의 순간'을 맞게 됐다.

우리 기업들도 딜레마에 빠졌다. 미국을 따르자니 돈이 울고, 가만히

있자니 미국의 보복이 두렵다. 어정쩡한 태도로 눈치만 보다가는 미·중이 휘두를 안보라는 칼날에, 혹은 소비자 불신의 덫에 걸려 위기를 맞을 수도 있다. 중국 노출이 큰 기업일수록 글로벌 가치사슬을 점검하고 안보를 포함한 위험요인을 정밀하게 진단해 대응책을 마련해야 할 때다.

정부도 안보에 대한 해석을 더 엄격하게 해야 한다. 수많은 기술 기업이 오늘도 중국에 팔려 나간다. 핵심 기술을 가진 과학자와 엔지니어들이 거액에 스카우트돼 한국의 기업과 연구소, 대학이 평생 축적한 기술을 중국에 통째로 넘기고 있다. 최근 스탠퍼드나 버클리 등 미국 대학들이 중국으로부터 연구비를 받지 않겠다고 선언한 것은 시사하는 바가 크다. 산업 스파이의 범위를 확대하고 처벌을 강화해 기술 유출을 선제적으로 관리할 필요가 있다.

미·중 패권전쟁의 시대, 우리 정부는 어떤 선택을 할 것인가. 흔들림 없는 안미경미(安美經美, 안보도 경제도 미국)를 지렛대 삼아 당당하게 협중(協中, 중국과의 협력)을 추구하는 일본의 지혜와 용기가 부럽기만 하다.

분석과 전망
〈한국경제 2019년 6월 5일〉

용어 설명

박쥐

조류나 설치류와 전혀 다른 동물이며 새처럼 날아다니는 유일한 포유류. 이솝우화에 소개된 박쥐는 날짐승과 들짐승의 전쟁에서 새가 이길 것 같으면 새 편이 되고 짐승들이 이길 것 같으면 짐승 편이 되는 기회주의적 행동을 보이다 결국 양측에서 배척받아 어두운 동굴에 꼭꼭 숨어 살게 된 존재이다. 북극과 남극을 제외한 전 세계에 서식하는 것으로 알려진 박쥐는 지난 100년간 약 40여 종이 중국 남부를 비롯해 인근 라오스, 미얀마 지역에 새롭게 등장했다고 한다. 이 지역은 급성중증호흡기증후군(사스)과 코로나19의 발생지이며 코로나19의 중간숙주로 지목된 천산갑의 주요 서식지와 일치하는 것으로 알려졌다. 영국의 연구진은 중국 남부가 박쥐가 살기 좋은 식생으로 바뀌면서 코로나19의 발원지가 되었을 가능성이 크다는 연구결과를 발표했다.

현재와의 대화: '글로벌 박쥐' 될 위험에 처한 한국

2020년 9월 초 워싱턴의 주미 한국 대사는 미국을 향해 "영원한 우방은 없다"는 말을 공개적으로 한 적이 있다. 한·미동맹의 가변성을 강조한 발언이었다. 하지만 상당수 외교전문가들은 주미 대사의 이 같은 발언이 외교적으로 결코 바람직하지 않다는 진단을 내놓았다. 2020년 5월 코로나19와의 전쟁이 한창이던 와중에 트럼프 행정부는 대중국 전략보고서(United States Strategic Approach to the People's Republic of China)를 발표했다. 이 보고서에 따르면 미·중 외교관계 수립 이후 지난 40년간 미국이 취해 온 정책은 완전 실패로 끝났다는 평가이다. 동 보고서는 워싱턴이 중국을 견제할 동맹국들과 적극 협력해야 한다고 주장했다. 전문가들은 이 보고서가 "사실상의 신냉전 선포"라고 규정한다. 미·중 관계는 이제 패권경쟁, 체제경쟁으로 변하고 있다. 일각에서는 한국이 사안에 따라 국익을 극대화하는 방식으로 나가야 한다고 주장한다. 하지만 자칫하면 '글로벌 박쥐'가 되어 미·중 모두에게서 한국은 기회주의자로 낙인찍힐 가능성이 크다.

♜ 지식 한 토막: 경제는 '흔들목마'가 아니라 '야생마'

베스트셀러 『혼창통』의 저자이자 경영학자인 이지훈 세종대 교수는 국제 환경을 보는 새로운 관점을 아래와 같이 제시하고 있다.

> "주류 경제학의 관점은 흔들목마에 비유할 수 있다. 외부의 힘에 의해 잠시 동요하지만 조만간 다시 정적인 균형 상태로 돌아간다. 그러나 금융위기 동안 우리가 목격한 것은 흔들목마가 아니라 야생마의 무리에 가까웠다. 무언가가 그중 한 마리를 겁먹게 하면 그 말은 다른 말을 걷어차고 다른 말은 또 다른 말을 걷어차며 빠른 속도로 전체 무리가 복잡하고 동적인 방식으로 움직이게 된다. … 금융위기 이후 꽃을 피우기 시작한 이 새로운 관점은 경제를 늘 진화하고 밀접하게 상호 작용하는 경제주체들의 네트워크로 본다. 흔들목마보다는 야생마 무리에 가깝다. … 이들은 자본주의의 초점을 '자원배분의 효율성'에서 '창조성을 촉진하는 효과성'으로 옮긴다. 이들에게 시장이란 매일 우리의 삶을 향상시키기 위한 수백만 가지 실험이 일어나는 진화론적 시스템이다. … 생태계를 닮은 이 과정은 필연적으로 낭비를 초래한다. 매일 수많은 기업이 생겨나지만, 그에 못지않게 많은 기업이 사라진다. 성공적인 자본주의는 그런 의미에서 '슘페터적 낭비'의 측면을 갖는다. (이지훈, 2015)"

5

알맹이 빠진 정부의 수출제고 대책

청와대는 지난 10일 "경제협력개발기구(OECD)가 최근 세계 경제성장 전망률을 하향 조정하면서도 한국의 올해와 내년 성장률이 '3050 클럽' 중에서 가장 높을 것으로 예측했다"고 밝혔다. 지난해 11월 2.8%와 2.9%로 각각 예측했던 한국의 올해와 내년 성장률 전망치를 OECD는 올해 3월 초 모두 2.6%로 하향 조정했다. 이 2.6%가 3050 클럽에서는 2019년 미국과 공동 1위, 2020년 단독 1위의 높은 예측치라는 것이다. 3050 클럽이란 1인당 국민총소득(GNI) 3만 달러 이상, 인구 5,000만 명 이상인 선진 경제대국을 말한다. 일본과 독일, 미국, 영국, 프랑스, 이탈리아(진입순)에 이어 한국이 7번째 멤버가 됐으니 우리 스스로 자부심을 가질 만하다.

하지만 독일을 필두로 유럽 지역에서는 이미 급격한 경기 둔화가 진행 중이고 미국의 성장세 또한 정점을 지났다. 일본은 민간소비의 미미한 개선과 초고령화 문제로 설비투자와 수출이 흔들리고 있기 때문에 우리에게는 3050 클럽 1등 성장률에 안주할 여유도, 이유도 없다. 중국과 인도 등 신흥 강국들이 거대한 내수를 발판으로 우리를 바짝 추격하고 있고 4차 산업혁명 시대 신기술을 둘러싼 디지털 생태계가 세계적으로 확산되고 있기 때문이다. 오히려 문제는 2011년 이후 한국의 경제성장률이 세계 평균을 밑돌고 그 격차마저 계속 벌어지고 있지만 뚜렷한 대책 없이 마냥 표류하는 우리의 안타까운 현실에 있지 않을까.

이 같은 상황에서 우리 경제의 유일한 버팀목 역할을 해온 수출마저 석 달째 감소세가 이어지자 정부가 현장 애로를 반영해 '수출 활력 제고 대책'을 적기에 내놓은 것은 나름 의미가 크다. 무역금융에 총 235조 원을 지원하고 수출 마케팅 지원을 확대하며 포트폴리오 다각화를 위해 바이오헬스와 2차 전지, 문화·콘텐츠, 한류·생활소비재, 농수산식품, 플랜트·해외 건설 등 6대 신수출 성장동력을 중장기적으로 육성한다는 것이 대책의 주요 골자다.

하지만 정작 수출의 큰 걸림돌인 우리 경제의 구조적이고 민감한 문제는 다루지 않아 아쉽다. 예를 들어 '디지털 공유 경제 생태계를 어떻게 조성할 것인가' 혹은 '선진국이 이미 조성한 생태계를 어떻게 활용할 것인가'에 대한 우리 정부의 비전과 지원 전략, 실행 계획이 없다. 이대로라면 규제나 힘의 논리에 억눌려 신산업의 성장과 미래 수출 가능성마저 아예 차단당할지도 모른다.

'서비스의 수출 산업화 전략' 또한 대책에 포함되지 않았다. 한 해 1억 명이 넘는 전 세계 의료 관광객 중 한국에서 진료받은 외국인은 2017년 기준 약 32만 명에 불과하다. 반면 태국은 그 수가 약 300만 명, 싱가포르는 200만 명에 이른다. 한국서 각종 진단과 시술, 수술, 대체요법 치료를 받고자 하는 외국인은 넘쳐나는데 해외 환자 유치를 위한 범부처 추진 체계의 구축은 요원하기만 하다. 그 이유는 특정 서비스 담당 부처의 '제 밥그릇 챙기기'와 정부 내 거버넌스 문제로 통상 주무 부처인 산업통상자원부 주도의 수출 전략 논의 자체가 금기시되는 분위기로 보인다. 이는 우리의 서비스 수출 비중(총 수출의 13.2%)이 유럽연합(EU·31.3%)이나 미국(33.9%), 일본(21.4%)에 비해 현저히 낮은 이유이기도 하다. 2017년 서비스 수지 적자 340억 달러, OECD 36개 회원국 중 적자 1위가 우리의 부끄러운 자화상이다.

끝으로 2년 연속 6,000억 달러 수출이라는 목표를 달성하는 것도 중요하지만 업종별 수출이 국내 일자리 창출과 부가가치 증대에 미치는 효과나 보호무역주의 확산에 따른 글로벌 가치 사슬의 변화 추이 및 해외 투자의 국내 경제적 함의 등을 엄밀하게 점검해 정책의 우선순위에 부합하는 대책부터 추가적으로 과감하게 도입했으면 한다.

시론
〈아시아경제 2019년 3월 14일〉

용어 설명

무역금융

　무역금융은 수출업체 등에 대해 수출품의 생산, 원자재 및 완제품 구매에 필요한 자금을 원화로 대출하는 단기 금융지원 제도를 말한다. 이는 수출업체에게 필요한 운전자금을 융자함으로써 수출에 따른 외화 획득 및 국내 생산 기반의 확충을 도모하는 데 있다. 대표적인 것으로는 국내에서 수출용 완제품 또는 원자재를 직접 제조·가공하거나 개발하는 데 소요되는 생산자금, 수출용원자재를 해외로부터 수입하거나, 내국신용장에 의하여 구매하는 데 소요되는 원자재 자금, 국내에서 생산된 완제품을 내국신용장에 의하여 구매하는 데 소요되는 완제품 구매자금 등이 있다.

♟ 현재와의 대화: 품목 쏠림, 지역 쏠림, 저조한 서비스 수출

전경련 보고서(2020년 8월)에 따르면 2019년 기준 세계 수출 7위인 한국의 경우, 품목 쏠림, 지역 쏠림, 저조한 서비스 수출 등의 특징을 보이며 대외 리스크에 취약한 것으로 나타났다. 한국의 10대 수출품목 의존도는 46.3%로, 다른 국가들의 10대 수출품목 의존도 평균인 36.0%보다 10%p 이상 높다. 한국 수출의 10대 수출국에 대한 의존도는 70.3%로, 주요국 평균인 65.3%에 비해 높았으며, 그중 중국(25.1%)과 미국(13.5%), 베트남(8.9%) 등 5대 수출 대상국의 비중이 절반 이상(58.6%)을 차지하는 것으로 나타났다. 이는 WTO와 OECD가 한국 경제 평가에서 자주 지적하는 사항이기도 하다.

♟ 지식 한 토막: K-의료서비스 수출 성과는 낙제점

우리나라의 의료서비스 수출 실적은 여전히 낙제점에 머물고 있다. 2016년 『의료해외진출 및 외국인 환자 유치 지원에 관한 법률(이하 해외진출법)』 제정을 통해 성장을 모색하고 있지만 성과는 없다. 매년 1억 명에 이르는 국제의료서비스 관광객 중 한국을 찾는 이들의 비중은 0.5% 미만이다. 구체적으로 외국 환자 수를 살펴보면 2009년 60,201명에서 2018년 378,967명으로 연평균 22.7%의 증가율을 보였고 유치국가도 139개국에서 190개국으로 확장하였다. 누적 환자 수도 226만 명에 이른다. 진료유형별로는 외래환자가 93%를 차지하고 있다. 주요 국적별로는 중국(31.2%), 미국(11.9%), 일본(11.2%), 러시아(7.2%), 몽골(3.7%)이고 카자흐스탄, 태국, 베트남, 캐나다, 우즈베키스탄, 인도네시아, 아랍에미리트 등의 순이다. 진료과별로는 내과(19.4%), 성형외과(14.4%), 피부과(13.7%), 검진센터(8.9%), 산부인과(5.3%) 순이다. 의료서비스 수출 강국으로는 싱가포르와 태국 등이 손꼽힌다. 한국의 의료서비스 수출 실적이 바닥을 헤매는 이유는 정부의 불필요한 법률과 규제 때문이다.

6

북핵과 포퓰리즘 그리고 한국 경제

북핵 위협·경제위기 이중고 속
최저임금 상승·원전 폐기 등
인기영합적 정책 펴지 말고
수술 필요하다면 결연히 해야

인간은 안전하다고 느낄 때 행복하다. 매슬로의 이론에 따르면 생리적 욕구에 이어 인간이 추구하는 원초적 욕구가 바로 안전이다. 그런데 안전은 균형과 동의어이기도 하다. 사람과 자연, 그리고 이들이 제공하는 각종 제도와 자원이 우리의 지성과 감성이 예상하는 범위에서 움직일 때 인간은 안전하다고 느낀다. 즉 위험이라는 외적 요소에 지성과 감성이라는 내적 요소가 작용해 균형을 이루는 것이 행복을 위한 기초가 된다.

그렇다면 우리는 지금 행복한가. 대부분이 '그렇지 않다'고 말할 것이다. 왜냐하면 나라 안팎으로 우리의 안전이 심각하게 위협받고 있기 때문이다. 그리고 그 불안의 중심에는 북핵과 정부의 포퓰리스트 정책이 자리 잡고 있다.

북한은 핵미사일 개발을 빨리 끝내려 하고 미국이 이를 적극적으로 저지하려는 상황에서 김정은은 남한을 볼모로 국제사회에서 사실상 핵보유국 지위를 확보해 가고 있다. 남북한 핵의 비대칭성을 해결할 방안을 정부가 제시하지 못하는 가운데 남한 주민이 북한 핵의 노예가 되어 끌려다니는 '위장된 평화'에 대한 우려 또한 확산되는 추세다.

청와대는 '우리 경제의 기초가 튼튼하고 굳건하다'며 그 근거로 수출 호조세와 10개월 연속 두 자릿수 증가를 보이고 있는 설비투자, 코스피의 사상 최고치 기록과 가계부채 증가율 둔화 등을 들고 있다. 하지만 착시현상을 제거하고 찬찬히 살펴보면 경제 사정이 나아졌다고 수긍하기는 쉽지 않다.

수출 호조세는 기저효과에다 반도체와 유화 및 철강의 수출가격 상승효과에 힘입은 바가 크고 설비투자 역시 반도체와 정보통신기술(ICT) 분야에만 집중돼 나타나고 있다. 이들 분야의 투자마저 내년에는 성장세가 둔화될 것으로 전망된다. 코스피 역시 삼성전자와 SK하이닉스를 제외하면 1,900 수준에 머무르고 있고 가계부채 증가율은 여전히 두 자릿수 고공행진을 계속하고 있다. 방바닥 한두 군데는 살이 데일 정도로 끓고 있지만 나머지 대부분은 몸조차 누이기 어려운 냉골인 셈이다. 사정이 이렇다 보니 대다수의 국민은 북핵을 머리에 이고 하루하루 불안하고도 팍팍한 삶을 이어가고 있다. 그런데도 연이어 발표되는 정부의 정책은 말로만 그럴듯하게 들릴 뿐 약속한 효과는 나타나지 않는다.

원전 문제만 해도 그렇다. 사람들은 어떤 제품이 위험하다고 생각하면 거기에서 얻는 편익 역시 낮다고 생각하는 경향이 있다. 원전의 경우 위험성은 눈에 잘 띄는 반면 편익은 배후에 숨어 있어 비전문가들은 그 복잡한 트레이드오프를 제대로 파악하기 어렵다. 안전이란 리스크가 허용 가능한 수준으로 제어된 상태를 말하지 제로인 상태를 말하지 않는다. 원전 산업과 그 생태계의 붕괴야말로 우리의 안전을 위협하는 시한폭탄이 될 것이다. 에너지 비용이 상승하고 이는 우리 산업의 전반적인 경쟁력 약화로 이어질 것이 뻔하다.

노동시장도 걱정이 태산이다. 정부의 '혁신성장'을 뒷받침할 노동시장의 개혁이 유연성 제고 양대 지침의 폐기와 비정규직의 정규화, 그리고 직접 고용 강제 등으로 뒷걸음질치고 있기 때문이다. 수많은 자영업자가 최저임금 상승으로 파산 위기에 내몰리고 있고 젊은이들의 구직난은 해결의 기미조차 보이지 않는다. 그 와중에 도널드 트럼프 미국 대통령은 한미 자유무역협정(FTA) 재협상을 요구하며 우리 수출품에 전방위 압박을 가하고 있고 자유무역의 수호자임을 자처한 시진핑 중국 국가주석은 위선적인 정치 플레이에 골몰하고 있다.

북핵 위협의 근본적인 제거 없이 우리는 행복할 수 없다. 그리고 우리 국민은 일시적인 진통제 혹은 환각제로 즐거워할 만큼 어리석지도 않다. 아프고 힘들더라도 수술밖에 길이 없다면 그 길을 결연히 택하는 정부를 보고 싶다. 포퓰리즘의 유혹에도 여론을 좇아가는 것이 아니라 국민을 설득하고 여론을 이끌어 가는 지도자를 보고 싶다. 정부의 정책이 분노와 원망의 배출구를 제공하는 포퓰리즘의 수단이 돼서는 안 되기에 하는 말이다.

시론
〈서울경제 2017년 10월 16일〉

용어 설명

인간욕구 5단계

매슬로(Abraham Maslow)는 1943년 이른바 '인간욕구 5단계 이론(Maslow's hierarchy of needs)'을 제안했다. 사람은 다섯 가지 욕구를 가지고 태어나는데 이들 욕구에는 우선순위가 있어 단계가 구분된다는 것이다. 사람은 우선 생리적 욕구(physiological needs)를 가장 먼저 채우려 하며, 이 욕구가 어느 정도 해소되면 안전에 대한 욕구(safety needs)를, 그다음은 사랑과 소속 욕구(love & belonging)를, 그리고 더 나아가 존경 욕구(esteem)와 마지막으로 자아실현 욕구(self-actualization)를 차례대로 만족하려 한다는 것이다. 이러한 욕구 단계론은 현실 경제에서 두 가지 분야에서 자주 활용되곤 한다. 하나는 인사 분야에서 직원의 심리 상태를 다루는 데 쓰인다. 예를 들어 직원들에게 동기부여를 위한 다양한 보상의 방법을 만드는 데 사용한다. 승진이나 보너스 혹은 주택구입 자금융자 등을 통해 직원의 심리 변화를 유도하여 생산성을 극대화하는 전술인데 '매슬로의 동기부여론'이라고도 부른다. 다른 하나는 매슬로의 다양한 단계에 위치한 소비자를 대상으로 단계별로 특화된 마케팅 전략을 적용하는 데 사용한다. 예를 들면, 채소를 구매하려는 소비자가 안전의 욕구를 갖고 있다고 가정하자. 유기농 채소를 중심으로 '건강'에 방점을 둔 마케팅 전략을 구상해야 할 것이다.

♟ 현재와의 대화: 정치논리 개입된 표적 증세와 징벌적 과세

한국경제학회 회장을 역임한 재정학자 구정모 대만 CTBC 비즈니스 스쿨 석좌교수는 최근 문재인 정부의 재정과 부동산을 둘러싼 정책을 다음과 같이 질타하고 있다.

"과세에는 과세의 논리가 있고 법칙이 있다. 부동산 시장을 마비시키고 거래절벽을 초래하는 극단적인 조세정책은 과세원칙에도, 경제원칙에도 해당하지 않는다. 소득주도성장·고용안정지원금 등 또 다른 정책 실패로 인해 누적된 재정 적자를 메우기 위해 공시지가를 현실화하고 소득세 최고세율을 인상함으로써 세제를 누더기로 만들고 있다. 더구나 정책 실패에 따른 부담을 만회하기 위해 정책에 정치 논리가 개입됐다. 특정 지역 및 특정 계층을 겨냥한 표적 증세, 징벌적 과세에 대한 정치적 논리는 우리 세제의 형평성을 무너뜨리고 효율성을 왜곡시킬 것이다. 세제의 중립성 원칙이 훼손되고 지속 가능성도 없는 전대미문의 누더기 세제가 되고 말았다. 부동산 가격 폭등, 누더기 세제로 인한 국민의 고통, 영끌 매수를 위한 가계 부채 증가라는 뇌관은 고스란히 국민의 몫이다. (구정모, 2020)"

♟ 지식 한 토막: 형평성은 효율성보다 도덕적 우위에 있지 않다

미 프린스턴대 해리 프랑크푸르트(Harry Frankfurt) 교수는 '형평성이 효율성보다 도덕적으로 우월하다고 볼 수 없다'고 주장한다.

"인구 10명인 나라에 물 40리터가 존재한다고 하자. 생존에 필요한 1인당 최소한의 물은 5리터로 가정하자. 그렇다면 40리터의 물을 어떻게 배분해야 할 것인가? 평등을 지향하는 지도자는 10명 모두가 1인당 4리터씩 나눠 마시고 함께 죽기를 원할지도 모른다. 도덕적으로도 최악의 분배 방식이다. 만약 단 한 명이라도 살아남기를 원한다면 누군가는 다른 사람보다 더 많이 마셔야 한다. 최대한 많이 살리려면 8명에게 각자 5리터의 물을 배분하는 방식이 될 것이다. 결국 두 명에게는 단한 방울의 물도 주지 않는 방법이다. 상황을 바꾸어 이제 물 41리터가 있다고 가정하자. 8명에게 각각 5리터씩의 물을 나눠 주고 남은 이 1리터의 물을 어떻게 배분할 것인가? 사회의 약자인 나머지 두 명(물을 전혀 배분받지 못한)을 마시게 해야 할까? 문제는 이 1리터의 물이 2명의 상황을 전혀 개선시키지 못한다는 데 있다. 이들 또한 각각 생존을 위해 5리터의 물이 필요한 상태이기 때문에 1리터는 순간적인 갈증을 해결해 줄 뿐 죽을 운명을 바꾸지 못한다. 사회적으로 부족한 자원은 절대적으로 필요한 사람부터 나눠 주는 것이 합리적이다. 하지만 추가적인 배분이 생존 임계치로의 상승을 담보하지 못한다면 불평등은 필연적이다. 형평성은 효율성보다 도덕적 우위에 있다고 할 수 없다. (Frankfurt, 2015)"

⑦ '경제 따로 외교 따로' 칸막이 걷어내야

부처 간 소통해 여러 협상카드 확보
경제·안보 이익 얻을 패키지 딜해야
FTA 효과 깎는 정책도 재검토 필요

　세계 통상환경이 급변하고 있다. 힘의 우위에 바탕을 둔 보호주의 파고가 세계 경제를 덮치면서 세계무역기구(WTO)를 중심으로 하는 다자통상체제가 뿌리째 흔들리고 있다. 환태평양경제동반자협정(TPP)이나 범대서양무역투자동반자협정(TTIP) 등 메가 자유무역협정(FTA)을 통해 새로운 국제규범을 제정하고 이를 토대로 다자체제를 견인하려던 미국과 일본, 유럽연합(EU)의 대안적 시도 또한 도널드 트럼프 미국 대통령의 등장과 영국의 EU 탈퇴(브렉시트) 결정으로 교착상태에 빠졌다. 동시에 기존 협정의 수정 또는 양자 협상을 통한 일자리 창출, 개방 피해자에 대한 사회적 안전망 확보 등이 많은 나라에서 통상정책의 최우선 과제로 떠올랐다.

　이 같은 환경 변화 속에서 이제 막 출범한 문재인 정부는 앞으로 통상정책을 어떻게 가져가야 할 것인가. 첫째, '전략적 통상정책'을 주문하고 싶다. 그동안 많은 정책당국자들이 금과옥조처럼 떠받들어 왔던 '정경분리의 원칙'은 과감하게 폐기해야 한다. 우리나라 대외정책의 고질병은 어떤 일이 발생하면 소관부처를 중심으로 오직 그 이슈에 대해서만 정부가 입장을 정하는 '지극히 배타적이고도 단순한 의사결정방식'에 있다. 가령 미국이 안보적으로 한국에 사드(고고도 미사일방어체계) 배치를 원하면 "중국의 경제보복에 대해선 미국이 책임져라"라는 식으로 경제적 요구를 협상에 반영했어야 한다는 의미다. 통상이나 외교, 안보 혹은 산업 이슈들을 서로 연계해 범(汎)정부 차원에서 복합적으로 그리고 전략적으로 문제를 풀어가는 능력이 우리에겐 부족하다. 극심한 부처이기주의에 함몰돼 대외경제장관회의나 국무회의에서조차 다양한 사안들을 연계해서 조정하는 일이 매우 어렵다고 한다.

둘째, '포용적 통상정책'을 펼쳐나갔으면 한다. 대기업과 수출산업 위주의 통상정책은 추동력을 잃기에 이르렀다. 소비자와 개방의 피해자들을 함께 끌어안고 나아가지 않으면 국민과 국회의 지지를 얻을 수 없다. 신정부는 우선 우리가 맺은 기존 15개 FTA의 파급효과를 일반국민과 자영업자, 중소기업 및 피해 산업의 처지에서 엄밀하게 평가해주길 바란다. FTA 체결로 좋은 일자리가 몇 개나 만들어졌고 소비자는 가격 인하 혜택을 얼마나 보게 됐는지, 개방의 실제 피해액은 얼마이고 보상은 합리적으로 이뤄졌는지에 대한 객관적인 분석과 검토가 필요한 시점이다. 아울러 '좀비 중소기업'을 양산하는 무역조정지원제도뿐 아니라 국영무역이니 수입권 공매니 하는 농산물 수입관리 방식을 통해 FTA 가격 인하 효과를 차단하고 도시 소비자들을 울리는 정부의 각종 정책들은 전면 재검토해야 한다.

끝으로 '미래지향적 통상정책'에 역량을 모았으면 한다. 중국 주도의 역내포괄적경제동반자협정(RCEP)이나 한·중·일 FTA에 끌려다니기보다는 4차 산업혁명 시대, 미국 실리콘밸리와의 협업과 공동 생태계 조성 혹은 의료, 교육, 보건, 미용, 관광 등 국내 우수 자원을 활용한 서비스 수출에 정부가 더 큰 관심을 쏟아야 한다. 이를 위해 과감한 규제 개혁은 물론이요 제주도 전체를 '한국어·중국어 공용 지역' 혹은 부산을 '한국어·일본어 공용 지역'으로 선포해 수많은 중국인과 일본인을 국내로 끌어들이는 등 획기적이고도 창의적인 서비스 수출전략이 나왔으면 한다.

문재인 정부 앞에는 북핵, 사드배치, 한·미 FTA 재협상, 중국의 경제보복, 한·일 관계 복원 등 굵직한 국제 이슈들이 난마처럼 얽혀 있다. '경제 따로 외교 따로'가 아닌, 부처 간 적극적 소통을 통해 다양한 협상 카드를 확보하고 이에 기초해 통 큰 '패키지 딜'을 성사시킬 수 있는 대외 거버넌스 체계 구축이 절실하다. 사회적 약자를 보듬고 동시에 미래를 열어 가는 신정부의 따뜻한 정책과 과감한 개혁을 기대한다.

새 정부에 바란다
〈한국경제 2017년 5월 18일〉

용어 설명

ESG

'Environment(환경)' 'Social Responsibility(사회적 책무)' 'Governance(거버넌스)'의 머리글자를 딴 단어이다. 최근 ESG는 개

별 기업을 넘어 국가의 성패를 가르는 핵심 키워드로 부상하고 있다. 내용은 기업이나 국가의 활동이 재무적 성과 혹은 성장률 위주로 평가되던 방식에서 벗어나 비재무적 요소, 즉 친환경과 사회적 책무 및 지배구조 개선 등 사회가치적 요소들을 고려해야 지속 가능한 발전을 이룰 수 있다는 '가치 경영' 철학을 담고 있다. 영국을 비롯한 유럽 주요 국들은 이미 2000년 이후 연기금을 중심으로 ESG 정보 공시 의무제도를 도입했다. ESG는 세계 각국의 정책이슈나 기업의 경영 및 투자 요소에 있어서 우선순위로 손꼽히게 되었는데 이는 지난 30년간의 세계화 과정과 기업중시 정책이 초래한 다양한 사회 문제에 대한 기업과 국가 차원의 시정 혹은 보완이라는 의미를 내포하고 있다. 기업이 ESG를 통해 '사회'를 중요한 고객으로 바라보는 새로운 관점을 반영하기 시작한 것이다. 통상정책 측면에서는 탄소중립과 순환경제를 추구하며 소비자와 개방 피해자를 끌어안고 경영의 투명성을 모색하려는 '포용적(inclusive) 통상정책'을 통해 ESG가 실현될 것이다.

현재와의 대화: 전략적, 포용적, 미래지향적 통상정책이 필요한 이유

문재인 정부가 새로 들어서는 상황에서 필자는 한국의 통상전략이 1) 전략적 통상정책 2) 포용적 통상정책 3) 미래지향적 통상정책으로 나가길 희망한다며 그 방향성을 제시하였다. 전략적 통상정책에서는 정부 부처 간에 칸막이를 걷어 내고 이슈 연계를 통해 범정부 차원의 통상 전략·전술을 구사해야 한다는 점을 강조하였다. 포용적 통상정책은 세계화의 급속한 진전으로 무역자유화에서 소외된 많은 중소기업과 소비자들을 함께 보듬어 나갈 수 있는 방안을 모색하자는 취지에서 제시한 것이다. 끝으로 과감한 규제개혁과 혁신적인 정책 도입으로 4차 산업혁명시대를 주도하자는 의미에서 미래지향적 통상정책을 주문하였다.

♟ 지식 한 토막: 노무현-박근혜-문재인 정부의 통상전략

한국은 지금까지 세 차례에 걸쳐 정부 차원의 통상전략을 발표했다. 첫 번째는 노무현 정부에서 나왔다. 당시 체결한 FTA가 전무한 상황에서 외교부는 2003년 8월 처음으로 FTA 로드맵을 제시하였다. 'FTA 허브 국가'를 전략으로 내세웠고 실행 방식은 '동시다발 FTA 체결'이었다. 단계별 FTA 접근을 통해 결국 거대경제시장과 FTA 그물망을 완성하는 것을 목표로 삼았다. 이후 우리나라가 체결한 FTA는 57개국 17개가 발효하는 성과를 거두었다. 두 번째 통상전략은 통상교섭본부가 외교부에서 산업부로 옮겨진 박근혜 정부 출범 이후 나왔다. 2013년 6월 'TPP(환태평양경제동반자협정), RCEP(역내포괄적경제동반자협정) 동시 가입과 개도국 상생 FTA 추진 전략'이었다. 하지만 한·중 FTA 협상을 진행하던 당시 상황에서 중국의 반발로 한국 정부는 TPP 가입을 포기했다. RCEP은 이후 2020년 11월 인도가 빠진 상황에서 한국의 역할에 힘입어 RCEP 15 타결에 성공했다. 개도국과의 FTA도 차질 없이 진행되었다. 세 번째 통상전략은 2020년 7월 문재인 정부에서 나왔다. '포스트 코로나 신통상전략'으로 명명된 이 보고서에서 문재인 정부는 코로나 이후 탈세계화, 디지털전환, 공급망 재편에 대응하고자 '연대와 협력의 통상'에 대한 비전을 담았다. 양자주의를 강화하고 보호무역에 선제적으로 대응하며 디지털 규범을 정립한다는 것이 핵심이다. 대외경제정책연구원에서 2019년 분석한 자료에 따르면 우리나라의 52개 FTA 체결국을 통해 대외 수출을 2004년 1,707억 달러에서 2018년 4,386억 달러로 크게 증가시켰다. 2004년부터 2018년까지 우리나라의 FTA 체결국으로의 수출은 연평균 약 7%씩 증가하여 FTA 미체결국의 연평균 성장률인 5%보다 높았으며, 같은 기간 우리나라의 전체 수출에서 FTA 체결국으로의 수출 비중 역시 67%에서 73%로 확대되었다.

8

통상, 앞으로가 문제다

**공룡 산업부에서 찬밥신세 된 '통상'
신통상로드맵은 제대로 시도 안 돼
거세진 통상압력에 속수무책일 뿐**

수출로 먹고사는 한국이 바야흐로 '통상 정책 실종의 시대'를 살고 있다. 미국의 거센 통상 압력, 중국의 비관세장벽, 일본의 세계무역기구(WTO) 제소 등을 맞아 무엇 하나 정부가 해결책을 제시하는 게 없다. 1990년대 슬랩스틱 코미디의 코믹 캐릭터 '영구'가 세종시 산업통상자원부 청사 앞에 나타나 "'통상' 없다!"고 하며 개그를 벌이지나 않을지 걱정할 정도다.

문제는 이 같은 상황이 일시적이 아니라 구조적이라는 점에 있다. 국내 제조업의 지원과 보호에만 길들여진 산업부가 '통상 문제'를 등한시하다 보니 부처 간 개방 정책의 조율을 주도할 수 없을뿐더러 국제사회에서도 협상의 리더십을 발휘할 수 없는 한계에 봉착한 것이다.

2013년 3월 박근혜 정부는 출범과 함께 통상업무를 외교부에서 산업부로 이관했다. 당시 산업부 논리는 크게 세 가지로 요약된다. 첫째, 사회 전반에 자유무역협정(FTA)의 피로감이 누적되고 취약 부문과의 소통이 부족해 내부 갈등을 줄이는 방향으로의 정책 전환이 필요하다.

둘째, 통상 정책의 성과를 국내 각 경제 주체가 공유하면서 산업과 통상이 시너지를 발휘할 수 있는 통상 시스템을 구축해야 한다. 셋째, 새로운 메가 FTA 시대를 맞아 동아시아 지역경제 통합 논의의 핵심축 역할을 산업부가 앞장서 수행하겠다는 것 등이다.

일리가 있는 주장이었고 전문가들은 그 필요성에 공감하는 편이었다. 하지만 3년이 훌쩍 지난 지금, 현실은 당시의 주장이 허언이었음을 뒷받침하고 있다. 우선 내부 갈등을 최소화하려는 노력을 찾아보기 어렵다. 개방 피해 업종을 지원하기 위해 2007년 도입된 무역조정지원제도는 부실 중소기업의 융자에 초점을 맞추면서 '좀비기업'의 생명을 연장하는 프로그램으로 전락했다. 피해 산업과의 소통을 목표로 만들어진 FTA 국내대책국은 조직이 오히려 축소됐고 '내부 협상'이라는 고유 업무에서 배제됐다. 통상절차법의 시행 또한 절차 충족이라는 형식에 매달려 치열한 공론화 과정이 사라졌다.

통상 정책의 성과 공유를 위해 산업부는 중소기업 육성과 일자리 창출을 내세웠지만 중소기업의 수출과 해외 투자는 각국 비관세장벽에 막혀 무너지고 있고 일자리 창출은 힘든 거시경제 여건과 맞물려 지지부진하다. 국내 산업 피해에 대한 무역구제(반덤핑, 상계, 긴급수입제한조치 등) 기능을 강화하겠다고 공언했지만 담당 부서인 무역위원회의 조직과 인력은 변함이 없다.

특히 중국의 압력으로 환태평양경제동반자협정(TPP) 참여를 뒤로 미루면서 산업부가 목표로 제시한 '지역경제 통합 논의의 핵심축 역할'

은 아예 물 건너갔다. 중국과는 FTA 체결로 관세·비관세 장벽을 완화하겠다고 약속했지만 비관세장벽은 손도 못 대고 있고, 우리 농산물을 과도하게 보호하면서 중국 시장을 열지 못해 한국산 주력 상품의 대중(對中) 수출 또한 한·중 FTA로 나아진 게 없다.

결국 2013년 6월 산업부가 '새 정부 신통상로드맵'에서 제시한 '창조경제를 선도하는 상생형 통상국가 건설'이라는 슬로건은 새 정권 출범에 맞춰 급조된 정치적 구호였음이 드러나고 있다. 세부 실천방안으로 제시한 그 무엇도 지난 3년간 제대로 시도조차 한 적이 없다. 방대한 산하기관, 공기업, 자회사 등을 거느린 공룡 산업부에서 '통상'은 그야말로 찬밥 신세다. 돈 쓰는 부서, 규제의 칼날을 휘두르는 부서, 노후가 보장되는 부서인 '산업'과 '자원' 부문에 근무하기 위해 '통상'에서는 조용히 시간만 죽이면 될 일이다.

통상 정책은 관료가 독점할 수 없는 공공재다. 하지만 품질 관리와 생산을 게을리하면 피해는 온 국민에게 돌아간다. '이익의 사유화와 손실의 사회화'란 익숙한 현상이 지금 세종시에서 벌어지고 있다.

시론
〈한국경제 2016년 6월 20일〉

♜ 용어 설명

무역위원회(貿易委員會**, Korea Trade Commission: KTC)**

1987년에 설립. 덤핑수입 및 외국 정부로부터 보조금을 지급받은 물품의 수입 또는 특정물품의 수입급증 등으로 국내 산업이 피해를 입거나 입을 우려가 있을 경우 이를 조사·판정하기 위하여 설립된 산업통상자원부 소속의 행정기관이다. 위원장(차관급) 1인, 상임위원 1인, 비상임위원 7인 등 총 9인의 위원으로 구성된다. 위원장 및 위원은 임기가 3년이며 연임할 수 있다. 미국 무역위원회(USITC)와 비교해 보면 조직 측면에서 한국 무역위원회는 산업부의 내부 조직으로 편제되어 있어 조직과 인사의 독립성이 미국에 비해 부족하다. USITC의 덤핑마진율을 근거로 미국 상무부(DOC)에서 반덤핑관세를 부과하고 있는 반면 한국은 기획재정부가 최종적으로 반덤핑관세율을 결정하고 반덤핑관세를 부과한다. 인력운용상 차이점을 살펴보면 미국의 ITC는 한국의 무역위원회에 비해 변호사, 경제학자, 회계사 등 전문가들을 다수 고용하고 있고, 내용 면에서도 심층 연구와 분석이 함께 이뤄지고 있다. 한국의 경우 상계관세의 발동 건수가 전무하다. 보호무역주의의 글로벌 확산 추이에 맞서 한국도 무역위원회의 권한과 기능을 강화하고 실효성 있는 반덤핑관세가 부과될 수 있도록 무역 관련법 개정에 정부가 적극 나서야 한다는 주장이 힘을 얻고 있다.

♜ 현재와의 대화: 한 지붕 세 가족? 산업통상자원부

박근혜 정부 출범 이후 3년 3개월이 지난 시점에서 정부의 통상정책을 비판적으로 평가해 보았다. 가장 큰 문제로 지적한 것은 2013년 외교부에서 산업부로 통상업무를 이관해 올 때 산업부에서 자주 펼쳤던 논리가 '산업과 통상의 시너지 극대화'였다는 점이다. 하지만 시너지 효과가 구체적으로 발휘된 성공 사례를 찾기 어렵다고 필자는 본 칼럼에서 주장했다. 특히 산업통상자원부라는 한 지붕 아래 '산업'과 '통상' 그리고 '에너지'라는 세 집이 각자 살림을 하고 있고 통상을 담당하는 공무원은 세 집을 오가는 거버넌스 구조에서 과연 통상이라는 특수한 분야의 전문성을 확보할 수 있을까 하는 의문이 가시지 않고 있다. 2021년 오늘의 관점에서 이 같은 시각은 여전히 유효하지 않나 생각한다. 전문 인력의 지속적인 확보를 담보할 체계적인 시스템 전환이 필요하다. 향후 펼쳐질 국제통상환경에서 가장 큰 화두는 '환경'과 '디지털'이 아닌가 싶다. '산업'과 '에너지' 그리고 '통상'에서의 시너지 발휘가 어느 때보다도 더 중요한 국가적 과제가 된 상황에서 산업통상자원부의 역할이 기대된다.

♜ 지식 한 토막: 통상인력 양성은 국가적 과제

협상도 정책도 모두 사람이 하는 일이다. 통상법(通商法) 최고의 전문가로 손꼽히는 이재민 서울대 교수의 주장이다.

"2019년 5급 채용 시험의 경우 모두 330명을 선발하는데, 국제통상직은 10명에 불과하다. 7급 채용 부문에서는 관세직과 외무영사직은 있지만, 통상직은 별도로 없는 실정이다. 세계 7위 교역국이라는 지위와는 어울리지 않는다. 최소한 매년 30~40명 내외의 신규 인력을 통상 분야에 계속 공급해야 한다. 이들은 산업통상자원부뿐 아니라 다른 부서로도 배치돼 통상 문제를 담당할 수 있을 것이다. ⋯ 통상 업무는 고되고 힘들지만 빛이 나지 않는다. 담당자들은 잘되면 당연하고 잘못되면 비난받는 위치에 있다. 아마 대부분 이러한 평가에 공감할 것이다. 국가를 위해 힘든 업무에 매진하고 있다면 그에 걸맞은 배려를 해 주는 것은 어찌 보면 당연하다. 공무원 체제상 급여를 통한 보상은 불가능하므로 다른 방식이라도 모색해야 한다. ⋯ 교육과 연수 문제에서 우선권을 주는 것을 진지하게 고려해 볼 만하다. 실질적 인센티브를 제공해야 능력 있는 인재들의 지원도 이어질 수 있다. 지금의 통상환경은 발상의 전환을 요구하고 있다. 기존 틀에서는 상정하기 힘든 일들이 끊임없이 일어나고 있다. 전문성 함양이 선행돼야 이를 토대로 창의적 해법도 따라올 것이다. (이재민, 2019)"

9

외면하고 징징대면 통상 마찰 해결되나

미국발 통상 압력이 심상찮다. 한·미 FTA 발효 이후 미 의회와 정부는 우리 보건복지부의 약값 결정 과정이나 미국 기업을 상대로 한 공정위 조사의 불투명성, 정부 기관의 불법 복제 소프트웨어 사용 등을 문제 삼더니 최근에는 자동차 좌석의 폭, 간격 등의 규정이나 전자상거래 시 전자결제업자의 등록 규정에 이르기까지 우리나라 비관세장벽 전반으로 전선을 확대하는 조짐을 보이고 있기 때문이다.

일각에서는 이런 상황을 미국 대선 정국과 맞물린 미국발 일시적 난기류 정도로 해석하지만 두 가지 측면에서 동의하기 어렵다. 첫째는 우리의 비관세장벽이 실제 상당히 높다는 사실이고 둘째는 우리 정부의 비관세장벽 해결 방식이 실효성 측면에서 큰 문제를 안고 있기 때문이다. 따라서 미국의 통상 압력은 향후 상당 기간 지속될 가능성이 크다.

농산물에 대한 우리의 위생 검역 조건은 국제적으로 악명이 높다. 각종 규제와 허가의 철사줄을 수입의 길목에 올무처럼 촘촘하게 쳐 놓은 꼴이다. 동남아 혹은 중국에서 한국에 유학 온 많은 학생은 비타민과 무기질 부족에 시달린다고 한다. 이유가 딱하다. 한국의 과일과 채소가 자국에 비해 적게는 다섯 배, 많게는 열 배 가까이 비싸 사 먹을 엄두를 내지 못한다. 우리 도시 소비자 살림살이 또한 비싼 식료품 가격에 깊은 그늘이 드리워졌다. 우리 정부는 충분한 과학적 근거를 확보하지 않은 채 일본 수산물을 수입 금지했다가 일본 정부의 제소로 세계무역기구(WTO)에서 패소할 지경에 이르렀다. 말로만 선진 통상 국가를 외치면서 정작 우리 내부는 비관세장벽으로 혹은 국영무역으로 다수의 소비자를 외면한 채 소수의 생산자만 철저하게 보호하고 있다. 각종 규격이나 표준 등을 정하는 기술 장벽도 예외가 아니다.

더 큰 문제는 정부의 해결 방식이다. 통상 이슈는 쌍무적 협상을 통해 해결해야 한다. 하지만 우리 정부는 통상 문제를 읍소 혹은 압력으로 해결할 수 있는 일방적 성질의 것으로 파악하는 듯하다. 우리가 필요한 뭔가를 달라고 요구할 때는 대신 내줄 것을 준비해야 하고, 뭔가 줄 때는 우리가 필요한 것을 요구해야 한다. 한·중 FTA 협상 개시도 이명박 정권 말기에 무상으로 팔아넘기더니 이제 중국에 가서는 비관세장벽을 없애 달라고 읍소하고, 미국의 요구는 일방의 압력으로 치부한다. 낮은 수준의 한·중 FTA가 그나마 규정한 '비관세장벽 양자 협의체 운영'은 선언적 의미에만 그쳤을 뿐이다.

통상 전문가들은 '기업의 애로 사항 해결과 비관세장벽 해소는 다른 차원의 사안'임을 강조한다. 하지만 산업통상자원부는 비관세장벽 문제를 산하기관인 코트라와 무역협회에 떠넘기고 '정부 차원의 협상 문제'를 '기업 차원의 민원 해결책' 정도로 애써 축소한다. 말로만 비관세장벽 해소를 떠들 뿐 실제 정부가 해결한 사례는 거의 없는 이유가 바로 여기에 있다.

이번 정부 들어 '통상 정책'이 실종됐다고 말하는 전문가가 늘고 있다. '산업'과 '에너지'에 치여 '통상'은 산업통상자원부의 애물단지로 전락을 거듭하고 있다. 2013년 외교통상부에서 '통상'을 떼어내 산업통상자원부로 업무를 이관할 때 통상 전문가들이 우려했던 '혹시나'가 '역시나'로 막을 내리는 모습이다.

기고
〈조선일보 2016년 6월 13일〉

용어 설명

국영무역(state trading)

기간 품목에 대한 무역을 정부가 통제함으로써 국내 산업의 발전을 꾀하고 아울러 재정 혹은 안보상의 목적을 달성하고자 하는 무역 형태이다. 국영무역 기업이란 "배타적 또는 특별한 권리(exclusive and special rights or privileges) 행사를 통하여 수출입의 수준 또는 방향에 영향을 주는 정부 및 비정부기업"으로 정의된다. WTO는 이러한 기업을 운영하고 있는 회원국이 정책 변경사항을 주기적으로 통보하도록 규정하고 있다. 우리나라는 쌀, 보리, 콩, 쇠고기, 고추, 마늘, 양파 등 19개 품목의 시장접근물량을 수입함에 있어 국영무역 기업을 운영하겠다고 UR 이행계획서에 표시하여 이행하고 있는데, 농림축산식품부, 농수산식품유통공사, 축산물유통사업단, 축산업협동조합중앙회, 제주감귤협동조합, 인삼협동조합중앙회, 임업협동조합중앙회 등 7개 지정기관에서 이를 담당하고 있다.

♟ 현재와의 대화: 각국 비관세장벽, 체계적 대응 필요

우리 정부의 해외 비관세장벽 대응 체계는 허술하기 짝이 없다. 비록 산업부에서 총괄적으로 수입규제협의회와 비관세장벽협의회를 운영하긴 하지만, 아직도 수입규제센터는 외교부에 있다. 무역기술장벽(TBT) 관련 사안은 기술표준원에서 총괄하고 있어 산업부 산하 기관이긴 하나 협업이 제대로 이뤄지는지는 의문이다. 위생검역(SPS) 대응은 식약처다. 비관세장벽 분야는 전문성을 요구하는 이유로 각 전문부처에서 담당하는 것이 당연하다. 하지만 국내 기업의 입장에서 보면 해외 비관세장벽에 대한 정부의 대응 체계가 수요자 혹은 국내 기업 친화적이라고 보긴 여전히 어려운 실정이다. 산업통상자원부는 국별(國別)·산업별·제품별 비관세장벽의 유형과 운영 실태에 대한 데이터와 자료를 체계화하여 한국의 수출기업과 해외 투자 기업에 필요한 정보를 적기에 제공하는 지원 시스템을 갖출 필요가 있다. 아울러 한국의 비관세장벽에 대한 외국 정부의 불평도 만만찮다. 정부는 국영무역의 투명성을 높이고 물량 배정의 공정성과 소비자의 후생을 고려한 시스템의 획기적 개선에 나설 필요가 있다.

♟ 지식 한 토막: 한국의 비관세장벽 현황

2019년 UNCTAD TRAINS 웹사이트를 통해 한국 비관세장벽에 대한 자료가 정식 등록 및 공개되었다. 이에 따르면 한국의 비관세조치는 총 1,930건으로, 이 조치들은 29개 정부 소관부처와 427개 법령·규칙(regulations)으로부터 식별되었고, 한국의 2015년 세번(HS 코드 10단위) 기준 11,483개(93.8%) 품목에 영향을 미치고 있다. 한국 비관세조치의 유형별 현황을 살펴보면 건수 기준으로 위생검역 SPS(A)와 무역기술장벽 TBT(B) 비중이 각각 36.6%와 41.9%를 차지하고 있으며, 이 외에는 수출관련조치(P) 15.9%, 가격통제조치(F) 3.7%를 제외하면 다른 유형들의 비중은 미미하다. 소관부처별 한국의 비관세조치 건수는 농림축산식품부가 740건으로 전체 건수의 38.3%를 차지하고 있으며, 이 외에도 산업, 식품, 환경, 수산물 등과 관련된 소관부처가 많은 비관세조치들과 관련된 것으로 나타났다.

10

한국의 '지구촌 나눔' 성적은 D 학점
범지구적 책무 이행해야

서비스산업 후진성 계속되면 제조업 1등 상품도 사라져
법규와 규제의 투명성과 예측가능성 확보해야 국격 높아져
국내기업의 해외 진출 연계 등 조건 없이 공적원조 늘려야

한 나라의 격(格)을 '그 나라 하면 자연스럽게 떠오르는 품위' 정도로 이해한다면 경제적 측면에서는 '국격(國格)'의 결정 요인은 다음 몇 가지로 생각해 볼 수 있을 것이다.

지구촌 나눔과 섬김, 한국 학점은 D

우선 그 나라가 '지구촌의 어둡고 그늘진 곳을 밝고 환하게 바꾸는 일'에 얼마나 기여하고 있는가 하는 '범지구적 책무(global responsibility)의 이행 정도'가 한 척도가 될 것이다. 남의 불행을 나의 일로 아파하고 이를 함께 극복하려는 '나눔과 섬김'의 손길에 지구촌 사람들은 박수와 갈채를 보낸다. 이런 측면에서 우리나라의 성적을 굳이 매기자면 안타깝지만 D 학점이 아닐까 싶다. 세계의 각종 재난 극복 현장, 절대빈곤의 감소 내지는 퇴치 노력 활동에 한국의 모습은 잘 보이지 않는다.

정부는 우리의 국력과 경제 규모에 어울리지 않는 초라한 지원금을 국제사회에, 그것도 남의 눈치를 한참 보다가 마지못해 내미는가 하면 도무지 이해하지 못할 정도의 인색한 모습을 보인다. 세계 6개국(미국, 영국, 독일, 프랑스, 일본, 이탈리아)만 달성했다는 국민소득 3만 달러, 인구 5천만 이상의 3050 클럽 가입을 바로 목전에 두고 있지만 이들 선진국들과는 달리 우리의 오그라진 손바닥은 도무지 펴지질 않는다. 한국전쟁 후 폐허의 이 땅에 뿌려진 국제사회 숱한 도움의 손길과 1960년대, 70년대 수많은 학생들과 그 가족들의 목숨을 살렸던 '눈물의 옥수수빵'을 기억한다면 이제 우리가 그 사랑을 돌려줘야 할 때이다.

우리 정부, '윈-윈 전략의 덫'에 갇혀

우리 정부의 최근 5년간 공적원조(ODA) 증가율은 경제협력기구 개발원조위원회(OECD DAC) 회원국 중 가장 높은 연 평균 18%에 이른다. 하지만 규모나 내용 면에서 자세히 살펴보면 여전히 낙제점을 면하기 어렵다. 경제 규모 대비 ODA 수준은 24개 DAC 회원국 중 최하위권인 22위, 1인당 공적원조 지출액은 월 3천 원에 불과하다. ODA 지원 규모 상위 5개국은 미국, 영국, 독일, 프랑스, 일본이며, 경제규모 대비 지원액이 가장 높은 나라는 덴마크, 룩셈부르크, 네덜란드, 노르웨이, 스웨덴이다. 이 나라들의 국격은 실로 높다. 중국이 '지구촌 무임승차자'로 비난받는 이유는 경제성장으로 G2가 되었지만 범지구적 책무에 여전히 소극적이기 때문이다.

우리 정부는 ODA 규모 확대와 더불어 맞춤형 지원, 경제발전 경험 전수, 우리 기업·인력 진출 지원 등을 통해 국제적 위상 제고와 글로벌 경제협력 강화에 노력하고 있지만 아직도 '나눔의 진정한 의미'를 모르고 있다. 해외 원조를 통하여 국내기업의 해외 진출을 연계시키고 청년 일자리도 확대하겠다는 소위 '윈-윈 전략의 덫'에 갇혀 있기 때문이다. 내가 손해를 보더라도 남을 돕는 것이 진정한 나눔일진대 우리 정부는 아직도 원조를 통해 우리의 이익을 함께 도모하겠다는 이기적인 생각에 사로잡혀 있다. 지난 50년간 국제사회 도움에 의해 졸부로 성장한 나라인 한국을 보는 국제사회의 시선이 그다지 곱지 않은 이유이다.

'무엇을 할 것인가'보다 '무엇을 하지 않을 것인가'가 더 중요

두 번째 국격의 중요한 결정 요인은 바로 그 나라 각종 제도와 법규 및 규제의 투명성과 예측가능성이라고 할 수 있다. 공적 지위를 이용하여 사적 편익을 취하는 사람이 많을수록 그 나라의 격은 떨어지게 된다. 박근혜 정부가 규제완화를 위해 노력하고 있지만 상당수 규제는 부처 차원의 이익과 사적 편익을 취할 수 있는 고도의 장치이기 때문에 관련 공무원들의 저항이 결코 만만찮을 것이다. 창조경제를 구현하고 국격을 높이는 차원에서 정부는 '무엇을 할 것인가(what to do)'에 쏟을 고민의 절반을 '무엇을 하지 않을 것인가(what to undo)'에 집중해야 한다. 정부가 '더 이상 무엇을 하지 않는 것'이 기업 활동에도 도움이 되는 시대에 우리 경제도 접어든 것이다.

산업별로 정부 부처를 나누고 그 부처에 산업별 규제 권한을 주는 기존 패러다임은 융·복합이 일상화된 창조경제에서는 더 이상 유효하지 않다. 산업별로 나눠진 규정이 새로운 제품, 새로운 서비스의 생산과 판매를 원천적으로 봉쇄하고 있기 때문이다. 규제 권한이 부처권한이 되다 보니 규제 권한을 둘러싼 부처 간의 정치 게임이 국가의 장래를 위협하는 수준에 이르렀다. 국회의원 또한 이 게임의 중요한 플레이어가 되었다. 각종 규제를 둘러싼 이권과 이슈의 정치화에 발을 디디고 서서 관련 법률의 제·개정 과정을 사유화하는 정치인이 많아지면서 국격은 끝없이 추락하고 있다.

한국에 진출한, 혹은 진출하려는 외국인 사업가들과 얘기해 보라. 하나같이 한국 정부와 국회를 두려워하고 있다. 공무원에 밉보이면 일단 끝이라는 생각과 한국의 국회는 사유재산도 침해하고 시장경제 원리에 반하는 어떤 입법도 가능한 곳이라는 소문이 퍼져 있다. '원칙 금지-예외 허용'의 포지티브 방식의 규제는 이제 '원칙 허용-예외 금지'의 네거티브 방식으로 전부 뜯어 고쳐야 한다. 글로벌 스탠다드에 부합하지 않는 국내 규제는 과감하게 폐지해야 한다. 규제 시스템 개혁을 위한 범정부-국회 차원의 국가적 노력이 절실히 필요한 시점이다.

서비스 산업의 후진성, 제조업 1등 제품 사라지게 만들지도

국격을 높일 수 있는 마지막 요인은 우리 제품과 서비스에 대한 국제사회의 신뢰 확보에 있다. 지구촌 누구나 믿고 살 수 있는 한국 제품을 만드는 것이다. 'Made in Germany' 'Made in Japan'에는 국격이 묻어 있다. 1등 정신과 프로페셔널리즘이 나라의 품위를 높이는 것이다. 디램 반도체, 테레프탈산(합성섬유 원료), 선박추진용 엔진, 세탁기 등은 한국이 세계 수출 시장에서 1위를 하는 제품들이다. 우리나라의 세계 수출시장 점유율 1위 품목 수는 100개 미만으로 세계 14위이다. 중국의 강세가 두드러진 가운데 독일과 미국, 일본 등이 상위에 포진하고 있다.

하지만 서비스 산업으로 눈을 돌리면 우리의 현실은 참담하다. 외국인 투자자들이 믿고 맡길 수 있는 변변한 투자은행, 컨설팅 회사 하나 없다. 세계 일류 교육기관도 찾아보기 어렵다. 국내 최대라는 로펌도 우물 안 개구리에 불과하다. 서비스업이 제조업의 발목을 단단히 붙잡고 있는 형국이다. 서비스업의 핵심적인 생산요소는 고급 인력의 확보인데 이를 위해서는 국내 인재의 양성뿐 아니라 해외 인력의 효과적 활용이 중요하다. 세계적 관행이 통용되는 비즈니스 환경의 창출과 함께 이미 언급한 규제 완화와 행정 절차의 간소화, 노동시장의 유연성 제고 및 생활환경이나 언어소통 등 편리한 사회문화 환경의 조성이 시급하다. 서비스 산업의 후진성이 지금과 같이 계속되고 그나마 남아 있는 기업가 정신마저 정부의 실패로 실종된다면 우리의 국격을 높여줄 1등 제품 또한 조만간 사라지게 될 것이다.

한 나라의 격을 높이는 일은 지난한 작업이다. 지구촌 이웃사랑을 묵묵히 그리고 적극적으로 실천하면서 한편으로는 투명하고도 예측 가능한 나라를 만들어가는 것이 그 힘든 작업의 핵심 과제가 될 것이다.

허윤 교수 칼럼
〈데일리한국 2014년 10월 15일〉

♜ 용어 설명

공적개발원조(Official Development Assistance: ODA)

정부를 비롯한 공공기관이 개도국의 경제발전과 사회복지 증진을 목표로 제공하는 원조. 개도국 정부 및 지역, 또는 국제기구에 제공되는 자금이나 기술협력을 포함하는 개념이다. ODA의 정의는 경제협력개발기구 개발원조위원회(Organization for Economic Cooperation and Development, Development Assistance Committee: OECD DAC)가 1961년 출범한 이후 통일되어 사용되고 있다. DAC 회원국별 ODA 순지출액(Net Disbursement)으로 볼 때 미국은 2018년 337억 달러가량을 원조한 최대 공여국이다. 다음으로는 256억 달러가량의 원조 규모를 기록한 독일, 그다음은 영국, 일본, 프랑스 순이다. 한국은 2010년 DAC 가입 이후 국제개발협력기본법을 제정하였으며 지속적으로 ODA를 증대시켜 왔다. 2018년 ODA 지원규모(순지출 기준)는 전년 대비 약 9% 증가한 24.19억 달러로, 29개(EU 제외, EU 포함 30개) DAC 회원국 중 절대규모 면에서 15위를 차지하고 있다.

♜ 현재와의 대화: 꼬리표 단 원조는 줄여 나가야

이 칼럼에서 필자는 국격을 높이기 위해서 한국 정부가 기존의 '윈-윈 전략'이 아닌 말 그대로 무상 원조의 비중을 높일 것을 권고하였다. 실제 우리나라 총 국민소득 대비 ODA 비율(ODA/GNI)은 2018년 0.14%로 전체 29개 DAC 회원국 중 25위(2017년 26위)를 차지하는 수준이다. 2020년까지 ODA/GNI 비율 목표치 0.20% 달성을 위해 노력 중이나 아직 그 수준이 높다고 할 수 없다. 기술협력이나 인도적 지원 위주의 무상원조와 달리 양허성 차관은 개도국의 경제발전의 기초가 되는 도로, 철도, 항만, 공항, 통신, 전력 등 대규모 자금을 필요로 하는 사회간접자본 건설 등의 수원국 정부의 개발우선순위가 높은 국책사업을 위주로 지원하고 있지만 공사는 한국 기업이 해야 한다는 등의 까다로운 꼬리표를 달고 있다.

지식 한 토막: BTS와 블랙핑크가 높이는 한국의 국가 브랜드

한국 무상원조 기관인 한국국제협력단(KOICA)의 원조 투명성 지수는 전 세계 45개 기관 중 38위(2018년), 즉 '하위' 그룹으로 분류되어 있다. 원조 투명성 38위 기록은 우리나라 공공기관의 후진적인 민낯을 그대로 보여주는 사건이다. 반면 영국 컨설팅업체 브랜드파이낸스(Brand Finance)가 발표한 '국가브랜드 2019 보고서'를 보면, 한국의 브랜드 가치가 9위에 오른 것으로 기록됐다. 한국은 2018년에 처음 10위권에 진입했다. 2018년은 방탄소년단(BTS)가 《LOVE YOURSELF 轉 'Tear'》란 앨범으로 '빌보드 200' 1위를 기록하였고, 대한민국 음악 그룹 최초로 '빌보드 200' 1위를 차지한 해이다. 이후 BTS의 'Dynamite(다이너마이트)'나 블랙핑크의 'Lovesick Girls(러브 식 걸스)' 등은 세계 시장을 석권하고 있다. 한국의 국가 브랜드는 정부의 ODA가 아니라 BTS나 블랙핑크가 올려놓고 있다는 생각이 드는 이유다.

실패한 정책, 한국의 무역조정지원제도

FTA 체결 때마다 정부는 피해기업의 지원대책으로 '무역조정지원제도'가 준비되어 있다는 사실을 귀가 따갑도록 홍보해 왔다. 하지만 동 제도가 시작된 2007년 5월 이후 최근까지의 운영 성과를 살펴보면 가히 충격적이다. 전체 지원 기업의 수는 단 7개, 총 지원규모도 융자 24억 5천만 원에 컨설팅비 6천 4백만 원에 불과하다. '향후 10년간 2조 4,630억 원의 자금 대출과 컨설팅 비용 1,070억 원이 무역조정지원에 소요될 것'이라던 지식경제부의 약속은 5년이 지난 지금 모두 허언과 거짓으로 드러난 셈이다.

그나마의 지원도 시설자금과 운전자금의 대출에 집중되었다. 이는 미국이 자체 경험을 통하여 무역조정지원에 있어서 생산설비의 확충이나 새로운 기계 도입 및 운영 자금의 지원을 1986년 이후 금지하고 있는 것과는 좋은 대조를 이룬다. 해외에서 이미 실패한 정책을 노무현 정부 때 일부 관료들이 아무런 여과 없이 수입한 것이다.

위기의 무역조정지원제도와 그 해결방안

한국의 무역조정지원제도는 오늘날 총체적 위기에 처해 있다. 단순히 지정 기준을 완화하고 절차를 간소화하는 방식으로는 이 문제를 근본적으로 해결할 수는 없다. 정부가 한계 기업의 전업과 폐업을 유도하는 것이 아니라 회생을 도모하는 한, 앞으로 지원 기업의 수가 급속히 증가한다고 해도 경제의 전반적인 비효율성을 오히려 높이게 되는 부정적인 결과를 초래할 것이기 때문이다.

향후 한국의 무역조정지원제도는 세부적 정책 조정이 아닌 운영 시스템 전반의 구조적 개편이 있어야 할 것으로 판단된다. 보다 구체적으로 그 방법을 제시해 보면 다음과 같다.

첫째, 우리나라 무역조정지원제도는 본연의 역할이라 할 수 있는 FTA 비준과 이행을 원활하게 하는 데 필요한 장치로 자리매김되어야 한다. 이를 위해서는 FTA 국내대책본부의 주도하에 피해 산업과 국회 등 이해관계자들과의 내부 협상이 비준 절차 이전에 이뤄져야 하며 그 과정에서 피해 보상에 대한 체계적 지원 카드로 무역조정지원제도를 활용하는 방식이 되어야 한다. 이때 지식경제부와 무역위원회는 산업별 피해 규모의 산정과 구체적인 피해 그룹의 확인 및 지원 승인, 이행 사업 등을 담당하게 되며 노동부는 피해 그룹 소속 근로자에 대한 지원을 담당하게 된다. 개별 기업이 지원하고 정부가 심사하여 승인하는 방식이 아니라 행정부의 조사와 분석을 통하여 피해 산업과 피해 기업(하청 기업 포함)을 판정하고 이에 따라 내부 협상과 부처 간 협의로 정해진 예산 하에서 피해 기업과 근로자에게 자원을 배분하는 방식이다.

둘째, 산업별, 기업별 지원 방향은 파악된 핵심 역량에 기초한 전업과 기존 사업의 완전 퇴출인 폐업을 유도하기 위한 기술·경영 컨설팅 업무에 국한해서 이뤄져야 하며 이를 위해서 일정한 조건을 충족하는 국내외 전문가나 전문 컨설팅 업체를 기업의 필요에 의하여 매칭 펀드를 통해 자유롭게 활용할 수 있어야 한다. 시설자금이나 운전자금에 대한 금융지원은 과감히 폐지하여야 하며 중소기업에 속하지 않는 기업도 형평성의 원칙에 의거하여 지원 대상에 포함시켜야 한다. 특히 중소기업에 대한 컨설팅 지원을 활성화하기 위해서는 기존 사업전환법에 비해 더욱 유리한 지원 조건을 제공할 필요가 있다.

셋째, 시장 개방의 최종 피해자가 근로자라는 사실에 사회적 컨센서스를 구축할 필요가 있다. 미국이 전체 예산의 90% 이상을 개방으로 인한 실직자 지원에 사용하는 반면 현재 우리나라의 무역조정지원제도는 실직 근로자에 대한 차별화된 지원을 전혀 제공하고 있지 않다. 정부에 의해 무역조정 기업으로 지정된 업체의 소속 근로자들 중에서 일정 기준을 초과하는 근로시간의 감소나 실직이 발생하는 경우 정부는 기존 사회안전망과는 확연히 차별화된 방식의 지원 패키지를 제공해야 한다. 무역의존도가 100%에 육박하는 현실에서 무역조정지원제도의 성공적인 운영과 정착은 개방 경제를 유지하고 이를 위한 사회적 동의를 구하는 데 필요한 제도적 인프라이기 때문이다. 이를 위해서는 미국에서 자리 잡은 임금보험제도(wage insurance)나 교육·훈련과 연계한 고용보험의 확대 방안을 고려할 만하다. 임금 보험 제도는 재취업으로 인한 임금 감소분의 일정 비율을 정부가 보전해 주는 제도로 미국뿐만 아니라 독일, 프랑스 등에서도 운영 중이다.

넷째, 정부는 국회와의 협의하에 개방 확대에서 오는 이익과 피해 규모에 대한 과학적 분석을 통하여 일정한 예산을 매년 책정하고 예산의 집행 내역과 성과에 기초하여 예측 가능한 범위 내에서 매년 무역조정지원 예산 규모를 조정해 나가는 방식을 택할 필요가 있다. 농수산업의 피해 보상 또한 지금의 특별법 제정을 통한 지원 방식이 아니라 중장기적으로 무역조정지원의 틀 속에서 체계적으로 다룰 필요가 있다. 아울러 이중 과세의 논란이 있지만 정부가 FTA의 추진이 일부 재벌만을 위한 정책이라는 광범위한 일반적인 인식을 불식시키기 위해서도 수출 확대에 의하여 이익을 보는 부문으로부터 자발적인 무역조정기금을 조성하는 방법도 논의해 볼 수 있을 것이다.

효과적인 개방 인프라 구축이 절실한 시기

무역조정지원제도는 한 나라가 보다 개방된 통상 체제로 나아가기 위해 그 사회가 지불해야 하는 비용이라 할 수 있다. 따라서 그 금액이나 지원 대상이 지금 수준보다는 대폭 상향 조정되고 확대되어야 하며 동 제도에 대한 개방 피해 그룹의 인지도 역시 전국적으로 제고되어야 한다. 개방 피해자가 피해를 입을 경우 정부의 지원책이 확고하게 마련되어 있다고 느낄 수 있는 긍정적인 인식이 사회 전반에 파급되지 않고서는 개방 체제로의 안정적이고도 원활한 이행이 어렵기 때문이다.

한·중, 한·베트남 FTA 협상이 이미 진행되고 있고, 한·중·일 FTA, 환태평양경제동반자협정(TPP), 포괄적역내동반자협정(RCEP)에 대한 논의 또한 본격화되는 지금 우리에게는 무역조정지원제도의 전면적인 개편을 통한 효과적인 개방 인프라의 구축이 그 어느 때보다도 절실한 시점이다.

KERI Column
〈한국경제연구원 2012년 12월 14일〉

용어 설명

농어촌 상생협력 기금

2015년 한·중 자유무역협정(FTA) 국회 비준 당시 농민들의 반발이 거세짐에 따라 무역이익 공유제를 도입하자는 목소리가 높아지게 되었다. 하지만 어떤 기업이 어떤 FTA에 따라 어느 정도 이익을 보는지 계산하기 어렵고, 기업들에게 일방적인 부담을 강요하는 것은 이중 과세라는 지적이 잇달았다. 이에 2015년 11월 30일 여·야·정이 FTA 발효를 계기로 도농격차를 완화시키고자 국회와 정부가 사회통합 차원에서 민간기업, 공기업 등의 참여로 기금을 자발적으로 조성하는 데 합의하였다. 기금은 농어민에게 자녀 장학사업, 현지복지시설 설치, 농수산물 생산·유통 사업 등을 지원할 계획이었다. 2017년 3월 출범했으며 매년 1,000억 원씩 10년간 총 1조 원을 모으는 게 정부 목표였다. 하지만 지난 4년여간 총 모금액은 1,169억 원에 그쳤고 이 중 대부분은 공기업에서 출연한 것으로 알려졌다.

♖ 현재와의 대화: 중소기업 지원책으로 전락한 무역조정지원제도

2007년 도입된 무역조정지원제도는 올해로 14년을 맞았다. 프로그램 운영 성과가 나아졌다고 하지만, 기업의 활용율은 여전히 저조하다. 작년까지 불과 200여 개의 기업만이 700여억 원의 운전자금이나 시설투자금을 받았다. 융자금의 지원금리를 인하하고 대출 상환기간을 연장하거나 2016년부터는 무역조정 지원업무를 중진공으로 일원화하여 피해 조사와 심의절차 간의 공백기간을 줄이고 제출서류를 간소화하는 등 개선은 있었다. 그렇지만 그런 노력에도 불구하고 산업계에서는 여전히 제도운영방식이 소극적이고 지원조건도 엄격하다는 불만도 많았다. FTA 체결이 되어 관세는 일괄적으로 내려가는데, 피해 업종 전반에 대한 지원은 없고, 개별기업만이 지원대상이었다. 매출액 감소 요건도 엄격하여 지원시기를 놓치는 문제도 발생했다. 전문인력 부족으로 실용적인 컨설팅이나 무역조정계획 수립도 어려웠고, 제도 자체를 몰라 활용하기 더욱 어려웠다. 정부는 지원 기준완화나 컨설팅 등 지원 강화, 융자기간 확대 등 여러 대책을 만들고 있지만, 그 효과는 미지수이다.

♖ 지식 한 토막: 워싱턴 컨센서스(Washington Consensus)란?

신자유주의의 정책적 영역에서 주류 경제학자들이 공유하고 있는 경험적 결과를 '워싱턴 컨센서스'라 부른다. 노벨상 수상자인 뉴욕대 마이클 스펜스 교수(Michael Spence, 2011)가 정리한 워싱턴 컨센서스의 핵심 내용이다.

1. 재정정책: 건전하고 균형을 이뤄야
2. 공공지출: 보조금 위주에서 교육, 의료, 인프라 등 핵심서비스 투자로 전환해야
3. 조세개혁: 세수 증대를 위해 오히려 세금을 낮추어야
4. 이자율: 정부가 아닌 시장이 이자율을 결정하고 실질이자율이 양일 것
5. 환율: 시장이 결정하는 경쟁적 환율이 되어야
6. 국제무역: 수량제한 금지와 낮은 관세율을 통한 무역자유화 추진
7. 외국인 직접투자: 투자자유화 추진
8. 민영화: 국영기업의 민영화 추진
9. 규제완화: 시장진입을 막고 경쟁을 제한하는 규제 철폐
10. 재산권: 재산권의 법적 보호와 제도적 보안 장치 강화

워싱턴 컨센서스는 시장 중심의 '안정화, 민영화, 자유화'로 짧게 표현되기도 하였다. 물론 워싱턴 컨센서스가 만병통치약일 수는 없다. 성장 전략은 국가별 특수한 맥락에서 이해되고 집행되어야 할 것이다. 성공적인 국가들은 모두 스스로의 조리법을 개발하였다. 아더 루이스(W. Arthur Lewis) 교수는 "정부는 너무 작아도 너무 커도 모두 실패할 수 있다"고 말한 바 있다. 정부와 시장은 경쟁자가 아닌 서로 도와서 목적을 이루는 보완적인 관계에 있다고 스펜스 교수는 강조한다.

12

'성장' 없으면 '동반성장'도 없다

세계경제 불투명 … 규제 풀어야
톱다운식 분배정책 부작용 커
기업활동 위축시켜서는 안 돼

    이명박 정부의 '동반성장' 정책이 정부와 대기업 간 갈등의 골을 갈수록 깊게 하고 있다. '이익공유제' 도입을 놓고 정부와 대기업이 접점을 찾지 못하면서 지난 13일 동반성장위원회 본회의에는 대기업 대표 9개사가 불참하는 파행까지 빚어졌다.

    사실 정부의 정책은 '성장'보다는 '동반'을 강조한 측면이 없지 않다. 건강한 경제 생태계를 복원한다는 동반성장의 근본 취지는 좋지만 분배에만 초점을 둔 지금과 같은 밀어붙이기 방식에는 문제가 많다.

    더욱이 내년도 세계 경제성장률이 0.1%에 그칠 것이라는 암울한 전망이 속출하고 유럽에서 시작된 재정위기가 남유럽, 북유럽을 거쳐 전 세계로 전이(轉移)되는 현 상황에서는 더욱 그러하다. 우리나라는 올해 세계에서 9번째로 무역 1조 달러를 달성하는 쾌거를 이루었지만 유럽 재정위기 여파로 앞으로 수출증가세는 둔화되고 소비와 투자 심리까지 위축되면서 내년도 경제성장률은 3.5% 내외에 그칠 전망이다.

고용문제만 해도 그렇다. 정부는 입만 열면 얘기하는 게 서민과 취약계층의 일자리 확대이다. 하지만 각종 정부 규제로 서비스 산업이 꽁꽁 묶여 있는 이 나라에서 그나마 제대로 된 일자리의 창출은 대기업의 과감한 투자 확대와 수출 증대를 통해서나 가능할 뿐이다. 고용효과가 줄어들었다고는 하지만 수출이 1% 증가하면 괜찮은 일자리가 약 4만 개 늘어난다. 글로벌 경제위기 상황을 맞아 우리 대기업들이 신성장 동력산업을 발굴하고 해외 경쟁업체에 앞장서 공격적 경영활동을 과감하게 펼치는 것이 무엇보다 절실한 까닭도 바로 이 때문이다.

따라서 정부는 중소기업 혹은 서민과 '동반'할 수 있는 '성장'의 여건부터 점검하고 정부 부문이 야기하는 불확실성을 제거하는 데서 동반성장의 단초를 찾아야 한다. 다 함께 살아가는 자본주의 4.0을 이야기하는 것도 좋지만 우리 경제는 아직 자본주의 3.0조차도 제대로 해 본 적이 없지 않은가.

정부의 향후 불확실성 제거 노력은 기업을 상대로 하는 정부 부처의 각종 조사나 검찰의 수사에 있어서도 굳게 지켜져야 할 것이다. 재벌도 위법이 확인되면 엄벌에 처하는 것이 마땅하다. 하지만 반(反)재벌 정서에 편승해 장기적으로, 그것도 무리하게 진행되는 수사방식은 우리 경제 성장의 근간을 훼손할 가능성이 크다. 예를 들어 2010년 9월 시작된 한화 비자금 사건의 경우도 검찰은 뚜렷한 혐의를 입증하지 못한 채 이듬해 1월 말에서야 김승연 한화그룹 회장 등 관계자 11명을 불구속 기소하는 선에서 수사는 마무리됐다. 김승연 회장이 세 차례나 소환되면서 한화는 경영상 심각한 타격을 입었음을 간과해선 안 된다.

작년 말 이후 1년 넘게 진행되고 있는 SK 수사도 예외가 아니다. 한 해 매출 100조 원이 넘는 국내 3대 그룹인 SK가 검찰 수사에 발목이 잡혀 15조 원에 달하는 내년도 투자계획과 경영계획 수립을 전면 중단한 상태다. SK 수뇌부의 경영 공백으로 하이닉스에 대한 투자 지연이 발생할 경우 사태는 심각해진다. 부침(浮沈)이 잦은 세계 반도체 산업의 특성을 감안할 때 이대로 수사가 장기화된다면 하이닉스의 경영 정상화는 물론 앞으로의 생존까지도 위협받을 수 있기 때문이다.

정부의 동반성장 추진은 우리 경제가 나아가야 할 올바른 방향임이 분명하다. 하지만 대기업을 상대로 동반성장을 요구하기에 앞서 정부는 우리 경제 성장의 기초체력을 스스로 훼손하고 있지는 않은지 다양한 측면에서 세밀하게 점검할 필요가 있다.

복지와 분배의 외침 속에 정부의 주도로 정작 성장의 근간이 실종되는 일은 결코 없어야 하기에 하는 말이다.

시론
〈한국경제 2011년 12월 27일〉

♟ 용어 설명

동반성장위원회

이명박 정부는 2010년 9월 대·중소기업 동반성장 전략회의에서 '동반성장 추진대책'의 하나로 동반성장위원회를 구성해 운영하기로 결정하고, 그해 12월 정식 출범시켰다. 위원회는 기업 간 사회적 갈등문제를 발굴, 논의하여 민간부문의 합의를 도출하고 동반성장 문화 조성 확산의 구심체 역할을 수행하는 민간위원회다. 동반위 운영 업무는 대중소기업협력재단에서 맡고 있다.

위원회는 민간 합의를 통한 동반성장의 자발적 이행·확산의 구심체로서 위원회의 성격상 정부위원 없이 민간인으로 구성하여, 위원장 1명과 대기업 대표 9명, 중견기업 대표 2명, 중소기업 대표 10명, 공익대표 9명 등 모두 30명으로 구성돼 있다. 초대 위원장은 정운찬 전 서울대 교수, 3대 위원장은 안충영 중앙대 석좌교수가 맡았다. 위원회는 동반성장 문화확산, 중소기업 적합업종 및 품목 기준 마련, 대기업 동반성장지수 산정 및 공표 등의 역할을 수행하고 있다.

♟ 현재와의 대화: ESG 확산으로 동반성장의 중요성 커져

기업 간 불균형 해소하고 동반성장 문화 정착을 위해 출범한 동반성장위원회가 2021년이면 만 12년을 맞는다. 그동안 한국의 동반성장 문화는 많이 바뀌었을까. 매년 6월이 되면 동반성장지수가 발표된다. 2020년은 코로나 여파로 9월에 발표되었다. 동반성장 평가를 받는 기업은 10년 전 56개에서 작년에는 218개사로 늘어났다. 평가대상 기업은 국내 매출액 상위 기업 중 사회적 관심과 평가에 따른 파급효과가 큰 기업을 대상으로 매년 확대되고 있는 상황이다. 대기업들은 등급이 저조하면 기업 이미지가 나빠지기 때문에 전담팀을 만들어 높은 점수를 받기 위해 노력하고 있다고 한다. 하지만, 기업들은 불과 1, 2점 차이로 인해 등급이 갈리는 등 과연 하위 등급을 받는 기업들의 동반성장 노력이 하위 수준은 아닐 것으로 생각된다. 굳이 등급을 나누지 않고 절대 평가 점수만으로도 기업들의 동반성장 노력을 촉진해 보는 것은 어떨까. ESG(환경·사회·지배구조) 경영의 확산으로 동반성장이란 어젠다는 그 사회적 중요성이 더욱 커지는 상황이다.

♜ 지식 한 토막: 피케티 법칙과 불균형 사회

피케티 법칙이 한때 세상을 떠들썩하게 한 적이 있다. 다음은 피케티 법칙의 핵심을 소개한 글이다.

"1970년대 미국 소득 상위 1%는 국민소득의 10% 미만을 가져갔다. 2010년이 되면 이 수치는 약 20%로 늘어난다. 프랑스 경제학자 토마스 피케티(Thomas Pikettey)는 소득 상위 1%의 소득증가가 생산성의 증가로 인해 발생한 것이 아니라고 주장한다. 대기업 CEO에 대한 엄청난 소득의 지급은 생산성이 아닌 과거 관행이나 습관 때문이라는 것이다. 피케티의 '자본주의의 역사적인 법칙'을 살펴보자. 만약 당신이 사업체나 주식, 건물 등 1천만 달러 어치의 재산을 가지고 있다고 하자. 여기서 매년 이윤이나 수익 혹은 임대로 등이 약 1백만 달러 발생한다면 당신의 자산에 대한 수익률(r)은 10%가 될 것이다. 만약 경제성장률(g)이 3%라면 당신의 부의 증식 속도는 전체 경제의 확대 속도보다 7% 빠를 것이다. 반면 근로자의 임금은 경제상황에 영향을 받을 것이다. r > g, 피케티는 이 부등식으로 1970년대 이후 미국의 소득분배를 설명하였다. 그렇다면 이 부등식을 등식으로 바꾸면 세상은 더 나아질까? 피케티는 g를 높이기 어렵기 때문에 r을 낮춰야 한다고 주장하면서 그 방법으로는 세계 최부유층에 대한 글로벌 조세(global tax) 부과를 제안했다. 실현 가능성은? 세계 최고 부자들의 힘과 영향력을 고려할 때 가능성은 낮아 보인다. (Kishtainy, 2017)"

역사의 시작:
피할 수 없는 한판 싸움

1

중국 기업 '소유권' 넘보는 트럼프

틱톡과 위챗, 美서 극적 파국 면했지만
틱톡글로벌 경영, 지분 문제 분쟁 여전
美 '공격적 행동' 미중패권전쟁 불씨로

　동영상 공유 앱 틱톡(TikTok)과 모바일 메신저 위챗(WeChat)을 둘러싼 미중 갈등의 전개 양상이 흥미롭다. 미국이 개인정보 유출과 국가 안보에 대한 우려를 이유로 이번 달 20일부터 틱톡과 위챗 앱의 다운로드와 사용을 금지한다는 행정명령을 내렸지만 둘 다 극적으로 파국을 피하는 모양새를 보이고 있기 때문이다.

　틱톡의 경우, 미국 기업 오라클과 틱톡의 모회사인 중국 바이트댄스가 미국에 틱톡글로벌이라는 합작 회사를 설립한다는 내용에 전격 합의함으로써 새로운 국면을 맞았다. 오라클이 틱톡글로벌의 경영을 직접 책임지는 방식으로 그간 제기된 문제들을 해결하기로 한 셈이다. 물론 바이트댄스 입장에서는 다른 선택지가 없었을 것이다. 반면 오라클은 미국 내 1억 명이 사용하는 틱톡을 '오라클 클라우드'에서 돌아가게 하는 개가를 올렸다. 트럼프는 "양사의 합의로 미국의 안보 우려가 100% 사라졌다"고 했지만 오라클과 월마트가 합쳐도 틱톡글로벌의 소유 지분율이 20%에 불과해 경영과 지분을 둘러싼 분쟁의 불씨는 여전히 남아 있는 상태다.

위챗은 캘리포니아주의 빌러 연방 판사가 "위챗이 중국계 미국인들에게는 사실상 유일한 의사소통 수단이고 위챗 사용 금지는 원고들의 의사소통 수단을 제거하는 것"이라며 미 상무부의 행정명령이 헌법상 보장된 표현의 자유를 제한한다는 취지에서 제동을 걸면서 목숨을 부지하게 된 상황이다. 소송 원고는 '위챗 유저 연합(WeChat Users Alliance)'이라는 단체인데 중국계 미국인 변호사들이 다수 포진하고 있다고 한다.

트럼프의 '강 대 강(强對强) 상대방 물어뜯기 협상 전략'은 이번 틱톡 사례에서 여실히 드러나고 있다. 그는 중국 정부의 '경제적 약탈'에 중국 기업의 '소유권 박탈' 위협이라는 초강수 카드를 꺼내 들었다. 조 바이든이라면 거대 중국 기업을 이런 식으로 흔들 수 있을까? 대답은 부정적이다. 하지만 민주당의 대중(對中) 스탠스는 바이든의 캐릭터에 관계없이 트럼프만큼이나 강경하다.

최근 민주당 상원의원 11명은 중국 견제를 골자로 하는 '아메리카 리즈(America LEADS ACT) 법안'을 발의했다. 동 법안은 3,500억 달러(약 400조 원)를 투입해 미국 경제를 재건하고 중국의 약탈적 행위를 강력하게 견제할 것을 요구하고 있다. 특히 한국과 일본, 대만, 호주, 태국, 필리핀 등 인도·태평양 국가들과 협력해 미국의 대중 외교 전략을 재편해야 한다는 내용도 적시했다. "중국에 대해 보다 공격적인 행동이 필요하다"는 척 슈머(민주, 뉴욕) 미 상원 원내대표에 대해 공화당 소속 제임스 리시 상원 외교위원장은 양당이 공동으로 강력한 중국 제재 법안 상정을 제안했다.

2020년의 오늘은 '한 치 앞도 볼 수 없었던 대(大)격동기'였다고 훗날 역사는 기록할 것이다. 그 변혁의 물결 심연에는 4차 산업혁명이, 해저 중층에는 세계화에 소외된 계층이 분출하는 내셔널리즘이란 조류가 도도히 흐른다. 4차 산업혁명과 내셔널리즘이란 두 물줄기가 가파른 해저 산맥을 빠르게 돌며 수직으로 충돌하여 용솟음치는 현상이 바로 미중 패권전쟁이다. 그리고 수면 위에는 코로나19 바이러스가 천둥과 번개를 동반하여 모든 것을 삼킬 기세로 해안과 도시를 위협하고 있다.

이 모든 변화의 흐름은 무역과 투자 및 인력의 자유로운 흐름을 제한하고 리쇼어링을 부추기며 슈퍼 정부의 도래를 예고하고 있다. 반이민 정서와 보호무역주의, 고립주의와 민족주의에 갇혀 인류가 고통받을 시간이 예상보다 길어질 것만 같은 불길한 예감에 마음이 무겁기만 하다.

한국의 창(窓)
〈한국일보 2020년 9월 23일〉

용어 설명

틱톡(TikTok)과 위챗(WeChat)

틱톡은 소셜네트워크서비스(SNS) 앱. 바이트댄스(ByteDance)라는 중국 기업이 제공하는 서비스로 15초짜리 짧은 동영상을 제작하고 공유하는 기능이 사업의 핵심이다. 특히 동영상 소통에 익숙한 10~20대 젊은 층의 인기를 끌고 있다. 글보다 동영상에 관심이 크기 때문이다. 단시간에 눈길을 끄는 춤이나 노래 혹은 흥미 위주의 영상이 주를 이룬다. 배경 화면에 다양한 음악이나 이모티콘 등 특수효과를 이용해 원하는 영상을 쉽게 만들 수 있는 편집 기능이 제공된다. 반면 위챗(WeChat)은 중국 인터넷 기업 텐센트(Tencent)가 운영하고 있는 모바일 메신저 서비스이다. 메시지를 주고받는 기능 외에 송금이나 친구 추가 등의 기능이 있다. 본사는 중국 선전에 위치.

4대 국제수출통제체제

전략물자가 이란이나 북한 혹은 테러단체로의 유입을 차단하기 위해 가동되는 국제시스템. 첫째는 핵공급국그룹(NSG)으로 48개국이 참여하여 대량살상무기나 핵무기 확산을 방지한다. 둘째는 바세나르체제(WA)인데 42개국이 참여하여 재래식 무기 확산을 통제한다. 셋째는 미사일기술통제체제(MTCR)로 35개국이 가입하여 대량살상무기(WMD)과 미사일을 통제하고 넷째는 호주그룹(AG)인데 43개국이 참여하여 대량살상무기, 화학무기, 생물무기의 확산을 자율적으로 막고 있다. 한국은 4대 수출통제체제에 모두 가입하고 있다.

수출자율규제(Voluntary Export Restraint: VER)

수출국가가 자발적으로 자국의 수출물량을 제한하는 것인데, 실제 이면에는 수입국가의 압력이 작용하고 있다. 도요타 렉서스는 이 같은 규제로 인해 성장하게 된 일본의 하이브랜드이다. 1980년대 초반 일본의 대미(對美) 자동차 수출이 급증해 통상 마찰 조짐을 보임에 따라 일본 자동차업계는 스스로 수출량을 조절하는 형식을 빌어 무역 마찰을 회피했다. 도요타는 수출 수량이 제한되었던 만큼 자동차의 부가 가치를 높여 렉서스라는 고급차 수출에 주력하였고 상당한 성공을 거두었다. 이러한 수출자율규제는 일종의 회색조치(grey measures)로 WTO 협정은 금지하고 있지만 최근 보호무역주의의 대두와 함께 다시 수면 위로 떠오르고 있다.

♟ 현재와의 대화: '미국 때리기' 나선 중국의 맞대응

2020 대선을 불과 40일 앞둔 시점부터 트럼프는 '중국 때리기' 수위를 높여 갔다. 중국도 이에 질세라 수출통제제도를 들고 나왔다. 2020년 10월 중국 전인민대표대회 상무위원회가 수출통제법을 채택, 12월 1일부터 시행에 돌입한 것이다. 수출통제란 WMD(대량파괴무기) 등이 특정국가나 테러단체에 확산되는 것을 방지하기 위해 전략물자 수출이 정부의 심사에 따라 이루어지도록 관리하는 것을 말한다. 전략물자는 WMD나 재래식 무기 및 그 운반 수단뿐만 아니라 이들의 개발, 제조에 사용될 수 있는 물품, 소프트웨어, 기술을 의미한다. 그동안 미국이 안보정책의 일환으로 리스트를 만들어 화웨이 등 많은 중국 기업들의 제재를 추진해왔다. 2019년 6월 화웨이 및 계열사 68개를 상무부 규제기업목록(entitiy list)에 등재하여 제한했고, 2020년 5월에는 화웨이 및 114개 관련사를, 8월에는 화웨이 및 38개 계열사를 등재하여 화웨이와 연루된 품목의 수출과 재수출을 제한했다. 중국도 수출통제범위를 확대하고 있다. 중국 정부가 통제품목을 마음대로 지정할 수 있고 상황에 따라 희토류 등도 포함시킬 가능성을 열어 놓았다.

♖ 지식 한 토막: 투키디데스 함정과 킨들버그 함정

투키디데스는 『펠로폰네소스 전쟁사』에서 '역사적으로 신흥 강국이 부상하면 기존의 강대국이 이를 견제하는 과정에서 전쟁이 발생한다'는 이론을 제시했는데 이를 투키디데스 함정(Thucydides Trap)이라 말한다. 역사가 투키디데스는 기존 맹주 스파르타가 신흥 강국 아테네에 대해 불안감을 느끼게 되고 이에 두 국가는 지중해의 주도권을 쥐기 위해 전쟁을 벌이게 되었다고 주장하였다. 이 개념을 통해 미·중 갈등의 위험성을 경고해 온 국제안보 분야의 대가 그레이엄 앨리슨(Graham Allison) 미국 하버드대 교수(80)는 한 인터뷰에서 "미·중 간 군사적인 충돌 가능성이 생각보다 높고 그 시발점은 한반도나 대만 등 제3지역이 될 수 있다"며 "미·중 갈등이 최악의 상황으로 치닫지 않도록 한국이 중요한 역할을 해야 한다"고 조언했다. 그는 2017년 저서에서 '지난 500년간 투키디데스 함정에 빠진 사례 16건을 조사해보니 이 중 12건이 전쟁이라는 파국으로 치달렸다'고 주장했다. 바이든 행정부는 투키디데스 함정보다는 킨들버그 함정(Kindleberger Trap)을 중시하는 경향을 보인다. 킨들버그 함정이란 미국의 경제학자이자 MIT 대학 교수였던 찰스 킨들버그가 제시한 용어인데 '새롭게 부상한 패권국이 이전 패권국이 보여 줬던 리더십을 제대로 발휘하지 못해 생기는 위기'를 의미한다. 바이든은 글로벌 공공재의 공급을 통해 미국의 글로벌 리더십을 회복하겠다고 공언하고 있지만 아직 구체적인 성과는 드러나지 않고 있다.

2

중국이 변해야 세상이 안전해진다

닉슨 글 인용, 폼페이오, 中 공산당 맹공
'중국은 주인의 손을 문 배은망덕한 개'
한국, 핵심 가치와 핵심 이익 정립 절실

"만약 우리가 변하지 않는다면, 중국이 우리를 바꿀 것입니다. 중국 공산당으로부터 자유를 지키는 일이 이 시대의 미션이 되었습니다. 1967년 닉슨 대통령이 쓴 글은 옳았습니다. '중국이 변해야 세상이 안전해진다.' 이제 그의 말에 모두가 귀를 기울여야 할 때입니다."

마이크 폼페이오 미국 국무장관이 이달 23일(현지시간) 미 캘리포니아주 요바린다에 위치한 닉슨 도서관 앞에서 행한 연설이 화제가 되고 있다. '공산주의 중국과 자유 세계의 미래'라는 주제 연설에서 그가 거친 언어로 중국 공산당에 맹공을 퍼부었기 때문이다.

'우리가 중국을 개방시켜 프랑켄슈타인을 만들어 내는 게 아닌가 걱정이 된다'는 닉슨 전 대통령의 40년 전 어록까지 인용하면서 폼페이오는 시진핑을 '파산한 전체주의 신봉자'로, 중국 공산당을 '먹이를 주는 주인의 손을 문' 배은망덕한 개로 표현하였다. 현직 국무장관이 지난 50년간의 대중(對中) 포용정책이 실패로 끝났음을 재확인시켜 준 자리였다. 그의 연설은 2017년 12월 미 국방부의 '국가안보전략 보고서'와 2018년 10월 마이크 펜스 부통령의 허드슨 연구소 연설 그리고 올해 5월 트럼프 행정부가 의회에 제출한 '중국전략 보고서'의 완결판이다. 핵심은 '독재 정권'에 '약탈 경제'를 추구하면서 '통제 사회'를 유지하기 위해 '억압 문화'를 확산시키는 비정상국가가 바로 중국이라는 진단으로 요약할 수 있다.

폼페이오는 연설을 통해 미국의 향후 액션플랜까지 제시하였다.

첫째, 중국 인민과 자유 세계가 힘을 합쳐 공산당 독재 정권의 체제 변화를 유도할 것임을 천명했다. 이날 연설 현장에는 다수의 중국 반체제인사들이 초청되었다. 폼페이오는 미국이 14억 중국인의 친구라는 사실을 여러 번 강조하였다.

둘째, 약탈경제로부터 미국의 재산을 보호하기 위해 고강도 조치들을 계속 취해 나갈 것임을 선언했다. 중국의 지재권 탈취와 스파이 활동의 본산으로 워싱턴은 인민해방군과 중국 국영기업을 주목하고 있다. FBI와 법무부는 이들의 간첩 활동과 관련된 기관을 폐쇄하거나 거래정지시키는 작업에 이미 착수했다. 미국 내 중국 총영사관도 예외가 아니다. 백악관은 미국 내 중국 고정 간첩 수천 명을 반드시 색출해 내겠다는 의지를 불태우고 있다.

셋째, 미국은 홍콩이나 신장, 위구르, 티베트, 대만 등의 인권 보호와 독립을 지지함으로써 '하나의 중국' 원칙을 사실상 폐기하였음을 명확히 하였다. 중국 공산당이 사회 통제 시스템을 작동하여 세상을 거대한 감옥으로 만들려는 제3의 길을 미국은 결코 용인하지 않겠다는 펜스 부통령의 발언이 생각나는 대목이다.

미·중 무역전쟁은 전선이 안보와 인권, 재산보호와 기술패권 영역으로 확대되면서 이제 본격적인 체제 경쟁에 돌입하는 양상이다. 따라서 올 1월에 맺었던 미·중 1단계 무역합의는 이행 경과에 관계없이 파기된 것으로 해석된다. 문제는 G2 갈등의 심화가 내셔널리즘과 코로나 팬데믹이라는 지구촌 복병을 만나 반이민주의와 보호무역주의의 글로벌 확산을 가속화하는 안타까운 현실에 있다.

그동안 중국은 사드보복으로, 일본은 전략물자 수출통제로, 미국은 232조 안보조항과 한미 FTA 개정협상 요구 등으로 한국을 마구 때려왔다. 일본엔 보복조치로 즉각 맞대응했지만 미·중의 공격에는 속수무책이었다. '전략적 모호성'의 비용이 증가하는 상황에서 결코 양보할 수 없는 우리의 핵심 가치와 핵심 이익이 무엇인지 되묻지 않을 수 없다. 진영논리를 뛰어넘는 중·장기 국가 전략의 수립이 절실한 때다.

한국의 창(窓)
〈한국일보 2020년 7월 29일〉

♜ 용어 설명

G2(Group of Two, 주요 2개국)

G2는 주요 2개국, 즉, 미국과 중국을 말하는 시사용어이다. 주요 7개국의 경우는 G7(Group of Seven), 주요 20개국은 G20(Group of Twenty)라는 용어가 사용되고 있다. G7은 미국과 일본, 독일, 영국, 프랑스, 캐나다, 이탈리아 등 선진 7개국을 말한다. G20에는 위에서 언급한 G7에 EU(유럽연합) 의장국 그리고 신흥시장 12개국이 포함되어 있다. 신흥시장 12개국에는 한국, 중국, 인도, 인도네시아, 아르헨티나, 브라질, 멕시코, 호주, 러시아, 사우디아라비아, 남아공화국, 터키이다. EU 의장국이 G7에 포함되는 경우 G20는 19개국이 된다. 별도의 사무국이 없고 의장국에서 1년간 사무국 역할을 한다. G20는 세계 경제의 90%, 무역의 80%를 차지하고 있다. 2021년 의장국은 이탈리아. 10월 로마에서 G20 정상회의가 열릴 예정이다. 일부 언론에서는 미국을 지칭하여 G1이라는 용어를 사용하고 있는데 이는 Group을 의미하는 G가 이미 복수 의미를 내포하고 있기 때문에 논리적으로 맞지 않는 표현이다.

♜ 현재와의 대화: 바이든의 '동맹 시험대' 오른 한국

조 바이든 미국 대통령은 환경과 인권의 보호, 노동 여건의 개선 및 공정 무역의 추진이라는 기치를 내걸었다. 그는 CO_2 배출이 많은 상품에 대해 일종의 환경세인 탄소조정세(carbon adjustment fee)를 부과하고 미국을 떠난 기업이 현지에서 생산한 상품을 미국으로 수출하는 경우에 오프쇼어링(offshoring, 국외이전) 징벌세(penalty tax)를 도입하는 등의 정책을 추진할 것으로 보인다. 특히 트럼프가 부과한 대중 관세를 지렛대 삼아 중국의 구조적인 문제들, 가령 국영기업, 보조금, 산업스파이 등에 대한 중국의 양보를 받아내려고 할 것이다. 트럼프가 강화한 중국 기업의 대미 투자제한이나 중국 블랙리스트 규제책 등은 바이든 행정부에서도 그대로 유지될 전망이다. 한국은 좋든 싫든 미국의 동맹인지 아닌지 증명을 강요받게 되는 바이든의 '동맹 시험대'에 오른 상황이다.

지식 한 토막: 빈곤의 원인이 세계화?

통상학계의 거목 바그와티 교수는 세계화를 방해하려는 세력으로 반자본가 그룹, 반기업주의자, 좌파 지식인 등을 지목하면서 이들이 세계화의 파급효과를 악의적으로 왜곡하여 빈곤이나 환경오염 등 모든 사회적 병리현상의 주범으로 몰아가고 있다고 비판했다. 그의 주장을 들어보자.

"전 세계에서 가난한 사람이 가장 많이 살고 있는 나라가 중국과 인도이다. 중국은 1978년 공격적인 개방정책을 도입하였다. 인도는 1980년대 제한적인 개방정책을 허용하였고 이후 1990년대 들어서자 과감한 무역자유화를 꾀하였다. 세계은행에 따르면 2000년까지 약 20년간 중국의 연평균 경제성장률은 10%. 역사상 전무후무한 놀라운 기록이었다. 인도는 같은 기간 연평균 6%의 성장률을 보였다. 빈곤선(poverty line) 아래에는 어떤 변화가 일어났을까? 가난한 사람의 수는 양국 모두 감소했다. 아시아개발은행(ADB)에 따르면 1978년 28%에 이르렀던 중국 빈곤층의 비율은 1998년 9%로 급감했다. 인도는 같은 기간 51%에서 26%로 감소했다. 그 이전 25년간 인도의 경제성장률은 3.5%, 빈곤층의 비율은 55% 내외에 머물렀지만 개방 이후 빈곤층이 절반으로 줄어든 것이다. 개방 이전 모택동의 영도아래 추진된 대약진운동과 문화혁명은 빈곤 퇴치의 시침을 거꾸로 돌려놓았다. … 이제 글로벌 불평등에 대해 살펴보자. 세계은행 자료를 이용하여 상대적 빈곤 즉 불평등에 대한 9개의 지표(index)를 계산한 마틴(Sala-i-Martin)의 분석에 따르면 1980년~2000년 동안 글로벌 불평등은 급속하게 감소한 것으로 나타났다. 이 같은 분석결과는 최근 발라(Shujit Bhalla)의 연구결과와 동일하다. 결론적으로 나는 세계화가 개도국에서 가난한 사람들을 더 많이 만들었다거나 글로벌 불평등을 더욱 심화시켰다는 주장을 수용하기 어렵다. 경험적 증거는 오히려 그 반대 방향을 가리키고 있다. (Bhagwati, 2007)"

미·중 新냉전 파고 맞설 준비 돼 있나

**노골화하는 미·중 양국 '편짜기'
한국은 양자택일 강요당할 수도
더 큰 국가이익 생각해 대처해야**

"중국과 모든 관계를 끊을 수도 있다." 도널드 트럼프 미국 대통령이 지난달 14일 한 언론과의 인터뷰에서 한 말이다. 잘나가던 미국 경제가 신종 코로나바이러스 감염증(코로나19) 사태로 순식간에 무너지자 그 원인 제공자로 트럼프는 베이징을 지목해 '중국 때리기'에 나선 것이다. 포스트 코로나 시대, 미·중 관계는 어떻게 전개될 것인가?

장기적으로 미국은 중국과 결별 수순을 밟고 있는 것으로 보인다. 시진핑 체제하의 중국과는 관계를 끝내는 것이 미국의 장기적 이익에 부합한다는 견해가 워싱턴에서 지배적이기 때문이다. 이는 오는 11월 대선 결과와 상관없는 초당적 합의의 이행 경로라고 할 수 있다. 문제는 방법론이다.

워싱턴은 우선 경제번영네트워크(EPN) 구축에 나섰다. EPN은 '중국을 배제한 서방의 글로벌가치사슬(GVC) 연대'로 이해된다. 주요 7개국(G7)이 중심 노드(연결점)로 보인다. 이에 맞서 중국은 일대일로(一帶一路)의 원조·협력 관계를 제도화한 반(反)자유주의 동맹체 결성을 서두르고 있다. 바야흐로 세계는 두 개의 네트워크가 격돌하는 신냉전 체제로 접어든 셈이다.

트럼프 대통령은 집권과 동시에 환태평양경제동반자협정(TPP) 탈퇴로 버락 오바마의 아시아 재균형 정책을 폐기했다. 대신 인도·퍼시픽을 들고 나왔다. 2012년 일본의 아베 신조 총리는 미국, 일본, 호주, 인도를 연결하는 '안보 다이아몬드'로 중국의 '진주 목걸이'를 견제하자는 주장을 펼쳤다. 트럼프는 아베의 주장을 수용해 2017년 11월 초 아시아 순방에서 한국의 동참을 제안한 바 있지만 거절당했다.

한편, 백악관은 안보와 인권 문제를 이유로 중국인과 중국 기업에 강한 제재를 가할 수 있는 조치들을 연일 쏟아 내고 있다. 예를 들어 "꽃을 따서 꿀을 만드는" 중국의 '해외 스파이 작전'도 주 타깃 중 하나다. 뉴욕타임스(5월 28일 자)에 따르면 이 작전은 중국 인민해방군이 중국 이공계 대학생을 선발, 유학경비를 대주는 조건으로 해외 스파이 활동을 종용하는 작전을 말한다. 이 신문은 37만 명의 중국 유학생 중에서 약 3,000~5,000명이 스파이 혐의로 미국에서 추방될 것이라고 전했다.

미국은 또 신장위구르의 인권탄압이나 중국군 대량살상무기와 관련한 33개 중국 기술기업과 기관을 블랙리스트에 올렸다. 지난달 15일에는 외국 반도체 업체도 미국 기술을 부분적으로라도 활용했다면 화웨이에 제품을 팔 때 미국 정부의 허가를 받도록 했다. 미 하원에서는 '자국 정부 통제 의혹'이 있고 3년 이상 미국 회계감독위원회 회계감사를 회피한 뉴욕 증시 상장기업을 제재하는 법안을 준비하고 있다. 해당 기업의 95%인 213곳이 중국과 홍콩 기업이다. 백악관은 홍콩보안법 제정과 관련된 중국 및 홍콩 당국자와 기업을 제재하는 조치도 취할 것임을 시사했다.

이처럼 미국은 문제가 있다고 생각되는 중국인과 중국 기업을 미국이 추구하는 네트워크에서 하나씩 그 연결고리를 끊어 나가는 전략을 구사하고 있다. 하지만 중국과 모든 관계를 단절하기란 불가능하다. 중국에 진출한 미국 기업 대부분은 당분간 중국서 사업을 계속할 것이다. 무엇보다도 14억 인구의 중국 시장이 주는 매력을 외면하기 어려워서다. 하지만 지금과 같은 속도로 미국이 '차이나 리스크'를 높여 간다면 안보 관련 업체나 의료기기, 반도체, 인공지능(AI) 등 첨단 기술 사업체를 중심으로 중국의 비중을 점차 줄여 나갈 가능성이 크다.

향후 워싱턴은 EPN 강화로 대중(對中) 경제 봉쇄를, 인도·퍼시픽의 확대로 대중 안보 압박을 가시화할 전망이다. 특히 러시아를 중국서 떼어 놓는 작업에 공을 들이고 있다. 오는 9월에 있을 G7 정상회의에 미국이 한국과 호주, 러시아, 인도, 브라질을 특별히 초청한 것도 이런 맥락에서 이해할 수 있다. 동시에 트럼프도 동맹의 중요성을 깨달아가는 모습이다. 미·중 신냉전 시대, 우리 정부는 어떤 길을 택할 것인가?

시론
〈한국경제 2020년 6월 3일〉

용어 설명

EPN(경제번영네트워크, Economic Prosperity Network)

트럼프 행정부가 중국을 견제하기 위해 들고 나온 이른바 "신뢰할 수 있는 파트너들의 네트워크"를 말한다. 하지만 2020년 11월 트럼프가 재선에 실패하면서 미완성의 전략적 개념으로 끝났다. EPN 가입 물망에 오른 국가는 한국 외에도 영국, 캐나다, 호주, 일본, 대만, 이스라엘, 인도, 베트남 등이 있다. 대부분 중국과 대립각을 세우거나 미국과 우호적인 관계를 쌓고 있는 국가들이다. 또 중남미 국가들도 언급되고 있다. 오바마 전 대통령이 강력하게 밀고 나갔던 당시 TPP(환태평양경제동반자협정)가 경제에 방점을 둔 것이라면 EPN은 글로벌 가치사슬이나 민주주의 가치 등보다 포괄적인 '반중(反中) 서방 블록'의 성격이 짙은 것이었다. 미국 국무부는 2020년 6월 5일 우리 정부에 EPN에 대해 설명하면서 한국에 참여를 간접적으로 권유한 것으로 알려졌다. 트럼프 대통령 또한 G7(주요 7개국)을 G11 혹은 G12로 개편할 의사가 있음을 암시하며 우리 정부의 참여를 제안하기도 하였다. EPN 논의를 주도하였던 당시 미 국무부 크라크 차관은 2020년 5월에는 아시아태평양 지역 기자들과 전화 간담회에서 "EPN의 핵심 가치는 자유 진영 내에서 공급망을 확대하고 다각화하는 것"이라고 설명한 적이 있다.

인도·퍼시픽과 쿼드

2012년 일본의 아베 총리는 일종의 전략적 개념으로 인도·퍼시픽

(Indo-Pacific)을 들고 나왔다. 핵심은 미국, 일본, 호주, 인도 즉 4개국 쿼드(Quad)를 연결하는 '안보 다이아몬드(네 나라 연결선 모양을 딴 이름)'를 만들어 중국의 해상 팽창 야욕을 억제하고 동아시아에서 안정적인 안보 환경을 조성한다는 것이었다. 2017년 트럼프는 아베의 이 같은 주장을 수용해 같은 해 11월 초 아시아 순방에서 한국 정부에 쿼드 합류를 제안한 바 있지만 갓 출범한 문재인 정부는 이를 수용하지 않았다. 당시 청와대 경제보좌관은 언론 브리핑에서 "일본의 경우 인도·퍼시픽 라인이라고 해서 일본, 호주, 인도, 미국을 연결하는 라인을 구축하려고 하지만 우리는 거기에 편입될 필요가 없다고 본다"고 미국의 제안에 선을 그었다. 미국의 쿼드참여 권유를 수용하기 어렵다면 가능성을 열어 두고 조용히 넘어갔다면 더 나을 뻔했다는 생각이 든다.

현재와의 대화: 미·중 무역전쟁 경과

미·중 무역전쟁의 확산 과정을 연대기적으로 살펴보자. 2017년 8월 미국은 중국의 지적재산권 침해 관련 조사를 자체적으로 개시했다. 그리고 2018년 3월 22일 조사결과를 발표했고, 이어 500억 달러 규모의 중국산 제품에 25%의 관세를 부과하기 시작했다. 미국이 부과한 제품은 중국의 야심적인 산업정책인 '중국 제조 2025'와 연관된 자동차, 항공기, 반도체 등이었다. 중국도 이에 맞서 500억 달러 규모의 미국산 품목 농산물과 에너지 등에 대해 25%의 보복관세를 부과했다. 이어 2018년 9월 미국은 약 2,000억 달러 상당의 중국산 수입품에 대해 10% 관세를 부과했다. 이 조치는 2019년 5월에 25%로 상향되었는데 주로 냉장고, 건조기 등 소비재가 대부분 포함되었다. 중국은 600억 달러 상당의 미국산 수입품에 5~10% 관세를 부과했다. 이후 양측은 12월부터 90일 동안 조건부 휴전을 갖게 되었다. 2019년 3월에 협상시한을 연장한다고 발표했으나, 2019년 5월 화웨이 거래 금지 조치(안보에 위협이 되는 기업의 통신장비 사용금지 행정명령)와 함께 이미 언급했던 2,000억 달러에 대해 관세율을 25%로 상향시켰다. 그리고 미국은 2019년 9월 1일 3,000억 불 규모 수입품에 대해 추가 관세 15%를 부과한다고 밝혔다. 다만, 이 중 1,200억 불 규모만 먼저 부과했는데, 나머지는 12월에 부과키로 했었으나 2019년 12월 13일 미·중 1단계 합의를 통해 부과는 보류되었다. 기존에 중국산 2,500억 달러 규모에 대한 관세는 25%로 유지된다. 미·중 무역분쟁 이전 미국의 중국산 수입품에 대한 평균관세율은 3.1%였다. 무역분쟁 이후 관세율은 상승하여 1단계 합의 이후 대중 평균 수입관세율은 17.8%이다. 반면 중국의 대미 평균 수입관세율은 무역전쟁 전 7.5%였으나 무역전쟁 이후 31.1%로 치솟았다.

♟ 지식 한 토막: '반도체 디커플링'이 중국 입지 강화?

미·중 탈동조화는 미국 내 반도체 산업의 수익 감소로 이어지고 결국 미국의 R&D 규모를 축소시켜 오히려 글로벌 시장에서의 중국의 입지를 더욱 탄탄하게 할 수 있다는 연구결과가 나와 주목을 받고 있다. 미국의 싱크탱크 국제전략연구소(Center for Strategic and International Studies, CSIS)의 스콧 케네디 박사는 2020년 7월에 반도체, 5G 등 '미국의 첨단산업 경쟁력 유지를 위한 전략보고서'를 발표했다. 보고서에 따르면 미국의 반도체 산업은 2019년 기준 세계 반도체 시장의 44.5%를 차지하고 있으며, 고용인력도 24.1만 명, 생산 공장의 수 또한 18주에 걸쳐 71곳에 달한다고 한다. 2019년 미국의 반도체 수출규모는 700억 달러다. 미국 반도체 칩의 중국 수출액은 약 88억 달러에 이르고 반도체 장비의 경우 수출의 90%가 동아시아에 집중되어 있고 특히 중국으로만 36억 달러어치 수출하고 있다. 화웨이의 경우 미국의 기술 안보에 위협이 되고 있지만 미·중 탈동조화(decoupling)가 미국 반도체 산업에는 오히려 피해를 안길 것으로 전망했다. 따라서 보고서는 미국이 국가안보 위협 해소와 미·중 관계 유지를 고려한 '원칙에 입각한 상호의존 전략(principled interdependence)'을 마련해야 한다고 밝혔다. 디커플링도 현실에 맞게 산업별 제품별 기술별 맞춤 전략을 구사해야 한다는 의미로 해석된다. 2020년 기준 세계 반도체 시장 점유율을 기업 국적별로 살펴보면 미국이 45%로 여전히 가장 크고 한국이 24%, 유럽 9%, 일본 9%, 대만 6%, 중국 5% 등의 순이다. 주요 반도체 생산국가의 반도체 수출 대중 의존도(홍콩 포함)는 한국 66.1%, 대만 61.3%, 미국 31.1%, 일본 37.6%로 대부분 생산국의 중국 의존도가 높은 편이다. 미국의 입장에서 반도체 수출의 중국 의존도를 낮추기 위해서는 반도체를 사용하는 미국 및 서방 기업이 위치한 중국 생산기지를 미국으로 이전시키는 리쇼어링 전략이 필요하다. 필자는 스콧 케네디 박사가 반도체에 있어서 미·중 기술격차를 과소평가하고 있다고 판단한다. 메모리나 파운드리, 후공정 등 적접 생산과 관련된 부문은 미국이 상대적으로 취약하지만 설계, 장비, 기술 등에 있어서는 여전히 절대적인 영향력을 행사하고 있기 때문이다. 유럽, 한국, 일본, 대만과 함께 미국이 반도체 동맹을 형성해 중국을 제대로 압박하는 경우 중국은 치명상을 입게 될 것으로 보인다.

정치적 셈법이 낳은 美·中 무역 '스몰딜'

홍콩 사태 등 난제 직면한 시진핑
대선 직전 승부수 노리는 트럼프
시간벌기용 휴전 오래 못 갈 듯

"우리의 위대한 애국 농민을 위해 나는 중국과 사상 최고, 최대의 협상을 타결했다. 앞으로 중국에 수출할 이 많은 농산물을 우리가 과연 생산해 낼 수 있을지 의문마저 든다. 하지만 그 일은 농민들의 몫이다. 중국, 고맙다." 지난 10~11일 미국 워싱턴 DC에서 열린 제13차 미·중 고위급 무역협상의 결과에 대해 도널드 트럼프 미국 대통령이 트위터에 올린 글이다. 의회의 탄핵 조사로 위축된 트럼프 대통령이 핵심 지지층의 이탈을 방지하기 위해 날린 정치적 수사(修辭)로 이해되지만, 그래도 허풍이 도를 넘은 듯하다.

우선, 이번에 합의된 내용을 살펴보자. 미국은 2,500억 달러어치 중국산 수입품에 대해 현행 25%인 관세율을 그대로 유지하기로 했다. 이번 주부터 관세율을 30%로 올리기로 한 당초 계획을 보류한 것이다. 중국은 그 보답으로 미국산 농산물을 총 400억~500억 달러어치 구매하기로 했다. 하지만 얼마 동안 무엇을 어떻게 구매할지에 대한 구체적인 언급은 없다. 이게 이번 미·중 합의의 전부다.

외신들은 이번 합의를 두고 중국이 자신이 원하는 방식으로 양자 협상을 끌고 가는 데 성공했다는 전문가들의 분석을 전하고 있다. 중국 측 수석대표인 류허 부총리가 "워싱턴이 원하는 것의 40%는 지금 당장, 40%는 후속 협상을 통해 우리가 양보할 수 있다"며 점진적인 협상을 원했던 만큼, 미·중 양측은 향후 수준을 높여 가며 단계적으로 타결을 시도할 것이란 전망이다. 하지만 이에 동의하기는 어렵다.

중국은 단기적으로 미국과 유화국면을 조성하면서 '홍콩 사태'에 대한 백악관의 적극적인 개입을 저지하고 권위주의 체제를 공고하게 다지는 데 총력을 기울이고 있다. 거기에는 큰 양보 없이 내년 11월 3일 미국 대통령 선거 이후까지 무역협상을 질질 끌어 보겠다는 심산도 함께 작용하고 있다. 미·중 협상의 핵심 쟁점 또는 난제라 할 수 있는 구조적인 문제, 예를 들어 '중국제조 2025'로 대표되는 산업정책과 국영기업 문제, 지식재산권 이행과 기술 및 정보 탈취 등에 대해서 베이징의 입장은 단호하다. 양보 불가다. 따라서 미·중 무역협상은 타결되더라도 기껏해야 낮은 수준이거나 중간 수준 정도에 그칠 공산이 크다.

반면 트럼프 대통령은 초당적인 지지하에 안보 이슈를 포함한 중국과의 일괄타결 방식인 '빅딜'을 원하고 있다. 상원 민주당 원내대표인 척 슈머 의원이 "이번 협상에서 트럼프가 화웨이 제재를 완화하지 않은 것은 다행"이라고 언급한 것도 같은 맥락에서 이해할 수 있다. 트럼프 대통령은 내년 대선을 고려해 중국에 결정적인 한 방을 날릴 최적의 시점을 모색하고 있는 것으로 보인다. 미국 경제마저 정점을 지나 성장률이 꺾이는 상황인 만큼 트럼프 대통령 또한 중국과의 확전을 자제하고 시간을 벌다가 내년 대선을 코앞에 둔 중반 또는 후반기에 승부수를 던질 가능성이 크다. 홍콩 문제와 티베트 및 신장위구르 인권 문제, 안보 이슈 등과 연계해 중국의 구조적 문제에 대한 시진핑 주석의 확실한 해결책을 요구하며 베이징에 융단폭격을 가할 수 있다. '전쟁 중에는 장수를 바꾸지 않을 것'이라 굳게 믿으면서 말이다.

백악관은 이번 협상에 대해 중국의 금융시장 추가 개방과 환율조작 금지 및 지식재산권 보호 이행 강화 등에 대한 합의도 있었다고 뉴스를 흘렸지만, 현재로서는 그 내용이 오리무중이다. 미·중 양측은 추가 협의와 조율을 거쳐 내달 중순 칠레에서 열리는 아시아태평양경제협력체(APEC) 정상회의에서 지금의 구두약속을 보다 구체화한 합의문으로 만들어 서명할 계획인 것으로 알려졌다.

트럼프 대통령과 시진핑 주석, 세계인을 볼모로 벌이는 이들의 정치적 줄다리기에 글로벌 경제의 시름은 속절없이 깊어만 간다.

시론
〈한국경제 2019년 10월 17일〉

♖ 용어 설명

중국제조 2025(Made in China 2025: MIC 2025)
중국은 향후 30년간 3단계 제조업 혁신을 통해 세계 제조업 1위의 기술 강국 지위를 확립하고자 그 1단계로 '중국제조 2025'를 제시하고 있다. 10대 핵심산업 23개 분야를 미래 전략산업으로 육성하여 경쟁력 강화와 산업고도화를 통해 IT 기반 첨단산업 제조강국으로의 전환을 시도하고 있다. 참고로 10대 핵심산업은 차세대정보기술, 고급 공작기계 및 로봇, 항공우주 설비, 해양엔지니어 설비 및 첨단 선박, 선진 궤도교통 설비, 에너지 절감 및 신에너지 자동차, 전력 설비, 농업 기계 설비, 신소재, 바이오 및 고급 의료기기이다. 10대 핵심산업의 핵심기술 부품 및 기초소재 국산화율을 2025년까지 70% 제고하고 5개 국가급 제조업 혁신센터와 48개 성급 제조업 혁신센터 건설, 226개 스마트 제조 종합 표준화 실험·검증·신모델 응용 프로젝트 시행, 109개 스마트 제조 시범 프로젝트를 선정했다. 2017년 중국 기업의 지식재산권 등록건수는 48,462건으로 미국(56,624건)에 이어 세계 2위를 기록했다. 하지만 미국을 비롯한 서방의 견제로 중국몽(中國夢)의 핵심 추동력이기도 한 '중국제조 2025'는 그 지연이 불가피한 상황이다. '중국제조 2025'는 특정 산업에 대한 집중투자로 공급과잉 → 가격하락 → 시장교란 등을 초래할 가능성이 높아 성공한다면 제조업 중심의 독일이나 한국 경제에 큰 타격을 가할 수 있다.

♖ 현재와의 대화: 브레이크 없는 미·중 패권전쟁

미 대선을 약 1년여 앞둔 2019년 10월경, 미·중 간 무역협상 논의가 활발하게 전개되고 있었다. 많은 경제 연구소들이 미·중 무역합의에 따라 2020년 G2의 갈등 완화를 예상하고 있었지만 저자는 이 전쟁이 쉽게 끝나지 않을 것으로 내다보았다. 이유는 두 가지다. 하나는 미·

중 무역전쟁이 패권전쟁이기 때문에 결국 한쪽이 무릎을 꿇어야 마침내 그 전쟁이 끝날 공산이 크고 또 하나는 트럼프의 성향으로 미루어 볼 때 1년 뒤인 2020년 11월 미국 대선에 '중국 때리기'를 적극 활용할 것으로 보았다. 이후 2020년 초 중국 우한에서 코로나가 시작되었고 전 세계 팬데믹으로 확산되자 트럼프는 기다렸다는 듯이 중국에 대한 갖은 공격과 비난을 쏟아 내기 시작했다. 하지만 결과는? 바이든의 승리였다. 트럼프의 코로나로 인한 경제 악화와 러스트 벨트 백인 근로자들의 실망감이 공화당의 결정적 패인이었다.

♜ 지식 한 토막: 임시봉합된 상처는 언젠가 터진다

미·중 1단계 합의를 전문가들은 스몰딜로 보고 있다. 지재권이나 기술 이전에 대한 원칙에 합의했지만 그 핵심이 중국의 미국산 구매 약속에 있었기 때문이다. 중국 입장에서는 미국의 대중(對中) 관세가 늘어나고 투자와 기업 규제로 확전되는 양상을 피하고 싶었을 것으로 보인다.

특히 스몰딜을 통해 '중국 제조 2025'를 추진할 수 있는 여건을 만들고 싶었을 것이다. 즉, 시진핑의 '대국굴기(大國崛起, 대국이 우뚝 일어서다)'를 '도광양회(韜光養晦, 자신을 드러내지 않고 때를 기다리며 실력을 기른다)'로 부분적 전략 수정을 꾀했던 셈이다. 스몰딜의 주요 내용을 살펴보면, 2020년 1월 15일 미·중 1단계 무역합의가 서명됨에 따라 중국은 향후 2년간 2017년 대비 2,000억 달러 규모 이상의 미국산 제품을 추가 구매키로 했다. 2020년에는 767억 달러, 2021년에 1,233억 달러 이상을 구입해야 한다. 2020년만 보면, 2017년보다 639억 달러나 더 수입을 늘려야 하는 것이다. 이 중 공산품은 329억 달러, 농산품은 125억 달러, 에너지는 185억 달러다. 이 약속의 이행 여부에 대해 코로나 팬데믹이 장기화되면서 의문이 더해지고 있다. 미 워싱턴의 싱크탱크 피터슨경제연구소(PIIE)는 중국의 이행가능성을 낮게 전망했다. 하지만 당시 USTR 라이트하이저 대표는 PIIE의 결론이 잘못된 방법론에 기초하고 있다고 비난했다. 현재로서는 중국의 1단계 이행 약속이 실패로 끝난 것으로 보인다.

5

미·중 무역전쟁 쉽게 안 끝난다

미국, 공산당 공격에 화력 집중할 듯

    2018년 2월 시작된 미·중 무역협상이 수차례 우여곡절을 거치면서 결국 좌절됐다. 그사이 서로에 대한 불신은 누적됐고 분노는 각종 제재로 이어지고 있다. 미국은 중국 자본에 대한 심사를 강화해 중국의 대미 직접투자를 어렵게 만들었다. 중국 유학생과 사업가에 대한 비자 발급이나 기술 부품의 중국 수출도 까다롭게 제한하기 시작했다.

    이란 원유의 최대 수입국인 중국을 이란과 거래 금지국으로 지정하면서 중국 국유기업들과 금융기관들은 미국의 세컨더리 보이콧의 대상이 됐다. 이처럼 무역협상의 실패는 미·중 경제의 디커플링(decoupling, 탈동조화)을 부추기고 있다. 북한이나 이란 및 베네수엘라에서 미국은 중국의 협력을 필요로 하지만 양측 모두 '분노의 질주'를 멈출 생각이 없다.

    미·중 무역전쟁은 이제 관세를 넘어 기업과 환율 및 원자재 통제에 이르는 전면전, 나아가 국제전 양상으로 치닫고 있다. 미국의 십자포화가 화웨이를 정조준하면서 구글과 인텔, 퀄컴, 마이크로소프트에 이어 영국의 ARM까지 화웨이와 거래 중단에 가세했다. '중국 제조 2025' 핵심 기업들을 블랙리스트에 추가하는 작업도 워싱턴에서 진행 중이다. 중국의 반격도 만만찮다. 비장의 카드는 희토류 수출 제한. 중국인의 미국 유학과 관광도 통제하고 나섰으며 거래 제한 기업 블랙리스트 발표도 시간문제다.

희토류 수출 제한, 의미 없다

중국의 희토류 카드는 미국에 위력을 발휘할 수 있을까? 결론은 부정적이다. 중국은 2018년 기준 글로벌 희토류 광산 생산량의 약 70%, 정제량 기준으로는 90% 이상을 차지하고 있다. 따라서 중국이 미국으로의 희토류 수출을 제한한다면 수출 가격은 일시적으로 폭등할 수도 있다. 이는 2010년 중국과 일본의 영토 분쟁이 중국의 대일본 희토류 수출 금지로 이어지자 가격이 반년 사이 5배 급등한 사실에서 알 수 있다.

하지만 WTO(세계무역기구)에서 중국이 패소하면서 가격은 3년 만에 원점으로 돌아갔다. 시진핑 중국 국가주석은 '다자통상의 수호자'임을 자처해 왔으니 그가 WTO 협정에 위배되는 조치를 다시 취하기란 정치적 부담이 적지 않다. 지역별 희토류 매장량을 보면 중국이 37%이고 브라질과 베트남이 각각 18%, 러시아가 10% 등으로 분포돼 있다. 생산량은 호주가 12%로 중국 다음으로 많고 미국 9%, 미얀마 3% 순이다.

희토류는 환경오염이 심하고 노동집약적 산업이라 선진국에서는 채굴을 꺼렸지만, 최근 서호주의 광산 기업 라이나스(Lynas)가 미국 블루라인(Blue Line)과 합작으로 텍사스에 정제 설비 건설에 합의했고,

말레이시아의 정제 시설도 확대하고 있어 가격이 오르면 많은 나라에서 채굴에 뛰어들어 공급 부족 문제가 해결될 것으로 보인다.

중국의 대미 유학생 통제는 어떤가? 미국 정부는 내심 환영하는 분위기다. 미 대학의 주요 학과나 연구소에서 일하는 중국 유학생들, 박사 심지어 교수 일부가 산업 스파이일 가능성이 농후하다는 의심이 꼬리를 물고 있기 때문이다.

미국과 중국의 힘겨루기로 글로벌 금융시장의 불안감이 커지고 있다. 중국은 6월 1일부터 600억 달러 규모의 미국산 제품에 대해 5~25% 관세를 부과하기로 했다. 앞서 미국이 5월 10일 2,000억 달러어치 중국산 수입품에 대한 관세를 기존 10%에서 25%로 인상한 것에 대한 보복성 조치다.

미국 vs. 중국 3승 2무 2패

미·중 무역전쟁의 분야별 전황을 분석한 최근 블룸버그 기사가 흥미롭다. 이 기사에 따르면 미국의 현재 스코어는 3승 2무 2패. 미국이 이기고 있는 전장(戰場)은 무역수지, 주식시장, 경제 성장이고 무승부는 환율과 소비자 신뢰, 패색이 짙은 부문은 물가와 외국인 직접투자다. 그 이유는?

우선 미국의 대중 무역수지 적자액이 올해부터 줄어들고 있다. 특히 올해 3월에는 지난 3년간 월별 최저치를 기록했다. 주식시장은 작년

한 해 중국 상하이 지수가 25% 폭락한 점에 주목하고 있다. 이는 미국 S&P 500지수 하락 폭의 4배다. 미국 증시에 상장된 중국 기업 총 217개의 주가도 5월 한 달간 25% 폭락했다. 중국의 4월 산업 생산, 소매 판매, 기업 투자 등 지표도 시장 예상치를 하회하면서 경기 둔화가 빠르게 진행된다는 평가다.

환율과 소비자 신뢰 분야에서는 무승부. 반면 인플레와 외국인 직접투자라는 전투에서는 미국이 불리하다. 작년 7월 중국산 제품에 대한 미국의 1차 관세 부과 이후 대상 품목의 미국 내 소매가격은 1.6% 상승했다. 중국이 주로 수입하는 미국산 대두, 구리, 금, 면화, 가스 등은 원재료라 대미 보복관세에도 불구하고 아직 중국 소비자물가를 직접 자극하고 있지는 않다. 중국의 대미 직접투자액은 2016년 460억 달러에서 작년 50억 달러로 무려 80% 이상 쪼그라들었다. 미국의 대중국 직접투자는 2017년 140억 달러, 작년에는 130억 달러로 소폭 감소했다.

상대적 피해는 중국이 더 크다

전쟁이 장기화하면 양측 모두 엄청난 피해를 볼 게 뻔하다. 하지만 상대적인 피해는 중국이 더 클 수밖에 없다. 이유는? 첫째, 중국은 올 1분기 GDP 성장률이 작년 4분기 대비 1.4%로 3분기 연속 경기 하강 압력이 강하다. 올해 중국의 GDP는 무역전쟁으로 인해 1~2%p 추가 하락이 불가피하다. 둘째, 중국 정부는 2조 위안의 세금 감면과 지방정부 채권 2조 위안의 발행을 허용했으나 산업 구조 개혁이 정책 목표에서 삭제되는 등 정책 기조가 흔들리고 있다. 셋째, 자본 이탈 가능성을 차단하기 위해 자본 통제를 강화하고 있으나 역외 환율이 오르면서 불안심리가 고조되고 있다. 넷째, 2018년 1분기 강력한 디레버리징 정책 실시 후 부채 비율이 소폭 하락했으나 무역전쟁으로 부채 리스크가 다시 커지고 있다. 특히 민영기업의 자금난이 심화되고 있다. 이처럼 중국의 무역전쟁 수용여건은 열악하다. 성급하게 굴기한 것이 시진핑 국가주석의 전략적 오류라고 본다면 오류의 시정은 올해 하반기 '중국의 명예로운 항복' 형태가 될지도 모른다.

미국은 중국의 5G, 드론, AI 분야 기술기업들이 개인 프라이버시와 기업 정보, 나아가 국가 기밀까지 빼돌려 국제 안보를 심각하게 위협할 것이라 믿고 있다. 향후 워싱턴은 중국 내 인권 변호사와 종교 지도자, 반체제 인사 및 인터넷 해설가, 3억 명의 농민공, 소수민족 등과 연계를 강화해 중국 정치 체제 특히 공산당 공격에 화력을 집중할 전망이다. 따라서 6월 말 G20(주요 20개국) 오사카 정상회의에서 미·중 정상이 협상 재개에 합의한다고 해도 큰 의미는 없다. 보조금 철폐나 지식재산권 관련 입법 등을 두고 양국의 근본적 합의가 불가능한 데다 트럼프 대통령이 2020년 대선을 중국과 전쟁 중에 치를 가능성이 크기 때문이다.

ECONOMY Chosun 303호/커버스토리
〈조선일보 2019년 6월 10일〉

용어 설명

희토류(rare earth)

'희귀한 17개의 원소'를 뜻한다. 분포 양이 적고, 채굴이나 정제, 그리고 가공 과정도 매우 까다롭다. 생산 비용이 많이 들고 환경오염을 발생시킨다는 문제점도 있다. 희토류는 열과 전기를 원활하게 전도한다는 특성 덕분에 반도체 등 중요 상품에 필수적인 원소로 사용된다. 희토류 시장에서 중국은 90% 이상의 생산량을 차지하고 있다. 중국은 이를 외교문제에서 무기로 사용한 적이 있는데 2010년 일본과의 센카쿠 열도 영토 분쟁 시 희토류를 해결 수단으로 사용했다. 미·중 무역분쟁에서도 중국은 희토류 카드가 거론되기도 했지만, 오히려 코로나19 사태 이후 중국의 희토류 수출은 2020년 1월부터 7월까지 전년동기 대비 20% 줄어들고, 상반기 대미수출도 35%나 급감했다. 최근에는 대중 매파인 테드 크루즈 미 상원의원(공화·텍사스)이 희토류의 미국 내 생산을 촉진시키는 법안을 제출했다. 한편, 중국이 희토류를 무기화하면, 미국은 헬륨으로 보복에 나설 수 있다는 전망도 나왔다. 중국은 헬륨 대부분을 미국 기업서 공급받고 있는데 미국이 전 세계 헬륨 매장량의 3분의 1 이상을 보유한 세계 최대 생산국이기 때문이다. 헬륨은 반도체와 로켓 발사의 필수 소재다. 바이든 행정부의 캐서린 타이 USTR(무역대표부) 대표 지명자는 중국 희토류 문제를 WTO에서 다룬 경험이 있다. 2021년 들어 중국 정부는 희토류 총량 관리를 핵심으로 하는 '희토류 관리조례' 초안까지 만들며 희토류 정제기술의 수출 통제에 관심을 보이고 있다. 이에 맞서 바이든은 행정명령을 통해 반도체와 배터리 및 희토류 등 미국 주요 산업의 공급망 평가에 나섰다.

♜ 현재와의 대화: 시간이 과연 중국 편?

블룸버그 평가가 나온 지 1년여 뒤인 2020년 7월 개최된 블룸버그 웨비나 내용이 흥미롭다. '신경제토론시리즈: 국제무역구하기(New Economy Conversation Series: Saving Global Trade)'에서 전문가들은 단기적으로 중국이 미·중 패권경쟁에서 우위에 있는 것으로 보이나 미국의 對中 은행 제재 및 추가 규제가 시행될 경우 對中 투자심리 위축이 이어져 중국의 경제손실 규모가 더욱 커질 것이라 전망했다. '시간은 중국 편'이라는 국내 많은 중국 전문가들의 진단과는 상반된 결론이었다. 내부 개혁의 추동력이 상실된 상황에서 갈등이 장기화될 경우 중국의 충격이 상대적으로 더 클 가능성이 농후해 미·중 무역분쟁의 최종 승자가 결국 미국이 될 것이라고 참석자들은 평가했다.

♜ 지식 한 토막: 전쟁과 문명 그리고 평화

미·중 전쟁을 지켜보면서 『뇌』와 『개미』로 유명한 프랑스 작가 베르베르의 글이 떠올랐다.

"전쟁은 문명을 유지하는 수단이 될 수 없다. … 모든 에너지를 전쟁에 쏟다 보면 산업과 무역, 문화, 교육, 과학 기술을 제대로 발전시킬 수 없게 된다. 이것은 패망의 길이다. 진보된 과학 기술을 이용하여 더욱 효율적으로 무장한 나라들을 당할 수 없게 될 것이기 때문이다. 문명의 초기에는 전쟁이 세력을 확대하기 위한 수단으로 사용될 수 있다. 하지만 이웃 나라들과 가능한 한 일찍 평화 협정을 맺는 것이 긴요하다. 무역 거래와 문화, 학술 교류를 발전시킴으로써 평화에 도달하는 것이 가능하다. … 호전적인 문명은 결국 모두 사라진다. 히타이트와 바빌론이 그러했고 페르시아와 이집트와 로마가 그러했다. 이것은 중요한 교훈이다. 정복을 추구하는 나라에는 미래가 없다. (베르베르, 2003)"

중국 겨냥한 트럼프의 '지렛대 전략'

타결이 임박한 것으로 알려진 미·중 무역 협상이 갑자기 워싱턴발 난기류에 휩싸였다. 도널드 트럼프 미국 대통령은 5월 5일 트위터를 통해 "중국이 재협상을 시도하면서 양국의 무역 협상이 너무 느리게 진행되고 있다"며 "기존 2,000억 달러(235조 3,000억 원)어치의 중국 수입품에 매기는 관세를 현행 10%에서 5월 10일 25%로 인상하겠다"고 밝혔다.

또한 트럼프 대통령은 "아직 관세를 부과하지 않은 3,250억 달러(382조 3,625억 원)어치의 다른 중국산 제품에 대해 25%의 관세를 조만간 부과하겠다"고 말했다. 협상 타결 막판에 트럼프 대통령은 왜 갑자기 이런 메시지를 보낸 것일까. 이유는 그의 책 '협상의 기술'에 잘 서술돼 있다.

"꼭 성사시켜야겠다고 달려드는 협상은… 백전백패다. 상대는 당신의 조급함을 보고 당신을 가지고 놀려고 할 것이다. 협상할 때는 자신을 유리하게 해 줄 지렛대를 항상 준비해야 한다. 이 지렛대는 이미 존재하기도 하지만… 때로는 일부러 만들 필요도 있다."

그렇다. 트럼프 대통령은 중국의 주장이 다소 강경해지자 미국의 협상력을 높이기 위해 새로운 지렛대를 급조한 것이다. 2,500억 달러(294조 1,500억 원)어치의 중국산 수입품에 대한 미국의 관세 철폐를 요구하던 중국은 황당할 따름이다. 결과는 중국에 호의적이지 않다. 미국에 협상안을 대폭 양보하든지 아니면 트럼프 대통령이 던지는 관세 폭탄에 몸을 맡겨야 하는 '양자택일의 운명'을 강요받게 된 셈이다.

트럼프 대통령은 중국의 재협상 시도를 못마땅하게 여기고 있는 것으로 알려졌다. 전문가들은 두 가지 미합의 쟁점에 주목하고 있다. 첫째는 국유 기업에 대한 중국 정부의 보조금 지급 문제로, 이는 '중국 제조 2025' 등 중국 산업정책의 근간을 이루는 부분이다. 그동안 중국 정부는 연구·개발(R&D) 인센티브 제공을 넘어 각종 세제상의 혜택과 국유 은행을 통한 금융 지원으로 자국 기업이 세계적 기업으로 성장하는 데 견인차 역할을 해 왔다. 이번 무역 전쟁을 통해 트럼프 대통령은 중국 산·관 연계 고리의 전면적인 차단을 시도하고 있다. 반면 중국은 시간을 벌 심산으로 점진적인 개혁안을 제시하고 있다.

둘째는 지식재산권 보호나 강제 기술이전 금지, 사이버 간첩 행위 중단 등에 대한 중국 정부의 신속한 입법화, 이행 장치 마련에 대한 의견 차이다. 미국의 일방적인 입법 요구와 이행 평가, 제재 방침에 대해 중국이 크게 반발하고 있는 것으로 알려졌다.

한 가지 확실한 것은 미·중 무역 협상이 세계 무역 질서의 거대한 변화의 물길을 되돌릴 수 없다는 사실이다. 미국발 보호주의 확산에 힘입어 세계 각국은 바야흐로 '각자도생의 길'을 이미 걷고 있다. 미국은 중국과의 협상 결과에 관계없이 일본과 유럽연합(EU)을 양자적으로 압박하고 있고 동시에 USMCA(미국·멕시코·캐나다 협정) 카드를 들고 나와 다른 나라에도 그 내용을 적용할 계획이다. 자동차 232조를 반도체·항공·조선으로 확대해 미국이 원하는 상대와 새로운 협상을 시도할 가능성 또한 배제하기 어렵다.

그런데도 미·중 무역 협상이 극적으로 타결돼 대치 상황이 휴전 국면으로 전환된다면 세계는 '최악의 전면전을 피했다'며 안도의 한숨을 내쉬게 될 것이다. 미·중 무역 전쟁이 장기화해 모두에게 피해를 주는 상황은 누구에게도 바람직하지 않다.

또한 이번 협상 타결이 단지 정치적 미봉책에만 그쳐 중국의 '의미 있는 구조적 변화'를 끌어내지 못한다면 이 또한 우리로서는 매우 아쉬운 대목이 될 것이다. 법치와 시장경제로 선진화된 중국만이 제2, 제3의 사드(고고도 미사일 방어 체계) 보복을 막을 수 있다고 굳게 믿기 때문이다.

허윤의 경제 돋보기
〈한경비즈니스 제1224호 2019년 5월 13일〉

용어 설명

무역확장법 232조

미국은 소련과의 냉전이 심화됨에 따라 '국가안보'의 중요성을 인식, 『1962년 무역확장법(Trade Expansion Act of 1962)』을 통해 '국가안보를 위협하는 수입을 규제하라'는 내용의 '제232조(Section 232)'를 제정했다. 무역을 '동맹국 간에 부를 증진하는 행위'로 보았고 따라서 적성국과의 무역에는 제한을 두는 것이 타당하다는 판단에 의한 것이었다. 하지만 1963년 이후 2018년까지 미 상무부는 총 26건의 제232조 조사를 시행, 대통령이 조치를 발동한 5건 중 최종 2건(1979년 이란산 원유, 1982년 리비아산 원유에 대한 수입금지)에 대해서만 수입을 금지할 정도로 제232조 조항은 예외적으로 사용되었으며 1995년 세계무역 기구(WTO)가 출범하면서 사실상 사문화되었다. 사문화되었던 제232조를 보호무역주의의 수단으로 부활시킨 것은 다름 아닌 트럼프였다. 제232조는 무역위원회가 아닌 상무부가 조사 권한을 가지고 수입국별로 조치를 취할 수 있기 때문에 상대국에 대한 통상압박용 카드로 활용하기 용이하다. 워싱턴의 싱크탱크들은 트럼프 대통령이 232조의 본래 취지와는 달리 동 조치를 남용하고 있다고 비판하며 의회가 보다 적극적으로 대통령의 권한 축소를 위해 노력해야 한다고 강조하기도 했다.

현재와의 대화: 미국에 무릎 꿇은 일본

트럼프는 양자협상을 선호했다. 그 대상은 중국에 국한되지 않았다. 2020년 1월 1일 발효된 미·일 무역협정(US-Japan Trade Agreement)도 그 좋은 예이다. 2018년 5월 미국은 1962년 무역확장법 232조에 의거한 국가안보위협 조사를 개시하여 일본의 최대 대미 수출품인 자동차에 통상압력을 가하면서 일본 정부를 압박하였다. 이전까지 미국의 TPP 참여 요구로 대응하던 일본은 향후 자동차 232조 관세 부과를 면제받기 위해 양자협상을 수락했다. 특히 트럼프의 핵심 지지기반인 미국 중서부 농축산 업계는 CPTPP(2018.12.30), 일-EU EPA(2019.2.1) 발효로 인해 미국 농산품의 대일 수출 감소가 우려되자, 자국 정부에 일본과의 무역협상을 주문한 것이다. 일본은 594개 품목 72억 달러(2018년 기준) 규모의 대미 농축산 수입품의 관세를 철폐 또는 인하하기로 합의한 반면, 쌀과 임산품, 수산품, 공산품을 양허 품목에서 제외했다. 금액 기준 전체 양허 품목의 50% 이상이 소고기와 돼지고기 등 육류와 관련된 제품이며, 곡물, 채소·과실조제품, 과실·견과류, 육·어류제품도 포함되었다. 관세를 환태평양경제동반자협정(TPP) 수준으로 인하한 것이다. 미국은 일본의 시장개방 수준과 동일한 72억 달러 규모의 품목에 대해 관세를 철폐 또는 인하하였고, 자동차와 관련 부품은 양허대상에서 제외했다. 즉시 철폐 품목은 57개 품목으로 전체 관세 양허 품목의 34.2%를 차지하며, 2년 내 철폐 품목까지 포함하면 91.2%에 달한다. 미국의 요구가 철저하게 관철된 반면 일본의 요구는 무시된, 일본으로서는 굴욕적인 협상이었다.

♟ 지식 한 토막: 미·일 디지털 무역협정은 무엇인가요?

"미국과 일본은 미·일 무역협정과 별도의 미·일 디지털무역협정(US-Japan Digital Trade Agreement)을 체결했다. 미·일 디지털무역협정은 기본적으로 미국-멕시코-캐나다협정(USMCA)과 유사한 수준의 혁신적인 규범을 담고 있으며, 점진적·포괄적 환태평양경제동반자협정(CPTPP)보다 강화된 디지털무역 자유화 조항이 포함되어 'CPTPP 플러스' 수준인 것으로 평가된다. CPTPP에서 다루지 않았던 내용이지만 미일 디지털 무역협정에 새롭게 등장한 규범으로는 디지털 제품에 대해 차별적인 국내조세 부과 금지, 금융데이터 현지 서버 저장 강제 금지, 소스코드뿐만 아니라 그 알고리즘 공개 및 강제 이전 금지, 네트워크 활용 ICT 제품에 특정 암호화기술 사용 강제 금지, 온라인 플랫폼 사업자의 제3자 제작 유해-불법 콘텐츠 공유에 대한 면책, 공공 데이터 제공 노력 등을 담고 있다. 즉 미국의 디지털 베이스 플랫폼 사업자들의 해외 진출을 용이하게 하는 온갖 장치들을 담고 있다. 우리나라는 2019년 기준, 전자상거래 국경 간 수출 51.5억 달러, 수입 31.2억 달러이고 매년 증가하는 추세이다. 특히 전체 한국의 전체 서비스 수출에서 디지털 서비스 수출이 약 40%를 차지하고 있으며 세계 10대 디지털 서비스 수출국이다(1위 EU, 2위 미국, 5위 중국, 6위 싱가포르, 7월 일본). 한·미 FTA 전자상거래 챕터의 업그레이드와 업데이트가 필요하고 2020년 개시된 한-싱가포르 디지털경제동반자 협정 협상에도 주목해야 한다. 미국 주도의 디지털 규범 확산에 따른 철저한 대비가 필요한 시점이다. (유지영, 2020)"

7

타결 임박 美·中 협상, 자유무역 복원 아니다

**강화될 보호무역 공세 대비하고
中 상품 시장교란에 적극 대처
산업혁신 위한 규제철폐도 절실**

"미·중 무역협상이 마무리 국면으로 접어들고 있다." 지난 13일 스티븐 므누신 미국 재무장관이 워싱턴 DC에서 한 말이다. 하지만 미·중 정상회담 일정은 오리무중이다. 이달 말까지 실무협상을 마무리하고 5월 말에 정상회담을 열 것이라는 관측이 지배적이지만, 미합의 쟁점에 대한 돌파구가 전격적으로 마련되지 않는다면 협상은 원점으로 회귀할 가능성도 배제할 수 없다.

도널드 트럼프 미국 대통령은 국내 지지세력을 겨냥해 협상의 정치적 효과를 극대화할 최적의 합의 시점을 모색하는 것으로 보인다. 특히 그는 어디로 튈지 모르는 자신의 불확실성 즉, '트럼프 리스크'를 미국의 위협적인 협상 자산으로 유동화하는 데 성공했다. 양측은 "협상이 순조롭게 진행되고 있다"고 애드벌룬을 띄우고 있지만 몇 가지 핵심 쟁점에서는 이견을 좁히지 못하고 있다.

첫째는 '이행 메커니즘의 비대칭성' 문제다. 지식재산권 보호나 강제 기술이전 금지 등 미국의 주요 요구사항에 대해 중국은 이를 수용하고 관련 입법을 준비 중인 것으로 알려졌다. 하지만 미국은 입법 자체보다도 그 이행 여부에 더 큰 방점을 두고 이를 제도화하는 데 힘을 모으고 있다. 즉 '이행 사무소'를 설치해 실무급에서 장관급까지 월별, 분기별, 반기별 양자 회의에서 이행 문제를 해결하겠다는 뜻을 밝혔다. 또 미국은 이행 평가의 절차나 방식 및 약속 위반에 따른 처벌 권한을 자국에만 부여하고 중국에는 미국의 조치에 대한 보복 권한마저 허용하지 않겠다는 입장이다. 중국은 독립적인 패널 혹은 양국 합동 평가단 구성을 대안으로 제시하며 반발하고 있다.

둘째는 '산업정책의 전면적 수정에 대한 중국의 수용 가능성 여부' 문제다. 미국은 USMCA(미국·멕시코·캐나다협정)에서 맺었던 국유기업에 관한 규정을 일종의 모범 기준으로 삼아 중국을 압박하고 있다. 즉, 외국기업과 경쟁하는 중국 국유기업의 상업적 행위에 대해서는 보조금을 획기적으로 철폐해야 한다고 주장한다. 이에 맞서 중국은 점진적인 개혁 방안을 제시하고 있다. 국유기업을 어떻게 정의하고 보조금을 어디까지 허용할 것인가의 문제는 협상의 성패뿐만 아니라 중국의 미래가 달린 핵심 의제다. 미국은 이 문제를 일본과 유럽연합(EU), 캐나다, 호주 등과 함께 복수국 협정으로 다자화할 방안도 논의 중이다.

셋째는 '2,500억 달러에 달하는 중국산 수입품에 이미 부과된 미국 관세의 존치 여부'를 둘러싼 불협화음이다. 중국은 협상 선결 요건으로 관세부터 없애라고 아우성이다. 반면 미국은 중국의 협상 이행 여부를 봐 가며 현재의 관세를 미래 협상 카드로 활용하겠다는 전략이다.

미·중 무역협상이 타결되더라도 자유무역질서로의 복원을 의미하는 것은 아니다. 미국의 보호주의 공세는 타깃을 바꿔 계속될 것이고 중국 경제의 구조적 변화 역시 쉽지 않은 상황이다. 트럼프는 다음 상대로 일본과 독일을 향해 창(槍)을 겨눌 태세지만 언제든지 한국을 다시 찌를 수도 있다. 미 안보조항 232조의 발동 대상도 철강과 자동차에서 반도체와 조선, 항공 등으로 확산될 가능성이 크다. 우리로서는 시나리오별 비상계획을 구축해야 할 때다. '저가공세'와 '물량털기'로 한국 시장을 교란하는 중국 제품에 대해서는 무역구제제도를 재정비해 더 적극적으로 대응할 필요가 있다.

미국의 견제로 중국의 산업정책이 흔들리는 지금, 문화·관광·의료·교육·금융·게임 등 서비스 산업의 혁신적인 생태계 조성 작업이 시급하다. 디지털기술로 무장한 이종(異種)사업자와의 무한경쟁이 글로벌 차원에서 빠르게 전개되고 있지만 한국 기업들은 규제에 눌려 꼼짝달싹 못 하고 있다. 산업계 주도로 기업 활동에 걸림돌이 되는 악성 규제부터 파악해 '부처별 1일 1악성규제 폐지'를 호소하는 청와대 청원이라도 해야 할 판이다.

시론
〈한국경제 2019년 4월 23일〉

용어 설명

FTA(자유무역협정)의 다양한 명칭

"지역무역협정 중 가장 보편화된 것이 FTA이지만, 최근에는 FTA 외에 다른 명칭의 협정 체결도 늘고 있다. 한-인도 FTA 공식 명칭은 인도 측 요청으로 포괄적경제동반자협정(Comprehensive Economic Partnership Agreement: CEPA)으로 정해졌고, 남미공동시장(MERCOSUR)과의 FTA는 무역협정(Trade Agreement: TA)으로 불린다. 이와 같이 다른 명칭이 체결된 협정은 몇 가지 공통점이 있다. 우선 우리나라보다는 상대국이 다른 명칭을 요청했다는 점이다. 상대국들은 FTA보다 내용이 더 충실하고, 양국 요청사항이 잘 반영되도록 하기 위해 다른 명칭을 강조했다. 두 번째로는 명칭과는 다르게 협정 내용이 부실하다는 점이다. 일본, 인도 등이 체결한 EPA는 시장개방 속도가 느리거나 폭이 좁고, 포괄범위가 한정적이다. 우리와 인도의 FTA는 처음에는 EPA로 불리었으나 CEPA로 변경되었다. 협정 명칭부터 민감한 입장을 보여 애초부터 높은 자유화 수준을 기대하기 어려웠다. 셋째로 대체로 협정의 구조는 기존 FTA와 유사하다. 경제 관련 전반을 포괄하는 내용을 강조하기 위해 채택된 용어이기는 하나 실질적으로는 FTA와 동일한 성격을 갖고 있다. (정인교, 2016)"

최근 트럼프 행정부 이후 미국은 FTA에서 F(free)를 제외한 Trade Agreement라는 용어를 사용하고 있다. 트럼프나 바이든 모두 Free(자유)보다는 Fair(공정)에 정책의 무게를 두고 미국이 원하는 방향으로 무역합의를 도출하고 있어 Free라는 용어를 사용하기에는 불편했을 것으로 보인다.

현재와의 대화: 1단계 무역합의가 중국 산업정책 오히려 강화시켜

　미국 피터슨 국제경제연구소(PIIE)는 2020년 3월 한 보고서를 통해 중국 정부가 미·중 1단계 무역합의를 이행하기 위해 오히려 국영기업의 역할을 강화할 것이라는 우려를 밝혔다. '산업정책 수정'이라는 미국의 요구를 '산업정책 강화'로 맞받아칠 것이라는 전망인 셈이다. 상대적으로 비싼 미국산 제품을 수입하려면 국영기업의 목을 조르는 방식 외엔 별 뾰족한 방법이 없다는 이야기다. 2019년 중국의 상품 수입 중 국영기업의 비율은 26%인데 그동안 하락 추세를 보여 왔다. 특히 중국 정부가 약속한 구매 목록은 주로 중국 민간 기업이 미국에서 수입해 오던 제품이 주종을 이루고 있다. 미국의 농산품 및 에너지 등의 생산량 또한 중국의 수요를 맞출 수 없다고 보고서는 밝혔다. 또 다른 싱크탱크 카토 연구소(CATO Institute)는 논평을 통해 이행 매커니즘의 비대칭성을 지적했다. 즉 중국 측의 의무만을 비대칭적으로 다루면서 동시에 미국에는 강력한 감시 권한을 줬다는 것이다. 중국은 미국産 상품·서비스 추가 구매 이외 환율조작 금지, 금융서비스 시장개방, 지재권 보호 등 미국의 요구를 대거 수용했으나, 미국은 상대적으로 양보한 것이 적다. 일부 對中 관세인하 및 추가관세 부과 계획을 보류했으나, 기존 2,500억 달러 규모의 對中 수입품 대상 관세 25%는 그대로 유지했다. 합의 위반에 대해서도 중국의 합의 불이행 및 위반 사안의 90일 이내 미해결 시 미국은 관세를 부과할 수 있도록 명시했지만, 중국은 미국의 관세 재부과 조치가 부당하다고 판단할 경우 합의 파기 외에는 다른 대안이 부재한 상황이다. 바이든 행정부는 트럼프 때 부과된 관세나 기업규제 등을 향후 대중(對中) 협상 카드로 활용할 전망이다.

♜ 지식 한 토막: 스타벅스의 법인세 납부액이 제로?

김영한 성균관대 교수는 트럼프의 감세정책 때문에 미국 500대 기업 중 무려 100개 기업이 세금을 전혀 납부하지 않는 불평등한 현실을 다음 글에서 날카롭게 지적하고 있다.

"트럼프는 경제 활성화 명목으로 기업 법인세를 인하하고 부자 감세 정책을 펼쳤으며, 기업경영에 제약을 주는 환경 규제를 철폐했다. 다자간 환경협약인 파리기후변화협약도 탈퇴했다. 구체적으로 법인세율을 35%에서 21%로 낮추었다. 각종 세액공제 후 실제로 부담하는 실효세율(effective tax rate)은 17.2%에서 8.8%로 낮아졌다. 그 결과 미국 잡지 [포춘]이 선정하는 미국의 500대 기업 중 5분의 1이 법인세를 단 한 푼도 내지 않게 됐다. 세계 최대 전자상거래업체 아마존을 비롯해 미국 최대 물류업체인 페덱스(FedEx), 세계 5대 석유회사인 셰브런(Chevron), 세계 최대 커피 체인점인 스타벅스 등이 '법인세 0달러' 그룹에 들어갔다. 세금은 안 내도 주주배당금은 성실하게 지급했다. 트럼프의 감세정책은 미국 다국적 기업들의 해외소득에 대한 조세포탈을 합법화시켰다. 그 결과 대다수의 미국 디지털 서비스 기업들이 미국 내에서 발생한 이익까지 해외이익으로 이전, 최소 1조 달러의 조세포탈이 이루어지는 결과가 초래됐다. … 미국에서 가장 부유한 400가구의 실효세율은 트럼프의 감세정책에 힘입어 23%(2018년 기준)로 떨어졌다. 소득 하위 50%에 속하는 가구들의 평균세율보다 낮은 수준이었다. 또 자산을 증여·상속할 때 2,316만 달러(약 260억 원, 부부합산 기준)까지는 면세하도록 했다. 과거 정부보다 면세 한도를 두 배 높였다. 2019년 미국의 소득 상위 10% 가구가 주식 투자로 늘린 평균소득은 260만 달러였다. 2008년 글로벌 금융위기 때 소득증가액 25만 달러의 10배가 넘는다. … 이런 적자생존, 각자도생의 카우보이 문화에 기반해 트럼프가 취임하면서 취한 최초의 정책이 오바마케어 철폐이다. 오바마케어가 철폐되면서 미국의 저소득층노동자들은 의료보험의 사각지대로 되돌려 보내졌다. (김영한, 2021)"

8

근본적 합의 불가능한 美·中 무역협상

**정상 간 담판 앞둔 미·중 협상
타결되든 결렬되든 큰 차이 없어
'중국 경제 구조적 변화' 어려워**

지난주 베트남 하노이에서 열린 2차 미·북 정상회담을 지켜보다가 불현듯 미·중 무역협상이 떠올랐다. 김정은 국무위원장의 상기된 얼굴 뒤로 시진핑 중국 국가주석의 불안한 모습이 실루엣처럼 어른거렸다. 김 위원장이 체제유지를 위해 핵무기를 포기할 수 없듯이 '2049년 중화민족의 위대한 중흥'을 이루기 위해 시 주석은 '중국제조 2025'로 대표되는 산업정책을 폐기할 수 없다. 따라서 '비핵화의 완전한 실현'을 염두에 둔 미·북 핵협상이나 '중국 경제의 구조적 변화'를 목표로 한 미·중 협상은 처음부터 타결이 불가능한 협상이 아닐까?

"중국을 자유무역 체제에 편입시키면 선한 파트너로 변모할 것이라고 생각했지만 시간이 흐를수록 우리의 믿음이 잘못된 것으로 판명됐다." 2017년 말 백악관의 국가안보전략 보고서에 나온 내용이다. 2012년 이후 시 주석이 사상과 사회통제를 강화하고 정부의 시장개입을 더욱 노골화하자 미국의 중국 견제는 초당적 국가 어젠다로 자리 잡았다.

중국 국유기업은 국유은행의 전폭적인 지원을 받고 있다. 화웨이 같은 민간기업도 국가개발은행(CDB)의 특혜 대출로 성장해 왔다. 물론 지금의 선진국도 산업정책으로 성장하지 않았냐고 반문할 수 있다. 하지만 개발도상국에 한해 예외로 인정되는 보조금을 경제대국이 이처럼 전략적으로 살포한 경우는 없다.

트럼프 미국 대통령은 당초 3월 1일까지 무역합의에 이르지 못하면 2일부터 부과할 예정이던 2,000억 달러 규모의 중국산 제품에 대한 관세 인상을 연기하겠다고 밝혔다. 이달 중순으로 예정된 시 주석과의 무역담판에서 트럼프 대통령은 협상장을 박차고 나갈까? 아니면 협상 타결을 선언할까? 중국 정부가 협상의 핵심 의제인 '산업정책의 전면적 수정'을 거부한 것이 전자의 이유가 될 것이고, 후자는 그나마 얻어낸 중국의 양보가 정치적 전리품이 될 수 있다는 트럼프의 판단 때문일 것이다.

하지만 결과는 차이가 없다. 협상의 결렬로 다시 불붙을 미·중 관세전쟁은 도발과 보복, 협상이라는 패턴을 반복할 것이다. 협상이 타결돼도 평화는 오래갈 수 없다. 이유는 두 가지다. 첫째는 미국 무역수지가 거시경제변수에 의해 악화될 가능성이 크고, 둘째는 중국의 기술이전 강요나 지식재산권 절취 및 사이버 해킹 등은 더욱 교묘하게 진화할 것이기 때문이다.

미국 브루킹스 연구소에 따르면 2016년 중국에 투자한 미국 기업들의 중국 시장 매출액은 4,630억 달러였다. 이는 미국의 대중(對中) 상품 수출액의 3.5배가 넘고, 미국에 투자한 중국 기업들의 미국 시장 매출액 450억 달러의 10배가 넘는다.

  로버트 라이트하이저 미무역대표부 대표는 최근 "협상이 타결된다면 이행 점검을 위해 양국은 매달 실무급 회의, 분기별 차관회의, 반기별 장관회의를 개최할 계획"이라며 "중국 내 미국 기업의 각종 불만은 익명으로 받을 것이며 장관회의로도 해결이 힘들면 미 정부가 상응하는 조치를 중국에 일방적으로 취하게 될 것"이라고 말했다. 문제는 그동안 미·중 전략회의를 수없이 했지만 성과가 없었다는 데 있다. 또 중국에서 사업하는 외국 기업이 중국 정부에 맞서기엔 '미움받을 큰 용기'가 필요하다.

  그렇다고 방법이 없는 것도 아니다. 미국과 유럽연합(EU), 일본은 중국을 타깃으로 세계무역기구(WTO) 개혁 논의를 본격화하고 있다. 성공적으로 진행된다면 차이나 리스크를 줄여 우리 기업에도 큰 도움을 줄 것이다. 중국 눈치나 보면서 무임승차를 기대하기보다는 동맹국 주도의 WTO 개혁에 우리도 적극 동참할 때다. 아울러 우리 정부는 다자주의를 선도할 11개국 '포괄적·점진적 환태평양경제동반자협정(CPTPP)' 가입의 득실을 엄밀히 분석하는 동시에 중국의 CPTPP 가입을 유도할 필요가 있다. 중국이 한국에 이어 CPTPP에 가입한다면 미국의 참여는 시간문제가 될 것이다.

분석과 전망
〈한국경제 2019년 3월 4일〉

♜ 용어 설명

화웨이(華爲, HUAWEI)

1987년에 설립된 중국 최대의 네트워크·통신 장비 공급업체. 통신 장비, 휴대폰, 노트북, 태블릿 PC 등을 제조·판매하는 다국적기업으로 전 세계 170여 개국에 현지 법인과 지사가 있다. 본사는 중국 광둥성 선전에 있고 창업자 겸 회장은 인민해방군 출신의 런정페이(任正非, 77세). 부회장 겸 최고재무책임자인 그의 딸 멍완저우(孟晚舟)는 2018년 12월 1일 밴쿠버에서 캐나다 당국에 체포됐다. 미국의 요청에 의한 것이었다. 미국 검찰은 대이란 제재를 위반했다며 화웨이와 멍 부회장을 2019년 1월 은행 사기, 기술 절취, 사법 방해 등 혐의로 기소했다. 화웨이(華爲)란 이름은 '중화유위(中華有爲)' 즉 "중화민족을 위해 행동한다"라는 뜻에서 나왔다. 화웨이는 2020년 2분기(4~6월) 스마트폰 5,580만 대를 시장에 출하해 삼성전자를 제치고 세계 1위에 올라섰다. 2020년 8월 화웨이는 미국 경제전문지 포춘이 발표하는 '글로벌 500대 기업'에 49위로 사상 첫 50위권 이내로 진입했지만 2019년 5월 이후 미국의 거래제한 조치 강화로 매출이 급락하고 있다. 최근 미국 연방통신위원회(FCC)는 2020년 6월 30일 화웨이와 통신업체 ZTE(중싱통신)를 '미국 국가안보 위협 기업'으로 공식 지정했다.

♜ 현재와의 대화: 예정된 전쟁(Destined for War)

미국의 입장에서 보면 지난 30년 단극체제하 초세계화의 대표적인 부작용이 바로 '중국 문제'가 아닌가 싶다. 즉 미국은 중국을 자유주의 국제질서에 편입하여 미국이 생각하는 민주주의 경로의 이행을 기대하였지만 중국은 이 같은 경로에서 이탈, 새로운 권위주의, 전체주의 체제로 변신을 거듭하며 세계 패권국인 미국과 정치체제 경쟁을 벌이는 수용하기 어려운 상황이 연출된 것이다. 미국의 트럼프는 WTO에서 중국을 길들일 수 없다고 판단, 1 대 1, 양자협상 혹은 일방주의적 중국 견제에 돌입하였고 바이든 대통령은 미국만으로는 성공하기 어렵다고 판단, 동맹국과 힘을 합쳐 본격적인 중국 견제에 나섰다.

지식 한 토막: 실패한 이론, 종속이론과 민족경제론

미국 다트머스대학의 더글러스 어윈(Douglas Irwin, 2020) 교수에 따르면 1950년대와 60년대 많은 개도국에 수입대체정책(import substitution policy)을 권유한 곳은 국제연합(UN)이었다. 수입대체정책은 주요 수입품을 국내에서 생산하여 수입을 대체함으로써 경제를 발전시키려는 정책이다. 유치산업(infant industry)의 성장과 성공을 동시에 추진하는 정책이다. 경제학자들의 입장은 50년대에는 대체로 수입대체정책에 우호적이었지만 1960년대 중반부터 비판적으로 바뀌었다고 한다. 보호무역조치들을 취한 국가의 비효율성이 연구를 통해 드러남에 따라 수입대체 전략이 저축률에도 악영향을 미쳐 성장을 저해할 것이라는 주장도 이때부터 제기되었다. 1970년대와 80년대 한국 대학가를 휩쓴 남미의 '종속이론(dependency theory)'이나 경제학자 박현채의 '민족경제론' 역시 자급자족형 수입대체론과 맥을 같이하는 이론들이다. 한국 경제가 '수출진흥'이 아닌 '수입대체'와 '자급자족'의 볼모가 되었다면 우리 경제는 지금 어디에 서 있을까? 생각만 해도 끔찍하기만 하다. 그렇다면 수입대체정책은 많은 나라에서 왜 실패의 길을 걸었을까? 정부의 각종 보호조치 속에서 기업들은 기술혁신이나 효율성 향상을 적극적으로 꾀하지 않았다. 정부와의 부패고리 형성과 관리에만 관심을 쏟는 기업들이 많았다. 시장규모가 작은 국가의 경우 규모의 경제를 실현하기도 어려웠다. 2차 대전 이후 인도, 아르헨티나, 브라질과 같은 대국들도 하나같이 수입대체산업 육성을 외쳤지만 기계, 원자재 수입으로 외화 지출은 늘고 수출이 쇠퇴하여 만성적인 국제수지 적자를 겪게 되었다.

⑨ '중국 손보기' 나선 트럼프의 미·중 무역협상 전략

**'기술산업 싹 자르기'가 목표
美 모든 수단 총동원 中 압박
'中리스크' 헤징전략 세울 때**

무역전쟁을 진두지휘하고 있는 도널드 트럼프 미국 대통령과 시진핑 중국 국가주석이 지난 12월 1일 향후 '90일간의 휴전'을 공동 선언했다. 내년 2월 28일을 협상 마감일로 정한 양측은 3월 1일이 되면 확전 혹은 종전이라는 양자택일의 중대 기로에 서게 될 것이다. 주요 2개국(G2) 무역전쟁은 앞으로 어떻게 전개될 것인가.

이번 휴전 선언은 8월 22~23일 왕서우원 중국 상무부 부부장과 데이비드 멀패스 미 재무부 차관이 워싱턴 DC에서 벌인 실무 협상의 연장선에서 이해할 수 있다. 영국의 파이낸셜타임스(FT)에 따르면 당시 미국이 요구한 142개의 롱 리스트(중국 측에서 미국이 요구한 53개 이슈를 142개의 세부 항목으로 재분류) 중 약 3분의 2에 해당하는 90여 개에 대해 왕 부부장이 "수용하거나 협상할 용의가 있다"고 말한 것으로 알려졌다. 하지만 미국은 이를 거절했다. 동시에 2,000억 달러어치의 중국산 수입품에 추가 관세를 부과하겠다고 선언하자 협상은 결렬됐다. 그리고 100일이 지났다. 11월 말 아르헨티나에서 열린 주요 20개국(G20) 정상회의에 나타난 시진핑은 새로운 협상안을 들고 트럼프를 만났다. 결과는 마찬가지였다. 트럼프는 '석 달 줄 테니 다시 협상을 해보라'며 중국을 협상장으로 떠밀었다.

외신에 따르면 중국은 142개의 항목에 대해 '수용 가능', '협상 가능', '수용 불가'를 표시해 미국에 전달했다고 한다. '수용 가능' 표시를 한 항목들은 주로 무역수지 불균형의 시정 요구에 관한 것들이다. 미국산 대두·수수·천연가스 등 농산물과 에너지 및 공산품에 대해 중국은 향후 약 1조 2,000억 달러어치의 구매 의사를 밝혔다. 마약성 진통제 펜타닐에 대한 수출 금지나 퀄컴-NXP 합병 승인 건도 이 영역에 포함됐다. 반면 '협상 가능' 영역은 기술이전 강제나 사이버 절취 금지, 지식재산권 보호, 시장 개방 확대 등 중국의 구조적 변화 요구에 관한 것들이다. 중국의 서비스 시장, 통신장비, 자동차, 농산물 및 바이오 시장 등의 개방 확대 요구도 포함됐다. '수용 불가' 영역은 베이징이 결코 수용할 수 없는 요구 사항을 담고 있다. 예를 들어 국유기업(SOE)에 대한 특혜나 보조금의 폐지, 나아가 '중국제조 2025' 같은 산업정책의 중단 요구가 여기에 속한다. 더 강한 중국형 글로벌 재벌 육성과 이들을 핵심 축으로 기술 굴기를 꿈꾸는 시진핑으로서는 미국의 요구가 불쾌하기만 하다.

중국이 말한 '협상 가능' 조항의 최종 타결 여부는 중국 정부의 이행 능력을 입증하는 것이 관건이다. 미국의 많은 요구 사항은 중국에서 명문화 자체가 힘든 내용이다. 명문화가 돼 법과 규정에 쓰인다고 하더라도 정치권의 은밀한 지시나 폐쇄적 상관행에 따라 무력화하기 십상이다. 따라서 미국은 중국 정부의 실효적인 이행 가능성에 초점을 맞춰 협상을 진행해 가면서 동시에 G2 패권전쟁에서 미국의 우위를 확실히 확보할 수 있는 '수용 불가' 요구조건의 관철에 협상력을 쏟을 것이다. 즉 '미국의 패권에 도전할 중국 기술산업의 싹을 자르겠다'는 협상 목표가 흔들린다면 미국은 협상을 깨고 나와 모든 중국산 수입품에 25% 관세를 일단 부과하는 확전 국면으로 전환할 가능성이 크다.

멍완저우 화웨이 최고재무책임자(CFO)의 구금에서 보듯이 미국은 이란과 북한에 대한 미국의 제재 위반을 포함해 '외국인미국투자심사법'이나 '수출통제법' 그리고 '무역확대법 232조 안보조항'과 유럽연합(EU), 일본과 연대한 세계무역기구(WTO) 개혁 등 모든 수단을 총동원해 전방위로 중국을 압박하며 '중국 손보기'에 나섰다.

국제통화기금(IMF)과 아시아개발은행(ADB) 보고서는 G2 갈등이 관세전쟁의 확대로 다시 전개된다면 중국이 국내총생산(GDP)의 0.4~1.2%p, 미국은 0.2~0.4%p의 추가 하락이 있을 것으로 분석하고 있다. 이 같은 수치는 수출 감소와 불확실성 증가에 따른 내수 위축이나 투자의 감소 혹은 연기, 글로벌가치사슬(GVC) 조정 비용 증가나 금융시장의 변동성 확대 등을 고려하지 않은 최소 추정치로 보인다. 경착륙 가능성이 커지고 있는 중국이라는 '리스크 팩터'에 대한 정교한 헤징 전략이 필요한 시점이다.

시론
〈서울경제 2018년 12월 12일〉

♖ 용어 설명

펜타닐(fentanyl, 마약성 진통제)

마약성 진통제. 만성통증환자나 암환자에 처방되는 약물이다. 진통 효과를 발휘하는 데 있어서 모르핀이나 헤로인보다 50배 이상 강한 효능을 나타낸다고 한다. 1950년대 벨기에에서 처음 합성됐으며 이후 1970년 미국에서 불법 제조가 시작되어 현재 12가지 이상의 펜타닐 유사물이 생산, 유통되고 있다. 미국에서는 펜타닐 중독으로 매일 100명 이상이 사망하고 있다. 트럼프 행정부는 펜타닐 수출 국가로 중국을 지목하고 미국으로 펜타닐을 밀반입한 중국인들과 중국 기업 2곳 및 판매조직을 리스트에 올려 제재하고 있다. 중국 당국은 2019년 11월, 펜타닐을 미국으로 밀수출한 중국인 일당에 대해 사형 등 중형을 선고한 바 있다.

♖ 현재와의 대화: 중국의 핵심 구조적 문제를 손봐야

미·중 이후 추진한 1단계 무역협상은 지금 생각해 보면 결국 위에서 소개한 중국의 '수용 가능' 영역에다 '협상 가능' 어젠다에 대한 원칙 표방으로 가닥을 잡게 되었음을 알 수 있다. '수용 불가' 영역의 국유기업, 보조금, 산업정책의 문제는 협상 2단계 어젠다로 미뤄졌다. 하지만 1단계 합의 내용을 이행할 수 없는 중국에 대해 바이든 행정부의 입장은 차갑다. 바이든은 지난 대선 캠페인에서 미국의 대중(對中) 관세부과에 부정적인 의견을 피력하면서도 '중국의 핵심 구조적 문제'에 대한 강한 해결 의지를 표명한 바 있다. 독수리의 발톱이 중국 대륙 어디로 향할지 그 귀추가 주목된다.

지식 한 토막: 기술 기업 인수는 아무나 하나?

이전 트럼프 행정부는 국가안보 위협을 근거로 첨단기술 분야에 대한 중국의 대미 M&A를 보다 강력하게 규제하기 위해 외국인투자위원회(Committee on Foreign Investment in the United States: CFIUS)의 권한을 대폭 강화했다. 이를 위해 『외국인투자위험심사현대화법(FIRRMA)』을 제정, 2020년 2월 13일 자로 발효시켰다. FIRRMA(Foreign Investment Risk Review Modernization Act of 2018) 시행으로 미국은 핵심기술·핵심인프라·개인정보 관련 분야에 대한 외국인의 비지배적 투자까지 심의 대상을 확대했다. 군사, 첨단기술, 에너지 등 국가안보와 밀접한 관련이 있는 산업의 M&A뿐만 아니라 소프트웨어, 전자상거래, 금융서비스, 소셜미디어 등과 같은 분야의 투자 거래에 대해 미국 시민의 개인정보 접근 가능성을 우려하여 이를 적극 규제하고 있다. 최근에는 중국의 대미 직접투자 제재 외에 사이버 보안, 통신 네트워크 등과 관련된 중국기업의 미국 내 영업 행위에 대해서도 안보 위협행위 조사 및 영업 허가 거부조치를 취함으로써 견제를 강화하고 있다. 바이든 행정부 또한 투자 관련 중국 기업 제재를 더욱 강화하고 있다.

10

미·중 무역전쟁, 장기화 불가피

확전을 거듭해온 미·중 무역전쟁이 이달 말 개최되는 주요 20개국(G20) 정상회의를 계기로 새로운 돌파구를 찾을지 주목된다. 앞서 미국은 올 7월에 340억 달러어치의 중국 상품에 대해 25% 관세를 부과했다. 8월에는 160억 달러를 추가했고 9월에는 다시 2,000억 달러를 추가했다. 양국이 합의점에 도달하지 못하면 미국은 총 5160억 달러, 즉 중국산 수입품 전체에 대해서 관세를 부과할 계획이다.

상황이 악화될 경우 미·중 무역전쟁은 어떻게 전개될 것인가?

그 전개 양상은 속도(speed)와 수단(measure) 그리고 수용성(acceptability)이라는 세 가지 변수에 의해 좌우될 것으로 보인다. 속도는 공격의 빠르기를 말한다. 트럼프는 말과 행동이 빠르다. 올해 초 태양광 패널 세이프가드로 공격을 개시하더니 3월에는 철강과 알루미늄 25% 관세부과, 5월에는 자동차 232조(안보조항) 조사 개시라는 폭탄을 터뜨렸다. 8월에는 유럽연합(EU), 일본과 함께 세계무역기구(WTO) 차원에서 중국의 산업정책을 무력화할 수 있는 개혁방안 논의를 시작했고, 최근에는 '중국제조 2025'의 핵심이라 할 수 있는 중국 기업 푸젠진화반도체에 대해 수출제한조치를 취했다. 반면 중국은 수비에만 치중하는 형국이다.

수단은 상대를 때릴 수 있는 유효한 카드를 말한다. 미국의 자신감은 기축통화인 달러와 막강한 군사력, 셰일가스로 강화된 글로벌 원유 통제능력, 실리콘 밸리의 첨단 기술력에서 나온다. 관세 조치는 시작일 뿐 트럼프는 중국의 산업정책과 금융시장을 정조준하고 있다. 중국과 같은 비시장경제 국가와 자유무역협정(FTA)을 맺기 어렵게 만든 정치적 조항을 미국·멕시코·캐나다협정(USMCA)에 명시했고, 환율조작 방지 조항도 협정에 추가했다. 미국 의회는 중국 자본의 미국 기업 인수합병(M&A)이나 지분투자, 기술 라이센스 협정 등에 브레이크를 걸 수 있는 강화된 외국인투자심의제도(CFIUS) 법안을 통과시켰고 국방수권법(NDAAA)을 통해 중국 기업 제재를 노골화하고 있다. 중국은 미국 국채 대량 매각과 중국 내 미국 기업에 대한 보복 혹은 희토류 수출 중단 등의 카드를 만지작거리고 있지만 후폭풍 또한 만만찮아 고민이 깊다.

수용성은 무역전쟁으로 인한 피해를 내부적으로 용인하고 견딜 수 있는 정도를 말한다. 지금 미국 행정부와 의회, 산업계, 싱크탱크는 일치된 목소리를 내고 있다. '이번 기회에 중국을 확실하게 손봐야 한다'는 공감대가 초당적으로 형성된 분위기다. 친중 경향을 보여 왔던 민주당조차 트럼프 행정부가 중국을 더 강력하게 응징할 것을 연일 촉구하고 있다. 경제도 미국 편이다. 감세와 확장적 재정정책으로 미국 경제는 역사적인 경기확장 국면에 있고 중국과의 무역전쟁이 거시경제에 미치는 영향은 상대적으로 적다. 내수와 서비스 위주의 경제구조 때문이다. 반면 제조업 중심인 중국시장의 경우 경기가 6% 중반으로 고꾸라지는 가운데 통상분쟁까지 겹쳐 경착륙에 대한 우려를 더하고 있다.

미·중 무역전쟁은 11월 중간선거 결과에 관계없이 계속될 것으로 보인다. 속도와 수단 그리고 수용성이라는 측면에서 본다면 미국은 관세에서 산업정책과 금융시장 그리고 환율로 빠르게 공격의 타깃을 바꿀 것이다. 한국은 중국 경제를 제도적으로 선진화하려는 미국, EU, 일본의 노력에 동참할 필요가 있다. 시진핑의 정치적 온정 혹은 시혜에 기대어 거대시장 중국과의 무역과 투자 관계를 지속할 수가 없기 때문이다. 중국 경제의 시스템 자체가 업그레이드되지 않고서는 제2, 제3의 롯데마트가 속출할 게 뻔하다. 사드 보복으로 결국 철수를 결정한 롯데마트가 중국에서 본 피해액은 무려 2조 2,000억 원에 이른다.

아울러 내년 봄 발효가 예상되는 일본 주도의 11개국 포용적·점진적 환태평양경제동반자협정(CPTPP) 가입을 우리 정부는 적극 추진해야 한다. 디지털 무역 등 새로운 무역질서를 주도하게 될 CPTPP의 회원국들은 향후 미국의 일방적 보호주의에 공동 대응하면서 한편으로는 중국의 불공정 행위를 견제하는 역할을 수행할 것이다. 끝으로 일자리 창출의 원동력을 서비스 산업의 수출에서 찾았으면 한다. 고용효과가 높은 서비스 산업을 수출 전략 산업으로 키우기 위해서는 해당 부처별 획기적인 규제철폐가 절실하다.

시론
〈아시아경제 2018년 11월 6일〉

♜ 용어 설명

국방수권법(National Defense Authorization Act: NDAA)

국가안보를 이유로 외국기업의 미국 투자에 대한 규제를 강화하거나 다른 나라에 대해 정치적 군사적 제재를 가할 수 있도록 허용하는 미국의 법을 말한다. 이란 핵무기 개발 제재나 석유수출 제재 및 해외자산 동결 등의 조치가 이법에 근거하고 있다. 2019년 미 국방수권법(2019 NDAA) 889조는 국가안보를 이유로 미국 정부기관과 중국의 특정 통신 및 영상감시서비스 또는 장비 관련 기업들과의 거래 금지를 다루고 있다. 특히 5G 네트워크 장비기업인 Huawei와 ZTE, AI 및 영상감시 관련 기업인 Hikvision과 Dahua Technoloy 그리고 경찰이 사용하는 전문가용 모바일 라디오의 세계 최대 공급기업인 Hytera, 이상 5개 사를 법에 명시했고, 두 단계에 걸쳐 수입을 제한했다. 또한 이 법은 주한미군을 현 수준으로 유지하는 내용도 다루고 있다. 2020년 7월에는 주한미군 규모를 현행 2만 8천 500명 수준으로 유지하도록 명문화한 미국의 2021 국방수권법(NDAA)안이 미 하원에 이어 상원에서 통과됐다.

신보호무역주의(neo-protectionism)

19세기 이전 국제무역 사조는 중상주의(mercantilism)에 의해 대표되는 보호무역주의였다. 즉, 국가가 개입하여 수출증대와 수입억제를 통해 금과 은을 축적하는 것이 국부를 증가시키는 것이라 여긴 것이다. 보호무역에 대한 주장으로는 미국 해밀턴의 공업보호론과 독일

리스트의 유치산업보호론을 들 수 있다. 1791년 해밀턴은 당시 농업국이었던 미국에서 공업을 발전시켜야만 자립경제를 달성할 수 있다며 제조업 보호무역을 주장하였다. 독일 리스트는 영국에 비해 낙후되어 있던 독일 산업을 발전시키기 위해 보호무역을 통해 유치산업을 보호해야 한다는 이론을 펼쳤다. 최근에는 신보호무역주의가 대두되어 전 세계로 확산되고 있다. 최근의 신보호무역주의는 환경과 노동 및 인권 등을 통상정책에 연계하여 관세나 규제 혹은 비관세장벽의 강화를 통해 상대국의 수출 혹은 투자에 제한을 가하는 방식을 택하고 있다.

♟ 현재와의 대화: 무역전쟁, '속도'와 '수단', '수용성'에서 판가름 난다

워싱턴 피터슨 연구소의 제프리 숏(Jeffrey Schott, 2020) 연구원은 G2 무역전쟁에 대한 한국의 대비책으로 CPTPP 가입을 가장 먼저 꼽았다. 한국이 이미 많은 나라와 자유무역협정(FTA)을 체결했지만 CPTPP를 통해 기존 FTA들을 업그레이드할 수도 있다고 주장했다. 특히 전자상거래 등 디지털 무역 비중이 커지면서 한국 중소·중견기업들에게 CPTPP가 큰 기회가 될 수 있다고도 했다. 미국 카토 연구소의 대니얼 아이켄슨(Daniel Ikenson, 2020) 박사도 미국의 양 정당이 트럼프의 TPP 복귀를 설득해야 한다고 말했다. 그는 TPP 회원 국가들이 중국의 파트너와 교역을 늘려나가면 중국도 가입을 독려할 수 있다며, 그것이 지재권이나 강제 기술이전, 보조금 문제에서 중국이 더 나은 행동을 하게 하는 길임을 강조했다. 한국 또한 CPTPP에 가입할 것을 권유했다. CPTPP에는 미국이나 중국과 같은 강대국에 대항할 수 있는 미들 파워 그룹의 힘이 있기 때문이다. 유명희 통상교섭본부장은

2020년 12월 29일 무역협회에서 열린 정책간담회에서 "미국 바이든 행정부가 CPTPP 가입을 선언하고 난 후의 시점보다는 미국의 가입 신청 전에 우리가 CPTPP 가입을 위해 선제적으로 움직여야 할 필요가 있다"고 말한 바 있다.

지식 한 토막: 남미, 중앙아시아와의 FTA에 더욱 속도 내야

통상 분야 석학이자 FTA 전도사로 통하는 정인교 인하대 교수는 중앙아시아와 남미와의 FTA에 우리 정부가 더욱 속도를 내줄 것을 주문하고 있다.

"바이든 행정부가 WTO를 정상화시킬 것으로 기대하지 않는다. 미국이 CPTPP(포괄적·점진적 환태평양 경제동반자협정)에 복귀할 것이라는 분석이 있는데, 현 상태로는 미국이 가입하지 않을 것으로 본다. 현재 미국-멕시코-캐나다 협정(USMCA) 규정이 선진화돼 있기 때문에 CPTPP를 업그레이드하고 명칭을 고쳐 가입할 수도 있다. 사실 미국이 다자통상체제에 소극적일 수밖에 없는 이유는 미·중 갈등에 있다. 현재의 규범으로는 미국의 대중국 조치에 대한 정당성 문제가 있을 수 있다. 대중 압박을 지속하려면 현재의 WTO 무시(고사) 정책을 유지할 수밖에 없다. 중국의 미국 제소에 대해 WTO가 중국 손을 들어 주는 경우가 많다는 점과도 직결된다. 결과적으로 보면, 우리나라 입장에서는 미·중을 뺀 나머지 지역과의 교역에 더 많은 관심을 가져야 한다. 현재 문재인 정부가 CPTPP 가입을 적극적으로 검토하고 있다는 점은 긍정적이다. 또한 우리나라는 비교적 자유무역협정(FTA)을 잘하고 있다는 평을 받고 있지만, 남미, 중앙아시아와의 FTA는 진전이 더디다. 이 부분에서는 더욱 속도를 내야 한다. (정인교, 2021)"

11

미·중 무역전쟁 승기 잡은 트럼프의 속셈

미래 먹거리 中에 빼앗길 수 없다
미국 기업의 본토 회귀가 목표

"버릇없이(spoiled) 자란 중국을 너무 오랫동안 방치했다. 우리에겐 미·중 무역 전쟁을 마무리하기 위한 별도 시간표가 없다. 이번 협상을 크게 기대하지 않는다."

트럼프 미국 대통령은 지난달 20일 로이터 통신 인터뷰에서 이렇게 말했다. 22일부터 이틀간 열린 미·중 차관급 회담은 아무런 성과 없이 끝났다. 영국 파이낸셜 타임스에 따르면 미·중은 이번 협상에서 140여 개 미국의 대중(對中) 요구 항목을 검토한 것으로 알려졌다. 중국은 비공식 발언을 통해, 양국 대치 상황이 완화되는 시점에 전체 요구 항목의 약 3분의 2에 대하여 이행 혹은 협의할 용의가 있다고 말했다고 한다.

하지만 협상 도중 양국 정부는 각각 160억 달러어치의 상품에 대해 25% 관세 폭탄을 터뜨렸다. 분위기가 험악해지자 왕서우원(王受文) 중국 상무부 부부장은 후속 일정조차 잡지 못하고 서둘러 떠났다. 이로써 양국은 지금까지 각각 500억 달러어치 상품에 관세를 부과했다. 그리고 미국이 추가로 2,000억 달러, 중국은 600억 달러어치 수입품에 25% 관세를 부과하겠다고 예고하고 있다.

트럼프, 전쟁 빨리 끝낼 이유 없어

트럼프로서는 서둘러 전쟁을 끝내야 할 이유가 딱히 보이지 않는다. 국내 지지층을 결집해 11월 중간선거와 2020년 차기 대선을 승리로 이끌려면 외부의 적이 필요하기 때문이다. 중국과 치르는 갈등은 러시아 스캔들에 대한 국민적 관심을 희석할 가능성도 크다. 더 큰 이유는 경제다. 각종 경제 지표들의 기록적인 행진에 백악관은 한껏 고무된 분위기다. 내친김에 시진핑을 무릎 꿇려 북한 비핵화에 대한 협조까지 강요할 기세다.

반면 베이징은 불안한 기색이 역력하다. 직접선거로 선출되지 않은 지도자는 여론 추이에 민감하다. 경제성장률 둔화와 독재 가능성에 대한 원성에 무역 전쟁 고통까지 겹친다면 대륙의 불만은 어느 한순간 베수비오 화산처럼 폭발할지도 모를 일이다.

트럼프의 진짜 속내는 과연 뭘까? 하버드대 로버트 로렌스 교수는 "트럼프는 무엇보다도 해외로 진출한 미국 기업들 본국 회귀(리쇼어링)를 강력하게 원하기 때문"이라고 말한다.

외국 기업이 중국에서 가격 100달러인 기계를 만들어 미국에 수출하고 있다. 기계 1대당 75달러어치 중간재를 한국에서 무관세로 수입했다. 이제 미국이 이 기계에 대해 25% 관세를 부과한다고 하자. 이는 중국에서 발생한 부가가치(25달러)에 100% 세금을 물리는 것과 같은 효과를 미친다. 즉, 중국이 사업하기 2배가 비싼 지역으로 변모하면서 외국 기업들은 현지 투자를 줄이거나 미루고 공장 이전을 검토하게 된다. 지난 7월 미국이 25% 관세를 처음 부과한 340억 달러 중국산 제품 상당 부분은 외국 기업이 중국 현지에서 생산한 제품이었다.

멕시코도 좋은 예다. 8월 27일 타결된 NAFTA(북미자유무역협정) 재협상에서 미국과 멕시코는 자동차의 북미산 부품조달 비율을 종전 62.5%에서 75%로 높여 원산지 요건을 강화하고 투자자 보호를 위한 투자자-정부 제소제도(ISDS)를 약화시켰다. '미국 시장으로 수출을 원한다면 미국 영토에서 생산하라'는 트럼프 주장이 현실화되면서 멕시코에 전초 기지를 둔 기업들의 고민이 깊어졌다.

'중국제조 2025' 심각한 위협으로 여겨

트럼프의 또 다른 속내는 미국 패권에 도전하는 중국을 이번 기회에 제대로 손보겠다는 데 있다. 백악관과 의회는 특히 '중국제조 2025' 계획을 미국 기술 헤게모니에 대한 도전장으로 간주하고 있다. 워싱턴은 보조금과 기술이전 및 지재권을 둘러싼 중국 정부 불공정 행위 근절뿐만 아니라 미국의 미래 산업을 위협하는 중국식 산업정책의 근본적인 폐기를 원하고 있다. 물론 반대 시각도 있다. 지금 선진국도 과거 산업 정책을 통해 성장했기 때문에 '중국제조 2025'에 대한 미국 불만은 논리적 근거가 없다는 주장이다. 하지만 미국·일본·독일·한국 등과 치열하게 경쟁하고 있는 세계 2위 경제 대국이 '개도국' 신분과 '사회주의 시장경제'의 특수성을 내세워 국제사회에서 여전히 '특별하고도 차별적인 대우'를 원한다면 난센스가 아닐까?

트럼프는 이미 적용하고 있는 무역확장법 232조와 1974년 무역법 301조에 이어, 의회에서 권한을 대폭 강화한 대미외국인투자심의위원회(CFIUS)법과 국방수권법(2019 NDAA) 등 가능한 모든 국내법을 동원하여 실리콘밸리 첨단 기술의 해외 유출을 막고 중국의 기술굴기 저지에 총력을 기울일 태세다.

미·중 무역 전쟁은 이제 미래 먹거리 선점을 위한 패권 전쟁으로 치닫고 있다.

WEEKLY BIZ Column
〈조선일보 2018년 9월 1일〉

용어 설명

1974년 무역법(Trade Act of 1974)

'불공정무역조항'으로 알려진 제301조는 Section 301~309조까지를 '일반 301조'라고 통칭하며 미국이 무역상대국의 불공정한 무역행위로 피해를 볼 경우 광범위한 영역에 걸쳐 보복할 수 있도록 한 규정이다. 1970년대 초반, 독일과 일본 등 후발주자들의 산업 경쟁력이 강화되면서 이들은 미국을 위협하는 신흥공업국으로 부상하였다. 미국의 對日 무역적자가 심화되고, 對세계 무역흑자 또한 적자로 반전되면서 미 의회는 '제301조'와 세이프가드 규정인 '제201조'가 제정하였는데 이 법이 『1974년 무역법』이다. 미국의 수출품을 불공정하게 차별하는 국가로부터의 수입을 제한할 수 있는 막강한 구제수단을 행정부에 부여하기 시작한 것이다. 미국의 권리나 이익이 침해당할 위험에 처해 있거나 외국의 무역관행이 부당하거나 불합리하거나 차별적인(unjustifiable, unreasonable, or discriminatory) 경우에 적용된다. 미·중 무역분쟁도 동법 301조에 근거를 두고 미국이 중국의 지재권, 강제기술이전을 조사하면서 시작됐다.

♛ 현재와의 대화: 중국 진출 미국 기업의 70%, 리쇼어링에 관심 없다

미국은 리쇼어링 정책의 선두에 있다. 기업환경 개선과 통상환경 재편을 통해 자국 제조업 기반을 강화하고 있다. 미국은 오바마, 트럼프 행정부를 거쳐 법인세율을 35%에서 21%까지 인하했다. 트럼프는 중국산 제품에 고율의 관세를 부과하거나, 무역확장법 232조 안보조항을 활용하여 수입을 제한하는 등 자국 산업의 보호를 위한 수입규제 조치를 적극 활용하고 있다. 또한 한·미 FTA, USMCA 재협상, 미·일 무역협정 타결을 통해 미국에 공장을 설립하라고 직간접적으로 압박하는 형세다. 이러한 노력은 유럽 등에서도 볼 수 있지만, 최근 2년 연속 외국인직접투자(FDI) 1위 국가가 미국이라는 점은 눈여겨볼 만하다. 지난 3년간 약 800여 건의 리쇼어링이 미국에서 발생했다고 하지만 중국 진출 미국 기업의 70%는 리쇼어링을 고려하지 않고 있다는 미 상공회의소의 서베이 결과도 있을 만큼 리쇼어링은 많은 비용을 동반하고 있다.

지식 한 토막: 기업이 리쇼어링하는 이유는?

베로니카(Y.C. Veronica, 2020) 교수가 Reshoring Initiative USA 데이터를 통해 연구한 바에 따르면 미국 리쇼어링 기업의 대부분은 고기술군(컴퓨터, 전기전자 제품, 부품 및 기구)과 중기술군(수송장비, 의류)에 집중되어 있는 것으로 나타났다. 이들 기업들의 리쇼어링 원인으로는 1) 정부의 인센티브 2) 숙련노동의 고용가능성 3) "Made in USA" 즉 미국산 제품이 가지는 이미지 혹은 브랜드 가치를 손꼽았다. 하지만 트럼프 행정부의 노력에도 불구하고 미국 기업이 중국에서 미국으로 공장을 옮기는 경우는 여전히 드문데 그 이유는 중국에 부과한 미국의 관세로 인하여 중국산 철강이나 알루미늄 등 주요 원자재나 부품소재 수입 시 미국 기업의 가격 부담이 커지는 모순적 상황 때문이라는 것이다. 아울러 베로니카는 트럼프의 보호주의적 정책들이 안정적이고 예측 가능한 비즈니스 환경을 제공하지 못하고 있으며 특히 4차 산업혁명 기술과 관련하여 대규모 기술전환에 필요한 고숙련 노동력의 확보가 불충분하다고 평가했다. 반찬(Vanchan, V. et al, 2018) 교수 外는 보다 세부적으로 리쇼어링 유인 요인을 제시하였는데 베로니카 교수의 원인 3가지에 추가해 1) 자동화·기술·3D 프린팅 2) 저렴한 에너지 가격 3) 생산의 유연성 4) 높은 생산성과 R&D 5) 양호한 인프라 6) 미국의 향상된 노동력과 부동산 여건 등을 꼽았다. 반면 오프쇼어링(offshoring)을 부추기는 요인으로는 1) 리드 타임(조달 기간) 2) 품질 3) 임금 4) 수송과 통신, 재고 및 배달 비용 5) 지재권 위험 등을 제시했는데 이는 리쇼어링의 경우 기업의 비용 관리가 얼마나 중요한지를 간접적으로 시사하고 있다.

12

관세전쟁 돌파구, 다자주의에 있다

관세폭탄에 기업 脫한국 우려
中 불공정 무역관행 규탄하고
메가 FTA 활성화 등 견인해야

미국과 중국은 지난 6일 각각 340억 달러(약 38조 원) 규모의 상대국 수입품에 대한 25%의 추가 '관세폭탄'을 투하함으로써 무역전쟁에 돌입했다. 미국은 지난 10일에도 2,000억 달러 상당의 중국 수입품에 10%의 추가 관세를 부과할 것이라고 밝혔고, 중국도 맞대응키로 하면서 확전 양상을 보이고 있다. 특히 한국 경제에 큰 타격을 미칠 것으로 우려되는 미·중 무역전쟁은 앞으로 어떻게 전개될까.

첫째, 도널드 트럼프 미국 대통령은 비관세 장벽을 활용한 무역 전쟁, 나아가 환율과 세컨더리 보이콧을 포함한 전방위 경제 전쟁으로 전선을 확대할 가능성이 크다. 차이나모바일의 예에서 보듯이 트럼프는 '중국 제조 2025'의 핵심인 중국산 정보기술(IT), 신소재, 첨단 장비, 항공, 로봇, 바이오 등에 대해 대미(對美) 투자 및 통관·인증 절차를 까다롭게 하고, 안보에 이어 지식재산권, 노동, 반부패 등 각종 이유를 내세우며 미국 시장 진입 장벽을 높일 것이다. 또 이란이나 북한과 거래하는 중국의 특정 기업을 지정해 그 기업과 거래하는 제3국의 기업과 은행, 정부까지 제재하는 소위 '대(對)중국 세컨더리 보이콧'이란 극단적인 조치를 취할 수도 있다. 미국 소재 중국 기업의 대대적인 세무 조사와 규제 강화 및 각종 이행 점검 조치 확대도 예상된다.

둘째, 중국은 미국이 문제점으로 지적해 온 보조금 지급을 통한 산업 정책, 합작투자에 대한 차별적인 시행 규정, 기술 이전 강요, 정부 주도 사이버 공격 및 지식재산권 탈취 같은 이슈에 대해 상당한 수준의 개혁 방안을 제시하는 조건으로 트럼프와 협상을 시도할 것이다. 올 상반기에 전년 대비 6.7%의 경제성장률을 기록한 중국이지만 제조업 성장 둔화 조짐에 기업 부도율 또한 사상 최고치를 기록하고 있어 대미 수출과 외국인 투자마저 큰 폭으로 꺾인다면 시진핑 국가주석이 입게 될 정치적 타격이 만만찮기 때문이다.

셋째, 트럼프와 시진핑은 국내 정치 수단으로 무역 전쟁을 악용하는 포퓰리스트들이다. 이들은 무역 전쟁 사상자들의 정치적 압력이 본격화하기 전까지 상대에 대한 협박과 보복, 재보복과 물밑 협상 그리고 일시적 휴전, 다시 협박과 전쟁이라는 일련의 도발적 패턴을 반복할 것이다.

그렇다면 우리의 살 길은 무엇인가.

첫째, 보호주의는 전염성이 강해 많은 나라의 비관세 영역과 금융 부문으로 빠르게 확산하는 경향이 있다. 관세폭탄이 투하된 국지전에만 몰입하면 전쟁의 큰 그림을 놓치고 그 피해도 과소 추정하는 우를 범하기 쉽다. 미 무역확장법 232조에 따른 철강 수입규제는 우리 정부가 자동차로 막았다지만 앞으로 자동차에도 고율의 관세를 매긴다면 어떻게 할 것인가.

결국 우리로서는 다자주의 시스템의 복원이 절실하다. 한국 혼자서 '트럼프라는 고양이 목에 방울 달기'란 불가능하다. 사안별로 피해국들의 대응 방식을 살피면서 때에 따라 보복에도 동참할 필요가 있다. 무기력한 세계무역기구(WTO)를 견인할 메가 자유무역협정(FTA)의 활성화에도 적극 나설 때다.

둘째, 정부는 미국, 유럽연합(EU), 일본과 공조해 중국 정부의 시장 왜곡적인 산업정책과 차별적 불공정 규제에 대해 규탄 목소리를 높여야 한다. 2045년까지 미국을 추월해 글로벌 제조업 선도국가가 되겠다는 중국 정부의 계획은 다자 규범의 취지와는 거리가 있다. 중국은 2008년 글로벌 금융위기 이후 반(反)개혁적 산업정책을 강화해 왔다.

셋째, 정부는 신(新)통상환경에 대한 우리 기업들의 적응방식을 주의 깊게 관찰할 필요가 있다. 국내 수출기업들은 거대 수출시장에서의 현지 완결성을 높이는 방향으로 움직이는 중이다. 그 과정에서 국내 경제는 생산 축소와 일자리 감소, 나아가 소득 저하와 내수 위축이라는 악순환에 빠져들고 있다. 정부가 획기적인 유인책을 제공하지 못한다면 국내 기업들의 '코리아 엑소더스(탈한국)' 행렬은 확산될 전망이다.

시론
〈한국경제 2018년 7월 17일〉

♜ 용어 설명

미국 철강 수입규제

1974년 1차 오일쇼크로 글로벌 철강 수요가 감소하고 회복이 지연됨에 따라 철강 생산국들은 과잉설비에 시달리게 되었고 잉여 물량을 수출로 해소하기 위해 저가 물량털기 등 덤핑을 서슴지 않았다. 최근의 상황과 너무나도 흡사한 일들이 벌어지고 있었다. 당시 최대 철강 수입국이었던 미국은 자국 철강 산업을 위해 보호무역 조치를 취했으며 1976년에는 일부 철강제품에 대해 세이프가드(긴급수입제한) 조치를 발동하기에 이른다. 이후 중국 경제가 2000년대부터 본격적으로 고성장을 지속하면서 철강제품에 대한 글로벌 수요가 폭발적으로 증가했다. 하지만 2008년 글로벌 금융위기를 겪으면서 철강 수요는 급감, 중국이나 인도, 베트남 등 신흥개도국들은 그동안 확장을 거듭해 온 철강 생산시설로 인해 다시 공급과잉 문제가 불거졌다. 트럼프 대통령 취임 전후로 보호무역주의 기조가 강해지면서 미국 내 철강 산업에 대한 업계의 보호 요구가 거세지기 시작했다. 철강업계의 지지를 받은 트럼프 대통령은 2018년 3월 호주, 아르헨티나, 브라질, 한국, EU, 캐나다, 멕시코에 대해 25% 관세부과를 한시적으로 면제하고 5월 1일까지 협상 시한을 연장하는 행정명령을 선언했다. 이 외의 국가들에 대해서는 25% 관세부과 조치가 3월 23일부터 적용되기 시작했다.

♜ 현재와의 대화: 합의문서도 없는 한·미 철강 232조 합의

한국은 2018년 1월부터 미국과 한미 FTA 개정 협상을 시작했는데

3월부터는 철강제품에 대한 232조 조치와 맞물려 두 개의 협상을 동시에 진행하였다. 한·미 양국은 2018년 3월 26일 한·미 FTA 개정 협상의 원칙적 합의와 함께 한국을 철강제품 232조 관세부과 조치에서 면제하는 데 합의했다. 대신 한국의 미국에 대한 철강 수출물량을 2015년에서 2017년 3년 평균 수출량의 70% 수준으로 제한하는 연간 절대 쿼터(absolute quota)를 설정하였다. 이 같은 합의에 대해 대다수 통상 전문가들은 '이 합의가 공식 문서가 아닌 구두 합의로 이뤄졌다는 사실'과 '쿼터 종료 시점 또한 명시적으로 못 박지 않았다는 점'을 들어 김현종 당시 통상교섭본부장을 비판하고 있다. 한국의 철강산업은 이후에도 미국 반덤핑의 주요 타깃이 되어 큰 어려움을 겪고 있는데 '적어도 2018년 미국과의 철강 협상에 있어서 이런 부분의 완화에 대한 충분한 한국 측 요구가 있었어야 했다'고 업계와 전문가들은 입을 모은다.

지식 한 토막: 관세의 경제적 효과는?

미·중 패권전쟁은 관세전쟁으로 시작했다. 그렇다면 관세 부과의 경제적 효과는 무엇일까? 첫째는 가격효과이다. 상품 한 단위당 일정 관세율을 부과한다고 할 때 관세 부과액만큼 국내가격이 상승하게 된다(수입국의 경제규모가 적어 국제가격이 변하지 않는다고 가정). 둘째는 생산효과이다. 관세의 부과로 국내가격이 상승하게 되면 국내기업의 생산이 그만큼 증가하게 된다. 국내생산이 늘어나게 되면 고용도 늘게 되므로 고용효과도 발생하게 된다. 셋째는 소비효과이다. 관세의 부과로 상품가격이 상승하게 됨에 따라 국내 소비가 줄어들게 된다. 넷째는 재정효과다. 국가는 관세 부과로 인해 재정수입을 늘리게 된다. 다섯째는 수입(輸入) 감소효과이다. 관세 부과로 국내생산이 증가하고 국내소비는 감소하게 되어 그 결과 해외로부터의 수입이 감소하게 된다. 여섯째는 소득재분배 효과이다. 관세부과로 상품가격이 상승하여 생산자는 이윤이 증가하는 반면, 소비자는 가격상승에 따라 소비자 잉여의 감소 즉, 실질소득의 감소를 경험하게 된다.

미·중 전쟁, 中이 원인 제공

　미·중 무역 전쟁의 발발 원인과 주요 쟁점은 서로가 원하는 게 무엇인지를 구체적으로 살펴보면 명확해진다. 우선 미국이 중국에 요구하는 바를 살펴보자. 첫째, 관세 및 비관세장벽을 미국 수준으로 낮추라. 둘째, 미국 서비스·농산물의 중국 시장 접근을 더 용이하게 하라. 셋째, 보조금과 각종 산업 정책 형태의 정부 지원을 중단하라. 넷째, 합작 투자 제한 요건을 제거하라. 다섯째, 기술 이전을 요구하는 기존 정책과 제도를 폐기하라. 여섯째, 지식재산권의 사이버 절도에 대한 정부 용인을 근절하라. 일곱째, 지식재산권 보호를 강화하라. 여덟째, 개혁 이행을 점검하는 분기별 회담 개최에 동의하라.

　이에 반해 중국이 미국에 원하는 바는 이렇다. 첫째, 중국산 제품에 대한 일방적 수입 제한 조치들을 유예하고 추가 조사를 금지하라. 둘째, 중국 기술과 서비스에 대한 미국 정부 조달 시장을 개방하라. 셋째, 중국에 대한 미국 첨단 기술 수출 금지 조치를 해제하라. 넷째, 중국 기업에 대한 전자 결제 시장을 개방하라. 다섯째, 국가 안보 해석에서 중국 기업에 미국 기업과 동등한 대우를 제공하라. 여섯째, 중국투자은행 CICC(중국국제금융공사)에 금융 라이센스를 부여하고 통신 회사 ZTE에 대한 수출 금지 조치를 철폐하라.

이처럼 미국은 중국 정부의 각종 정책과 규제 및 이행이 차별적이고 불공정하며 비상호주의적이라고 규정하고 근본 대책 마련을 요구하고 있다. 반면 중국은 오바마 이후 최근까지 이어져온 미국의 다양한 대중(對中) 압박과 징벌적 조치의 시정과 완화를 원하는 입장이다. 결론적으로 말하자면, G2 무역 전쟁을 개시한 이는 트럼프지만 그 원인은 중국 정부가 제공하였다. 역사적 맥락에서 이 문제를 되짚어 보자.

원인 제공자는 트럼프 아닌 중국

2008년 글로벌 금융 위기 이전까지 중국에 대한 미국의 경제 목표는 명확했다. 바로 중국을 자유주의 국제 질서에 편입시켜 시장 자유화를 이뤄 내겠다는 것이었다. 성과도 있었다. 1978년 덩샤오핑의 개혁·개방이 동남연해를 중심으로 대외 개방의 시작을 주도한 역사적 사건이었다면 2001년 WTO 가입은 장쩌민이 쏘아 올린, 본격적 자본주의 체제 돌입을 알리는 신호탄이었다.

하지만 금융 위기 이후 상황은 급변했다. 이전 30년간 중국 정부가 개혁·개방에 열심이었다면 2009년 이후로는 오히려 반시장적이고 퇴행적 행태를 보인다. 그동안 추구해 온 신자유주의 경제 발전 모델에 중국 정부가 나서 급제동을 건 것이다. 중국에 진출한 미 상공회의소가 불만을 쏟아 내기 시작한 시점도 이때였다. 이런 중국을 오바마는 환태평양경제동반자협정(TPP)을 주도하면서 강하게 압박했다. 오바마 집권 기간에 미국 무역대표부(USTR)가 중국을 WTO에 제소한 건수는 이전의 5배에 달했다. 또 집권 후반에 이를수록 대중국 수입 규제 조치는 기하급수적으로 늘어났다. 하지만 이후 등장한 트럼프는 시간과 인내심이 필요한 다자주의를 포기하고 힘에 의한 양자주의를 통해 중국 때리기에 공격적으로 나섰다.

미·중 무역 전쟁은 향후 대화와 협박, 공격과 보복을 주고받으며 소강과 대치 국면을 반복할 것이다. 문제는 트럼프식 통상 정책이 오는 11월 미 중간선거와 대통령 재선 여부에 관계없이 상당 기간 구조적 변화로 자리 잡을 것이라는 데 있다. 따라서 중국 정부의 실질적 개혁 없이 미국이 종전(終戰)을 선언할 가능성은 희박하다.

WEEKLY BIZ Analysis
〈조선일보 2018년 6월 2일〉

♟ 용어 설명

미국무역대표부

(Office of United States Trade Representative: USTR)

국제통상교섭을 담당하는 대통령 직속의 정부 기관. 미국의 무역, 통상정책을 수립하고 집행하며 불공정무역행위에 관해 상대국과의 협상, 보복조치 등을 집행한다. USTR은 통상정책 권한을 가진 의회와 대통령의 중간다리 역할을 하고 있다. USTR 대표가 의회에서 일하던 인물들이 주로 선정되는 이유이다. 의회가 USTR을 통해 행정부를 오히려 감시한다는 시각도 존재한다. 하지만 고도로 기술적인 문제들이 통상 어젠다로 추가되면서 의회 의원들이 통상정책을 감시하는 데는 한계가 있다는 평가가 지배적이다. 미 의회는 행정부에 TPA(무역촉진권한, Trade Promotion Authority)를 일정 기간 부여하는 형식으로 주요 협상의 권한을 위임하는 형식을 취하고 있다. 트럼프 행정부하에서 USTR 대표는 레이건 행정부에서 부대표를 역임했던 라이트하이저였고 현재 바이든 행정부하에서는 USTR에서 對중국 업무를 10년 하다가 미 하원 세입세출위 민주당 수석전문위원으로 일했던 대만계 이민 2세인 캐서린 타이가 맡고 있다.

♟ 현재와의 대화: 중국이 미·중 갈등의 원인제공자인 이유

미·중 갈등의 근본적인 원인을 짚어 보았다. 미국의 대중 무역적자는 2007년에 비해 2018년 10년 사이 1,607억 달러나 증가했다. 미국 무역적자 전체의 약 50%에 해당하고, 대 EU의 약 2.5배였다. 중국 당국은 미국 기업의 중국 내 법인 설립 시 기술이전을 요구하고 데이터 현지화를 강제했다. USTR 보고서에 따르면 최소 140여 개 사에서 데이터 도난 사례가 발생했고, 태양광, 원전관련 기업은 해킹도 당했다. 2018년 미국 주요기업의 중국관련 매출은 애플이 447억 달러, 인텔은 147억 달러, 퀄컴은 145억 달러에 달했다. 중국의 주로 미국기업의 인수 또는 합작투자를 통해 강제적 기술이전을 도모했다. 중국의 대미 직접투자는 2016년 465억 불에 달했는데, 이는 미국은 중국의 미국투자 심사를 강화하게 된 계기가 되었다. 중국의 미국 기업 특히 기술기업 인수는 단순히 기업 간 합병 혹은 인수가 아니라 중국 정부와 공산당 그리고 인민해방군이 개입된 것으로 미국 정부는 판단하고 있다. 실제 중국 지방정부가 주인인 유한기업이 미국 반도체사를 매입하고, 중국 항공공업그룹이 미 항공관련 회사를 인수하는 경우가 발생했다. 미국은 중국의 불법적인 기술 침탈이 미국의 안보 나아가 미국의 재산권 자체를 위협하고 있다고 보고 있다. 그런 점에서 미·중 무역전쟁의 '원인제공자'는 바로 중국이라고 필자는 주장했다.

지식 한 토막: 기로에 선 WTO, 병은 깊은데 의사는 안 보이고…

WTO(World Trade Organization)는 세계무역기구를 말한다. 다자간 무역체계의 확립을 통해 전 세계 자유무역을 확대하고 각국 소득을 향상시키기 위해 1995년 1월 1일에 출범했다. 2020년 현재 164개의 회원국으로 구성되어 있다. WTO는 그 전신인 GATT의 기능을 강화하고 회원국들의 무역관련 법제도 등의 명료성을 제고시키고 세계교역을 증진시키는 데 그 목적을 두고 있다. WTO의 주요 기능을 보면, 1) 다자 및 복수 무역협정의 관리 및 이행 2) 다자간 무역협상 3) 회원국 간 무역분쟁해결 4) 각 회원국의 무역정책 감독이다. WTO는 각료회의와 일반이사회로 구성되어 있는데, 각료회의는 WTO 최고의사결정기구로 각료급 회원국 대표들이 주요 사안들을 결정하고, 일반이사회는 상설로 운영되며 각료회의의 결정을 집행한다. WTO 체제로는 효과적인 분쟁해결과 무역정책 검토에 있었다. WTO는 현재 입법, 사법, 행정 모든 기능이 제대로 작동하고 있지 않는 위기 상황에 처해 있다.

14

美, 중국산 수입품 보호무역조치 강화, 기업 M&A도 제동

中 조준 보호주의 지속 전망

트럼프, 36년 만에 안보조항 232조까지 꺼내 들다

트럼프는 취임 후 중국산 수입품에 대한 반덤핑·상계관세 등 각종 제한조치를 강화하였다. 2016년 중국의 대미 수출품 중에서 미 행정부 수입제한조치 대상 품목의 금액은 약 443억 달러, 전체 수출액의 9.2%였지만 작년 한 해 그 금액은 523억 달러, 약 10.9%로 비중이 늘어났다. (Bown, 2017) 트럼프는 작년 말 상무부의 반덤핑·상계관세 직권조사에 이어 올해 초 세이프가드 조치 발동과 안보조항 232조까지 꺼내 들었다. 베이징을 향해 마침내 백악관이 포문을 연 것이다.

작년 11월 미 상무부는 중국산 알루미늄에 대해 반덤핑·상계관세 직권조사를 개시하였다. 직권조사는 피해 기업의 제소가 없더라도 정부의 자체적인 판단으로 조사를 개시하는 방식이다. 미국의 마지막 반덤핑 직권조사가 1985년 일본산 반도체, 마지막 상계관세 직권조사는 1991년 캐나다산 연목재를 대상으로 한 것이었다. 따라서 이번 직권조사는 로스 상무장관이 26년 만에 들고 나온 비밀병기인 셈이다. 1980년 이후 미국의 전체 반덤핑 및 상계관세 수입규제 약 2,000여 건 중 직권조사는 12건에 불과하다.

미국은 2001년 철강제품 이후 16년 만에 세탁기 및 태양광 셀·모듈에 대한 세이프가드 조사를 개시하였고 2월 2일 이를 발효시켰다. TRQ(저율관세할당)로 부과된 이번 조치는 태양광 셀의 경우 연간 2.5GW 이하는 무관세, 초과분에 대해서 30~15%를, 세탁기 완제품의 경우 120만 대 이하는 20~16% 관세를, 초과분에 대해서 50~40% 관세를 연차적으로 낮춰 가는 방식이다.

세탁기 부품은 기준 쿼터량을 1년 차 5만 대, 2년 차 7만 대, 3년 차 9만 대로 정하고 쿼터 내 관세율은 0, 쿼터 외 관세율은 50~40%를 부과하게 된다. 태양광 모듈은 수입량에 관계없이 1년 차 관세율 30%를 부과하였다. 세이프가드 적용기간을 3년 1일로 정한 것은 중간시점 이전에 재검토의 여지를 열어 두고 상대국의 보복 가능성을 최소화하려는 이유로 판단된다.

올해 3월 8일 트럼프는 수입산 철강 및 알루미늄 제품에 대해서 25%와 10%의 관세를 부과하기로 최종 결정하였다. 이 중 한국과 캐나다, 멕시코, EU, 호주 등은 예외 조치되었지만 중국과 일본은 포함되었다. 중국은 2017년 미국에 121.3억 달러의 철강제품을 수출, 18.8%의 비중을 차지하고 있지만 이번 232조 조치의 대상이 되는 것은 전체의 3.5%, 금액으로는 10.1억 달러에 불과해 한국의 27.9억 달러에 못 미친다.

하지만 알루미늄의 경우는 사정이 다르다. 중국은 세계 총소비의 53%를 차지하는 최대소비시장이지만 생산량이 소비량을 훨씬 상회하고 있다. 미국은 9%의 소비시장이지만 생산량이 소비량을 밑돈다. 미국은 중국의 에너지 비용이 미국보다 높아 경쟁우위를 유지할 수 없음에도 불구하고 정부의 보조금으로 가격을 왜곡, 베트남 등을 통해 미국으로 우회수출하고 있다고 주장한다. 베트남의 대미 알루미늄 수출은 2013~2016년 사이 800% 증가하였다. 세계 6위의 생산국, 4위 소비국인 미국은 소비량의 90% 이상을 수입에 의존하고 있다. 1982년 리비아산 원유수입금지가 232조가 실제 적용된 마지막 사례이다. 36년 만에 트럼프가 꺼내든 대포인 셈이다.

80년대 강력한 보호주의 답습, 트럼프는 레이건의 추종자인가?

'미국을 다시 위대하게(Make America Great Again)!' 트럼프가 내걸었던 대선 캠페인 슬로건이다. 하지만 1980년 레이건의 대선 구호 'Let's Make America Great Again!'을 그대로 베낀 것이다. 일부 전문가들은 트럼프가 1980년대 레이건의 강력한 보호주의 정책을 그대로 답습하고 있어 일종의 기시감(deja vu)마저 느낄 지경이라고 말한다. 대상이 일본에서 중국으로 바뀌었을 뿐, 통상압박의 내용이 매우 유사하다고 입을 모은다. 하지만 레이건은 트럼프와는 달리 다자주의의 강력한 신봉자이기도 하였다. 우루과이라운드를 출범시켜 WTO라는 꽃을 피운 것도, 신자유주의 확산으로 동구권 붕괴를 가져온 것도, 이를 위해 동맹국들과의 결속 강화에 힘을 쏟은 것도 레이건이었다.

트럼프의 각종 조치들은 그 빈도나 강도에 있어서 오바마 행정부의 연장선상에 있다고도 볼 수 있다. 하지만 오바마 또한 트럼프와는 큰 차이를 보인다. 중국과 브라질, 인도 등 신흥국들과 선진국들의 이해 조정이 기존 WTO에서 어렵다고 판단한 오바마는 메가 FTA라는 새로운 다자카드에 주목하였다. TPP(환태평양경제동반자협정)를 통하여 '중국이 아닌 미국이 21세기 무역질서를 써 나가겠다'고 밝힌 그는 EU와의 FTA에도 적극적이었다. 미국과 EU 그리고 일본이라는 동맹국 중심의 다자통상의 새 판을 짜려고 시도했던 것이다. 오바마의 이 같은 전략변화는 글로벌 금융위기 이후 중국에 진출한 미국 기업들의 중국 정부에 대한 부정적인 인식 변화에 힘입은 바 크다.

통상정책 방향 가늠할 『2018 미 대통령 통상정책 어젠다』

트럼프 행정부 향후 통상정책의 방향은 올 2월 28일 미 무역대표부가 발간한 『2018 통상정책 어젠다』에 잘 드러나고 있다. 미 무역대표부가 제시한 통상정책의 5대 축을 살펴보자.

첫째는 '국가안보정책을 지원하는 통상정책'이다. 워싱턴에서 통상정책은 외교안보전략을 뒷받침하는 수단으로 광범위하게 인식되어 왔다. 미국은 G2로 부상한 중국을 의식, 중국이 산업정책의 적극적인 사용으로 WTO 약속사항을 어기고 있고 시장경제로부터 더 멀어지고 있다는 사실과 광범위한 지식재산권 침해를 우려하고 있다.

둘째는 '미국경제를 강화하는 통상정책'이다. 세금 인하와 개혁으로 미국 경쟁력을 제고하고 범세계주의적 세제체계를 본국 영토주의로 전환하여 미 다국적기업들이 해외에 두었던 이윤을 본국으로 가져올 경우 일시적인 특혜 세율을 적용하는 등 해외부문의 국내연계성을 강화하겠다는 정책 의지로 해석된다.

셋째는 '모든 미국인을 위한 통상협상'이다. 자유롭고 공정하며 상호적인 무역을 강조하고 있다. 이 같은 방향성의 설정은 그동안 NAFTA와 한·미 FTA, TPP 등 미국의 통상협상이 일자리 감소와 무역적자를 초래했다는 인식에 기초하고 있다. NAFTA 재협상의 경우 오프쇼어링과 아웃소싱 제한, 노동기준 강화, 지재권, 사이버보안, 규제관행 등을 협상 목표를 내세웠다.

넷째는 '공격적인 미국 통상법규의 집행과 보호'이다. 각종 무역규제 조치는 국내법의 영역이고 따라서 정책주권은 협상의 대상이 될 수 없다는 의미다. WTO에서 중국은 자동적으로 시장경제로 인정받을 수 있는 권리가 없다고 적시하고 있고 분쟁해결기구의 절차에 대한 불만을 드러내고 있다.

다섯째는 '다자통상체제의 개선'이다. WTO가 원래의 취지대로 운영되지 않아 미국의 이익을 저해한다는 점과 특히 분쟁해결기구가 WTO 회원국들이 부여하지도 않은 권리를 스스로 행사하는 등 법을 과도하게 해석하고 있다고 주장한다. WTO는 자유무역의 원칙을 위반하는 중국 같은 국가를 다룰 능력이 없고 도하라운드 또한 실패로 끝났다고 공언했다.

트럼프의 환경론자-다자주의에 대한 거부감, 취임 1년 행보에 나타나

2017년 1월 23일 대통령 취임 3일 만에 트럼프가 내놓은 극적인 조치는 바로 TPP 탈퇴였다. 그리고 석 달 후인 4월 20일 1962년 무역확대법 232조에 의거, 철강 및 알루미늄 조사를 개시했다. 이어 5월 18일에는 NAFTA 재협상 의사를 의회에 공식 통보하였고 8월 15일 실제 재협상을 개시했다. 한미 FTA 재협상 관련 한미 FTA 공동위원회 특별 회의를 요청한 것이 7월 12일, 이후 개정협상은 2018년 1월부터 3월 중순까지 3차의 협상을 거쳐 타결에 이르렀다.

같은 해 6월 1일 파리 기후변화 협정 탈퇴를 선언하였다. 환경론자와 다자주의에 대한 트럼프의 거부감이 잘 드러나고 있다. 그리고 8월 18일 대중국 301조 조사를 개시했으며 2018년 1월 22일 태양광 패널과 모듈 및 세탁기에 대한 세이프가드 조치, 3월 8일 철강과 알루미늄에 대한 관세 부과를 결정했다.

적어도 통상 분야에 있어서 트럼프는 선거공약을 가장 충실히 이행하고 있는 정치인이 분명하다. 마치 향후 4년간의 경영계획을 주주로부터 인정받고 취임에 성공한 기업체 CEO처럼 그는 4년 뒤 주주총회에서 그간의 경영성과를 자세히 설명하고 주주들의 재신임을 요구할 기세다.

중국과의 무역전쟁 시나리오와 향후 전망

트럼프는 올해 3월 22일 약 500억 달러에 달하는 중국 수입제품에 대하여 25% 관세를 부과하겠다고 발표하고 4월 3일에는 항공부품, 평면 TV, 반도체 등 첨단제품을 중심으로 1,333개 대상 품목에 관세부과를 선언했다.

중국 정부도 바로 다음 날 미국산 대두, 항공기, 자동차 등 106개 품목, 500억 달러 규모의 수입품에 같은 관세를 매기겠다고 공언했다. 그러자 트럼프는 다시 하루 만에 소비재를 포함한 1,000억 달러 규모의 수입품에 대한 관세부과 조치를 추가로 검토하라고 지시하고 이에 중국이 반발하면서 무역전쟁에 대한 공포감이 세계를 엄습했다.

이후 4월 10일 시진핑 국가주석이 보아오 아시아포럼 2018 연차총회 개막식에서 자동차를 포함한 수입품 시장진입 완화, 매력적인 투자환경 조성, 지식재산권 보호, 수입물량 확대를 통한 경상수지 균형촉진 등 네 가지를 제시하면서 미·중 갈등 상황은 수습국면으로 접어드는 듯하였다. 하지만 4월 16일 이후 ZTE에 대한 미국기업의 부품판매 금지, 중국산 알루미늄 판재에 대한 고율의 상계관세 부과 등 강력한 무역제재를 미국이 다시 발동함으로써 긴장은 다시 고조되었다. 중국은 할로겐화 부틸 고무에 대해 반덤핑 예비판정을 내리고 퀄컴의 네덜란드 반도체 업체 NXP 인수 승인을 연기하는 등의 보복조치로 대응하고 있다.

향후 미·중 무역전쟁은 다음의 세 가지 양상으로 전개될 것이다.

첫째, 미국의 십자선은 중국을 정조준하면서도 기존의 반덤핑·상계관세 부과와 시장개방 요구에서 환율, 천연자원, 지재권을 넘어 투자, 공정거래, 소비자 안전, 반부패 등으로 전선을 확대할 전망이다. 5월 초 므누신 재무장관과 라이트하이저 무역대표, 나바로 백악관 통상산업국장, 커들로 국가경제위원장 등이 베이징을 방문, 무역불균형에 대한 중국의 안전장치를 요구할 것으로 보인다. 미·중 무역전쟁은 시작되었지만 앞으로 소강상태와 국지전을 되풀이하면서 전면전에 대한 상호 협박과 엄포 그리고 반박이 이어질 전망이다.

둘째, 미국은 CFIUS(미국외국인투자심의위원회) 규정을 최대한 강화하여 중국 기업의 미국 첨단 기업 M&A에 제동을 걸고 CFIUS의 심의 범위를 라이센스 협약이나 대외투자로까지 확대하여 '중국 제조 2025' 신성장산업 육성을 위한 중국 정부의 신산업정책에 강력히 대응할 조짐이다. CFIUS는 원칙적으로 신고제이나 직권감사가 가능하고 마무리된 투자도 되돌릴 수 있는 강력한 권한을 가진 기구이다. 최근에 미국은 중국 기업의 활동에 초점을 맞추고 있다.

셋째, 트럼프 재임기간 중에 보호주의 추세는 더욱 강화될 것으로 보인다. 미국의 경기회복으로 무역수지와 경상수지 적자는 올해 크게 확대될 것이다. 이에 따라 트럼프는 중간선거 결과에 관계없이 재선 승리를 위하여 포퓰리스트 정책을 쏟아 낼 가능성이 크다.

Cover Story
〈Chindia Plus 2018년 5/6월호〉

용어 설명

저율할당관세(Tariff Rate Quotas: TRQ)

관세율쿼터 혹은 시장접근물량 등으로도 불린다. 즉 양허된 시장접근물량(쿼터)에 대해서는 낮은 관세를 부과하고, 이를 초과하는 물량에 대해서는 높은 관세를 부과하는 일종의 이중관세제도이다. 주로 농산물 부문에서 많이 쓰이고 있는데, TRQ가 늘어나면 그만큼 저율의 관세가 부과된 수입농산물의 양이 늘어나는 것이기 때문에 농산물개방에 있어 TRQ 증량문제가 논란이 되고 있다. 예를 들면 우리나라는 쌀 수입 시 일정 물량에 대해 쿼터(약 40만 톤)를 설정해 두고 그 이상은 고율(513%)의 관세를 부과하고 있다. 쿼터 이내 관세를 In-Quota Tariff라고 고율의 관세를 부과하는 것을 Out-Quota Tariff라고 한다. 우리나라에서 TRQ를 관리하는 방식은 주로 4가지로 정부 지정기관에서 수입하여 판매하는 국영무역, 공개 입찰을 통해 수입권을 따낸 업체에서 수입하는 수입권 공매, 선착순이나 일정 요건을 가진 업체에 배분하는 실수요자 배정, 위를 혼합한 혼합방식 등이 있다.

최혜국 대우(Most Favored Nation: MFN)

한 회원국이 특정국 제품에 가장 좋은 특혜를 준다면 (예를 들어 무관세) 다른 모든 회원국들에도 같은 혜택을 부여해야 한다는 원칙. 최혜국대우 원칙은 관세에만 국한되지 않는다. 수출입 절차를 비롯한 기타 교역 대상 제품에 대한 모든 운용 측면에서 어떠한 차별적인 제한이나 부담도 없어야 한다. 한편 미국은 1997년 최혜국대우(MFN)라는 용어를 '정상무역관계(normal trade relations: NTR)'라는 용어로 바꾸어 사용키로 하는 법안을 승인, 이후 NTR이란 용어를 사용하고 있다.

내국민 대우(National Treatment: NT)

외국산 물품이라도 일단 수입이 완료된 후에는 자국산 물품과 동등한 대우를 해야 한다는 원칙. 내국민 대우는 수입품에 대해 동종의 국내 상품에 부과하는 것보다 더 높은 내국세 및 기타 과징금을 부과해서는 안 되며, 정부 규제에 있어서도 차별해서는 안 되며, 국내 법 규제로 상품 구성성분의 일정량 또는 일정 비율 이상 국산품을 사용하도록 강제하는 것도 금지하고 있다. 내국민대우는 최혜국대우와 함께 WTO 비차별주의의 핵심을 이루는 양대 원칙이다.

♖ 현재와의 대화: 미국 현대사의 분수령, 트럼프의 대중 패권전쟁 선포

레이건과 오바마 그리고 트럼프 전 대통령들을 비교해 보았다. 트럼프는 레이건을 일정 부분 닮았지만 레이건이 특유의 카리스마로 우방국과의 연대를 충실히 다지는 가운데 우루과이 라운드라는 다자무역협상을 이끌었고 그 결과 세계무역기구(WTO) 탄생을 가능하게 한 인물이라는 점에서 다자주의의 파괴를 일삼았던 트럼프와는 차별화된다. 다만 감세나 친기업적 정책, 특정국(당시 일본)에 대한 양자적 통상 압박을 펼쳤다는 측면에서는 정책적 유사성을 찾을 수 있다. 오바마 전 대통령의 경우 중국에 대한 견제를 강화한 것이 사실이지만 어디까지나 민주당 특유의 제도를 통한 소프트 파워의 행사에 머물렀다. 결국 중국에 대한 워싱턴의 본격적인 견제 물꼬는 트럼프가 틀었고 이는 미국 현대사의 한 분수령으로 기록될 만한 사건으로 판단된다.

지식 한 토막: 관세, 쿼터, 보조금 중에서 고르신다면?

"한 나라의 경제에 소비자, 수입업자, 정부 지출로 혜택을 누리는 사람들이 있다고 본다면, 이들은 정부의 국내 산업 보호정책 세 가지, 관세, 쿼터(수량제한), 생산보조금에 대한 우선순위가 다르다. 소비자들이 가장 선호하는 것은 생산보조금이다. 생산보조금은 경제의 생산 측면만 왜곡시키기 때문이다. 그리고 관세는 정부가 수익을 가져가지만 쿼터는 수입업자들 또한 이익을 가져갈 수 있기 때문에 쿼터로 인한 후생손실이 관세보다 크다. 따라서 소비자는 생산보조금을 가장 선호하고 그 다음으로 관세, 쿼터 순으로 정책을 선호하게 된다. 수입업자들은 당연히 쿼터를 선호한다. 쿼터는 국내업자와 외국수출업자 간의 담합을 가능하게 한다. 그리고 수입업자들의 입지를 강화시킨다. 그다음으로 선호하는 것은 생산보조금이다. 산업 내 특정기업을 대상으로 하는 산업보조금은 모든 기업에 적용되는 관세보다 우월하다. 세 번째 그룹인 정부지출 수혜자들은 생산보조금을 가장 싫어한다. 왜냐하면 정부자금이 보조금을 통해 엉뚱한 부문으로 유출된다고 생각하기 때문이다. 관세와 쿼터 가운데는 관세를 더 선호한다. 관세가 정부의 주머니를 채우는 반면 쿼터의 경우 수입권한을 공개입찰을 통해 정부가 매각하지만 보통 그렇게 하는 것이 현실적이 쉽지 않아 특정집단에게 이익이 갈 수 있기 때문이다. (Markusen, 2015)"

15

커들로는 미국 국제주의의 구원투수 될까

**철강 관세 부과 반대하는 커들로
다자협력 강조하며 중국 압박할 것**

미국 백악관에 소리 없는 전쟁이 계속되고 있다. '국제주의자 게리'로 불렸던 게리 콘 국가경제위원회(NEC) 위원장이 '보호주의 매파 3인방(피터 나바로, 윌버 로스, 로버트 라이트하이저)'의 관세폭탄 투하에 반대하다 백악관을 떠났다. 트럼프는 그 자리에 칠순을 넘긴 래리 커들로 CNBC 앵커를 임명했다.

커들로는 어떤 인물인가. 첫째, 그는 레이거노믹스의 신봉자로 세금이 적을수록 경제가 살아난다고 생각한다. 연금과 의료비에 대한 근로자 부담률은 더 높이라고 주장한다. 둘째, 주식시장의 성장을 저해하는 집단과는 전쟁도 불사해야 한다는 경제·안보 연계론자다. 또 달러 기반 금융자산의 가치를 부양하기 위해 강한 달러를 선호하는 편이다. 셋째, 부자들의 낙수효과가 경제성장을 이끈다고 믿는 부자 예찬론자다.

하지만 지난 20년간 그의 경제 전망은 대부분 틀렸다. 2008년 5월 글로벌 금융위기가 절정으로 치닫는 시점에 그는 "조지 W 부시의 감세에 의한 경제 붐이 계속될 것"이라고 전망했다. 오바마의 경기부양책이 심각한 인플레이션을 초래할 것이라고 점쳤지만 그런 일은 일어나지 않았다. 그는 '지속적으로 틀리는 예언가'였지만 논리적이고 화려한 언변에 힘입어 '보수철학의 전도사'로 살아남았다.

커들로가 트럼프 대통령과 이견을 보이는 유일한 지점은 통상 분야다. 그는 미국의 최근 무역확장법 232조에 의한 철강 관세 부과가 "500만 개 일자리를 위협해 미국의 번영을 죽일 것"이라며 백악관을 비판했다. 이방카 부부와 함께 백악관의 '월스트리트 윙'으로 불리던 게리 콘, 디나 포웰 전략담당 국가안보 부보좌관이 모두 사퇴한 지금, 커들로는 과연 미국 국제주의의 구원투수가 될 수 있을까.

돌이켜보면 2차 세계대전 이후 미국의 경제정책은 양대 세력의 균형을 지향해 왔다. 다국적 기업과 수출 기업의 이익을 대변하는 '국제화 세력'이 한 축이라면, 수입 대체 산업과 노조를 중심으로 하는 '보호주의 세력'이 또 다른 한 축이었다. 전자가 다자주의에 의한 자유주의 국제질서의 형성과 확대를 추구해 왔다면, 후자는 제조업 공동화와 이에 따른 일자리 감소를 외국 정부와 기업의 불공정 행위 및 불법 이민 탓으로 돌리며 정부의 조치를 요구해 왔다. 국제주의와 보호주의를 동시에 추구한 지도자가 레이건이라면 트럼프는 전자의 기반을 무너뜨리며 후자를 도모하는 전형적인 우익 포퓰리스트로 보인다.

커들로의 행동반경은 레이건과 트럼프의 중간 영역에 머물 것이다. 그는 동맹국과의 다자적 협력을 강조하면서 정치적 수완을 발휘해 보호주의 조치의 주 대상을 중국 정도로 좁힐 가능성이 크다. 그는 NEC 위원장 자리를 수락한 뒤 첫 인터뷰에서 중국의 대미(對美) 무역흑자에 대해 신랄하게 비판했다. 또 트럼프 대통령은 22일(현지시간) 중국산 수입품 500억 달러(약 54조 원)어치에 관세를 부과하고 중국의 대미 투자도 제한하는 조치를 발표했다.

북한에 대해서는 더 강력한 제재와 함께 '외과적 수술' 또는 '평양의 제거'를 권할지도 모른다. 그가 보호주의에 무릎 꿇은 '제2의 게리 콘'이 될지 아니면 트럼프의 귀를 장악해 레이건식 신자유주의의 복원을 이뤄 낼 수 있을지 세계의 이목이 집중되고 있다.

시론
〈한국경제 2018년 3월 24일〉

용어 설명

레이거노믹스(Reagonomics)

로널드 레이건 전(前) 미국 대통령의 성(姓)인 Reagan과 경제를 뜻하는 economics의 복합어. 과거 수요를 중심으로 경제를 분석해 온 케인지언(Keynesian) 경제학이 세계 1차, 2차 오일쇼크를 겪으면서 그 유용성에 한계를 보이자 공급 측면을 중심으로 경제를 파악하려는 새로운 시도들이 나타났고 영국의 대처 수상과 미국의 레이건 대통령이 이 같은 사조를 정책에 적극 반영하면서 나타난 경제학을 총칭하는 단어이다. 레이건 대통령이 집권한 당시 미국은 스태그플레이션(경기 침체 속 물가 상승)으로 경기 침체의 늪에 빠져 있었다. 총수요 증대정책이 고용증가로 이어지지 않는 상황이었다. 레이건 대통령은 정부 지출 삭감과 소득세의 대폭 인하, 기업에 대한 정부 규제 완화, 민영화, 안정적인 금융정책 등을 펼쳤다. 1981년 집권 초기 7.6%에 달했던 실업률이 이듬해 9.7%까지 치솟았으나 그가 대통령 임기를 마칠 때는 5.5%로 안정됐다. 아울러 1981년부터 1989년까지 실질 국내총생산(GDP) 연평균 성장률이 3.2%로 1974년부터 1981년까지의 2.8%와 1989년부터 1995년까지의 2.1%보다 훨씬 높은 비율로 성장했다. 레이거노믹스의 핵심은 작은 정부, 민영화, 규제 완화, 자유무역이라 할 수 있으며 이는 신자유주의 경제 정책의 철학적 근간을 이루고 있다. 도널드 트럼프 미국 대통령이 펼친 감세와 기업규제 완화 등은 레이거노믹스의 귀환을 의미하고 있다.

♟ 현재와의 대화: 글로벌리스트 커들로, 백악관 매파에 동화되다

래리 커들로 전 백악관 국가경제위원회(NEC) 위원장은 이후 트럼프 행정부의 강경론자에 동화되어 국제주의자의 목소리를 내지 못했던 것으로 보인다. 그는 2019년 한 행사에서 "'사회주의'를 재판에 회부하자"고도 했다. 미국 최대 보수연합 집회 Conservative Political Action Conference(CPAC, 보수주의 정치행동 컨퍼런스)에서 사회주의를 규탄하는 발언을 한 것이다. 또 2019년 초 미·중간 차관급 무역협상을 앞두고는 "중국이 애플의 기술을 채 갔을 수 있다. 중국은 애플과 매우 경쟁적 구도로 가고 있다"고 말했다. 중국의 미국 지적재산권 도용 문제를 지적한 것이었다. 백악관은 매파가 득세하는 형국에서 전 미 무역대표부 대표인 라이트하이저가 미·중 협상의 주도권을 쥐고 움직였다. 커들로는 대중(對中) 강경론자이고 그런 측면에서 라이트하이저나 피터 나바로와 같은 목소리를 냈다. 자유무역론자들이 그에게 걸었던 기대가 모두 수포가 된 셈이다. 바이든 대통령은 신임 NEC 위원장에 43세의 브라이언 디스(Brian Deese)를 임명했다. 예일대 로스쿨 졸업 후 오바마 행정부에서 일해 온 그는 2016년 파리기후협약 도출 과정에서 나름의 활약을 했던 것으로 알려졌는데 정무적 판단이 뛰어나다는 평가를 받고 있다. 워싱턴은 바이든의 디스 발탁이 환경문제를 경제정책의 핵심 축으로 놓겠다는 신호라는 해석을 내놓고 있다. 힐러리 클린턴과 바이든의 안보 보좌를 맡았던 제이크 설리번(Jake Sullivan, 76년생) 신임 백악관 국가안보보좌관과 정책 호흡을 맞출 것으로 보인다.

♖ 지식 한 토막: 낙수효과와 분수효과

낙수효과란 부자가 돈을 쓰면 그 효과가 아래로 흘러가 사회 모두가 혜택을 보는 경우를 말한다. 영어로는 'trickle-down effect'라고 한다. 정부의 감세 정책이나 규제 완화 등으로 인하여 경제 내 대기업 및 부유층의 이익과 소득이 증가하면 경제에 더 많은 투자와 소비가 이루어져 경기가 부양되고 그 결과 전체 GDP가 증가하면서 저소득층에도 혜택이 돌아간다는 논리이다. 주로 보수 정권이 강조하는 효과이기도 하다. 반대 주장으로는 분수효과가 있다. 분수효과는 영어로 'trickle-up effect or fountain effect'라고 하는데 저소득층에 대해 직접 지원을 늘리면 이들의 소비가 늘 것이고 이는 투자로 이어질 수 있기 때문에 경기가 부양된다는 이론이다. 하지만 지원을 받은 저소득층이 늘어난 소득의 상당 부분을 국내에 소비하지 않고 수입품을 구매하거나 해외 관광을 가는 경우 국내 투자가 유발되지 않는 등 정책 효과가 기대한 만큼 발생하지 않는 경우도 경험적으로 허다하다. 미국 공화당의 경우 낙수효과를, 민주당의 경우 분수효과를 중시하는 경향을 보인다. 2021년 1월 바이든 행정부가 출범함에 따라 미국 민주당은 부자증세와 대규모 경기부양책을 통해 코로나로 인해 심화되고 있는 불평등을 완화하겠다는 입장이다. 한국 문재인 정부와 집권 여당 또한 '그동안 낙수효과는 아예 존재하지 않았다'며 부자증세와 재해지원금 지급에 열을 올리고 있다.

중국, 경제적으로 부상했으나
'미국의 길들이기'에 빠진 형국

미국의 대중국 양면 전략-공격적 행보에는 제동, 소프트파워로 길들이기
중국 부상은 미국 주도 시장경제의 열매 … 한·중 FTA는 미·중 FTA의 전초전
한국 정부, 한미동맹과 한중 전략적 파트너 사이에서 고차방정식 풀어야

미국의 외교 전문지인 「포린어페어(Foreign Affairs)」의 최근 호에 실린 한 기고문이 통상 전문가들의 관심을 끌고 있다. 미국 무역대표부(USTR) 대표인 마이클 프로먼(Michael Froman)이 직접 게재한 글인데, 통상 협상에 대한 미국의 기본 입장과 향후 정책 방향을 뚜렷하게 제시하고 있다는 점에서 무척 흥미롭다.

통상 어젠다를 둘러싼 미국의 전략적 목표는 세 가지이다. 첫째, 범세계적 항행규칙(rules of the roads) 제정과 집행이다. 둘째, 우방국과의 파트너십 강화이다. 셋째, 무역을 통한 경제성장의 범지구적 확산이다.

미 USTR 대표의 글 주목 …
'범세계적 항행규칙' 등 세 가지 목표 제시

항행규칙이란 무역·투자에 관한 국제규범을 말한다. 그는 환태평양경제동반자협정(TPP)을 통하여 미국이 가장 높은 노동과 환경 기준,

인터넷에 대한 자유로운 접근, 데이터 전송의 자유 등을 요구할 것이며 야생동물 거래나 어류 남획, 불법 벌목 및 국영 기업의 불공정한 경쟁 등에 대해서도 엄격한 규정을 도입할 것이라고 말했다. 미국의 가치와 이익에 일치하는 21세기형 글로벌 통상체제를 새롭게 구축하겠다는 의지를 천명한 것이다. 중국의 TPP 가입 문제를 두고 미국이 반대하는 입장이 아니라 제도와 규범의 개혁이라는 비싼 입장료를 중국으로부터 받아내겠다는 속셈을 강하게 내비친 것이다.

파트너십 강화에 대해서는 통상관계의 형성이 일종의 정치적 시그널(signal)임을 강조하였다. 1938년 영미(英美) 무역협정이 영국으로서는 경제적 실익이 없었지만 앵글로-아메리카의 정치적 결속을 강화시켰던 사실이나 1985년 미국의 첫 자유무역협정(FTA) 상대가 바로 이스라엘이었던 점 등을 예로 들면서 통상 정책이 경제를 넘어 외교·안보 정책의 중요한 축임을 시사하였다. 결국 미국은 TPP나 TTIP(미-EU FTA) 등 메가블록형 FTA를 이끌면서 이를 안보 전략의 주요한 정책 수단으로 활용하고 있음을 자인한 셈이다. 미 무역대표부 대표는 또 신통상체제의 범지구적 확산을 통하여 수출 시장을 확대하고 이를 미국 가치(American value)의 표현 창구로 삼겠다는 뜻도 분명히 했다.

프로먼의 글은 '중국의 부상'과 이에 따른 글로벌 환경의 변화에 대한 워싱턴의 시각을 잘 드러내고 있다. 미국을 제치고 한국과 일본 그리고 호주의 최대 교역국으로 중국이 떠오르면서 미국의 전통 우방국들이 미국의 원심력에서 이탈할지도 모른다는 불안감이 워싱턴에서 서서히 고개를 들기 시작한 것이다. 돈 1원에 1원의 정치적 영향력이 묻어오는 냉정한 현실에서 국제사회라고 예외일 수는 없다.

  2008년 글로벌 금융위기 이후 미국과 유럽이 주춤하고 있는 사이 몸집을 꾸준히 불려온 중국이 미국 주도의 기존 동아시아 안보질서를 크게 흔들고 있다는 점에 워싱턴은 주목하고 있다. 아시아에서 미국의 지배적 위치는 지역안보 구조에 대한 전적인 통제 능력에 달려 있는데 이 같은 통제력 또한 중·장기적으로는 돈의 힘에서 나오는 것 아닌가? 중국이 미국 우방국들과 상호 경제적 의존도를 높이면서 외교·안보의 중화자기망(中華磁氣網)을 서서히 형성해 가고 있는 현실이 워싱턴에는 불안감을 넘어 위협으로 다가오고 있는 셈이다.

미국의 중국 정책은 봉쇄와 개입의 양면 전략

  미국은 봉쇄·개입(congagement)이라는 양면 전략을 통하여 동지나해, 남지나해 등에서의 해양영토 분쟁을 둘러싼 중국의 공격적 행보에 강력한 제동을 거는 한편 미국 고유의 '연성 권력(soft power)'을 확산시키며 중국 길들이기에 나섰다. 미국이 아시아 지역에서 궁극적으로 추구하는 국가이익은 무엇일까? 바로 '패권적 지위의 유지'일 것이다. 경제적으로는 가까운 장래에 중국에 추월당할지도 모를 상황이지만 군사력이나 제도 그리고 가치와 규범에서는 중국의 도전을 결코 용인하지 않겠다는 입장이다. 최근 중국 주도의 아시아인프라투자은행(AIIB)이나 1998년 일본의 아시아통화기금(AMF), 그 이전인 1990년 당시 마하티르 말레이시아 총리의 동아시아경제공동체(EAEG) 등의 설립 제안에 미국이 계속 반대해온 것은 이들이 결국은 중국 중심의 경제블록이 될 것이고 그 결과 아시아에서 미국의 영향력이 감소할 것으로 판단했기 때문이다.

그러면 미국의 대응 전략은 무엇인가? 미국은 시장의 접근성과 항행의 자유 그리고 공정하고도 투명한 무역 질서를 중국에 확산시킴으로써 중국의 부상을 외교·안보적으로 '헤징(hedging, 제동 걸기)'하는 동시에 그 확대된 시장을 경제적으로 '공유(sharing)'하려는 복합 전략을 구사하고 있다. 중국 또한 만만찮다. 중국은 한·중·일 투자협정을 수용하고 한·중·일 FTA와 RCEP(역내포괄적경제동반자협정)을 추진하는 동시에 한·중 FTA 타결이라는 지역 공조 행보를 계속하면서 서울과 동경 그리고 워싱턴 간의 간격 유지에 나섰다.

중국은 원하든 원치 않든 미국의 길들이기 과정에 빠진 형국

하지만 '중국의 부상'이 지난 30년 미국 주도의 국제질서가 성공적으로 일궈 낸 시장경제의 소중한 열매임을 잊어서는 안 된다. 일본과 대만 그리고 한국이 걸었던 그 길을 지금 중국이 다시 걷고 있는 것이다. 서방의 제도와 정책의 토양 위에 '중국의 부상'이라는 꽃을 피워 낸 지금 중국은 원하든 원치 않든 미국의 '길들이기(domestication)' 과정에 빠져든 형국이다. 한·중 FTA가 이 같은 교화 과정을 가속화할 것이라는 점에서 한·중 FTA를 '미·중 FTA의 전초전'으로 보는 일부의 해석은 의미 있는 분석이다.

서울의 딜레마는 미국과 강력한 군사적 동맹을 유지하면서도 북한 문제 해결과 경제적 발전을 위해서는 중국의 전략적 파트너로 자리 잡아야 하는 데 있을 것이다. 하지만 양자는 충돌하는 사안이 아닐 가능성이 크다. 봉쇄의 측면만 확대해서 보고 개입과 확산이라는 또 다른 면을 보지 못한다면 양자택일이라는 단순한 논리에 빠져 치명적인 정책 오류를 범할지도 모른다. 산업과 통상 그리고 외교와 안보라는 고차방정식을 풀어 낼 지혜와 용기가 우리에게 절실한 시점이다.

허윤 교수 칼럼
〈데일리한국 2014년 12월 12일〉

용어 설명

아시아인프라투자은행(Asia Infra Investment Bank: AIIB)

세계은행(World Bank: WB)이 미국 주도로, 아시아개발은행(Asian Development Bank: ADB)이 일본 주도로 운영된다면 아시아인프라투자은행은 중국이 주도하여 2016년 1월 출범한 다자개발은행이다. 아시아 태평양 지역의 인프라 구축 지원을 목표로 설립되었다. 본부는 베이징에 있다. 회원국은 57개국으로 시작해 현재 77개국으로 늘어났다. 우리나라도 회원국으로 가입되어 있다. 한국은 중국, 인도, 러시아, 독일에 이어 5위의 지분율과 투표권을 갖고 있다. 중국은 의사결정에 큰 영향을 줄 수 있는 거부권이 있다. 한편, 한국이 내고 있는 분담금이 37억 달러에 달해 부총재 자리를 갖고 있었으나 2016년 당시 부총재를 맡은 산업은행 회장이 돌연 휴직에 들어감에 따라 한국 몫의 부총재 자리를 잃었다. AIIB는 중국이 추진하고 있는 일대일로 사업의 금융 부문 지원을 담당하고 있다.

♟ 현재와의 대화: 오바마 행정부의 대중 전략은 실패였나?

2014년 말, 오바마 행정부 시절 미 USTR 대표인 마이클 프로먼의 글을 통해 향후 미국의 정책 방향을 검토해 보았다. 워싱턴이 글로벌 금융위기로 주춤하는 사이 비약적으로 성장한 중국이 미국 주도의 기존 동아시아 안보질서를 흔들고 있는 상황이었다. 중국이 한국이나 호주 등 미국 전통 우방국들과 경제 교류를 강화해 나가는 상황에서 미국은 봉쇄(containment)와 개입(engagement)이라는 양면 전략을 통하여 해양영토 분쟁을 둘러싼 중국의 공격적 행보에 강력한 제동을 거는 한편 미국 고유의 자유주의 국제질서 강화를 통해 '패권적 지위의 유지'에 나섰다. 시장의 접근성과 항행의 자유 그리고 공정하고도 투명한 무역 질서를 중국에 확산시킴으로써 중국의 부상을 견제하면서도 확대된 중국 시장을 경제적으로 공유하겠다는 전략이었다. 결과는? 오바마 대통령, 바이든 부통령의 대중 전략은 결국 실패로 막을 내렸다. 글로벌 금융위기 이후 중국은 아메리칸 드림에서 중국몽으로 방향을 틀었다. 미국, 유럽연합, 일본 등은 기존 세계무역기구(WTO) 체제로는 중국 등 신흥국과의 협상이 원활하지 않을 것으로 판단하면서 우호적인 국가들만으로 구성된 새로운 네트워크를 만들려고 시도하고 있다. 미·중 사이에서 우리가 그간 취해온 전략적 모호성이 바이든 행정부하에서는 진실의 순간을 맞이할 전망이다.

지식 한 토막: 미·중 무역전쟁에 웃고 있는 나라, 베트남

미·중 갈등이 경제에 플러스 요인이 되는 나라가 있다. 바로 베트남이다. 베트남이 중국 제재 관세를 회피하는 대안으로 떠오르면서 최근 각종 주문과 발주가 증가, 대미 수출이 큰 폭으로 증가했다. 대중 수출 감소분을 상쇄하며 고성장세를 유지할 수 있었던 것은 미국 수출의 가파른 증가 때문이라는 분석이다. 국제통화기금(IMF)은 미·중 무역 제품에 25%의 관세가 부과될 경우, 베트남이 대미 무역에서 가장 긍정적 영향을 받는 아시아 국가가 될 것으로 분석했다. 한편, 유엔무역개발회의(UNCTAD) 홈페이지에 게재된 투자 동향 감시 보고서에 따르면 2019년 동남아에 대한 FDI 유입액은 1,770억 달러(약 206조 원, 잠정치)로 전년 대비 19% 늘었다. 전 세계 FDI가 1조 3,940억 달러(1,620조 원)로 1% 감소한 가운데 동남아로 투자가 몰린 셈이다.

메가-FTA: 자유무역을 구할 것인가

1

자유무역 회복에 물꼬 틀 RCEP

한·일, 중·일 FTA 성격인 RCEP
CPTPP 더하면 경제효과 막대해
비관세장벽 협상수준 끌어올려야

코로나 팬데믹과 보호무역주의로 위축된 세계 무역과 투자의 답답한 흐름을 획기적으로 되돌릴 묘수는 없을까? 해답은 간단하다.

우선 미국과 중국이 무역전쟁을 멈추고 힘을 합쳐 코로나19 백신의 개발과 보급에 적극 나서면 된다. 동시에 주요 2개국(G2)이 세계무역기구(WTO)의 개혁에 본격적으로 나서 현재 미·중이 첨예하게 맞붙은 이슈들, 예를 들어 분쟁해결기구와 보조금 등의 문제들을 WTO에서 다자화하는 것이다. 모든 나라가 수출 제한을 포함한 보호주의 조치들의 입안과 시행을 극도로 자제하면서 말이다. 문제는 제로에 가까운 그 실현 가능성에 있다.

미·중 무역전쟁은 이제 경제의 영역을 넘어 표준과 시스템의 경쟁으로 치닫는 상황이다. 체제의 우위를 판가름하는 데는 최소 30년 이상이 소요될 것이다. 따라서 '전쟁' 중인 G2가 함께 뭔가를 이뤄 낼 수 있을 것이라는 희망을 이제는 접을 때가 됐다. 각국의 보호무역조치들만 해도 그렇다. 옛 소련 해체 이후 지난 30년간 초(超)세계화 물결이 지구촌을 휩쓸면서 그 흐름에서 소외된 사람들이 목소리를 내기 시작했다. 이들은 문제의 해결책으로 '경제적 내셔널리즘'을 정치권에 주문했고, 그 결과 반(反)자유주의 조치들이 봇물처럼 쏟아져 나오고 있다.

이처럼 글로벌 공동체가 자유무역을 회복시키는 방법으로 남아 있을 선택지는 별로 없다. 그나마 남은 것이라곤 새로운 메가 FTA(자유무역협정) 출범을 확대하거나 기존 FTA를 재정비해 회원 수를 늘리고 업그레이드해 자유화 물꼬를 조금씩 터가는 방식이다. 복수의 나라가 모여 서비스 교역이나 디지털 무역 등 주요 통상 어젠다의 규범을 정하고 그 적용을 확대해 가는 것도 효과적인 대안이다.

지난 주말 아세안 10개국과 한·중·일, 호주, 뉴질랜드 등 15개국 정상들이 세계 최대 규모의 자유무역협정인 역내포괄적경제동반자협정(RCEP)에 공식 서명한 것은 그런 측면에서 의미가 크다. 무역·투자를 둘러싼 거대한 보호주의 물결에 맞서 아·태 지역이 자유무역 진영의 최전선에 나선 모습이다.

미국 브랜다이스대의 피터 페트리 교수와 존스홉킨스대의 마이클 플러머 교수의 공동 연구에 따르면 'RCEP15(인도를 뺀 15개국)'는 2030년까지 회원국에 약 200조 원의 실질소득 향상과 500조 원의 무역증가 효과를 미칠 것으로 추정된다. 혜택을 가장 많이 보게 될 나라는 중국, 일본, 한국 순으로 나타났다. RCEP15가 사실상의 한·일, 중·일 FTA 성격을 내포하고 있기 때문이다. RCEP15에 CPTPP(포괄적·점진적 환태평양경제동반자협정) 효과까지 더하면 미·중 무역전쟁이 전 세계에 발생시킨 손실을 상쇄하고도 남는다.

공식 서명을 마친 RCEP15는 내년 하반기쯤 발효될 것으로 보인다. 아직은 일부 품목의 관세장벽 축소에만 협상이 집중돼 그 경제적 효과는 여전히 제한적인 것으로 판단된다. 하지만 향후 회원국들이 비관세장벽 특히 지식재산권의 보호와 국영기업 및 디지털 무역 등을 중심으로 협상의 폭과 깊이를 CPTPP 수준으로 끌어올린다면 그 효과는 배가될 전망이다.

인도는 RCEP으로 다시 돌아올 수 있을까? 쉽지 않을 것이다. 인도는 중국의 저가 공산품이나 호주, 뉴질랜드의 낙농제품 유입을 두려워하고 있다. 이는 TPP 가입을 철회한 트럼프의 상황 인식과 비슷하다. 미국 또한 바이든 행정부가 들어서도 가까운 장래에 CPTPP에 가입할 가능성은 낮다. 노동과 환경 챕터의 재협상을 미국이 CPTPP 가입의 선결 조건으로 내걸 것이 확실하기 때문이다.

향후 세계 통상체제는 지역무역협정과 복수무역협정이 무역자유화 논의를 주도해 나갈 전망이다. CPTPP에 이은 RCEP15의 출범으로 가장 피해를 보게 될 나라가 미국과 인도라는 사실은 우리에게도 시사하는 바가 크다.

시론
〈한국경제신문 2020년 11월 20일〉

용어 설명

RCEP(Regional Comprehensive Economic Partnership)

역내포괄적경제동반자협정(RCEP)은 2012년 11월 아세안(ASEAN)의 제안으로 협상이 시작되었다. 전체 GDP는 약 25조 달러, 인구가 23억 명에 이르는 세계 최대 무역블록이다. 인도가 2019년 탈퇴함에 따라 현재 회원은 아세안 10개국과 한·중·일, 호주, 뉴질랜드 등 총 15개국으로 RCEP15로도 불린다. 중국산 공산품이나 호주, 뉴질랜드의 농산품에 대해 인도가 시장 개방을 꺼리고 있는 데다 인도가 비교우위를 가지고 있는 서비스 분야인 소프트웨어, 정보통신, 교육 서비스 등에서 RCEP 내의 무역자유화가 제대로 이뤄지지 않았다고 판단해 인도는 최종 서명에서 빠진 상태이다.

CPTPP(Comprehensive and Progressive Trans-Pacific Partnership)

칠레, 뉴질랜드, 싱가포르 3국이 2002년 3국 내 관세 철폐와 경제 통합을 위한 협상을 시작, 2005년에는 브루나이가 합류하여 P4(Pacific4)가 되었다. 이후 2008년 미국 조지 W. 부시 대통령이 P4에 대한 가입의사를 밝혔고 2010년 미국과 호주, 페루, 베트남, 말레이시아가 참여하게 되었다. 미국은 오바마 행정부에서 공식 명칭을 TPP로 개명하고 중국을 견제하기 위한 아시아 재균형 정책의 일환으로 동 협상을 주도하기 시작했다. 2012년 캐나다와 멕시코에 이어 2013년 일본이 최종 가입함으로써 전체 12개국이 참여하게 되었다. 2015년 10월 협상이 전격 타결되었지만 도널드 트럼프가 2017년 미국 대통령에 취임하면서 TPP에서 탈퇴함으로써 CPTPP(포괄적·점진적 환태평양경제동반자협정) 혹은 TPP11이 되었다. 이후 일본의 주도로 협상이 진행되어 2018년 3월 공식 서명되었고 일본과 호주, 뉴질랜드, 캐나다, 멕시코, 싱가포르와 베트남이 비준을 완료하여 발효한 상태이나 브루나이와 말레이시아, 칠레와 페루는 아직 비준을 못한 상태이다. CPTPP는 환경과 노동, 전자상거래, 국영기업 등 무역 관련 모든 주제를 다루고 있으며 개방 수준이 상대적으로 높은 메가-FTA로 평가할 수 있다.

현재와의 대화: 중국의 CPTPP 가입, 가능할까?

중국은 CPTPP에 가입할 수 있을까? 결론적으로 말하면 중국의 가입 가능성은 희박하다. 이유는 두 가지. 첫째는 CPTPP가 높은 수준의 경제 규범과 개방을 요구하고 있어 중국이 이를 충족하기가 쉽지 않다. 국영기업이나 전자상거래 및 환경, 노동 등이 대표적이다. 둘째는 미국 트럼프 행정부가 캐나다, 멕시코와 맺은 USMCA에서 캐나다와 멕시코는 비시장경제(non market economies)와 사실상 자유무역협정을 맺을 수 없도록 규정하고 있다는 점이다. 미국은 중국을 시장경제로 인정하고 있지 않다. 미국이 일본과 맺은 미·일무역협정(US-Japan Trade Agreement)의 경우에도 미 무역대표부(USTR)는 미 의회에 보낸 '협상의 목표'에서 일본이 비시장경제와 FTA를 맺는 경우 미국이 적절한 조치를 취할 수 있다는 점을 명시하고 있다. 신규가입은 회원국이 만장일치로 승인해야 하는 사안이다.

♜ 지식 한 토막: 한국은 개도국인가?

2019년 10월 홍남기 경제부총리는 미래 협상 시 한국은 개도국 특혜를 주장하지 않기로 했다고 밝혔다. 이는 WTO에서 개발도상국 지위를 포기하는 것임을 의미한다. 물론 새로운 협상이 타결되기 전에는 개도국 특혜를 유지할 수 있고 향후 협상까지는 기간이 소요되므로 이에 대비할 수도 있을 것이다. 이 같은 선언의 배경에는 미국의 압력이 작용하고 있다. 같은 해 7월 당시 트럼프 대통령은 한국 등 부자 나라들이 WTO에서 개도국 혜택을 받지 못하도록 모든 수단을 강구하라고 미국무역대표부(USTR)에 지시했다고 한다. 미국은 개도국 제외 조건으로 네 가지 기준을 다음과 같이 제시하였다. 경제협력개발기구(OECD) 회원국과 회원 가입 절차를 밟고 있는 나라, 주요 20개국(G20), 세계은행이 분류한 고소득 국가(2017년 기준 1인당 국민총소득 1만 2,056달러 이상), 세계 무역량의 0.5% 이상을 차지하는 국가다. 한국은 네 가지 기준 모두에 해당한다. 이러한 압박으로 대만, 싱가포르, 아랍에미리트, 브라질 역시 개도국 지위를 포기했다.

RCEP 출범, 자유무역 진영의 국지적 승리

中, RCEP 통해 반미에너지 결집 어려워
RCEP와 CPTPP, 함께 무역자유화 견인
일본, 정치적 부담 줄자 RCEP 최종 서명

아세안 10개국과 한·중·일, 호주, 뉴질랜드 15개국 정상들이 지난 15일 화상회의를 통해 세계 최대 규모의 자유무역협정인 역내포괄적 경제동반자협정(RCEP)에 서명했다. 이로써 세계 경제의 약 30%를 차지하는 '메가-FTA'가 출범하게 된 것이다. 2012년 16개국이 협상을 시작했던 RCEP는 작년에 인도가 국내산업 피해 문제를 이유로 불참을 선언하면서 RCEP15가 되었다.

RCEP15의 출범은 미중 무역전쟁과 보호주의에 맞선 자유무역 진영의 국지적 승리(?)로 해석된다. 중국 입장에서 보면 미국의 대중 디커플링 압박을 '새로운 동맹 맺기 전략'으로 되받아친 모양새다.

RCEP 내부를 찬찬히 들여다보면 이 거대한 네트워크(그물망)를 한 나라가 주도할 수 있는 구조가 아님을 알 수 있다. 네트워크의 절점(행위자)을 노드(node), 노드끼리의 연결선(연계망)을 링크(link)라 한다면 RCEP의 노드는 15개국 정부이고 링크는 각 노드 간 양자관계의 총합이다. 문제는 이 노드 중에 한국과 일본, 호주, 뉴질랜드 등이 포함되어 있다는 사실이다.

RCEP이 중국 주도의 네트워크가 되려면 미·중 패권경쟁하의 중국이 이들 노드들을 움직여 반미 에너지를 결집해 낼 수 있어야 하는데 현재로서는 그럴 만한 리더십이 보이지 않는다. 중국이 이들 나라에 구심력을 행사하려면 경제적 유인책 외에도 리딩 노드(leading node)로서의 '권위'가 필요하기 때문이다. 권위란 무엇인가? 권위는 한 구성원의 권력 행사에 대한 나머지 구성원들의 자발적인 동의와 인정에서 발생한다. 따라서 권위란 특정 노드에 대한 구성원들의 경험과 인식을 반영할 수밖에 없다.

역사적으로 보면 중국은 RCEP에 대해 일관성을 유지하지 못한 편이었다. 예를 들어 2012년, 미국이 환태평양경제동반자협정(TPP)을 밀어붙이며 대중 고립정책을 강화하자 중국은 아세안 국가들과 함께 RCEP 협상의 개시를 이끌어 내는 적극성을 발휘했다. 일본이 주창했던 '아세안+6(한·중·일·인도·호주·뉴질랜드)' 지역통합안을 중국이 파격적으로 수용한 것이었다. 하지만 이후 중국이 대외 정책의 무게 중심을 일대일로(一帶一路)로 옮겨 가면서 RCEP는 방치되었다. 최근 미국과의 대결이 본격화되자 중국이 그 전략적 가치를 재평가하면서 이번의 공식 서명을 적극 이끈 셈이다. 일본의 경우 미국을 의식해 비시장경제인 중국과의 FTA를 사실상 맺게 된다는 사실 때문에 소극적이었지만 최근 아베의 사임과 트럼프의 재선 실패로 RCEP 서명에 따른 정치적 부담이 줄어든 상황이다.

글로벌 통상환경은 오늘날 선진국들, 특히 미국과 EU가 국내 행위자들의 선호를 중시하면서 내부 노드(예를 들어 노조, 농민, 시민단체 등)와의 링크를 강화하는 추세다. 이는 내셔널리즘이 인기를 누리게 되는 이유이기도 하다. 그 결과 보호주의의 확산은 상당 기간 지속될 전망이다.

RCEP 출범은 보호주의의 높은 파고를 넘고자 하는 아·태지역 15개국의 여망을 담고 있다. 아직은 경제 자유화의 정도가 낮고 노동이나 환경, 지식재산권의 보호나 국영기업에 대한 실효적 합의가 없어 '낮은 수준의 무역협정'으로 평가할 수 있겠지만 이는 시간을 두고 서서히 업그레이드가 가능한 부분들이다. 특히 일본과 호주 등 RCEP 회원국 중 7개국은 포괄적·점진적 환태평양경제동반자협정(CPTTP)의 핵심 멤버들이다. RCEP과 CPTPP가 서로 이끌고 보완하면서 아·태지역, 나아가 글로벌 자유무역의 버팀목으로 성장하기를 기대해 본다.

한국의 창(窓)
〈한국일보 2020년 11월 18일〉

· ·

♟ 용어 설명

노드(node)와 링크(link) 그리고 표준(standard)

네트워크 연구에 따르면 노드는 그물망의 절점이고 링크는 연결선 그리고 표준은 절점들을 함께 묶을 수 있는 공통의 규범이나 가치 혹은 기준을 말한다. Grewal(2008)에 의하면 표준을 만들어 참여자(노드)들을 원하는 방향으로 이끌어 가는 능력이 바로 네트워크의 파워

즉 권력이다. 2020년 11월 15일 RCEP이 공식 서명되자 많은 언론에서는 '중국 주도의 메가 무역협정'이라고 RCEP을 소개했지만 그 역사를 보면 일본과 아세안 10개국 그리고 중국과 한국 등 시기에 따라 주도국들이 바뀌며 협상의 타결을 이끌었다. 특히 서명을 이끌기 위한 마지막 단계에서는 인도가 빠진 상황에서 일본까지 소극적인 자세로 일관하자 한국이 RCEP14(인도와 일본 제외)를 불사하면서 적극 나섰던 것으로 알려졌다. 하지만 무엇보다도 미국과의 패권경쟁에 돌입한 중국이 RCEP의 가치를 재평가하고 RCEP을 통해 홍색 공급망을 확대하고 대미(對美) 공동전선을 구축하려는 시도를 꾀하고 있다는 분석이 설득력을 얻고 있다.

♟ 현재와의 대화: RCEP 주도국 중국으로 보기 어려워

RCEP은 전반적으로 무역자유화의 정도가 낮지만 한국 경제의 입장에서는 몇 가지 나름의 성과에 주목할 만하다. 첫째는 일본과 최초로 FTA를 체결한 셈이 되었다. 개방 품목 수로는 양국 모두 83%로 동일하다. 민감 품목은 모두 양허에서 제외하였다. 둘째는 USMCA나 미일 디지털무역협정의 수준에는 미치지 못하지만 RCEP에서도 전자상거래 챕터가 신규로 도입되었고 한류 콘텐츠 보호를 위해 지재권 챕터가 개선되었다. 기존 한·아세안 FTA에서는 지재권 챕터가 없었다. 셋째, 15개국 원산지 기준이 통합되어 원산지 증명절차가 개선하였고 재료 누적을 인정하여 역내 생산 가치사슬의 형성이 강화될 것으로 보인다. RCEP 공식 서명에 대한 정인교 인하대 교수의 평가를 살펴보자.

"인도가 빠진 것이 아쉽다. … 협상 타결에 8년이나 걸렸지만 협상 수준도 기대에 못 미치는 면이 있다. 제조업 중심의 한·중·일이 대체로 호주, 뉴질랜드, 아세안의 농업 시장 개방에 수세적인 입장을 취해 상호 간 무역 개방에 부정적인 입장을 견지하면서 기체결 수준에 그친 부분이 크다. RCEP 주도국이 중국이라는 오해도 문제다. 당초 RCEP은 중국의 부상을 견제하기 위해 일본이 적극적으로 나섰다. 협상을 주도하려면 시장 개방에 적극적이어야 하는데, 중국은 그런 자세를 보이지 않았다. 반면 아세안은 RCEP 협상의 사무국 역할 수행해왔던 만큼 RCEP은 아세안 중심의 FTA라고 할 수 있다. (정인교, 2020)"

지식 한 토막: 중국의 비시장경제지위 논란

중국은 2001년 12월 WTO에 가입할 때 '15년 후 비(非)시장경제국 지위(Non Market Economy Status, 이하 비시장경제지위)에서 벗어나게 된다'라는 조건을 받아들였다. 그동안 15년을 기다렸으니 시장경제지위는 자동으로 획득해야 한다는 것이 중국 측 입장이다. 하지만, EU는 물론 미국과 일본도 잇따라 중국에 시장경제지위(Market Economy Status: MES)를 부여해서는 안 된다는 입장을 고수하고 있다. 'WTO 가입 의정서 제15조에 15년 이후 비시장지위가 중단된다고 규정돼 있을 뿐, 시장경제지위를 자동 취득한다는 명문 규정은 없다'는 게 이들 서방 국가들의 판단이다. 한 나라가 국제사회에서 시장경제지위를 인정받지 못하면 그 나라 국내가격을 정상적인 가격으로 외국 정부가 인정하지 않기 때문에 높은 덤핑 마진을 지불해야 하는 등의 불이익을 받게 된다.

메가 FTA 시대, 개방을 두려워 마라

미국·EU·일본 중심 재편될 통상질서
모든 산업 완전개방 전제 대비하고
문화융성 통한 제2 한류붐 꾀해야

　올해 세계경제는 신흥국 부진, 금융시장 불안정, 지정학적 갈등의 고조라는 세 가지 암초가 도사리고 있는 가운데 선진국 경기회복과 개발도상국의 자구노력에 힘입어 지난해보다 0.5%p 높은 2.9%의 성장률을 기록할 것으로 세계은행은 전망하고 있다. 세계은행에 따르면 2010년 이후 내리막길을 걸어온 신흥국 평균 성장률이 지난해에는 4%대 아래로 추락했다. 2012년 이후 회복세를 보이고 있는 선진국 경제와 대조적이다. 신흥국 경제 부진의 이유로는 글로벌 무역의 감소, 원자재 가격 하락 등 외부요인과 정책 불확실성, 생산성 하락 등 내부요인을 꼽을 수 있다.

　각국 정부는 경기둔화의 순환적 요인에는 통화·재정 정책의 조합으로 대처하는 한편 구조적 요인에는 구조개혁 즉 규제정비와 노동시장 개혁, 생산성 향상을 위한 인적·물적 자본 축적에 힘써 왔다. 특히 선진국들은 글로벌 무역과 투자 위축을 제도적으로 막기 위해 노력해왔는데 그 결과 세계 통상질서가 요동치고 있다.

앞으로 세계 통상질서는 미국·유럽연합(EU)·일본 중심의 '선진국 삼각편대'로 재편될 가능성이 크다. 그리고 이 질서는 '메가 FTA(자유무역협정)'와 '복수국 무역협정'이란 두 축에 의해 지탱될 것이다. 지난달 나이로비 세계무역기구(WTO) 각료회의에서 보았듯이 도하개발협상(DDA)은 선진국(미국, EU)과 신흥국(중국, 인도, 브라질) 간 이견으로 더 이상 논의가 불가능한 지경이 됐다. 1990년대 이후 폭발적인 증가세를 보인 양자 FTA 또한 메가 FTA에 흡수되고 있다. 결국 협상이 타결된 환태평양경제동반자협정(TPP)이나 진행 중인 미국·EU FTA(TTIP), 일본·EU FTA 등 메가 FTA가 향후 통상질서를 주도할 전망이다. 특정 의제에 관심을 가진 나라들이 모여 맺는 복수국 무역협정도 큰 역할을 하고 있다. 정부조달협정(GPA), 정보기술협정(ITA), 환경상품협정(EGA), 서비스무역협정(TISA) 등이 그 예다.

한국은 메가 FTA 시대를 맞아 어떻게 대응해야 할까. 첫째, 기존에 맺은 양자 FTA의 효과를 극대화하는 한편 복수국 무역협정에 역량을 모으는 동시에 TPP 가입에 대비해 협상력을 키워야 한다. 보호주의라는 역류 현상은 일시적일 뿐, 계곡물이나 강물 모두 무역·투자 장벽이 낮은 '개방의 바다'를 향해 흘러가고 있다. 법·제도·절차·관행의 국제기준을 과감하게 수용하고 모든 산업의 완전 개방을 전제로 한 준비가 절실하다.

둘째, 무역패턴 고도화와 관련해 서비스업 수출이나 제조업·서비스업 융합을 통한 신수출상품 개발 전략은 외국인 소비자 위주의 언어·문화 인프라가 뒷받침될 때 성공할 수 있다. 가령 정부가 서울 강남구를 한글·중국어 공용지역으로 정하고 10년 이상 노력한다면 이 지역 중국인 관광객 수와 투자유치액 그리고 관련 일자리 수나 수출액이 기하급수적으로 늘어날 것이다. 한글·중국어 또는 한글·영어 공용어 지역 사업이 시범적으로 펼쳐지길 기대한다.

셋째, 새로운 해외 소비시장 개척과 확대를 위해 획기적인 한류(韓流) 육성책이 나와야 한다. 한류 수혜기업의 자발적 기금 조성과 정부의 과감한 지원에 기초한 '제2의 문화융성' 없이는 한류의 퇴조가 불 보듯 뻔하다. 화장품, 자동차, 전자제품, 액세서리 등을 수출하는 기업이나 병원, 대학, 관광업소 모두 소녀시대, 김수현, 전지현 등의 인기 덕을 톡톡히 보고 있다. 중국자본이 한류 제작사들까지 사들이면서 중국식 한류(漢流)의 글로벌 확산에 본격적으로 나선 지금, 한류의 미래를 원점에서 검토하고 그 지속가능성을 함께 모색해야 한다.

시론
〈한국경제신문 2016년 1월 5일〉

용어 설명

메가 FTA(Mega FTA)

메가(Mega)는 '크다'라는 뜻의 그리스어에서 유래한 접두어로 메가 FTA는 양자 간 FTA와 달리 적어도 10여 개 이상의 국가가 참여하는 복수국간 자유무역협정을 말한다. 다수의 국가가 맺는 자유무역협정이다. WTO를 중심으로 하는 다자체제가 위협받자 많은 나라들이 양자 FTA를 체결하기 시작했고 이는 다시 2010년 이후 메가 FTA로 이어졌다. 하지만 트럼프 행정부가 TPP에서 탈퇴하는 등 힘에 의한 양자협상 중심으로 미국의 통상정책이 변하면서 메가 FTA는 주춤하는 듯하였으나 다시 CPTPP의 발효와 RCEP의 공식 서명 등을 통해 다자체제를 보완할 수 있는 무역블록으로 떠오르고 있다. 미국과 EU의 FTA인 TTIP(범대서양무역투자동반자협정)와 아시아·태평양 지역을 묶는 FTAAP(아·태자유무역지대) 구상 등도 메가 FTA라 할 수 있다. 메가 FTA의 가장 큰 장점은 회원국들에서 생산된 것이 모두 역내산으로 간주되어 관세를 부과하지 않는 소위 '누적원산지 규정'의 적용에 있다.

♖ 현재와의 대화: 미국은 CPTPP에 복귀할 것인가?

바이든 행정부는 CPTPP에 복귀할 것인가? 바이든 행정부는 미중 패권경쟁을 승리로 이끌기 위한 몇 가지 선택지를 앞두고 있다. 첫째는 인도·태평양의 전략적 안보 협의체인 쿼드(Quad: 미국, 일본, 호주, 인도)를 확대·개편하는 동시에 부족한 경제적인 협력을 보강하는 쿼드 플러스 방식이고 둘째는 민주당의 자산이라 할 수 있는 CPTPP에 미국이 UK, 한국, 태국, 필리핀, 타이완 등과 함께 새로 가입하여 대중 압박의 고삐를 강화하는 방식, 셋째는 트럼프 행정부의 EPN(경제번영네트워크)과 같이 새로운 가치 동맹 결성체를 만들어 중국을 고립시키는 전략이다. 뉴 이니셔티브로 민주주의를 위한 정상회의(The Summit for Democracy)나 G7+α도 고려할 수 있다. 하지만 당장 CPTPP에 가입하기란 쉽지 않다. 왜냐하면 바이든 당선자가 '노동과 환경 분야 새로운 협상 없이는 새로운 무역협상을 하지 않겠다'고 여러 차례 공언해 왔고 아울러 내년 중순에 소멸되는 TPA(무역촉진권한)를 의회에서 다시 받아내야 하는 절차적인 문제가 있다.

♜ 지식 한 토막: 경제통합 5단계(5 stages of economic integration)

헝가리 출신의 세계적인 경제학자 발라사(Bella Balassa)에 의하면 경제통합은 다섯 단계의 과정을 거친다. 1단계는 자유무역지대(free-trade area)이다. 참여국 간 관세 및 수량 제한을 없애며, 비참여국에 대해서는 독자적인 관세정책을 유지하는 것이다. 유럽자유무역연합(EFTA), 북미자유무역협정(NAFTA), 중남미자유무역연합(LAFTA) 등이 이에 해당한다. 두 번째 단계는 관세동맹(customs union)이다. 자유무역지역과 다른 점은 각국이 공통의 수입관세를 부과하는 데 있다. 관세동맹의 예로는 독일 관세동맹(1834), 벨기에·네덜란드·룩셈부르크 3국이 결성한 베네룩스 관세동맹(1944)이 있다. 세 번째 단계는 공동시장(common market)이다. 관세동맹에서 더 나아가 회원국 간 생산요소(노동·자본·기술 등) 이동에 대한 제약을 철폐하는 단계이다. 주요 사례는 유럽경제공동체(EEC), 중미공동시장(CACM), 아랍공동시장(ACM), 안데스 공동체(ANCOM) 등이다. 네 번째 단계는 경제동맹(economic union)이다. 경제동맹은 참여국 각국의 경제정책으로 발생되는 격차를 해소하기 위하여 재정·금융·노동 등의 국내정책, 대외무역정책 등 국가 경제정책을 통합적으로 조정한다. 대표 사례로는 베네룩스 경제동맹(1958), 베네룩스 경제동맹과 프랑스, 이탈리아가 참여하는 경제금융동맹 프리탈룩스(Fritalux), 영연방이 스칸디나비아 각국과 맺은 경제동맹인 유니스칸(Uniscan) 등이 있다. 마지막 단계는 온전한 경제통합(total economic integration)이다. 참여국들은 통화·재정·사회·경기안정(countercyclical) 정책의 통합을 전제로, 참여국들을 하나로 묶을 수 있는 초국가적 기구를 설치한다. 경제동맹과의 가장 큰 차이는 통화와 경제정책의 통일이며, 대표 사례는 1993년 출범한 유럽연합(EU)이다. 유럽연합은 유럽연방은행(ECB)이 EU 각국의 통화정책을 담당하며, 2002년부터 유로화를 사용하고 있다.

세계경제 37% 차지하는 TPP …
韓國 가입 땐 어떻게 될까?

미·일 외교 및 안보 전략의 산물
美, 아시아에서 중국경제 확산 견제 …
日, 자위권 행사·아베노믹스 실현 위해

TPP 가입 시 한국의 '손실과 이익'
가입 땐 새 수출 시장 개척 가능하지만
국내 시장서 일본 기업과 경쟁 불가피

    미국과 일본 등 아시아·태평양 12개국은 올 10월 5일 환태평양경제동반자협정(TPP) 협상의 공식 타결을 선언했다. TPP는 세계 최대 단일 무역·투자 경제권으로 미국의 '아시아 중시 전략'과 일본의 '아베노믹스'가 절묘하게 맞아떨어진 산물이다. 산업과 통상, 외교와 안보라는 다양한 변수가 복합 작용하고 있다는 측면에서도 기존의 자유무역협정(FTA)과는 성격이 다르다.

세계 GDP의 37% 넘는 세계 최대 경제권

    TPP에는 미국·일본 등 아시아·태평양 12개국 참여가 확정됐다. 참가국들의 국내총생산(GDP) 합계는 총 27조 7,000억 달러로 세계경제의 37%를 차지한다. 무역 규모(총 9조 4,000억 달러)는 세계 전체의 25%를 넘는다. TPP는 당초 2002년 싱가포르·뉴질랜드·칠레 3개국의 경제 협력 논의에서 출발했다가 2005년 브루나이의 합류로 4개국(P4) 협정으로 발전했다. 이어 P4 협정은 2008년 미국이 관심을 보이면서 위상이 달라졌는데 2010년 호주·베트남·페루·말레이시아, 2011년 캐나다·멕시코가 협상에 합류했고 2013년 7월엔 일본까지 합류해 판이 커졌다. 결국 TPP는 세계 경제 규모 1위(미국)와 3위(일본) 국가가 모두 참여하는 매머드급 FTA가 됐다.

공정경쟁 보장, 노동·환경 규제 등도 포함

TPP 회원국들은 앞으로 30년에 걸쳐 전체 교역 품목의 95~100%에 대한 관세를 완전히 없애기로 합의했다. 특히 난항을 겪었던 자동차 부품의 원산지 규정과 의약품 특허 보호 기간 및 낙농품 시장 개방 문제 등에서도 예상을 웃도는 높은 수준의 개방에 합의했다. 협정문은 총 30개 장(章)으로 구성돼 있다. 국영기업이 민간기업과 시장에서 경쟁하는 경우 시장원칙에 따라 공정한 경쟁이 보장될 수 있도록 규정하고 불법 어업에 대한 보조금 지급을 금지하고 있다. 전자상거래는 회원국 전체를 하나의 영토로 간주해 국내 규제를 완화하는 등 디지털 거래 활성화도 꾀한다. TPP는 노동과 환경, 중소기업, 규제 조화 등 기존의 무역협정에 없던 새 분야도 포함한다.

TPP는 세계 1·3위인 미국·일본의 합작품

오바마 미국 대통령은 '중국의 부상(浮上)'이라는 세계경제의 구조 변화에 대응하기 위해 미·일 FTA 성격이 짙은 TPP를 추진했다. 일본·호주 등 전통 우방국과의 동맹을 강화하려는 지정학적 고려가 컸다. 상·하원을 장악한 공화당도 전통적인 친일(親日) 성향에 따라 중국에 맞서는 TPP에 힘을 실어줬다.

일본은 미·일 동맹 강화와 집단자위권 행사에 대한 미국의 지지 확보 수단으로 TPP 카드를 사용했다. 또 아베 총리는 아베노믹스(아베 총리의 경제정책)의 '세 번째 화살'인 구조개혁을 위해 TPP라는 외부 충격을 이용하는 게 효과적이라고 판단했다. 고령화 흐름 속에서 노동생산성과 성장률을 높이기 위해 일본 시장 개방을 선택한 것이다.

미국은 최근 중국 주도의 아시아인프라투자은행(AIIB) 설립 제안에 반대하는 등 중국 중심의 경제 질서가 아시아에 형성되는 걸 원치 않았다. 물론 미국이 명시적으로 중국 봉쇄(封鎖) 전략을 추구하는 건 아니지만, 미국은 시장 접근성, 공정·투명한 무역 질서 등 '미국적 가치'를 중국에 이식(移植)하려 했다. 미국이 TPP를 통해 국제 무역의 틀을 만들어 놓고, 중국이 받아들이도록 하겠다는 것이다. 그래서 미국은 중국의 TPP 가입을 반대하지 않고 환영한다는 입장이다.

TPP 가입하면 정부조달 시장 등 새 시장 개척

TPP에 가입하는 것이 중·장기적으로 유리하다. TPP는 새 글로벌 통상규범의 제정이라는 측면에서 의미가 크다. TPP 규범은 향후 세계 전체로 확산될 가능성이 높다.

TPP에 가입하지 않으면 비회원국인 한국 상품이 다른 TPP 회원국 상품으로 대체돼 우리의 경제 이익이 크게 약화될 것이다. 산업연구원(KIET)의 분석에 따르면 미국 시장에서 화학제품·기계류 등은 우리 제품이 일본산에 밀려 시장을 빼앗길 전망이다.

반대로 TPP에 가입하면 멕시코·일본 등 새 수출 시장을 개척해 중국에 편중된 수출 의존도를 낮추는 효과가 기대된다. 기술규제 관련 무역장벽 완화와 높은 수준의 전자상거래 규범으로 베트남·말레이시아·일본 등 시장에서 우리 기업이 혜택을 보게 된다. 베트남·멕시코·브루나이·말레이시아 정부의 조달 시장 진출도 확대될 것이다. TPP의 강화된 시장 규범을 수용해 우리 경제 체질 강화의 계기로 삼을 수 있다.

그러나 우려할 점도 있다. 한국의 TPP 가입은 사실상 한·일 FTA 체결 효과가 있기 때문에 자동차·기계·부품소재 등 분야 국내 시장에서 세계 최고 수준의 일본 기업들과 정면 대결이 불가피하다. 한국 공기업의 불공정 경쟁, 엄격한 위생검역절차, 정부의 환율조작 여부, 쌀 시장의 추가 개방, 30개월 이상 쇠고기 수입 허용 등 민감한 이슈가 TPP 협상 과정에서 제기되면 사회적 갈등이 첨예해질 수도 있다.

2017년 말 발효까지 2년여 준비 시간

TPP 추가 회원국이 되려면 기존 회원국들과 가입 협상을 벌여야 한다. 이 과정에서 각국이 우리에게 과도한 개방 요구를 할 수 있다. 가입 신청이 들어오면 TPP는 국가별 작업반을 가동해 가입 희망국과 조건을 협의하게 된다. 최종 가입 결정은 회원국 전체의 동의를 얻어야 한다.

TPP 최종 협정문은 내년 초에 나올 예정이다. 이에 따라 내년 2월 또는 3월에 서명 절차가 완료되면 각국은 의회 비준 절차를 밟게 된다. TPP 출범의 가장 큰 관건은 미국 의회의 비준인데 현실적으로 2017년 상반기에나 가능할 것으로 보인다. 종합적으로 TPP 발효 시점은 빠르면 2017년 말이 될 것으로 예상된다.

조선비즈
〈조선일보 2015년 12월 28일〉

용어 설명

글로벌 가치사슬(Golbal Value Chain: GVC)

상품과 서비스의 생산 방식이 여러 단계로 분화되고, 각각의 생산 단계가 다국(多國)에 걸쳐 발생하며 각 단계별로 상이한 가치가 창출되는 글로벌 생산 구조. GVC는 하나의 상품을 생산하기 위해서 여러 국가의 산업들이 투입되어 각자의 생산 활동에 따라 부가가치를 창출하는 구조인 셈이다. 제품의 연구·개발, 설계, 부품과 원재료의 조달, 생산,

유통, 판매에 이르기까지 각 과정이 다수의 국가 및 지역에 걸쳐 형성된 분업체계를 갖게 된 가치사슬이다. 글로벌 가치사슬은 코로나 팬데믹 이후 그 추동력이 약화되는 모습이다. 이런 글로벌 가치사슬의 약화는 미·중 무역전쟁과 보호무역 기조의 강화, 아시아 주요국 특히 중국과 인도의 내수중심 경제구조로의 변화, 선진국 및 신흥국 간 생산비용 격차 축소와 디지털 기술 발전에 의한 전통 비교우위의 상실 등에 주로 기인하고 있다.

누적 원산지 규정(Cumulative Rule of Origin)

역내에서 수입된 재료와 공정(工程)을 모두 자국산으로 인정해 주는 원산지 규정 방식을 말한다. 회원국 간 완제품은 물론 부품·소재 교역에도 관세 장벽을 낮춰 거대 단일 경제권 형성 효과를 겨냥한 것이다. 이는 미가입국들을 상대로 높은 무역 장벽을 쌓는 것과 같다. 일례로 한국산 원사(原絲)를 베트남 현지 공장에 보내 옷을 만든 뒤 미국·일본에 수출하는 구조를 갖는 의류업체는 어려움에 빠지게 된다. 미국이 TPP 회원국에서 누적 생산된 의류 제품에 한해서만 관세율을 현재의 20%에서 무관세로 바꾸기 때문이다. 한국산 원사를 사용한 제품은 이 혜택을 받지 못해 가격 경쟁력에서 밀리게 된다. 이 경우 한국 기업들은 경쟁력 유지를 위해 원사 공장을 한국에서 베트남·말레이시아 등 TPP 회원국으로 옮겨야 한다. 한국산 부품·소재를 공급받아 온 미국·일본 업체들은 같은 이유로 납품 업체를 멕시코나 말레이시아 등 TPP 회원국 기업으로 교체할 가능성이 높다.

♟ 현재와의 대화: 코로나 이후 안정적인 공급망 확보가 우선

당시는 TPP 협상에 한국이 참여할 수 있는 기회가 배제된 상황에서 12개국이 협상을 타결하고 공식 서명을 앞둔 시점이었다. 한국으로서는 TPP 타결을 무기력하게 지켜보는 형국을 맞게 된 것이다. 이후 TPP는 2017년 1월 미국의 불참 선언으로 CPTPP(TPP11)로 탈바꿈한다.

미국은 세제 혜택이나 USMCA 등을 통해 자국 내 생산 비중을 높이고 노동 조건을 개선시키려는 원산지 규정을 강화하여 일자리 창출과 국내 생산기반 다지기에 공을 들이고 있다. 일명 리쇼어링 정책을 독려하고 있는 것이다. 글로벌 기업들은 코로나 사태로 해외 생산기지에서 원자재, 부품 공급애로나 물류 차질, 인력 운용 등에서 어려움을 겪게 되자 앞다투어 안정적인 공급망 확보에 힘쓰고 있다. 일명 RSC라 불리우며 GVC 개편에 대응하고 있는데, RSC는 Regional(지역 중심의), Resilient(회복력이 있는), Risk-zero(위험이 없는) SC(supply chain, 공급망)을 의미한다.

♟ 지식 한 토막: 한국 유턴(U-turn) 기업 지원 정책의 현주소

우리 정부는 2013년 소위 유턴법을 제정하였고, 2018년 유턴기업 종합 지원대책을 수립하였다. 이후 후속조치로 유턴 관련 지원을 강화해 오고 있다. 우리 정부의 지원정책은 기존에 국내에서 사업을 영위 중인 기업에 대한 차별이 있을 수 있어, 그 지원 요건을 다소 엄격하게 두고 있다. 2년 이상 해외에서 사업장을 운영하고, 제조업이나 정보통신업, 지식서비스 산업에 해당되어야 한다. 그리고 해외사업장을 실질적으로 지배하고, 해외사업장을 청산, 양도하거나 25% 이상 생산량을 축소해야만 한다. 국내에서도 공장을 신설하거나 증설해야만 하고, 지식서비스업 등은 생산설비 등을 추가해야만 한다. 지원은 다양하다. 공장 신증설 시 입지나 설비 보조금을 최대 300억 원 한도로 지원하고, 법인세·소득세를 최대 5년에서 7년간 면제해 준다. 중소·중견기업은 신규 고용 시 1인당 최대 2년간 720만 원을 지원해 주고, 외국인 고용 인원도 늘릴 수 있다. 기타 금융 지원 등 다양한 지원책을 정부는 마련하고 있으나, 2021년 5월까지 국내 복귀 기업으로 선정된 곳은 97곳에 불과한 실정이다. 이는 리쇼어링 정책의 성공 여부가 단순히 인센티브의 대소 혹은 지원 내용의 문제가 아니라 노동 시장, 금융 시장, 제도적 인프라 등 사회 전반이 얼마나 기업하기 좋은 환경을 제공하는가의 문제에 달려 있기 때문이다.

농어민 중소기업도 TPP에선 수출업 도전 가능해

환태평양경제동반자협정(Trans-Pacific Partnership, 이하 TPP) 참여 12개국 통상장관들이 지난 5일 미국 애틀랜타에서 극적인 협상 타결을 선언했다. 2008년 미국이 TPP 참여를 선언하고 협상을 주도한 지 7년 만이다.

TPP 협상 타결은 미국의 힘을 새삼 확인시켜 주는 계기가 되었다. '포괄적이고 수준 높은 21세기형 메가 FTA 체결'을 기치로 내건 오바마 대통령의 전방위 통상외교가 세계 총생산의 약 40%(약 28조 달러)를 차지하는 거대 경제권의 출범을 가능하게 만들었기 때문이다. TPP 타결에 이어 미국과 일본은 각각 EU와의 메가 FTA 추진을 통해 미국-일본-EU 3자를 잇는 글로벌 무역·투자 블록의 결성을 주도할 것이다. WTO 다자협상을 대체하기 위한 메가 FTA 시대가 새롭게 펼쳐지고 있다.

우리나라는 2013년 11월 박근혜 대통령이 TPP에 대한 관심을 표명했지만 TPP 협상 참여국은 아니다. 우리로서는 TPP 협상이 결렬 혹은 지연되는 것이 가장 좋은 시나리오였다. 하지만 어쩌겠는가. 주사위는 던져졌고 우리는 또 살길을 찾아 바쁘게 움직여야 한다. 정부는 앞으로 TPP 최종 협정문을 분석하고 참여국들과의 양자회담 내용을 검토하면서 통상절차법에 따라 TPP 가입 여부를 결정할 것이다.

일부에서는 'TPP 12개국 중 10개국과 이미 FTA를 체결했고 따라서 그 경제적 효과가 미미하기 때문에 가입을 서두를 필요가 없다고 주장한다. 핵심을 간과한 논리다. 우리나라 전체 수출품의 3분의 1은 TPP 12개국 시장으로 팔려 나간다. 그중 절반이 부품·소재이다. 한국이 TPP에 가입하지 못하면 한국산 부품·소재는 TPP 회원국 간의 교역에서 '역내산'으로 인정받지 못하게 된다. 이들은 한국산을 회피하고 회원국으로 수입원을 전환할 가능성이 크다. 메가 FTA의 경제적 편익은 관세 감축 효과보다는 원산지 누적에 따른 역내 생산공급망의 구조 고도화에서 주로 발생할 것이다. TPP 조기 가입이 필요한 이유이다.

한국의 TPP 협상 불참은 전략적 실수라는 주장도 있다. 우리 정부로서는 당시 국제관계의 역학구도상 한·중 FTA와 TPP를 병행 추진하기 어려운 상황이었다. 국익의 관점에서 한·중 FTA에 더 큰 방점을 두었고 최대 수출시장인 중국과의 협상을 우선 마무리한 만큼, 이제 조속한 한·중 FTA 비준 처리를 통하여 중국 시장의 선점 효과를 극대화함과 동시에 TPP에 전략적으로 접근해야 하는 현실적인 과제를 안게 되었다.

그간 FTA가 대기업에만 유리하게 작용했으며, TPP도 이 같은 FTA 디바이드(divide) 현상을 가속할 것이라는 우려가 있다. 타당한 지적이나 정책적으로 수정이 가능하다. FTA 소외계층인 중소기업이나 농어민도 성공적인 수출업자로 변신할 수 있으며 소비자들 또한 가격 인하 효과를 마음껏 누릴 수 있도록 세밀한 정책적 배려가 절실하다.

　TPP 가입은 선택이 아니라 필수다. 정부는 TPP 가입이라는 '외부 충격'을 활용하여 현재 추진 중인 개혁과 구조 조정에도 박차를 가할 수 있을 것으로 판단된다. 글로벌 통상 규범의 제정과 보편적 가치의 확산이라는 거대한 메가 FTA의 흐름 위에 과감하게 올라타 미래의 전략을 도모하는 지혜가 우리 모두에게 필요한 시점이다.

시론
〈조선일보 2015년 10월 15일〉

용어 설명

FTA 디바이드(divide)

　FTA를 활용하는 집단과 그렇지 못한 집단 사이에 발생하는 사회·경제적 격차 심화 현상을 말한다. FTA 발효로 외국의 무역장벽이 낮아지면 이미 해외에 진출한 대기업 등은 시장 확대 등의 혜택을 누릴 수 있지만, 정보 및 대응전략이 부족한 농·어민과 영세 자영업자 및 중소기업은 손해를 입을 가능성이 크다. 특히 서비스나 내수 산업의 경우 수출 기회가 적고 국내 시장 개방에 따른 경쟁에 노출되어 피해를 보기 쉽다. FTA 디바이드 극복은 사회통합 측면에서도 많은 정부가 꼭 풀어야 할 과제다.

♜ 현재와의 대화: 일본, "한국은 국제법을 존중하지 않는 나라!"

한국의 TPP 협상 불참이 전략적 실수라는 주장에 대해 당시 국제역학 구도상 한국이 한·중 FTA와 TPP를 병행 추진하기는 어려웠다는 점을 이 칼럼에서 지적하였다. 즉 정부가 한·중 FTA에 더 큰 방점을 두어 중국과의 FTA 협상을 마무리한 만큼, 이제는 TPP에 전략적으로 접근해야 하는 현실적인 과제를 안게 되었음을 역설적으로 강조하고 있다. 2021년 한국은 미국이 CPTPP에 관심을 보이기 전에 미리 참여할 수 있는 방안을 적극 검토하고 있다. 하지만 한국의 가입에 대해 일본의 입장은 반대이다. 일본은 미국의 복귀를 환영하는 반면 중국과 한국의 가입에는 반대 입장을 견지하고 있다. WTO 사무총장 선출에서 아프리카 후보를 밀었던 일본 정부는 2021년 현재 정치권의 강한 반한정서로 인하여 한국과의 관계 개선에 난색을 표하고 있다. 일본은 한국 대법원의 강제징용자 배상판결이나 하급심의 위안부 판결 등이 1965년 한일협정에서 모두 이미 해결된 사안을 다시 다룬다는 입장이다. 따라서 '한국이 국제법을 존중하지 않는다'는 시각이 지배적이다. 새로운 국제조약이라 할 수 있는 CPTPP 역시 한국은 위반할 소지가 큰 나라이기 때문에 한국과 새로운 협정을 체결할 수 없다는 것이 일본의 내부 입장이다.

♜ 지식 한 토막:
무역창출(trade creation) vs. 무역전환(trade diversion)

무역창출효과란 FTA 등 무역 자유화로 인하여 회원국 간에 관세가 철폐됨에 따라 역내에 무역이 창출되는 것을 말한다. 즉 효율적인 회원국(외국)의 생산자가 비효율적인 국내 생산자를 대체하면서 무역이 발생하는 현상이다. 그 결과 자원이 효율적으로 배분되고 구내 후생 또한 증가하게 된다. 반면 무역전환효과는 비효율적인 역내 회원국의 생산자가 효율적인 역외 생산자를 대체하게 되는 현상이다. 이는 역내 회원국 간에만 관세가 철폐되었기 때문에 비회원국 생산자가 가격적으로 불리해져서 발생하는 부정적인 현상이다. 경제학자들은 무역창출효과가 무역전환효과를 비교해 전자가 후자보다 크다면 FTA 가입이 후생 측면에서 유리하다는 입장이다.

6

국제분업체계 재편할 TPP서 소외되면 안 돼

아베 日 총리 訪美로 TPP 급물살 … 연내 타결 전망
12개 참가국 총 GDP는 세계 경제의 39% '메가 FTA'
경제적 이득 외에 안보를 위해서라도 조기 가입을

TPP 가입 자체를 하나의 대외 협상 카드로
적절하게 활용하는 정부의 지혜도 절실하다

아베 신조(安倍晋三) 일본 총리의 최근 미국 방문을 계기로 환태평양 경제동반자협정(TPP) 논의가 급물살을 타고 있다. 양국 정상은 TPP 조기 타결의 중요성을 수차례 강조하면서 12개국 협상대표단을 향해 조속한 협상 타결을 주문하고 나섰다.

12개국 각료회의는 이달 하순에 열릴 예정이다. 협상의 걸림돌이던 미·일 간 쌀과 자동차 문제도 큰 가닥을 잡은 것으로 알려졌다. 이르면 상반기, 늦어도 연내 타결 가능성이 그 어느 때보다 높아졌다. 미국 의회의 행정부에 대한 무역촉진권한(TPA) 부여 문제도 상·하원 해당 상임위원회를 통과했고 본회의 표결 전망도 밝아 향후 TPP 협상 가도에 '미국발 청신호'가 켜진 셈이다.

TPP는 일본 멕시코 베트남 등 3대륙 12개국이 미국의 주도 아래 상품, 서비스·투자, 노동환경, 지식재산권 등 29개 분야에서 관세·비관

세 장벽 철폐를 목표로 추진하는 '메가(광역) 자유무역협정(FTA)'이다. 참가국들의 총 국내총생산(GDP)은 28조 달러로 세계 경제의 39%, 무역 규모는 세계 무역의 약 26%인 9조 5,000억 달러에 이른다.

한국의 TPP 참여 문제는 앞으로 우리 내부에서 본격적인 공론화 과정을 거치겠지만 상당한 진통을 예고하고 있다. 농·축산업과 대일(對日) 비교열위 산업의 추가적인 구조조정을 요구할 가능성이 크기 때문이다. TPP 가입을 둘러싼 우리 사회 일부 주장과 논리의 타당성을 되짚어 보자.

첫째, 한국은 일본과 멕시코를 제외한 TPP 참여국 대부분과 이미 FTA를 맺은 상태여서 TPP에 가입해도 '별로 먹을 게 없다'는 주장이다. 이 같은 시각은 TPP와 같은 메가 FTA 특성을 간과한 논리로 보인다. 왜냐하면 기존 양자 FTA가 양국을 연결하는 단선적 특혜관계를 의미한다면 메가 FTA는 모든 회원국을 포함하는 다자적 특혜망으로의 질적 전환을 의미한다. 따라서 그 효과 면에서 양자 FTA의 단순한 합(合)과는 차원이 다르다.

글로벌 공급망 구축에 참여해야

특히 원산지 누적에 따라 다른 회원국에서 생산한 각종 재료 구입비나 노무비, 제조 경비까지도 국내산 구매·공정비용으로 상호 인정함으로써 글로벌 가치사슬의 확대와 국제 분업체계의 급속한 재편을 초래할 것이다. 전체 수출에서 중간재 비중이 70%에 이르는 한국 경제가 이 같은 변화의 물결에서 소외된다면 메가 FTA 시대 글로벌 공급망 확충에 따른 참여 기회는 제한되고, 그나마 먹고 있던 밥그릇마저 TPP 회원국에 빼앗길지도 모른다. 조기 가입이 필요한 이유다.

둘째, 통상 문제는 먹고사는 문제니까 TPP를 둘러싼 정치·외교·안보적인 요소들은 걷어내고 돈 문제에만 집중해 최대한 실리를 추구해야 한다는 '실리추구론'이다. 검증 모형과 데이터를 이용해 TPP 가입이 우리 소득과 수출, 일자리에 미칠 영향을 분석하고 이해득실을 따져 TPP 가입 여부를 결정해야 한다는 논리다. 이해가 되고 일리도 있다.

하지만 많은 FTA가 그렇듯이 TPP 가입 효과는 경제 체제의 질적 변화를 내포하고 있다. 비관세 장벽의 철폐, 국영기업의 개혁과 서비스업 개방 등은 그 효과가 계량적으로 잘 잡히지 않는다. 더 큰 문제는 TPP에서 비(非)경제적 요인들을 제거한다는 것이 불가능하다는 데 있다. 방미 중 아베 총리가 "TPP는 경제적 이익을 넘어 안보에 관한 것으로 장기적으로 그 전략적 가치가 매우 높다"고 언급한 것은 TPP를 바라보는 미·일의 공통된 시각을 잘 보여주고 있다. TPP의 경제적 효과에 관한 각종 데이터 분석의 결과는 제한된 영역에서 발생하는 최소한의 효과 정도로 해석돼야 한다.

국가안보와도 밀접한 사안

셋째, TPP의 외교·안보적 성격을 논할 때 중국을 그 자체로 바라보지 않고 북한과 연계해 보는 우리 특유의 시각이다. TPP 가입이 '중국의 군사적 부상'에 대응하는 효과적인 '헤징 전략'이 될지에 대한 평가는 묻어두고 일단 북한의 급변 상황을 가정한 뒤 중국이 어떻게 나올까부터 걱정하는 사유방식이다.

이는 미·일이 중국 그 자체를 심각한 안보 위협 요인으로 인식하고 군사 동맹 강화를 통해 중국 견제망을 공고히 하는 움직임과는 거리가 있다. 한반도에서 북핵의 위협은 결코 과소평가할 수 없지만 이웃한 중국의 위협적인 군비 증강마저 '북한의 종속 변수'로 생각하는 우리의 안일한 대중 안보의식이 놀랍다.

이처럼 TPP 가입 문제는 경제와 안보라는 요소가 공히 내포된 주요한 정책 사안이다. TPP 가입 여부 혹은 시기를 놓고 산·관·학이 머리를 맞대고 논의하는 것도 중요하지만 보다 큰 틀에서 TPP 가입 자체를 대외 협상 카드로 적절하게 활용할 정부의 지혜도 절실하다. 왜냐하면 이명박 정부 말기에 서둘러 시작한 한·중 FTA나 최근 논란이 됐던 아시아인프라투자은행(AIIB), 사드(THAAD, 고고도 미사일방어체계) 문제 등도 하나같이 정부의 전략적 접근을 필요로 했기 때문이다.

많은 나라가 미래 비전과 이를 달성하기 위한 중·장기 전략을 수립하고 외교·안보·산업·통상이라는 다양한 정책 수단을 협상 카드로 활용해 힘든 결정을 내린다. 한 나라가 지향하는 명확한 비전과 철학 없이는 정책의 우선순위, 의사결정의 타이밍, 상대방 설득을 위한 카드, 협상의 목표 등을 제대로 정하기 어렵다. 일이 터져서야 우왕좌왕하고, 상대에게 속이 훤히 보이는 주판알을 이리 튕기고 저리 튕기다가는 '실리'도 '명분'도, 그나마 쌓아 놓은 '신뢰'도 몽땅 날리기 십상이다.

협상 카드로 활용하는 방안도

시진핑(習近平) 중국 국가주석은 중국의 꿈인 '글로벌 패권국가 실현'이라는 미래 비전을 이루기 위해 주변국을 염두에 둔 다양한 포섭작전을 구사하고 있다. 미·일 동맹에 지극히 충실한 보수정치인 아베 총리는 미국과의 신(新)밀월관계 조성을 통해 한편으로는 미국을 지원하고 필요한 영역에서 미국의 강한 지지를 성공적으로 이끌어 내고 있다. 버락 오바마 대통령은 미국의 가치를 반영한 TPP 타결을 위해 민주당의 전폭적인 지원 아래 공화당 의원들을 설득해 교차투표를 유도하고 있다.

'한국의 꿈'은 무엇인가. 사실 TPP에 대한 정확한 해법은 정권이 바뀌어도 변할 수 없는 우리의 가치와 미래의 지향점에 맞닿아 있다. 지금 우리가 '비전 부재' '전략 부재' '전술 부재'라는 '삼부재(三不在) 혼돈의 시대'를 살고 있는 것은 아닌지, 걱정이 앞선다.

뉴스의 맥
〈한국경제신문 2015년 5월 11일〉

♜ 용어 설명

무역촉진권한(Trade Promotion Authority: TPA)

의회가 행정부의 수장인 대통령에게 대외무역협상의 전권을 일정한 조건하에 위임함으로써 의회는 행정부가 타국과 체결한 협정의 이행 법안을 제정함에 있어서 신속한 처리를 밟는 것을 말한다. 이때 의회는 행정부가 대외적으로 체결한 협정에 대해 수정 없이 가부의 결정만을 내릴 수 있다. 조지 W 부시 행정부가 집권한 2001년 이전에는 신속처리권한(Fast Track Authority)으로 불리었다. 1974년 통상법에 따라 발효된 신속처리권한은 1994년까지 20년 동안 총 다섯 차례에 걸쳐 연장되거나 부활되었다. 이 기간 동안 미 행정부는 동경라운드나 우루과이라운드, NAFTA 등 대외통상협정을 성공적으로 체결하였다. 트럼프 행정부는 무역촉진권한을 부여받아 한·미 FTA, USMCA 협상을 추진한 바 있다. 현재의 TPA는 2021년 7월에 효력이 끝난다.

♜ 현재와의 대화: 미국보다 먼저 한국이 CPTPP에 가입해야 하는 이유

필자는 TPP에서 한국이 결코 제외되어서는 안 된다는 점을 이 칼럼에서 강조했다. 하지만 이후 한국의 CPTPP 가입 윈도우는 닫혔고 한국으로서는 훗날을 기약할 수밖에 없는 상황을 맞았다. 순항하던 TPP는 그러나 미국서 트럼프가 대통령에 당선되면서 암초에 부딪히게 된다. 미국이 TPP 가입 탈퇴를 선언한 것이다. 일각에서는 TPP가 좌초할지도 모른다는 우려가 팽배했지만 일본과 호주 등은 미국 없는 TPP 즉 TPP11(CPTPP)을 리드했고 협상 타결과 발효에 이르는 성과를 올렸다. 트럼프가 재선에 실패한 이후 바이든이 등장하자 세계는 미국의 TPP 재가입이라는 기대를 안게 되었다. 하지만 바이든 집권 초기에는 다른 산적한 현안 때문에 새로운 무역협정에 가입하기란 쉽지 않을 것으로 보인다. 한국 정부로서는 미국이 가입하지 않은 지금이 가입 적기가 아닌가 싶다. 가입 비용도 비용이지만 미국이 가입한 후에는 한국의 가입을 적극 저지하려는 중국의 압력 또한 거세질 것으로 판단되기 때문이다.

지식 한 토막: 디지털 무역 규범의 주요 동향과 쟁점

디지털 무역(digital trade)이란 전자상거래 등 인터넷을 이용해 상품 혹은 서비스를 거래하는 것을 의미한다. 보다 광의의 개념은 데이터 이동을 기초로 하는 국가 간 교역활동 전반을 포함한다. 디지털 무역 분쟁 관련 국제 규범에 대한 논의는 세 가지 쟁점을 중심으로 전개되는 추세다. 첫째는 무역의 대상이 된 '전자적 전송물'에 대해 관세 부과가 가능한지 여부다. 전자적 전송물은 전통적인 수입통관절차를 적용하기 어려운 점을 고려하여 1998년 WTO 각료회의 선언에서 한시적 무관세화가 채택된 바 있고, 일몰 연장을 통해 계속 적용되고 있다. 하지만 세수 감소를 우려하는 일부 개도국도 있는 만큼 무관세 영구화에 대해 논의가 남아 있다. 둘째, 데이터의 국경 간 이전의 자유화 여부이다. 소비자 개인정보를 포함하는 경우, 미국은 자유로운 이동(예외는 인정)을 주장하는 반면, EU는 GDPR(General Data Protection Regulation)을 제정하여 유럽 지역 31개국 간 데이터 이전은 자유롭지만, 제3국 이전 시 적절성 평가를 통과해야 한다. 셋째, 데이터 현지화(data localization)와 소스코드 공개 문제다. 최근 미·중 무역분쟁에서도 논란이 되는 것으로 미국, EU 등 다수 국가는 데이터 현지화와 소스코드 공개를 반대하고 있다. 하지만 중국은 역내 데이터 저장과 소스코드 공개를 유지하고 있다. 이러한 디지털 무역규범 제정에 앞장서고 있는 것은 미국 기업들이다. 미국이 거대 IT 기업들에게는 국별 상이한 규정이 글로벌 비즈니스에 큰 걸림돌이 될 수 있기 때문이다. 싱가포르와 호주, 일본 등도 적극 나서고 있다. 미국이 미·멕시코·캐나다무역협정(USMCA)이나 환태평양경제동반자협정(CPTPP) 그리고 미·일 디지털무역협정에서 적극적인 논의가 이루어졌다. EU 또한 전자상거래 규범을 포함한 일본과의 경제동반자협정(EPA)을 체결했다. 미국 주도의 협정은 데이터를 다루는 컴퓨팅 시설의 현지화 의무 부과를 금지한 반면, EU가 주도한 EU-일본 EPA의 경우 모범관행 및 규제 협조 조항을 만들어 개인정보 보호를 우선했다. 우리나라의 경우 기체결 FTA에서 전통적 전자상거래 원활화를 위한 규범을 적극 수용했으나, 데이터 이동 자유화 등에 관한 규범 도입 사례는 미미했다. 한-미 FTA에서는 국경 간 데이터 이전에 관한 협력 조항만 포함됐다. 우리 정부의 디지털 통상정책 추진 방향은 여러 가지가 있겠지만, 그중에서 시급한 과제는 국내 제도 정비다. 데이터 정책 및 규제가 걸림돌이 되지 않도록 국내 규제를 개선할 필요가 있다. 아울러 데이터 현지화 조치 등의 규범에 대한 경제적 효과 분석과 논리도 개발해야 한다. 데이터 현지화는 유치산업 보호나 직접 고용에 긍정적인 효과가 있다. 어떤 방향이 국익에 도움이 되는지 면밀한 분석이 필요하다. 확산 일로의 디지털 규범의 촉진자(facilitator) 혹은 수용자(taker)가 될 것인지 아니면 제정자(maker) 역할을 적극 감당할 것인지는 우리 정부의 몫이다. (허난이, 2019; 이효영, 2020)

TPP 참여, 선택의 여지 없다

TPP, 세계 GDP 40% 통상권역
日 차 기계 등 개방에 대비하며
시장다변화 통해 경쟁력 높여야

정부는 최근 환태평양경제동반자협정(TPP)에 관심을 드러내고, 기존 12개 참가국들과의 예비 양자협의에 들어갔다. 비밀주의에 따라 진행되는 TPP 협상의 속성상 그간의 협상 내용을 구체적으로 파악하기란 쉽지 않다. 하지만 이제는 양허와 규범을 둘러싼 기존 참가국들의 다양한 속내와 한국 정부에 대한 요구사항들을 들어 볼 수 있게 됐다. 앞으로 정부는 한국의 TPP 참여조건과 이에 따른 이해득실을 따져 보고 내부 공론화 과정을 거쳐 TPP '참여 선언' 혹은 '불참'이라는 수순을 밟게 될 것이다.

물론 우리가 참여를 선언한다고 해서 자동으로 TPP에 참여하는 것은 아니다. 기존 참가국의 승인과정을 거쳐야 하는데 이 또한 최소한 3~4개월은 걸릴 것으로 예상된다. 이 같은 정부의 행보에 '너무 뜸 들이는 것 아닌가' 하는 우려의 시각이 있는 것도 사실이다. 하지만 정부의 고민도 적지 않다. '외교통상'에서 '산업통상'으로 통상정책의 기조가 바뀌면서 정부는 자유무역협정(FTA)을 둘러싼 '사회적 갈등의 최소화'에 상당한 무게중심을 두고 있다. TPP의 경제적 타당성 검토 작업을 진행하면서 국내 산업계와 이해 관계자들의 목소리를 들어야 했고, 나아가 우리의 최대 수출시장이자 FTA 협상이 진행 중인 중국의 입장도 배려하려다 보니 '더 이상은 도저히 늦추기 어려운 지금의 시점'에 이른 것이다.

TPP는 세계 국내총생산(GDP)의 40%를 차지하는 나라들이 관세 철폐를 넘어 지구촌 경제를 이끌어 갈 무역·투자 관련 각종 규범과 표준을 만들어가는 장이다. 특히 아·태 지역 통일 원산지 규정이 성공적으로 도입된다면 역내 생산 분업이 가속화되면서 이 지역의 생산 공급망 또한 더욱 고도화될 전망이다. 이 같은 현실에서 한국의 TPP 참여는 '선택의 여지가 없어 보인다'고 많은 통상전문가들이 입을 모은다. 소비와 투자의 부진이 만성화 조짐마저 보이는 한국 경제가 TPP라는 거대한 파도 위에 과감하게 올라타지 않고서는 그나마 성장을 견인해 온 수출마저 어려워져 자칫 캄캄한 물 밑으로 가라앉게 될지도 모른다.

협상 과정에서 많은 어려움도 예상된다. 자동차나 부품·소재, 일반 기계류 등 일본의 비교우위 제품이나 영연방 3개국(캐나다, 호주, 뉴질랜드)의 농축산물 개방 압력이 거세질 것인 만큼 피해산업에 대한 효과적인 대책 마련이 필요하다. 그렇지만 이 모든 과정에서 소비자 후생과 수출기업의 이익이 간과돼서는 안 될 일이다. 우리의 FTA 경험에서 보듯이 개방 피해자들의 목소리는 항상 큰 반면 다수의 수혜자들은 침묵으로 일관해 왔다. '산업통상'이 자칫 소리 없는 다수의 이익을 외면하고 개방의 피해만을 최소화하는 방향으로 흘러서는 곤란하기에 하는 말이다.

세계 통상질서가 급격하게 재편되고 있다. 세계무역기구(WTO)가 국가 간 분쟁해결센터의 역할 정도에 머물게 되면서 미국과 유럽연합(EU), 일본은 서방 선진국 위주의 국제무역질서 복원을 꾀하고 있다. 미국과 EU 사이의 범대서양무역투자동반자협정(TTIP)과 함께 미국은 TPP, EU는 일본과의 FTA를 통해 대서양과 태평양을 잇는 거대한 FTA 삼각편대를 완성할 태세다. 특히 미국과 EU는 국제표준 선점을 위해 각축을 벌이며 글로벌 규범 제정자로서의 입지를 더욱 강화할 것이다.

정부와 업계는 표준과 기술규범, 환경규제, 지식재산권 등 한국의 주력 수출상품에 대한 주요 교역국의 규제 강화 움직임에 대비하면서 해외 생산거점의 재편과 품목 및 시장의 다변화, 과감한 구조조정을 통한 동태적 경쟁우위 확보에 온 힘을 쏟아야 할 때다.

시론
〈한국경제신문 2013년 12월 13일〉

용어 설명

TPP(Trans-Pacific Partnership)

TPP(환태평양경제동반자협정)란 미국·일본·캐나다·멕시코·호주·뉴질랜드·싱가포르·브루나이·베트남·말레이시아·칠레·페루 등 아시아·태평양 12개국이 참여하는 자유무역협정을 말한다. 참가국의 총 국내총생산(GDP)이 28조 달러로 세계경제의 39%, 무역규모 또한 세계무역의 약 26%인 9조 5천억 달러에 달한다. 세계 최대 단일 무역·투자 블록인 TPP 협상은 미국의 주도하에 상품·서비스·투자와 지식재산권, 노동·환경 등 총 30개 분야에서 관세·비관세 장벽의 철폐와 국제규범의 제정을 위한 협상을 추진하였고 2015년 10월 5일에는 포괄적이고도 높은 수준의 협상 타결의 성공에 이르렀다. 하지만, 의회 비준 과정에서 미국 대선후보였던 힐러리 클린턴과 도널드 트럼프는 TPP 반대를 선언했고, 트럼프는 당선 후 행정명령 1호로 TPP 탈퇴에 서명했다. 이후 TPP는 미국이 빠진 CPTPP로 진화하였다.

♟ 현재와의 대화: TPP 탈퇴는 미국 근로자를 위해 아주 좋은 일

지금 생각해보면 한국이 TPP에 가입할 수 있는 마지막 기회가 2013년을 기해 사라지게 되었다. 당시 보다 적극적으로 우리 정부가 나서서 가입 노력을 했으면 지금으로서는 RCEP과 CPTPP 두 메가 FTA에 모두 참여하는 상황이 되어 한국이 보다 유리한 통상 여건에 처해 있지 않을까 하는 생각이 든다. 미국도 오바마 임기 말년 대선 국면에 돌입하자 상황이 급변했다. 당시 민주당 대선후보였던 힐러리 클린턴은 "TPP를 포함해 미국의 일자리를 죽이고 임금을 억제하는 어떤 무역협정도 중단할 것이다. 나는 지금 TPP를 반대하고 있고 선거가 끝난 뒤에도 반대할 것이며, 대통령으로서도 반대할 것"이라고 말했다. 2015년에 출마 선언을 할 때만 해도 TPP 비준에 긍정적이었지만 선거 운동을 진행하면서 자유 무역 협정을 강력히 반대했던 당내 경쟁자 버니 샌더스를 의식해 TPP에 대한 비판 수위를 높여 왔다. 결국 2016년 미 대선에서 당선된 트럼프 대통령 또한 TPP를 강력하게 반대했다. 양 후보가 더 보호 무역에 대한 발언의 강도를 높였던 것은 대선의 핵심 승부처로 떠오른 '러스트벨트(Rust Belt, 쇠락한 중서부의 제조업 지대)'의 백인 노동자 표심을 잡기 위해서였다. 이 때문에 대선이 가까워질수록 두 후보의 보호무역 색채는 더욱 짙어졌다. 트럼프 대통령은 TPP 탈퇴 서명을 하며 "미국 근로자를 위해 아주 좋은 일"이라고 말했다.

♟ 지식 한 토막: '협상 잘했다'는 협상 대표 경계해야

FTA를 맺는 중요한 이유 중의 하나가 소비자 후생의 증가이다. 즉, 국내 소비자들이 다양한 외국 상품과 서비스를 소비함으로써 얻게 되는 효용의 증가분이 바로 개방에 따른 소비자 후생의 향상분이 되는 것이다. 문제는 통상(通商) 협상에서 많은 협상가들이 소비자 중심이 아닌 생산자 중심의 중상주의적 사고에 젖어 협상을 진행하는 것이 관행처럼 되어 있다는 점이다. 우리 시장은 적게 열고 상대 시장을 많이 개방시킬수록 잘한 협상이라고 협상 대표가 자랑하는 상황이 그 단적인 예이다. 하지만 실제 현실은 반대일 수도 있다. 잘한 협상이 소비자 후생을 결국 감소시키게 되는 역설적인 상황이 전개되는 경우가 허다하다. 협상은 상대가 있는 게임이다. '협상을 잘했다'고 떠들어 대는 협상 대표가 있다면 그는 바보이거나 자기 정치를 하는 두 가지 경우 중 하나이다. 협상의 바탕이 상호 신뢰이고 통상 협상의 경우 일회성이 아닌 반복 협상의 속성을 지니고 있기 때문이다.

8

'環태평양 메가블록 경제' 대비하자

아시아태평양경제협력체(APEC) 정상회의가 열리고 있는 인도네시아 발리에서 박근혜 대통령이 우리나라의 환태평양경제동반자협정(TPP) 참여 의사를 공식 표명했다. 기존 TPP 참여국의 승인을 거쳐 협상 테이블에 앉기까지 최소 6개월 정도 걸리는 점을 감안하면, 한국은 이르면 내년 상반기 TPP 협상에 참여할 수 있을 것으로 보인다.

그동안 많은 통상 전문가는 우리나라의 TPP 참여가 '빠르면 빠를수록 좋다'는 의견을 피력해 왔다. 미국·EU와 이미 높은 수준의 자유무역협정(FTA)을 발효시킨 한국의 경우 TPP 참여에 따른 추가적인 개방의 부담은 제한적인 반면, TPP 불참에서 오는 기회비용이 매년 늘어날 것으로 판단했기 때문이다.

우리 정부는 그동안 TPP에 관해 여유를 보였던 게 사실이다. 이미 미국·페루·칠레·싱가포르·브루나이·말레이시아·베트남 7개국과 FTA를 맺은 상태고 나머지 미체결국인 일본·캐나다·호주·뉴질랜드·멕시코와는 양자 FTA 협상을 타결하기 위해 노력해 왔기 때문이다. 하지만 올 7월 일본이 TPP 협상에 참여하면서 상황이 달라졌다. 한국이 배제된 채 TPP 협상이 타결된다면 우리 기업에 불리한 무역·투자 환경이 조성될지 모른다는 불안감이 고개를 들기 시작했다. 한국의 TPP 참여 선언은 몇 가지 측면에서 그 의의가 크다.

첫째, 미래 지구촌 경제를 이끌어 갈 각종 무역·투자 관련 규범과 표준을 미·일 FTA 성격이 짙은 TPP라는 '메가블록'의 틀 속에서 주요 회원국들과 함께 만들어 가는 기회를 갖게 된다.

둘째, TPP에서 역내 통일 원산지 규정이 도입되고 원산지 누적이 허용되면 우리 기업들의 FTA 활용도가 높아져 역내 생산 공급망 또한 고도화될 전망이다.

셋째, TPP 협상을 통해 동남아국가연합(ASEAN) 국가들뿐만 아니라 미국과도 기존 협정을 업그레이드할 수 있고, 그동안 교착상태에 빠졌던 양자 협상을 재개할 수 있다. 이를 통해 새로운 시장 진출에 유리한 여건을 조성함으로써 수출과 성장의 새로운 모멘텀을 확보할 수 있다.

넷째, 한반도에 대한 중국의 영향력이 날로 커지고 있는 상황에서 미국의 역외균형전략의 일환으로 추진되는 TPP에 참여해 전통 우방국들과의 관계를 강화함으로써 중국 견제 효과를 볼 수 있다.

올 연말이 목표였던 TPP의 조기 타결 가능성은 지금으로선 희박하다. 낙농제품·설탕·쌀 시장 개방을 둘러싸고 각국이 날카로운 신경전을 벌이고 있는 데다 의류·신발 제품의 원산지 규정과 금융·보험 등 서비스 시장 개방 문제 또한 협상의 장애 요인이다. 투자자-정부 제소

(ISD)의 도입이나 국영기업의 중립성 확보, 환경·노동·지재권을 둘러싼 각종 규범 제정에 대한 합의도 쉽지 않다.

한국은 한·중 FTA, 한·중·일 FTA, 역내 포괄적 경제동반자협정 (RCEP)에 이어 TPP에 참여함으로써 지역 통합의 핵심축 역할을 맡게 되었다. 정부는 개방 기조를 확실히 견지하면서 '통상과 산업의 시너지 제고'를 위한 구체적 액션플랜을 제시해야 한다. 아울러 FTA 이익의 파급 경로와 기존 피해 산업 보호 대책의 실효성을 점검해 'FTA 소외 계층'을 최소화하고 국민의 소중한 혈세가 '눈먼 돈 잔치'에 낭비되는 악순환의 고리를 끊어야 한다.

기고
〈조선일보 2013년 10월 10일〉

용어 설명

APEC

(아시아·태평양 경제협력체, Asia-Pacific Economic Cooperation)

아·태 지역의 무역 및 투자 자유화를 추진하고 경제협력을 강화하기 위하여 출범한 역내 최초의 정부 간 공식협의체이다. 1989년 호주 캔버라에서 우리나라를 포함한 12개국 간 각료회의로 출범했으며, 현재 21개국이 회원국으로 참여하고 있다. 1993년에는 클린턴 미 대통령의 제안으로 매년 정상회의를 개최하게 됨에 따라 역내 최고위급 지역경제협력체로 발전했다. APEC은 아·태 공동체의 달성을 장기 비전으로 하고 아·태 지역의 경제 성장과 번영을 목표로 삼고 있다. 이를 위해 1994년 정상회의에서는 보고르 목표(Bogor Goal)를 채택하였으며, 이에 따라 선진국은 2010년, 개도국은 2020년을 시한으로 하여 무역 및 투자 자유화를 달성하기로 하였다. 아·태 공동체 비전 달성을 위한 이행 프로세스로서 APEC은 보고르 목표로 대표되는 무역·투자 자유화와 경제기술 협력 및 비즈니스 원활화를 3대 축으로 설정하였다. APEC은 전 세계 인구의 약 40%, GDP의 약 59%, 교역량의 약 50%를 점유하고 있다. 의사결정은 컨센서스 방식에 따르며, 비구속적(non-binding) 이행을 원칙으로 함으로써, 회원국의 자발적 참여 또는 이행을 중시하고 있다. 참가자격은 주권국가(country)가 아니라 경제체(economy)로서, '국가'라는 명칭 사용이나 국기 게양이 허용되지 않는다. 그러므로 대만과 홍콩은 각각 "Chinese Taipei"와 "Hong Kong, China"로 표기되고 있다. 우리나라는 2005년에 이어 2025년에 APEC 정상회의를 개최할 예정이다.

현재와의 대화: 한국과 CPTPP

우리나라 입장에서는 CPTPP 가입이 일본, 멕시코와 FTA 체결이라는 측면이 크다. 하지만 강화된 국제규범을 활용하여 구조개혁을 추진하고 TPP 내에서의 대일 경쟁열위도 만회하며 수출시장의 다변화로 대중 수출의존도를 완화할 필요가 있다. 물론 통상절차법에 따른 공론화과정도 필요하다. 아울러 기존 FTA의 성과를 객관적으로 분석해서 FTA에서 상대적으로 소외된 소비자와 중소기업에도 혜택을 늘릴 수 있는 방안을 모색해야 한다. 이는 농산물 국영무역을 포함한 수입품 유통구조 개선과 무역조정지원제도의 내실화에 직결되어 있다. 우리가 CPTPP에 가입하는 경우 자동차나 기계류, 부품소재 등에 있어서는 일본 제품과의 경쟁이 심화될 것으로 보인다. 농촌경제연구원의 분석에 따르면 농업부문의 경우 낙농, 육류, 과실, 과채 품목의 순으로 피해 집중이 예상된다. 우리 정부는 2020년 2월 14일 CPTPP 주요 회원국들과 비공식 예비협의를 진행하기로 했다고 밝힌 바 있다.

♜ 지식 한 토막: 투자자-정부 제소권(ISDS)

외국인 투자자가 A국에 투자를 한 경우를 상정해 보자. 투자 유치국인 A국 정부(혹은 지방자치단체)의 갑작스런 정책 변경 등 예상치 못한 정부 조치로 외국인 투자자가 큰 피해를 입는 경우가 발생하였다고 하자. 이때 외국인 투자자는 A국 정부를 상대로 세계은행(World Bank) 산하 국제투자분쟁해결센터(ICSID)와 같은 제3의 기구에 소송을 제기할 수 있게 한 제도가 바로 투자자-정부 제소권(Investor-State Dispute Settlement: ISDS)이다. 주로 다국적기업이 해외 사업을 하는 과정에서 현지 정부와의 분쟁이 발생하는 경우 이를 해결하기 위한 투자자 보호 제도이다. 투자자의 정부제소권은 자유무역협정이나 투자협정 등에서 채택하고 있다. 2021년 현재 한국이 피소된 건수는 13건, 국내 기업이 외국 정부를 제소한 건수는 모두 7건에 이른다. 전 세계 ISDS 사건은 2019년 말까지 총 1,023건이다. 한국은 전체 사건의 1%에 해당한다. 한국의 경제규모로 볼 때 높다고 할 수는 없는 수치다. ISDS는 해외 투자에서 분쟁이 발생했을 때보다 공정하고 투명한 방법으로 갈등을 해결하기 위해 만들어진 제도이다. 하지만 정작 한국 기업이 중국이나 베트남 정부를 상대로 제소를 하기란 쉽지 않다. 보복이 무서워서다. 법적 제도적 인프라가 제대로 구축이 되지 않은 나라일수록 그 나라 정부를 상대로 한 제소는 현지 사업을 완전히 접겠다는 확고한 결심이 선 후에야 가능한 것이 현실이다.

3차 세계 무역大戰 ··· TPP 놓고 美·中 사생결단

왜 3차 무역大戰인가?
1차 대전, WTO 중심 다자주의 ··· 2차 대전, 두 나라 간의 FTA
이젠 많은 나라들 함께 손잡고 넓은 지역서 하나의 FTA 체결

왜 TPP로 싸우는가?
美, 아시아·태평양 지역 연결 ··· 중국 뺀 '거대 무역협정' 주도
11개국 참여, 한국도 가입 검토 ··· 미국 통상 야심에 중국은 끙끙

글로벌 무역 시장에서 유리한 위치를 선점하려는 주요 경제권 간의 통상 협상이 급물살을 타고 있다.

작년 11월 20일 캄보디아 프놈펜에서 열린 동아시아 정상회의에서 한국과 중국·일본의 통상장관들은 한·중·일 FTA의 협상 개시를 선언하였다. 같은 날 ASEAN 10개국과 한·중·일·호주·뉴질랜드·인도 등 총 16개국을 묶는 광역 통상협정인 역내포괄적경제동반자협정(RCEP)의 협상 개시 선언도 뒤따랐다.

동아시아 경제권의 연대 움직임에 자극받은 미국과 유럽연합(EU)은 지난 2월 13일 공동성명을 통해 미국·EU 간의 FTA인 범대서양무역투자동반자협정(TTIP)의 첫 실무 협상을 6월 이전에 시작한다고 발표했다. 일본도 이에 질세라 지난 15일 아베 총리가 현재 11개국이 참여하고 있는 미국 주도의 환태평양경제동반자협정(TPP)에 참여한다고

전격 선언했다.

뉴노멀로 자리 잡는 통상의 거대 블록화

글로벌 통상 체제의 중심축은 다자주의 → 양자주의 → 거대 블록화로 옮겨 가고 있다. 미국·EU·중국 등 경제 대국을 중심축으로 주변 국가들을 연결해 광역 경제권을 구축하려는 구상이다. 이는 157개 회원국을 거느린 WTO(세계무역기구) 중심의 다자 간 자유무역협정인 도하 라운드(DDA)가 2001년 협상을 시작했지만 13년이 지나도 타결을 보지 못한 채 빈사 상태에 빠져 있기 때문이다. 다자주의 모델의 성사 가능성에 회의를 품은 각 나라들은 두 나라 간 또는 인접 국가끼리 소규모로 FTA를 진행해왔지만, 최근엔 보다 많은 나라와 넓은 지역을 대상으로 FTA를 확장하고 있다.

이 같은 광역화 추이에는 몇 가지 요인들이 자리 잡고 있다.

첫째는 동시다발적 FTA 체결에서 오는 스파게티볼 현상(Spaghetti Bowl, 삶은 국수가 그릇에서 복잡하게 얽히고설키는 것) 때문이다. 즉 원산지나 통관 혹은 표준 등에 있어서 FTA별로 상이한 규정과 절차 때문에 교역 비용이 되레 증가하는 현상을 광역 FTA를 활용하여 해소해 보자는 것이다. 둘째는 FTA 회원국을 늘리면 생산 네트워크를 보다 효과적으로 구축하여 산업 고도화를 추진할 수 있을 뿐 아니라 역내 소비시장을 확대시켜 경제성장을 촉진할 수 있다는 판단이다. 셋째는 국제사회 헤게모니를 둘러싼 외교·안보전략의 일환으로 거대 지역 통합체의 구축을 추진하는 경우이다.

선진국과 신흥국 간의 주도권 다툼

세계 경제력의 절반을 차지하는 미국·EU 간의 TTIP에는 미국발 글로벌 금융위기와 유로존 재정위기를 겪으면서 추락한 위상을 복원하겠다는 미국과 EU의 의지가 함께 작용하고 있다. 확대일로에 있는 중국·인도·브라질 등 신흥국들의 정치적 영향력에 제동을 걸고 선진국 중심의 국제무역 질서를 복구하려는 시도로도 볼 수 있다.

미국과 EU는 위생·검역과 기술 장벽, 비(非)관세 장벽이 심한 화장품·화학·자동차·의료장비·제약 산업 관련 규제의 기준을 선진국 수준으로 강화해 신흥국들을 견제하겠다는 속내를 갖고 있다. 또 지식재산권, 환경, 노동, 경쟁정책, 국영기업 등에 대한 공통의 무역 규범을 마련함으로써 향후 다자 간 혹은 지역 무역협상에 있어서 글로벌 스탠더드를 선점하겠다는 야심도 숨기지 않는다.

미국과 EU는 2014년 말까지 FTA를 타결한다는 계획이지만 유전자변형 농산물(GMOs), 식품 검역, 지식재산권, 환경규제, 문화 다양성, 소비자 주권, 보조금 등 여러 분야에서 서로 입장이 달라 정확한 타결 시기를 가늠하기는 어렵다. 하지만 미국과 EU는 세계 최대 경제권의 통합된 표준과 무역 규범을 제시함으로써 보다 유리한 입장에서 각국의 규제 완화를 요구하고 비관세 장벽 해소에 압력을 행사할 것으로 보인다.

미국과 중국의 치열한 샅바싸움

미국은 EU와의 FTA 협상과 동시에 역동적인 아시아·태평양 지역에서 중국을 배제시킨 채 환태평양경제동반자협정(TPP) 협상을 주도하고 있다. "TPP에 중국이 참여하는 것보다 더 좋은 일은 없다"라는 론 커크 미국 무역대표의 발언은 외교적 수사일 뿐이다. TPP는 중국이 가입을 희망해도 안 되는 구도로 짜여 있기 때문이다.

TPP 협상은 국유 기업의 불공정한 지위나 행위에 대한 규제와 정부 구매, 지식재산권, 노동권 및 환경보호 등 정부 주도 경제인 중국이 아직 감당하기 힘든 내용까지 다루고 있다. 또 TPP 11개국(싱가포르·브루나이·뉴질랜드·칠레·미국·호주·페루·베트남·말레이시아·멕시코·캐나다)은 일본이나 중국의 TPP 가입에 대해 거부권을 행사할 수도 있다. 중국과 국경 분쟁을 겪고 있는 베트남 한 나라만 반대해도 가입이 불가능한 것이다.

이 같은 미국의 행보에 중국은 예민하게 반응하고 있다. 중국은 일단 한·중 FTA로 한국을 미·중 간의 주도권 다툼에서 중립을 지키게 하고, 한·중·일 FTA에 일본을 묶어둠으로써 동북아 지역공동체 논의 과정에 미국을 배제시키는 데 성공하였다. 또 RCEP를 통해 동아시아 지역공동체의 맹주로 발돋움하려 하고 있다.

중국은 작년 11월 일본과 함께 한국을 설득하여 한·중·일 FTA 개시 선언을 이끌어 냈고, 그 대가로 일본이 제안한 RCEP를 받아들였다. 중국의 남은 근심은 TPP다.

중국 외교부는 "TPP에 대해 개방적인 태도를 보일 것"이라는 입장이지만, 이미 일본이 참여를 선언한 데다 한국도 참여 여부를 저울질하고 있고, 중국과 영토분쟁을 겪고 있는 대만과 필리핀에 이어 인도네시아와 태국 또한 조만간 TPP 참여를 공식화할지도 모른다는 불안감에 시달리고 있다.

대서양과 태평양을 아우르는 미국의 강도 높은 역외 균형전략에 범중화권 결속과 자원 개발에 방점을 두고 전략적인 FTA를 추진해 온 중국이 강하게 반발하고 있는 형국이다.

日 아베, TPP 가입 서두르는 속셈은?

일본은 역내 소비재 교역의 활성화와 효율적인 국제분업을 위해 한·중·일 FTA의 중요성을 역설하고 있다. 하지만 FTA 후진국이라는 위기감에 사로잡힌 일본이 상당히 진전된 한·중 FTA에 제동을 걸기 위해 한·중·일 3자 FTA 협상을 출범시켜 시간을 벌어 볼 심산도 있다.

아세안 10개국과 한·중·일, 호주·뉴질랜드·인도 등 총 16개국을 묶는 광역 통상협정인 역내포괄적경제동반자협정(RCEP)은 원래 중국이 제안한 'ASEAN+한·중·일'이 중화권 중심의 지역 블록이 될 것으로 우려한 일본이 내놓은 대중국 견제책이었다.

일본은 작년 11월 ASEAN의 지지에 힘입어 RCEP 협상 개시를 관철시켰다. 하지만 일본 정부는 최근 광역 FTA의 무게중심을 환태평양경제동반자협정(TPP)으로 빠르게 옮겨 가고 있다.

일본의 TPP 참여에는 두 가지 요인이 크게 작용하고 있다. 첫째 한·중·일 FTA나 RCEP의 조기 타결가능성이 높지 않다는 판단에서 거대한 미국과 EU 시장을 타깃으로 TPP에 참여하는 한편 EU와의 FTA에 박차를 가함으로써 그간의 FTA 부진을 일거에 만회하겠다는 전략이다. 둘째는 아베노믹스에 대한 미국의 지지를 얻어 내는 조건으로 TPP 카드를 활용하였다. 대담한 양적 완화에 재정확대 정책, 디플레이션 탈피와 엔저 추진을 정책목표로 삼고 있는 아베노믹스에 대하여 국제사회, 특히 미국의 지원이 절실했던 것이다. 또 TPP라는 외부의 힘을 빌려 국내 개혁을 이뤄 보겠다는 것이 아베 총리의 야심 찬 계획이지만 내부 저항도 만만치 않을 것으로 보인다.

특집
〈조선일보 2013년 3월 27일〉

용어 설명

범대서양무역투자동반자협정(TTIP)

세계 양대 무역권을 형성하는 미국과 EU가 2012년 말부터 추진하기 시작한 무역자유화 협상을 범대서양무역투자동반자협정(Transatlantic Trade and Investment Partnership: TTIP)이라 말한다. 과거 1990년대 시도했었던 범대서양자유무역지대(Transatlantic Free Trade Area: TAFTA) 이후 20년 만에 재개된 협상으로 TAFTA가 무역 분야에 치중했었던 반면, TTIP는 투자의 자유화 또한 높은 수준으로 추진한다는 차별성이 있다. 2013년 6월 협상이 시작되어 15차례 협상라운드가 진행되었으나 오바마 퇴임 이후 브렉시트 등으로 인해 협상이 중단된 상황이다.

현재와의 대화: 일본의 메가 FTA 역습

아베 정부가 TPP와 같은 메가 FTA를 적극 추진했던 이유는 메가 FTA가 양자 FTA에 비해 그 경제적 효과가 크기 때문이다. 일본 내부에서는 양자 FTA의 경제적 효과에 대해서 많은 의문이 제기되었다. 일본은 농업계의 보호 필요성 때문에 무역 자유화 수준과 범위를 조절하는 경향도 있었다. 그 결과 FTA를 체결해도 서로 다른 규정과 표준 등으로 인하여 FTA 효과를 극대화하지 못하는 소위 '스파게티볼(spaghetti bowl)' 효과도 컸다. 아베 정부는 농민 등 반FTA 세력 등을 무마하고 재편할 수 있는 정치력이 있었다. 특히 중국의 부상에 대한 견제 수단으로 일본이 메가 FTA를 주목한 것도 사실이다. 일본의 이 같은 '전략적 다자주의'는 중국의 부상에 대한 대응인 동시에 미국의 지역 전략에 대한 협력으로 해석된다. 일본은 CPTPP, RCEP, 일본·EU EPA, 미·일 FTA 등 '4대 통상 전략'을 적극 추진하여 결실을 보게 되었다. 이러한 일본의 리더십 발휘가 어디까지 이어질지는 의문이다. 일본에는 아베 대신 스가 총리가, 미국에는 바이든 대통령이 들어선 지금, 글로벌 커뮤니티는 코로나와 미·중 패권전쟁이 상존하는 예측불허의 시계 제로로 진입하고 있다.

♜ 지식 한 토막: 독이 될까, 약이 될까? 한국의 CPTPP 가입

산업연구원(KIET)은 2020년 12월 29일 통상교섭본부장과의 간담회에서 다음 내용의 발제 자료를 내놓았다.

> "한국의 CPTPP 가입 이후 15년간의 상품교역 효과를 연평균으로 추정한 결과 수출은 연평균 10.8억 불 증대, 수입은 11.6억 불 증대가 예상된다. 산업별로는 화학, 일반기계에서 일본산 수입이 크게 증가할 것으로 예상되며 반면 자동차, 전기전자 등에서는 한국산의 멕시코, 베트남 시장 수출이 증대될 것으로 보인다. 전체적으로 제조업 분야 효과는 매우 부정적이다. 서비스 분야의 기대 효과도 제한적이며 규범·제도 분야의 국내 제도 개선 효과도 미미하다. 가입 협상에 따른 부담은 일본의 과도한 요구 등으로 다소 클 것으로 예상된다. 결론적으로 한국은 CPTPP 가입 준비를 철저히 하되, 가입 협상 개시는 미국과 공조하여 동반 가입을 추진하는 것이 가입 협상에 따른 일본의 과도한 요구나 반발을 대처하는 데 유리할 것으로 판단한다. (산업연구원, 2020)"

같은 간담회에서 대외경제정책연구원장은 CPTPP에 대해 미묘한 입장 차이를 보였다.

"미국의 움직임이 가시화되기 전에 CPTPP 가입 등에 대한 선제적 전략 수입이 필요하다. CPTPP 가입 시 멕시코와의 신규 FTA 체결 등의 경제적 효과를 기대할 수 있는 반면, 가입 과정에서 가입 비용은 우리에게 부담이 될 전망이다. 특히, 일본과는 갈등이 계속되는 국면이라 일본은 한국의 가입에 대해 부정적인 시각을 가지고 있다. 국내 산업계 의견도 여전히 부정적이다. 대내외적 상황을 종합적으로 고려하여 CPTPP 가입을 검토하고, 통상역량을 집중하여 가입을 추진할 필요가 있다. 대외적으로는 미국 가입이 전제되지 않은 상황에서 기존 회원국들이 높은 가입 비용을 요구할 수 있기에 이에 대한 대비가 필요하다. 특히, 선제적으로 일본 이외 10개 회원국과의 지속적인 협의를 통해 한국 CPTPP 가입에 대한 우호적 여론 형성이 중요하다. CPTPP의 경우 규범 수준이 높고 개방 폭도 크다. 사전적으로 국내 규범과의 조화를 면밀히 검토하고 이해관계자 및 통상·산업 전문가 의견 수렴을 통해 구체적인 협상 전략을 수립해야 한다. (대외경제정책연구원, 2020)"

동아시아의 협력과 경쟁: 한·중, 한·일, 한·베 다이내믹스

1

미국이 넘볼 수(?) 없는 한국 만들기

양제츠 방한은 중국의 치밀한 사전 포석
한국은 中이 대마와 싸울 때 필요한 팻감
中의 한중 FTA 구애작전서 교훈 얻어야

양제츠 중국 공산당 외교담당 정치국원이 지난 22일 부산에서 서훈 청와대 국가안보실장과 장시간 회동을 가졌다. 작년 12월 초에 있었던 왕이 외교부장 방한 때와는 분위기가 사뭇 달랐다고 한다. 중국 외교 사령탑인 그의 행보에서 겸손과 자제의 외교 모드가 역력했기 때문이다.

한중 양측은 이번 회담에서 현재 전략적 협력 동반자 관계를 끌어올리기 위한 방안들을 논의한 것으로 알려졌다. 하지만 이는 표면적인 의제에 불과하다. 치밀하게 계산된 중국의 한반도 포석이 양제츠 방한을 계기로 시작된 것이다. 목표는? 바로 '미국이 넘볼 수(?) 없는 한국 만들기'다.

한국은 중국에 있어서 늘 팻감 정도의 존재였다. 특히 미국이라는 대마(大馬)와 싸울 때 필요한 팻감 말이다. 6·25 전쟁이 그랬고 북핵 문제도 그렇다. 필요할 때 쓰고는 미련 없이 버린다. 압박이 강할수록 패감의 효용이 커지는 것일까? 화웨이 추가 제재와 산업스파이 색출, 경제번영네트워크(EPN) 추진과 중거리 미사일 한반도 배치 등 미국의 압박이 고조되자 베이징은 최근 버렸던 팻감을 다시 만지작거리고 있다.

중국의 이 같은 행태는 과거 한중 FTA 사례에서 잘 드러나고 있다. "시장이 제일 크고 기술력도 최고 수준인 미국과 FTA를 먼저 하지 않고는 중국과 FTA를 할 수 없다"며 당시 노무현 대통령은 2006년부터 한미 FTA를 밀어붙여 이듬해에 협상을 타결시켰다. 당황한 중국이 들고 나온 것이 한중 FTA 카드다. 하지만 한국 정부는 뜸만 들이며 움직이지 않았다. 이명박 정부 말년에서야 협상 개시를 선언했고 박근혜 정부에서 협상이 진행되었다. 중국은 이 기간에 서울을 향해 구애 작전을 폈고 한국 정부는 마치 중국과 연인이라도 된 듯한 착각에 빠졌다.

당시 중국 외교부장이었던 양제츠와 부부장 왕이, 보시라이와 그 후임인 천더밍 상무부장은 물론 후진타오 주석이나 원자바오 총리도 한중 FTA의 조속한 추진을 한국 측에 끈질기게 부탁하였다. "구동존이(求同存異, 같은 것은 추구하고 이견은 남겨 둔다) 정신을 발휘해 조속히 한중 FTA 협상에 착수하기 바란다." 2009년 12월, 부주석 취임 후 첫 방한을 앞둔 시점에서 시진핑 현 국가주석이 베이징 기자회견에서 한 말이다. 이후 오바마 미 대통령의 환태평양경제동반자협정(TPP)이 추진되고 여기에 일본까지 가입하자 중국은 한국의 TPP 가입 저지를 위해서라도 한중 FTA에 더욱 매달렸다. 그리고 2015년 6월 협상은 완료되었다. 석 달 후 박근혜 대통령은 중국 전승일 70주년 기념식에 참석했다. 이듬해 1월 중국 주도의 아시아인프라투자은행(AIIB)에도 가입했다. 밀월은 거기까지였다.

2016년 7월 한국의 고고도 미사일 방어체계(THAAD, 사드) 배치 결정으로 시작된 중국의 대한(對韓) 보복과 홀대는 외교적 상도를 넘는 가혹한 것이었다. 그런데 최근 미중 갈등이 본격화되면서 베이징이 한국의 효용을 재평가라도 한 것일까? 사드 보복의 실질적 완화, 한중 FTA 2단계 협상 가속화, 한국 기업 일대일로 사업 참여 등 양제츠 정치국원이 부산까지 와 선물 보따리를 푼 것이다.

왕이 외교부장은 작년 12월 4일 방한해 "소국을 괴롭히는 대국, 약소국을 괴롭히는 패권주의, 자신의 의지를 남에게 강요하는 국가, 다른 국가의 내정을 간섭하는 국가 행보를 중국은 계속 반대해 왔다"고 말했다. "네 눈에서 들보를 뺴낼 때에 비로소 네 형제의 눈에서 빼낼 티끌을 볼 수 있으리라"는 성경 구절을 그에게 꼭 들려주고 싶다.

한국의 창(窓)

〈한국일보 2020년 8월 26일〉

♜ 용어 설명

일대일로(一帶一路, Belt and Road Initiative: BRI)

2013년 중국 시진핑 국가 주석의 제안으로 시작된 중국의 대세계 전략 프로젝트. 일대일로란 중국 주도의 '신(新) 실크로드 구상'으로, 내륙 3개, 해상 2개 등 총 5개의 회랑 경제 벨트를 지칭한다. 35년간 (2014~2049년) 고대 동서양의 교통로인 현대판 실크로드를 내륙과 해상에서 다시 구축해 중국과 주변 국가들의 경제·무역 합작 교류의 길을 연다는 중국의 대규모 프로젝트다. 이를 위해 중국 정부는 2016년 1월 한국을 포함한 57개 회원국과 함께 아시아인프라개발은행(AIIB)을 설립, 현재에 77개국 회원국을 거느리고 동 사업의 금융 지원을 담당하고 있다. 본부는 베이징에 있다.

♖ 현재와의 대화: 청나라 위안스카이의 환생, 중국 왕이 외교부장

2020년 미국 대선 직후에 중국 왕이 외교부장은 1년 만에 다시 한국을 찾았다. 미국 새 정부 출범을 앞두고 '미국에 너무 치우치지 말라'는 메시지를 한국에 전하기 위한 방문이었다. 하지만 왕이는 이번 방한의 목적이 미국 견제가 아니라 한·중 협력 강화라는 설명을 내놓았다. 하지만 '남북한 양측이야말로 한반도의 진정한 주인'이라는 그의 발언은 '미국의 반중(反中) 공동전선에 가담하지 말라'는 압박으로 내비쳤다. 지난 30년간 한국은 중국서 돈을 벌기 위해 많은 것들을 감수해야 했다. 그것은 미국의 중국에 대한 시각과 맥을 같이 하는 접근이었다. 하지만 미·중 무역전쟁 이후 상황은 달라졌다. 돈은 중국서 벌고 안보는 미국에 맡기는 상황은 지속 가능하지도 양립 가능하지도 않게 된 상황이 펼쳐지고 있다.

♖ 지식 한 토막: 중국의 국가기관

입법부에 해당하는 전국인민대표대회(전인대)와 행정부에 해당하는 국무원, 사법부에 해당하는 최고인민법원과 최고인민검찰원 그리고 중앙군사위원회로 구성되어 있다. 전인대는 전국 각 성, 시, 자치구 인민

대표대회와 인민해방군이 선출한 대표로 구성된다. 전인대는 국가주석, 부주석, 국무원 총리와 부총리, 국무위원, 최고인민법원장, 최고인민 검찰원장을 선출 또는 파면할 수 있는 직권을 가지고 있다. 5년에 1회 개최되며 1년에 한 번씩 연례회의가 열린다. 전인대 상무위원회의 주된 업무는 전인대 폐회 기간 동안 전인대를 대표하여 직권을 행사하며 헌법 법률의 해석 및 시행 감독과 법률 개정 등이다. 위원장은 전인대 회의를 주재하고 상무위 회의를 소집한다. 국무원은 중국의 최고 행정 기관인 중앙 인민정부이다. 국무원은 전인대 및 상무위가 제정한 헌법, 법률 결의를 집행할 의무가 있다. 총리를 정점으로 하여 부총리와 국무위원, 각 부 부장 등으로 구성되어 있다. 최고인민법원은 중국의 최고 사법(재판)기관으로 각 지역의 인민법원이 재판하고 판결하는 것을 관리 감독한다. 국무원과 대등한 관계에 있으며 전인대 직속 기관이다. 최고인민검찰원은 중국의 최고 사법(검찰)기관으로 각 지역의 인민검찰원이 체포의 승인, 공소제기와 유지 등의 업무를 진행하는 것을 관리 감독한다. 국무원과 대등한 관계에 있으며 전인대 직속 기관이다.

② '헥시트' 이후 시나리오 준비돼 있나

'홍콩 사태' 출구 못 찾고 가열
기업별 위험노출액 파악하고
홍콩 대체방안도 적극 찾아야

홍콩에서 '범죄인 인도법안(송환법)' 반대로 촉발된 시위 사태가 만 6개월이 지났다. 지난 8일에는 80만 명의 홍콩 시민이 거리로 뛰쳐 나왔다.

홍콩 사태의 본질은 '권위주의 정치체제'와 '자유주의 가치체계'의 충돌로 읽힌다. 시진핑 주석 집권 이후 베이징이 '홍콩의 중국화'를 밀어붙이자 홍콩 시민들이 거리로 나와 맞선 것이다. 신(新)냉전이 홍콩에서 대리전으로 점화된 양상이다. 선전에서 카오룽으로 부는 바람은 '홍콩에서 밀리면 티베트와 신장, 나아가 대만에서도 밀릴지 모른다'는 중국 지도부의 속내를 전하고 있다.

문제는 홍콩의 특수성이다. 홍콩은 중국 내륙과 달리 개방된 공간이다. 시위는 전 세계로 실시간 중계된다. 지난달 24일 홍콩 구의원 선거는 '시위의 배후가 대다수 홍콩 시민'이라는 사실을 확인시켰고, 이는 미국의 속전속결 '홍콩 인권법' 제정으로 이어졌다. 중국은 미 항공모함의 홍콩 입항을 불허하고 시민단체에 대한 보복에 나섰지만 분이 가시지 않은 모습이다.

홍콩인들의 불만은 본토의 정치적 억압에 국한된 게 아니다. 이민자 문제도 그중 하나다. 2007년에서부터 1016년까지 홍콩으로 이주한 중국 본토인 수는 총 44만 5,900명이다. 베이징어를 쓰는 이들이 홍콩의 고유문화를 위협한다고 홍콩인들은 입을 모은다. 중국 정부의 설명은 다르다. 고령화로 노동력이 부족한 홍콩을 위해 매년 25~34세 본토 청년을 약 4만 5,000명씩 보냈다는 것이다.

대학도 불만의 단골 메뉴다. 홍콩의 대학에서 공부하는 본토 유학생 수는 2005년 4,112명에서 최근 3만 명으로 늘었다. 학부생은 2,000명 전후로 중국 유학생 대부분은 석·박사 과정을 밟고 있다. 이들 중 절반 정도는 졸업 후 홍콩에서 직장을 잡는다. 이들이 대학 장학금도, 좋은 일자리도 다 빼앗는다는 게 홍콩인들의 불만이다. 중국인 유입으로 집값 또한 뉴욕 맨해튼 수준으로 폭등했다. 현재 홍콩 집값은 저점인 2003년의 5배 수준이다.

홍콩 사태가 장기화하면서 실물경제가 직격탄을 맞았다. 올 3분기 홍콩의 실질 경제성장률은 전년 동기 대비 -2.9%로, 10년 만에 처음 마이너스를 기록했다. 설비투자는 26.6% 감소했다. 다행인 것은 금융 불안의 조짐은 아직 보이지 않는다는 점이다. 홍콩 은행 간 금리(HIBOR, 3개월 기준)와 홍콩달러가 안정세를 보이고 있고, 알리바바의 홍콩증시 상장 등도 금융시장에 긍정적으로 작용하고 있어서다.

우리 기업들은 어떤 대응 전략을 가져가야 할까. 우선 홍콩에 노출된 실물 및 금융 거래 규모와 추이를 면밀하게 살펴야 한다. 한국 수출에서 홍콩이 차지하는 비중은 2018년 약 7.5%, 금액으로는 반도체 336억 달러를 포함한 총 460억 달러다. 이 중 80%는 중국으로 재수출된다. 금융의 경우 한국의 대(對)홍콩 위험 노출액(익스포저)은 우려할 수준은 아니지만 개별기업은 다를 수 있다.

홍콩 경제 규모는 중국의 3%에 불과하다. 하지만 중국 기업의 해외 채권 발행이나 해외 상장 혹은 역외 위안화 지급 결제 등에서 그 역할은 절대적이다. 홍콩 사태가 계속 악화돼 중국의 무력개입이 현실화하고 미국이 홍콩 인권법에 의거해 관세·비자 등에서 홍콩 소재 기업들이 누려온 특혜를 폐지한다면 대규모 투자 회수나 상장 연기 혹은 뱅크런 등으로 홍콩에 일시적 위기 상황이 발생할 수도 있다. 그 과정에서 홍콩의 금융 허브 역할은 적잖은 타격을 받게 될 것이다. 싱가포르나 상하이, 선전 등이 대체지역으로 부상할 가능성이 크다. 하지만 홍콩의 유효성은 단기적으로 여전히 대체 불가능하다.

한국으로서는 홍콩의 위험 요인을 점검해 대(對)중국 수출 거점을 서서히 다변화할 필요가 있다. 최악의 시나리오도 가정해 홍콩 중계무역의 최적 대체지와 효과적인 중국 직접 진출 방안도 마련해 둬야 한다.

분석과 전망
〈한국경제 2019년 12월 10일〉

용어 설명

홍콩 범죄인 인도법안(Hong Kong Extradition Law)

홍콩에 있는 범죄 용의자를 범죄인 인도협정을 체결한 국가에 인도할 수 있게 하는 법안. 홍콩은 20여 개 국가와 범죄인 인도협정을 체결한 상태이나 중국과 대만 마카오 등의 국가와는 체결하지 않은 상태이다. 홍콩 시민들은 이 법안 개정안에 협정 대상국 중국이 포함되어 있고 중국이 현 체제에 반대하는 사람들을 정치범으로 몰아서 제거하기 위한 수단으로 악용할 수 있다며 반대하고 있다. 홍콩 시민들은 동 법 입법예고에 반발해 2019년 6월 초 100만 명 반대시위를 시작으로 9월 초까지 88일간 투쟁을 벌였다. 동년 9월 4일 홍콩 정부가 이 개정안의 완전한 폐지를 선언하면서 3개월 가까이 진행된 홍콩 시민들의 반(反)정부·반중국 시위가 새로운 전기를 맞게 됐다. 2014년 행정장관 직선제를 요구하며 79일간 벌인 대규모 민주화 시위인 '우산 혁명'은 실패로 끝났지만, 홍콩 시민은 이에 굴하지 않고 우산 혁명 때보다 더 긴 88일의 투쟁을 이어 가며 승리를 이끌어 내었다. 하지만 이후 중국 정부는 2020년 전인대를 통과한 홍콩 보안법을 적용해 2021년 1월 7일 홍콩의 민주화 운동가 53명을 체포하는 등 홍콩 민주화 탄압에 나섰다. 美 국무부와 EU 의회는 즉각 중국을 규탄하고 나섰지만 중국 외교부는 '주권의 문제'라며 물러서지 않고 있다.

♜ 현재와의 대화: 중국 정부 눈치 보느라 사업상 어쩔 수 없었다

2020년 가을 미국은 홍콩 고위 관료들에 대한 제재를 시작했다. 국제금융기구가 이들 제재 인사들과 업무왕래를 하지 말 것을 명령했고 따르지 않으면 10여 가지 제재를 당하게 될 것이라고 경고했다. 이들은 홍콩 보안법을 지지했고 홍콩인의 자유를 제한한 인사들로 알려졌다. 영국의 HSBC와 스탠다드 차타드은행은 홍콩 보안법에 지지를 표시한 금융기관들이다. '중국 정부 눈치를 보느라 사업상 어쩔 수 없었다'는 변명을 늘어놓았지만 미국과 영국 정부는 이들을 적대시했다. 한편 중국 전인대 상무위는 2020년 11월 홍콩 입법회 의원 자격 요건에 '애국심'을 포함시키는 결의안을 통과시켰다. 애국심이 없다는 이유로 홍콩 시민의 의원 자격을 중국 정부가 박탈할 수 있는 길을 연 셈이다. 바이든 당선인은 2020년 가을 선거 유세과정에서 시진핑 주석을 '폭력배(thug)'로 일컬으며 중국의 홍콩 자치권 침해를 처벌하기 위해 법적 조치를 총동원할 것이라고 밝힌 바 있다. 바이든 행정부는 인권에 대해 큰 관심을 가지고 있는 만큼 홍콩이나 신장 위구르 지역의 인권을 놓고 바이든-시진핑의 일대 격돌이 향후 불가피할 것으로 보인다. 2019년 가을, 홍콩을 방문했던 기억이 난다. 시내 중심가 보행도로 위에 시진핑 중국 국가주석의 사진이 수백장 길바닥에 붙어 있었다. 사람들이 그 위를 발로 밟고 지나다녔다.

♜ 지식 한 토막: 허핑톤이 제시한 미디어 3대 메가 트렌드

2020년 8월 10일 중국 정부는 홍콩 언론계 거물이자 대표적인 반중 인사인 지미 라이 빈과일보(애플데일리) 사주를 국가보안법 위반 혐의로 체포했다. 미국이 홍콩 보안법 시행을 이유로 홍콩과 중국 고위 관리 11명을 제재 리스트에 올린 지 약 이틀 만에 중국은 언론인 체포로 맞대응한 셈이다. 하지만 중·장기적으로 중국식 미디어 통제는 불가능할 것으로 보인다. 허핑턴 포스트의 창업자이자 대표인 아리아나 허핑턴(Arianna Huffington)은 그 이유를 미디어 산업의 극적인 변화에서 찾고 있다. 그가 제시한 향후 20년간 미디어 산업의 3대 메가트렌드는 다음과 같다.

"첫째, '발표(presentation)'에서 '참여(participation)'로 소통 방식의 대전환이 이뤄진다. 올림푸스산에서 미디어 신들이 모여 저 아래 인간들에게 나눠 줄 뉴스를 정하는 방식은 이미 끝났다. 사람들은 일방적으로 듣는 데 지쳤다. 2020년 기준 인터넷 사용자 30억 명의 지구인들은 인터넷에서 하나가 되어 대화를 나누는 방식 즉 미디어가 글로벌 독자와 함께 뉴스를 만들어가는 혁명의 시대가 도래할 것이다. 소통과 자기표현이라는 꽃이 에덴동산에서 만개할 것이다.

둘째, 역설적이지만 매일 24시간 디지털 세상과 연결되어 있어야 한다는 '뱀의 유혹'에서 자유로워질 것이다. 온 세상과 연결된 디지털 시대, 우리는 사랑하는 가족과 친구 특히 우리 자신으로부터 연결이 차단되는 세상을 살고 있다. 에덴동산의 뱀에서 자유로워질 파워풀한 첨단 기술 혹은 앱이 도래할 것이다.

셋째, 사람들이 '데이터와 정보'를 검색하는 기존의 패턴에서 벗어나 '삶의 진정한 의미'를 찾아가는 방식으로 바뀔 것이다. 자신과 유사한 열정과 관심을 가진 사람들과 연결되기를 원하는 종래의 방식에서 그들의 삶을 감동시키는 대의(cause)를 찾아 무게중심을 옮길 것이다. 미디어를 통한 의미 있는 사회 활동의 확산이 기대된다. (Huffington, 2015)"

일본의 대한(對韓) 수출규제와 우리의 대응 전략

한국 경제가 표류하고 있다. 미·중 무역분쟁의 심화와 일본에 대한 수출규제 강화가 장기화되고 중국과 미국 및 EU를 포함한 우리 주요 교역국들의 해외 수요마저 위축되면서 한국호는 짙은 안개에 휩싸여 시계 제로의 위기 상황을 맞았다.

더 큰 문제는 선박 내부에 있다. 정부의 각종 반기업적 정책과 규제에 눌려 기업가 정신이 사라지고 있다. 특히 노동 시장의 경직성이 강화되고 환경 문제에 대한 감성적 접근이 횡행함에 따라 '헬조선'은 이제 청년이 아닌 기업가들의 비명 소리가 되었다.

그 결과 올해 설비투자는 2년 연속 감소세를 이어가고 있고 수출 또한 3년 만에 마이너스 성장을 기록할 전망이다. 2019년 경제 성장률 또한 금융위기 이후 최저 수준인 1%대로 추락할 가능성이 커졌다. 선박 기계실에서 시커먼 연기가 피어오르고 있지만 불 끌 사람은 아무도 없는 것이 우리의 참담한 현실이다.

만약 미·중이 환율 전쟁을 본격적으로 벌이는 와중에 우리 기업들은 일본산 소재를 제때 조달하지 못하는 최악의 경우를 가정하면 우리 경제 성장률은 0%대로 주저앉을 수도 있다. 즉, 미·중과 한·일이 모두 격돌한다면 한국은 외환위기와 금융위기에 이어 제3의 경제 위기에 봉착할 것으로 보인다.

올해 7월 1일 일본 정부가 일본 수출 관련 외국환 및 외국무역법 개정안을 발표하면서 시작된 한·일 경제 갈등은 아직도 진행형이다. 한국 정부는 8월 22일 '지소미아 종료'라는 카드를 던지며 일본의 수출규제 개정안 철회를 요구했지만 8월 28일 일본은 한국을 '화이트리스트'에서 제외하는 조치의 시행에 돌입했다. 물론 절차가 까다로워졌을 뿐 아직 일본의 실질적인 금수조치는 없다. 하지만 향후 정치적 충돌 여하에 따라 그 가능성을 완전히 배제할 수는 없다.

일본에 대한 수출 규제가 수출 금지로 현실화된다면 우리 경제는 어떻게 될 것인가? 산업별 타격 정도는 다르겠지만 그 파급효과는 상당할 것으로 추정된다. 우선 반도체와 디스플레이 생산에 필요한 장비나 소재 등 기계 및 IT 산업은 단기 대체가 쉽지 않아 국내 생산에 큰 차질을 빚을 것으로 보인다. 특히 반도체 일부 장비(식각, 노광, 증착)와 소재(웨이퍼, 블랭크마스크)나 차세대 공정용(EUV) 소재 등은 한·일 기술력 격차로 인해 일본산 대체가 어려워 그 충격이 클 것으로 판단된다. 반면 자동차, 철강, 조선 등 여타 주력 산업은 수입 대체나 국산화 가능성이 열려 있어 상대적으로 피해가 덜할 것으로 보인다.

우리 정부는 핵심 소재·부품 100개의 국산화에 방점을 두고 통 큰 R&D 지원과 중소기업 판로 확보에 큰 관심을 보이고 있다. 하지만 문제는 조달비용에 있다. 설령 기술적으로 일본 소재를 대체할 수 있다 하더라도 규모의 경제와 학습 효과 및 차세대 혁신 제품 출시와 표준 선점 등 글로벌 시장을 선도하는 일본 기업의 동태적 비교 우위를 국내 기업이 몇 년 사이에 모두 뒤집기란 역부족이다.

많은 한국 기업들은 오히려 '병 주고 약 주는' 정부의 대응 방식에 불만을 토로하고 있다. 국산화란 지난한 작업에 시간이 걸리는 만큼 정부가 앞장서 빠른 시일 내에 일본과의 관계를 원상회복시키길 이들은 원하고 있다. 올해 10월 하순 부산에서 열릴 아세안+3 정상회의에서 양국 정상의 미래지향적 결단이 필요한 이유이다. 그리고 그 협상의 타결은 징용공과 위안부 문제에 대한 양국 정상의 전향적·포용적 입장의 수용에서부터 시작되어야 할 것이다.

일본은 과연 우리의 적인가? 그렇지 않다. 지난 1965년 한·일수교 이후 한·일 경제협력은 한국 경제 성장의 견인차 역할을 담당했다. 이후 양국은 21세기에 접어들면서 글로벌 생산 네트워크를 통해 상호 보완 내지는 상생의 관계를 형성·유지하고 있다.

물론 한국은 일본보다 중국에서 더 많이 중간재를 수입하고 있다. 하지만 일본에서 수입하는 중간재는 중국산 범용재가 아닌 기술력이 뛰어난 핵심 소재와 부품이 많다는 점에서 일본이라는 나라의 효용을 더하고 있다. 양국은 제조업 분야에서 제3국 공동 진출을 수없이 꾀하였고 민간 차원의 기술 교류를 활발하게 이어가고 있다. 시장경제와 자유민주주의 그리고 미국의 동맹이라는 공통분모를 가진 이웃 두 나라가 국내정치적 요인들에 의해 반일과 반한을 강요당하는 작금의 현실이 안타깝기만 하다.

향후 한국 경제는 미·중, 한·일 갈등의 전개 양상과 함께 다음 변수에 주의할 필요가 있다.

첫째는 환율인데 최근 미국이 중국을 환율조작국으로 지정한 점에 주목할 필요가 있다. 미국은 1980년대 후반과 1990년대 초 한국과 대만, 중국을 차례로 환율조작국에 지정한 바 있다. 당시 시장 환율은 원화와 대만 달러화 및 중국 위안화 모두 6~15% 절상되었다. 만약 중국이 미국과 강대강 맞선다면 위안화 약세 나아가 원화의 동반 약세가 예상된다. 하지만 미국 연준의 공세적 금리 인하나 미·중 환율조정 가능성은 환율의 하락 반전 요인으로 작용할 것이다.

둘째는 금리다. 미 경제가 피크를 지나 성장률이 둔화되면서 연준은 연내 추가 2~3회의 추가 금리 인하를 예고하고 있다. 올 들어 미국, 한국, 중국 등 17개국이나 금리를 인하했다. 이는 금융위기 이후 최대 규모다. 한국 또한 4/4 분기 중 추가 금리 인하가 확실시된다. 내년 상반기에는 1.0~0.75%까지 금리가 내려갈 수도 있다. 자본유출의 우려가 크지 않고 주요국의 금리인하가 동반되는 가운데 한·일 경제전쟁까지 심화된다면 0%대 금리도 배제하기 어렵다.

기업 측면에서 본다면 시나리오별 비상경영계획이 필요한 시점이다. 성장 위주의 과도한 외형 확대보다는 핵심 사업을 중심으로 내실 경영에 집중하는 전략이 유효해 보인다. 글로벌 기업의 경우 공급망 조정 가능성을 염두에 두고 해외 자산과 거래처 및 경영에 대한 모니터링을 강화할 필요가 있다.

각국 사업별 포트폴리오를 재점검하고 지역별 위험요소에 대한 분석과 해법이 요구된다. 예를 들어 홍콩 사태의 경우 홍콩을 경유하는 대중 간접수출이나 금융상품에 대한 투자 손실 혹은 대홍콩 자본조달 문제를 심도 있게 들여다보고 위험전이요소를 차단하려는 노력이 절실하다.

일본의 경우 소재·부품 금수조치와 함께 일본계 자금이 한국에서 대거 유출되는 경우도 상정하여 엔화 자금 조달 문제와 이와 관련된 일본과의 직·간접 비즈니스 및 각종 지분·제휴·협력·특허 관계 등을 종합적으로 재검토하고 이에 따른 구체적 대책이 나와야 할 때이다.

전문가 칼럼
〈KEF e-매거진 2019년 9월 10일〉

용어 설명

불화수소(Hydrogen Fluoride)와 포토레지스트(Photoresist)
반도체 공정에서 실리콘 웨이퍼 위에 세정을 위해 불화수소가 사용되고, 미세한 회로 패턴을 만들기 위해 포토레지스트가 사용된다. 불화수소는 화학 산업에서 다양한 화합물을 만드는 원료 물질로 널리 쓰이는데, 특히 반도체 공정에서 불화수소는 식각용 용액이나 불순물을 제거하기 위한 세정제로도 사용된다. 식각(Etching)이란 반도체 직접회로의 핵심 재료인 웨이퍼에서 필요한 회로 패턴을 제외한 나머지 부분을 제거하는 공정이다. 집적도가 갈수록 증가하는 반도체 공정의 특성상 불량률을 최소화하기 위해서는 99.999% 이상의 초고순도 불화수소가 필요하다. 포토레지스트란 빛을 조사하면, 화학적 변화를 일으키는 재료인 감광액(感光液)의 일종이다. 감광이란 빛을 쪼였을 때 물리적, 화학적 변화를 일으키는 현상을 통칭한다.

♟ 현재와의 대화: '국산화 성공'에 숨은 불편한 진실

일부 한국 기업들이 '국산화에 성공했다'라고 언론에 발표하는 내용은 유의해서 해석할 필요가 있다. 종종 일본 제품을 대체 혹은 능가하는 한국 제품의 개발에 성공했다는 뜻이 아니라 일본산보다 품질이 여전히 떨어지는 국산품을 사용해도 제품 생산에 큰 문제가 없다는 의미이기 때문이다. 예를 들어 일본 소재의 순도가 99.9999이고 국산품은 99.99이지만 '용기를 내어 국산품을 투입해 보니 불량률이 조금 늘어나긴 해도 사용을 할 수 없는 상태는 아니다'는 의미로 '국산화'란 단어를 입에 올리는 경우다. 정부를 의식한 다분히 '정치적인 멘트'라 할 수 있다. 일본의 대한(對韓) 수출 규제 이후, 한국 정부와 기업들은 소재, 부품, 장비의 국산화와 수입처 다변화를 위해 노력해 왔다. 정부는 일본 수출 규제 3개 품목을 포함한 20개 핵심 소재부품 국산화, 다변화를 추진했다. 하지만 불화수소를 제외하고는 아직 일본 의존도가 크게 줄지 않고 있다. 2020년 1~5월 포토레지스트의 일본산 수입액은 1억 3,355만 달러로 전년 동기보다 오히려 29% 늘었다. 플루오린 폴리이미드의 일본산 수입액도 1,303만 5,000달러로 전년 동기보다 7.4% 늘었다. 각각의 일본 비중도 88.6%, 93.9%로 여전히 높다.

지식 한 토막: 도요타 '4M + 1M'의 기적

"품질 관리를 하면 원인을 파악할 수 있게 되고, 불량도 없어질까? 답은 '아니요'이다. 도요타에서도 수십 년 동안 품질 관리 방법을 이용하여 불량품을 근절하기 위해 노력했지만, 전혀 나아지지 않았다. 그래서 기존과 같이 '마지막에 검사한다'라는 품질 관리 방법을 버리게 되었다. 도요타는 각각의 공정 안에서 불량이 발생하는 이유는 다음의 네 가지 중 하나라고 생각했다. 1) 재료에 문제가 있는가–Material(소재) 2) 기계에 문제가 있는가–Machine(기계) 3) 작업 방법에 문제가 있는가–Method(방법) 4) 작업자의 기능에 문제가 있는가–Man(작업자). 그래서 도요타는 이것은 '4M'이라 명명하고, 가공이 끝난 각각의 단계에서 검사하기로 했다. 5) 합격품인지 아닌지를 검사한다–Measurement(검사). '4M'에 검사 항목을 추가해서 '4M + 1M 혹은 5M'이라고 불렀다. 각 공정 안에는 '소재'와 '기계'가 있고, '작업자'가 기계를 조작하여 작업표준서와 매뉴얼에 따라 '특정한 방법'으로 가공한다. … 마지막 단계에서만 불량을 검사하는 것이 아니라 작업자가 작업을 마친 후 그 단계에서 직접 합격품 여부를 검사하기로 한 것이다. … '4M + 1M'의 효과는 경이적이었다. 불량률이 1만 분의 1 정도에서 100만 분의 5 내지는 10으로 줄었다. 예상치 못한 효과도 가져왔다. 그것은 부처 간의 갈등을 해소한 것이다. (호리키리 도시오, 2017)"

4

여론·소송·국내戰으론 역부족

WTO 소송전은 장기 표류 가능성 …
승소 여부보다 실효성 따져 봐야
거친 언어 자제해 日 자극 피하고
원점에서 절충·타협 시도해야

  일본 정부는 지난 7월 1일 일부 품목의 대한국(對韓國) 수출 규제를 강화한다고 발표했다. 이에 따라 4일부터 플루오린 폴리이미드 등 3개 품목의 수출 허가 절차를 좀 더 까다롭게 변경하였고 이르면 8월 2일에 일본의 우방국 '화이트리스트'에서 한국을 제외할 것으로 알려졌다. 우리로서는 화학약품, 정밀기계, 전자 부품, 특수 섬유 등 전략 물자 다수 품목에 대한 일본의 추가 수출 규제가 임박한 상황이다. 한국 정부는 이에 대해 세 가지 대응 전략을 구사하고 있다.

  첫째는 '여론전'인데 워싱턴이나 국제 외교 무대에서 이번 조치의 부당성을 알려 일본을 압박하겠다는 전략이다. 한국은 WTO(세계무역기구) 일반이사회에서 이 문제를 정식 의제로 상정해 그 문제점을 설명한 바 있고, 향후 ARF(아시아지역안보포럼)와 RCEP(역내포괄적경제동반자협정) 등에서도 문제를 제기할 계획이다. 외교적 갈등을 공급망 교란으로 교차 보복하려는 일본의 행위는 글로벌 분업 체계를 흔드는 중대한 도발임이 틀림없다. 따라서 국제 여론을 환기하고 지지를 구하는 한국 정부의 노력은 높이 살 만하다. 다만 그 과정에서 거친 언어로 일본을 자극할 필요는 없다고 본다. 사태 해결의 열쇠는 결국 한·일 양국 정부가 쥐고 있기 때문이다. 우리 정부는 일본과의 협상 가능성을 항상 열어두고 상대를 존중하는 자세를 견지했으면 좋겠다.

둘째는 '소송전'인데 WTO를 통한 법적 대응 전략이다. WTO 회원국은 허가제 등을 통해 수출을 제한할 수 없다. 수출입 절차에서도 회원국들을 차별해서는 안 된다. 일본이 한국에 대해서만 수출 과정을 어렵게 해 수출을 지연한다면 이는 정부 조치의 일관성과 합리성을 요구하는 WTO 협정에 위반될 소지가 크다. 하지만 일본은 그동안 한국에 제공해왔던 특혜를 회수하는 조치라 WTO 위반이 아니라는 입장이다. 한국으로 수출한 전략 물자가 북한에 유입될 가능성 등을 고려하여 국가 안보를 목적으로 수출 절차를 변경하는 것은 WTO가 허용하는 예외 조항에 속한다는 주장이다. 우리로서는 충분히 다투어 볼 만한 사안이다. 문제는 승소 가능성이 아닌 제소의 실효성에 있다.

WTO에서 우리 기업의 피해를 입증하는 작업은 일정한 시간을 요한다. 2년 이상 걸려 나올 1심 결과에 대해 한쪽이 불복해 상소하면 사건은 장기 표류할 가능성이 크다. 정원 7인인 WTO 상소위원의 결원이 미국의 반대로 충원되지 않아 올 12월이 되면 단 1명만 남게 된다. 최소 3인이 필요한 상소 기구의 기능은 올 연말로 정지될 운명이다.

셋째는 '국내전'인데 부품·소재 국산화와 수입처 다변화 전략 등이다. 그동안 성과도 있지만 상당수 품목의 경우 일본과의 기술 격차가 워낙 커 국산화 자체가 가능하지가 않다. 민간 주도의 일본산 불매운동이나 일본 관광 자제 움직임 또한 효과가 불확실하다. 일본계 기업의 지분을 보유한 한국 기업이 의외로 많기 때문이다. 또 불매운동은 한국인 직원들의 일자리를 위협할 수 있다. 제주도 관광이 너무 비싸 가고시마를 선택한 한국 관광객들을 애국심에 호소해 국내에 계속 묶어 두기도 쉽지 않다.

일본의 수출 규제 강화는 한·일 과거사를 둘러싼 일본의 외교적 불만이 통상 영역에 전이되어 표출된 사안이다. 따라서 통상 당국이 나서서 해결할 수 있는 문제가 아니다. 우리 정부가 벌이는 '여론전', '소송전', '국내전'은 나름대로 의의가 있지만 문제의 근본적 해결에는 역부족이다. 양국 대표가 협상 테이블에 앉아 강제징용과 위안부 문제 등 핵심 외교 사안들을 올려놓고 원점에서 새롭게 절충과 타협을 시도하는 정면 돌파가 유일한 해법으로 보인다.

시론
〈조선일보 2019년 7월 31일〉

용어 설명

화이트 리스트(white list, 백색국가명단)
무기 개발 등에 사용될 수 있는 물자나 기술, 소프트웨어 등의 전략 물자를 수출할 때 관련 절차를 간소화해 주는 '우호국 리스트' 즉 우호국 목록을 말한다. 일본은 2019년 7월 4일부터 반도체, 디스플레이

등에 대해 한국 수출규제를 더욱 강화하였고 2019년 8월에는 한국을 화이트 리스트에서 제외시켰다. 한국 정부도 이에 맞서 일본을 한국의 화이트 리스트에서 제외시켰다. 한국의 백색국가 명단에는 일본이 빠진 28개국이 남게 되었다. 한편 일본의 화이트 리스트에서 한국이 제외되면서 일본의 1,120개 전략 물자 중 미사일 핵물질 등 263개 품목을 제외한 모든 품목에 대해서는 한국은 개별허가를 받아야 한다. 포괄허가는 한 번만 받으면 3년 동안 일일이 개별허가를 받지 않아도 되는 특혜를 말한다. 일본은 한국을 상대로 반도체, 디스플레이 소재 3개 품목을 포함해 857개 품목을 포괄허가에서 개별허가로 전환하였다. 개별허가는 유효기간이 6개월이고 처리기간도 90일까지 걸릴 수 있다. 일본의 화이트 리스트에는 미국, 영국, 프랑스, 독일 등 모두 27개국이 지정되어 있다. 한국은 2014년 아시아 유일의 백색국가로 지정되었으나 2019년 제외되었다.

♖ 현재와의 대화: 동네 불량배가 때리면 대들어야 한다

과거 한·일 갈등은 일정한 패턴이 있었다. 주로 정치인이 국내 정치용으로 갈등을 유발해 선거를 치르고 나면 재계와 산업부, 군 수뇌부가 갈등을 봉합하는 역할을 맡아 양국 관계를 복원해 내는 패턴이었다. 하지만 문재인-아베 시대에는 이런 패턴이 사라졌다. 2019년 7월 WTO 일반이사회에 참석했던 외교부 출신의 당시 산업부 신통상질서 전략실장은 귀국길 인천 입국장 기자들 앞에서 "(일본더러) 한 손으로 하늘을 가리라 그러십쇼… 지금 열심히 칼을 갈고 있겠습니다"라고 말하더니 이후 한 라디오 인터뷰에서는 "동네 꼬마가 불량배한테 한 대

얻어맞았다. 그때는 대들어야 된다"며 일본을 불량배로, 한국은 꼬마에 비유했다. 자기 정치를 위한 거친 발언들이 소위 한국의 '협상 전략'을 책임지고 있다는 고위 관료의 입에서 마구 쏟아져 나온 것이다.

지식 한 토막: 바보들의 행진, 겁날까? 우스꽝스러워 보일까?

집단적 광기 혹은 무지의 위험성을 『사피엔스』의 저자 유발 하라리는 파시스트 국가들의 역사를 통해 다음과 같이 고발하고 있다.

> "제2차 세계대전에 관한 놀라운 사실 한 가지는, 전쟁이 끝난 후에 패전국들이 전례 없는 번영을 구가했다는 것이다. 독일과 이탈리아, 일본은 군대가 완전히 해체되고 제국이 철저히 몰락한 지 20년이 지났을 때 유례없이 높은 수준의 풍요를 누리고 있었다. 그렇다면 그들은 애당초 왜 전쟁을 일으켰을까? 그것은 단지 어리석은 계산 착오였을 뿐이다. 1930년대에 일본의 육군 장성과 해군 제독, 경제학자와 언론인 들은 하나같이 한국과 만주, 중국 해안 지역을 지배하지 않으면 일본 경제가 침체의 늪에 빠질 운명이라고 생각했다. 하지만 그들 모두가 틀렸다. 사실인즉, 일본의 그 유명한 경제 기적은 일본이 정복했던 대륙의 점령지를 다 잃고 난 후에야 시작했다. (유발 하라리, 2018)"

강석훈 성신여대 교수(전 경제수석)는 2020년 한국 정부의 대대적인 소부장(소재·부품·장비) 국산화 캠페인을 유발 하라리와 유사한 시각에서 바라보고 있다.

> "올해(2020년) 노벨 화학상 수상자로 일본의 요시노 아키라가 선정되었다. 소부장 분야에서 일본이 배출한 일곱 번째 수상자이다. 그는 일본의 한 화학회사에

1972년에 입사하여 2015년 은퇴할 때까지 43년을 리튬이온 배터리 연구를 해온 사람이다. 에베레스트산 정상은 이런 사람들이 자리 잡고 있다. 이들을 이겨야 정상에 오를 수 있다. 일본을 혼내 주기 위해 소부장을 육성한다고 1조 원 예산을 급하게 마련하고, 5년 이내에 일본의 소부장을 따라잡겠다고 포효하는 한국의 모습이 떠오른다. 43년을 소부장, 그것도 소부장의 아주 세부적인 한 분야만 연구한 사람의 눈에는 우리의 이런 모습이 어떻게 비칠까? 겁날까? 우스꽝스러워 보일까? (강석훈, 2020)"

5

'생산적인 원조'로 새로운 협력 공간 함께 열어야
한국-베트남 상생협력을 위한 제언

K-프로젝트(복합 한류문화사업) 추진으로 청년 해외 일자리 창출
베트남의 후진 시스템 개선 협력으로 한국 기업 애로사항 해결
베트남 과학기술인력 양성 프로그램, 미래 위한 마중물 기대
무역수지 불균형 지속되기 어려워, 베트남 수출 기반 조성도 지원해야

도널드 트럼프 미국 대통령이 집권한 이후 반자유주의 국제질서가 자리 잡고 있다. '힘에 기초한 양자주의'가 '규범에 의한 다자주의'를 거칠게 압박하면서 보호무역주의가 확산되고 국가 간 통상·안보 갈등이 심화되는 양상이다. '위대한 미국 재건'을 노리는 트럼프는 '미국이 국제질서의 수호자가 아님'을 천명한 데 이어 이를 행동에 옮기고 있다. 제2차 세계대전 이후 미국 주도로 공급된 국제공공재에 대해 미국이 '무임승차자' 단속에 나선 것이다. 미국 패권에 도전하는 중국이 주요 타깃이지만 한국도 예외가 아니다.

워싱턴은 '관세 부과'나 '투자 제한', '공급망 공격'과 더불어 '미군 철수' 등 다양한 협상 카드를 내밀며 상대국을 위협하고 있다. 백악관은 우방인 한국과 일본에 기존 방위비 분담금의 5배를 요구하는 동시에 한국산, 일본산 자동차에 무역확장법 232조 안보조항 적용을 고민하고 있다. 중국은 미국이 사드(THAAD, 고고도미사일방어체계)를 한국에 본격적으로 배치하면 제2의 보복을 감행할 태세고, 한일 양국은

전략물자 수출규제를 둘러싸고 서로를 우방국(백색국가) 리스트에서 지워 버렸다. 과거사를 둘러싼 소모적인 정치 행위가 양국의 현재와 미래를 흔드는 형국이다.

이 혼돈과 광기의 시대 아세안(동남아시아국가연합)의 맹주이자 한국의 전략적 동반자인 베트남과의 관계를 우리는 어떻게 가져가야 할 것인가. 먼저 베트남의 현 상황을 진단하고 상생협력의 구체적인 방법을 모색해 보자.

베트남의 불편한 현주소

1986년 도이머이(개혁정책)를 도입한 이후 베트남의 경제발전은 눈부시다. 매년 6% 넘는 경제성장률을 기록하면서 하노이와 호찌민은 스카이라인을 뽐내는 화려한 국제도시로 탈바꿈했다. 올해 초 발효된 CPTPP(포괄적·점진적 환태평양경제동반자협정)의 창립 회원국이기도 한 베트남은 향후 수준 높은 시장 개방과 제도 개혁까지 약속한 상태다. 하지만 경제 내부를 자세히 들여다보면 그 발전 경로가 이례적임을 알 수 있다.

독일, 일본부터 한국, 중국에 이르기까지 세계 주요 후발국 정부는 '산업정책'이라는 이름으로 산업구조 고도화를 추진했다. 농업에서 제조업으로 이행하고 특히 제조업의 경우 노동집약재 → 자본집약재 → 기술집약재 → 첨단 융복합재라는 기술사다리 이행 경로를 정부가 주도적으로 이끌었다. 제조업 강국이 되는 것이 이들의 지상 목표. 하지만 베트남은 이 경로에서 완전히 벗어나 있다. 제조업이 국내에 자리 잡기도 전 농업에서 서비스로 경제 중심축이 이동한 나라, 기술사다리 타기를 포기한 경제, 이것이 베트남의 불편한 현주소다. 1970년대 중화학공업 육성과 1980년대 반도체 진출로 경제발전의 이정표를 새롭게 써 나간 한국이나, 2049년 기술력 세계 1위를 꿈꾸는 중국과는 전혀 다른 제3의 길을 베트남이 걸어가고 있는 것이다.

베트남 국내총생산의 약 20%, 수출의 72%를 외국 기업이 담당하고 있다. 글로벌가치사슬(GVC)에서도 조립과 포장 등 부가가치가 낮은 분야가 베트남에서 이뤄지고 있다. 값싼 노동력과 베트남 정부가 약속한 각종 특혜 조치, 예를 들어 낮은 법인세와 저렴한 임차료, 용이한 통관 절차, 거대시장 중국과의 근접성 등이 외국 기업들을 베트남으로 끌어들인 유인으로 보인다.

하지만 기술력을 가진 토착기업이 베트남에 전무하다는 사실은 충격적이다. 시가총액 1위인 빈그룹(Vingroup)은 부동산개발업체로 시작해 현재는 병원과 백화점, 학교, 슈퍼마켓 사업을 영위하고 있다. 최근에는 자동차(빈패스트)와 스마트폰(빈스마트) 제조에도 뛰어들었지만 기술력은 걸음마 단계에 불과하다. 2위 마산그룹(Masangroup)은 식음료업체. 자산 규모 최상위도 모두 은행이다.

1992년 한국과 정식 국교를 맺은 베트남의 '제조업 부재 현상'은 주요 수출품의 변화 추이에서 극명하게 드러난다. 베트남은 1992년과

2019년 상위 수출 품목이 거의 변하지 않았다. 녹차, 커피 등 농산물과 한치 같은 수산물, 그리고 원유, 의류, 가전, 목재가구, 전선류 등이 변함없이 주력 품목에 이름을 올리고 있다. 결국 도이머이 이후 35년이 흘렀지만 토착기업에 어떤 기술 축적도 발생하지 않았고, 그 결과 수출 품목은 여전히 1차 산업과 노동집약재에 머무르고 있다. 그나마 최근의 첨단제품 수출 성과는 삼성전자, LG전자 등 외국 기업이 현지 조립을 통해 미국이나 유럽연합(EU)으로 제품을 수출하는 현상에 따른 것이다.

'포스트 차이나' 유망 투자처

한국과 베트남의 상생협력을 위한 제언은 '베트남의 성장전략이 앞으로도 유효할 것인가'라는 핵심적인 질문과 그 해답에 대한 모색 과정에서 도출할 수 있을 것이다.

향후 10년간 베트남은 '포스트 차이나' 유망 투자처로 각광받을 전망이다. 중국은 인건비가 지속적으로 상승하는 상황에서 미·중 무역전쟁으로 불확실성이 증대하고 내수마저 부진을 거듭하는 어려움에 처해 있다. 중국 정부가 노동법과 환경법을 강화하면서 외국 기업들은 폐업마저 어렵게 되자 중국을 대체할 지역을 적극 모색하고 나섰다. 베트남 정부의 개혁·개방 의지도 외자 유치에 긍정적 요소로 작용하고 있다.

마시밀리아노 칼리(Massimiliano Cali) 세계은행 박사는 지난해 미·중 충돌이 동아시아에 미치는 영향을 부분균형 분석을 통해 제시했는데, 미국이 중국산 제품의 수입을 줄이면서 대체 가능성이 있는 동아시아 국가를 조사한 결과 1위는 베트남, 2위는 필리핀, 3위는 캄보디아로 나타났다. 베트남은 특히 새우와 목재가구, 핸드백, TV, 카메라, 전선류 등에서 중국산의 대체효과가 뛰어난 것으로 분석됐다. 또한 중국을 대체할 투자처로도 베트남은 대만, 태국, 말레이시아에 이어 4위를 차지했다. 경제협력개발기구(OECD)의 2018년 조사에 따르면 중국의 수출에서 각국 부가가치 비중은 대만이 압도적으로 높은 6.5%이고 2위는 한국으로 3.3%였으며 말레이시아 3.0%, 싱가포르 2.8%, 그다음은 태국, 필리핀, 베트남 순이었다. 따라서 중국 경제의 경착륙과 수출 감소에서 오는 피해도 베트남이 가장 적은 것으로 드러났다. 베트남은 캄보디아, 인도네시아와 함께 그 비중이 0.1% 이하로 드러나 중국 주도의 가치사슬에 편입되지 않은 국가로 분류됐다.

하지만 베트남 경제의 장기 전망은 그리 밝지만은 않다. 1986년 도이머이 이후 수많은 학자와 싱크탱크는 베트남이 '잠재력이 뛰어난 나라'라며 찬사를 쏟아 냈다. 하지만 34년이 지난 지금까지도 여전히 베트남의 '잠재력'만 이야기하는 상황이라면 뭔가 일이 심하게 꼬인 게 틀림없다.

이유를 살펴보자. 먼저 베트남은 공업화 초기 단계 진입에 실패했다. 공업화를 시작하려던 1980년대 중반 이미 중국산이 범용 공산품부터 기본 생필품까지 베트남산에 비해 비교우위를 확보한 상황이었다. 베트남 정부는 그 대신 외국 기업 유치를 통한 공업화 전략을 채택했다.

이는 1960년대 초 중국에 앞서 경제개발을 시작한 한국의 공업화 타이밍이 얼마나 절묘했는지를 일깨워 준다. 하지만 국제분업체계에서 베트남의 입지는 자체 보유 기술의 낙후성으로 인해 저부가가치 생산 단계에서 벗어날 수 없었다. 따라서 베트남이 감당할 수 있는 글로벌 가치사슬 구조는 포화 상태를 맞이하게 된다. 최근 보호무역주의와 디지털 기술의 세계적 확산은 각국 기업의 리쇼어링(본국 회귀)을 부추기고 인건비의 중요성을 감소시키는 방향으로 작용하고 있다. 그 결과 베트남 정부와 시장이 제공하는 외국 기업에 대한 각종 유인은 시간을 두고 그 효과가 줄어들 개연성이 크다. 예를 들어 베트남 외자 기업의 임금상승률의 경우 2010년 이후 연 11.4%에 이르고 월평균 임금 또한 400달러(약 47만 원)를 넘어섰다. 최저임금 상승에 정부가 앞장서 외자 기업을 압박하는 모습이다. 도소매, 숙박, 관광, 부동산 임대, 유통 등 서비스 산업 또한 제조업 기반이 부실해 경기에 민감하고 안정적인 일자리 창출의 한계를 노정하고 있다.

복합 한류문화사업의 효용성

결국 한-베트남 상생협력은 베트남 경제의 중장기적 역동성 제고와 내수 위주의 제조업 기반 구축을 통해 양국 기업의 상호 보완성과 시너지 효과를 높이는 방향으로 모색돼야 한다. 구체적 방안을 제시하면 다음과 같다.

첫째, '복합 한류문화사업(K-프로젝트)' 추진을 양국 정부에 제안한다. K-프로젝트는 베트남 주요 도시, 예를 들어 하노이와 호찌민, 다낭에 복합 한국문화타운을 건설하고 한글학당과 한류문화센터(케이팝, 케이댄스, 케이뷰티, 케이웨딩 등), 영화관, 전시장, 케이팝 공연장(아이돌그룹 정기공연), 태권도장, 한국학 교육 및 연구센터 등을 복합적으로 운영함으로써 베트남 도시에 활력을 불어넣고 한-베트남 문화 교류의 실질적인 구심체 기능을 할 것이다. 한국 상품 홍보의 최첨병 역할을 수행할 뿐 아니라 많은 한국 청년에게 해외 일자리를 제공할 K-프로젝트는 양국 민관 합동 출자 방식 등 다양한 설립 형태를 고려할 수 있다.

둘째, 베트남 사회의 발전을 가로막는 각종 후진적 시스템의 개선을 위해 한국 정부가 적극 나설 필요가 있다. 이는 현지에 진출한 우리 기업들이 겪고 있는 어려움을 원천적으로 해소하는 효과적인 방법이기도 하다. 예를 들어 베트남에서는 법적 요건을 충족했지만 정부의 최종 허가가 나지 않아 우리 기업인들이 사업을 접는 경우가 허다하다. 베트남 정부의 각종 시행령이나 규정이 상위법과 어긋나도 법원은 문구의 해석만 내리는 상황이라 기업이 제소를 통해 보상받을 길이 막혀 있다. 부동산 또한 최종 소유권이 정부에 있어 경매나 공매 제도를 통해 관련 분쟁을 해결하기가 쉽지 않다. 그렇다고 정부와의 문제를 직접 해결하자니 대관(對官) 업무 비용도 만만찮다. 최근 한국 국무총리실 산하 경제·인문사회연구회(한국개발연구원(KDI), 한국법제연구원 등 26개 국책연구기관 관장)가 인도네시아 산업부와 주요 산업 공동연구 및 협력에 합의하고 구체적인 시행 협약 체결에 이어 공동사무국을 자카르타에 두기로 한 것은 참고할 만한 사례다. 또 베트남 산업부 차원에서 한국 기업 전문 옴부즈맨 제도를 도입해 우리 기업인들의 문제를 원스톱 방식으로 해결하는 창구가 필요한 시점이다.

셋째, 베트남 과학기술 연구 인력의 양성에 한국이 큰 역할을 담당했으면 한다. 베트남 정부가 매년 1,000~2,000명 규모의 이공계 대졸자를 선발해 한국 대학에 관련 교육을 위탁하고, 그들을 석·박사 과학기술 인력으로 양성하는 사업이다. 이는 베트남 미래 산업의 마중물이 될 의미 있는 작업이다. 한국 정부가 한-베트남 미래를 위해 장기적으로 투자하는 것으로, 그 전략적 의미 또한 상당하다. 현재 한국 정부가 제공하는 유학생 초청 장학사업이 있지만 그 대상이 너무 적고 하나의 군(群)을 형성하기도 어려워 졸업 후 대부분 공무원이 되거나 외국 기업에 취업하는 경향을 보인다. 포스코의 '아시아펠로우십' 제도는 민간 기업이 석·박사 국제인력을 육성하고 친한(親韓) 네트워크를 형성하고 있다는 점에서 모범 사례로 참고할 만하다.

유연하고 전략적인 자세

넷째, 베트남의 수출 여건을 개선하는 데 한국 정부의 도움이 필요하다. 베트남은 농수산물을 많이 수출하고 싶어도 수출 인프라가 제대로 갖춰지지 않아 애로가 많다. 한국과의 무역수지 적자가 늘어난다는 불평이 나오는 것도 이와 무관치 않다. 부품소재를 한국으로부터 수입해 베트남에서 조립하고 이를 세계시장에 판매하는 한국 기업을 보자. 베트남 정부 입장에서는 이들이 대(對)세계 수출에 기여하는 바가 크지만 한-베트남 양국 무역수지로만 보면 세계 수출이 늘어날수록 대한(對韓) 무역 적자폭이 커지는 구조다. 따라서 베트남 역시 한국에 수출을 많이 할 수 있도록 ODA(공적개발원조) 기금을 활용해 베트남 수출 기반 조성사업을 지원하고 SPS(위생검역) 장벽을 낮추는 등 우리 정부의 배려와 지원이 절실하다.

  삼성전자는 하노이에서 75km 떨어진 타이응우옌성에 제2공장을 짓고 5만여 명의 현지 근로자를 고용해 휴대전화를 생산하고 있다. 2013년 대학 도시인 이곳에 삼성전자 공장이 문을 열면서 10만 명이던 대학생 수는 계속 줄어들어 현재 6만 5,000명이 됐다고 한다. 대학을 졸업해도 월급 300달러를 받기가 어려운데, 고등학교 졸업 후 삼성에 취업하면 월급으로 400달러를 받게 되니 삼성전자에 대한 현지 대학들의 불만이 쌓여 가고 있다. 또 삼성전자의 50여 개 현지 협력기업 가운데 47개는 동반 진출한 한국 기업이고 나머지 3개는 종이상자와 노끈을 납품하거나 포장, 하역 등을 해주는 베트남 회사들이다. 베트남 정부는 삼성전자가 베트남 토착기업들에게 기술을 전수해 주길 원하고 있다. 하지만 삼성전자 측은 납품을 받을 만한 기업도, 기술을 전수할 만한 기업도 현지에서 찾기 어렵다고 말한다. 이처럼 서로 필요에 의해 사업을 시작했지만 각자의 기대치는 다른 게 현실이다.

  현재 5만 명의 베트남 여성이 한국 남자와 결혼해 이 땅에 살고 있다. 베트남을 그저 돈벌이 대상으로만 생각한다면 호혜 상생의 관계가 지속될 수 없다. 식민지로 점철된 과거사를 과감히 떨쳐 버린 베트남은 한때 총을 겨누던 미국과 한국 모두를 두 팔로 부둥켜안고 미래로 함께 나아가자고 한다. '생산적인 원조'를 통해 새로운 지평을 같이 열어가는, 유연하고도 전략적인 자세가 우리에게 필요한 이유다.

특집
〈주간동아 1216호 2019년 11월 30일〉

용어 설명

세종학당(한글학당)

한국어 교육을 통해 문화교류를 활성화하기 위해 만들어진 교육기관이다. 문화체육관광부의 지원으로 세종학당을 지정·운영·위탁·관리하기 위한 세종학당 본부를 두고 있다. 세종학당은 신청·심사 절차를 통해 지정되며, 지정되면 예산·교재·교원 교육 등이 지원된다. 세종학당은 독립형(국외 현지운영기관이 단독으로 운영), 연계형(국내·외 기관이 공동 운영하는 형태), 협업형(대한민국의 공공기관과 업무협약 체결을 통해 운영) 등의 유형으로 운영된다. 2007년에 3개국 13개소, 수강생 740명과 함께 시작한 세종학당은 2020년 현재 전 세계 76개국 213개소로 확대됐다. 2019년에는 전 세계에서 7만 명이 넘는 학생들이 세종학당을 통해 한국어와 한국문화를 배웠고, 30만 명이 넘는 외국인이 국내 유학, 한국 기업 취업을 위해 한국어능력시험에 응시했다. 전 세계에 한류동호회는 1,799곳이 있으며, 약 1억 명이 한류동호인으로 활동하고 있다. 세종학당은 한류 열풍을 지속 가능하게 유지해주는 우리의 글로벌 문화 인프라이다.

♟ 현재와의 대화: 경제 허브(hub)로 떠오르는 허브(herb)향 가득한 베트남

베트남은 1986년 도이머이(개혁개방정책) 이후 적극적인 개방정책을 추진해 아세안 지역의 무역 허브이자 GVC(글로벌 가치사슬)의 핵심 기지로 부상하고 있다. RCEP과 CPTPP의 회원국이기도 하다. 특히 코로나 팬데믹 이후 중국 시장에 대한 불안감으로 베트남에 보완적인 공급망을 형성하려는 기업들도 늘어나고 있다. 섬유와 전자산업을 중심으로 베트남에 진출해 있는 우리 기업들은 EVFTA를 적극 활용할 필요가 있다. 2020년 8월 1일 유럽연합(EU)과 베트남 간의 자유무역협정(EVFTA)도 발효되었다. EU는 아세안 회원국 중 싱가포르에 이어 두 번째로 베트남과 FTA를 체결하였다. EU는 10위 수입국인 베트남과의 자유무역협정을 통해 아세안 지역으로의 진출을 확대하고 있다. 베트남은 EU와의 FTA 발효로 한국을 포함, 총 52개국과의 FTA 네트워크를 구축하고 이들 FTA 체결국과의 무역액이 전체 무역에서 약 76%를 차지하게 되었다. 의류, 신발, 가방, 완구 등에 대한 유럽의 관세가 철폐될 경우 유럽 지역으로의 수출 증가세가 예상된다. EVFTA 원산지 규정에 한국산 직물도 역내산으로 인정해주는 조항이 포함되어 있어 한국 섬유 중간재를 베트남에 수출하고 베트남의 노동력을 활용하여 의류를 생산해 EU 시장으로 수출하는 지역 공급망도 활성화될 전망이다.

♟ 지식 한 토막: 다이내믹 아세안(ASEAN)

2000년대 이후 세계 경제의 성장을 견인해 왔던 브릭스(Brazil, Russia, India, China: BRICs)의 성장이 둔화하면서 아세안

(ASEAN, 동남아국가연합)이 그 대안으로 떠오르고 있다. 1967년 방콕 선언에 의해 창설된 아세안은 인구 기준 중국(14억 3,300만 명)과 인도(13억 6,600만 명)에 이어 세계 3위, 경제 규모는 세계 5위, 교역 규모는 세계 4위의 거대 경제권이다. 창설 당시 회원국은 필리핀, 말레이시아, 싱가포르, 인도네시아, 태국 등 5개국이었으나 1984년의 브루나이, 1995년 베트남, 1997년 라오스와 미얀마, 1999년 캄보디아가 가입하여 동남아 10개국 연합이 되었다. 경제 성장 측면에서 아세안은 지난 10년 동안 세계 경제 평균의 약 1.9배를 상회하는 수준을 보였다. 아세안 10개 회원국 중 경제 규모가 크고 산업화가 진전된 태국, 인도네시아, 필리핀은 연간 5%대로 성장하고 있고, 후발 가입국인 캄보디아, 라오스, 미얀마, 베트남은 연간 6% 이상의 가파른 성장세를 보인다. 아세안의 사무국은 인도네시아 자카르타에 있다. 아세안 10개국은 서로 경제발전 단계나 정치·경제적 환경이 달라 성장 요인을 일반화하기는 어렵지만 몇 가지 공통점이 있다. 첫째, 아세안은 6.5억 명에 이르는 역동적인 인구 구조를 자랑한다. 생산가능인구(15~64)의 비중이 무려 64%에 이른다. 둘째, 전 지역에서 산업화와 도시화가 빠르게 진행되는 양상을 보인다. 그 결과 구매력을 가진 도시 중산층의 비중이 역내에서 증가하는 추세다. 비교적 후발국이라 할 수 있는 베트남, 라오스, 미얀마, 캄보디아(VLMC)에서도 소득이 증가하면서 견조한 소비시장이 형성되고 있다.

⑥
'베트남 환상'의 세 가지 덫

　베트남이 '포스트 차이나' 유망 투자처로 떠오르고 있다. 지속적인 인건비 상승과 내수 부진에 미·중 무역 전쟁까지 겹쳐 중국의 사업 여건이 악화한 데다 노동법과 환경법이 강화되면서 폐업마저 어렵게 되자 많은 기업이 중국을 대체할 지역을 모색하고 있기 때문이다.

　베트남은 이들에게 '기회의 땅'이 될 수 있을까. 대답은 다소 회의적이다. 왜 그럴까.

　첫째, '언어와 인건비 문제'다. 베트남 현지 인력을 6성 언어인 베트남어로 교육할 수 있는 중간 매니저급 한국 직원을 안정적으로 확보하는 일이 쉽지 않다. 한국어를 잘하는 베트남 인력도 턱없이 부족하다. '의사소통의 실패로 사업이 망했다'는 하소연이 현지에서 터져 나오고 있다. 여기에 정부의 강력한 임금 인상 정책으로 베트남 외자 기업의 임금 상승률이 2010년 이후 연 11.4%에 이르고 월평균 임금 또한 400달러를 넘어섰다.

　둘째, '후진적 시스템'이라는 덫이다. 법적 요건을 충족했지만 허가서가 나오지 않아 사업을 접는 곳이 허다하다. 상위법과 하위법(시행령 등)이 어긋나도 법원에서는 문구의 해석만 가능한 상황이기 때문에 기업이 제소를 통해 보상받을 길이 막혀 있다. 부동산 관련 분쟁이 발생하면 부동산 경매·공매 제도가 개선되지 않아 해결이 난망하다. 사적 네트워크를 동원해 문제를 해결하자니 늘어나는 대관 업무 비용도 만만치 않다.

셋째, '상호 신뢰 원칙의 폐기'가 횡행하고 있다는 점이다. 베트남 정부 혹은 국영기업이 대금 결제를 지연하는 것이 대표적이다. 호찌민 지하철 공사를 맡은 일본 건설업체들이 아직도 발주처로부터 약속된 기성금(공사 과정에서 현재까지 완성된 정도에 따라 지급하는 공사 금액)을 받지 못했다. 정부의 투자 허가서에 기재돼 있는 관세나 부가세 환급 등도 막상 신청하면 받아내기가 까다롭다.

1986년 도이머이(개혁정책) 이후 베트남의 경제 발전은 눈부시다. 매년 6% 이상의 성장률을 기록하면서 하노이와 호찌민은 화려한 국제도시로 탈바꿈했다. 하지만 내부를 들여다보면 심각한 구조적인 문제가 눈에 띈다. 우선 기술력을 가진 토착 기업이 전무하다. 시가총액 1위인 빈그룹(Vingroup)은 부동산 개발 업체다.

병원·백화점·학교·슈퍼마켓에 이어 최근에는 자동차(빈패스트)와 스마트폰(빈스마트) 제조에도 뛰어들었지만 기술력은 걸음마 단계다. 2위인 마산그룹(Masangroup)은 식음료 업체다. 자산 규모 최상위도 모두 은행들이다. 외자 기업들이 국내총생산의 약 20%, 수출의 72%를 담당하고 있지만 토착 베트남 기업과의 기술이전이나 협력은 이뤄지지 않고 있다. 그럴 만한 베트남 제조업체가 없기 때문이다.

제조업 자체가 실종된 채 농업에서 서비스로 경제 중심축이 이행된 나라, 기술 사다리 타기를 포기한 경제, 그것이 바로 베트남 경제의 현주소다. 베트남은 지금 2049년 기술력 세계 1위를 꿈꾸는 중국과는 전혀 다른 길을 걸어가고 있다.

따라서 베트남의 잠재 리스크를 충분히 인지하고 철저하게 준비하지 않으면 낭패를 보기 쉽다. 베트남 기업에 대한 각종 재무 정보나 정부 통계도 믿기 어렵다.

유능하고 믿을 만한 현지 사업 파트너를 확보하는 것이 중요한 이유다. 우선 재무적으로 투자하고 상황을 관찰하면서 투자 비율을 조정하거나 직접 투자로의 전환을 꾀하는 단계적 전략이 유효하다. 진흙 연못에서 화려하게 피어나는 베트남의 국화(國花) 연꽃처럼 힘든 여건 속에서도 베트남 성공 신화를 써 나갈 우리 기업들의 선전을 기대해 본다.

허윤의 경제 돋보기
〈한경비즈니스 제1220호 2019년 4월 15일〉

용어 설명

도이머이(doi moi)
베트남어로 '바꾼다'는 뜻의 '도이(doi)'와 '새롭게'라는 의미의 '머이(moi)'가 합쳐진 용어로 '쇄신' 혹은 '개혁'을 뜻한다. 베트남 "개혁·개방정책"으로도 통한다. 1986년 베트남 공산당 제6차 대회에서 제기된 정책 슬로건이다. 공산화 이후 소비에트 경제 방식을 운영해 온 베트남은 생산성이 하락하면서 심각한 식량 부족까지 겪어야 했다. 서방의 경제제재로 어려움을 겪던 베트남 정부는 대외 개방과 수출을 지렛대로 시장경제를 도입할 수밖에 없었다. 도이머이를 시작하면서 농업 부문 개혁을 단계별로 추진했고 부실 국영기업들을 정리했다. 상품 가격의 자유화에 이어 외국인투자법을 제정해 해외 자본에 문호를 열었다. 일부 학자들은 도이머이 개혁을 '부분적 급진개혁'으로 평가한다. 도입 시기도 절묘했다. 1980년대 중반 이후 엔고(高)에 허덕이던 일본 기업들과 노동비용 증가로 어려움을 겪던 한국, 대만 등의 기업들이 속속 동남아시아로 생산 거점을 옮기기 시작했다. 값싼 노동력, 뛰어난 입지 여건 등이 외국 기업을 유인했다. 이후 베트남은 1995년 미국과 국교를 수립하고 2000년에는 미국과 무역협정을 체결한 데 이어 2007년 세계무역기구(WTO) 가입에 성공했다. 2000년부터 2018년까지 베트남의 연평균 성장률은 6.6%에 달했다.

♜ 현재와의 대화: 대국(大國), 베트남

2004년 겨울 베트남 대학에서 강의를 했던 필자는 그 성장 가능성에 주목하고 이후 베트남 연구에 관심을 쏟았다. 2010년에는 베트남 대학에서 연구년을 보내기도 했다. 베트남에 다가갈수록 필자는 베트남이 대국이란 걸 자연스럽게 느낄 수 있었다. 베트남은 킨족(비엣족)이 인구의 87%를 차지한다. 킨족 외 무려 53개 소수민족이 조화롭게 살고 있다. 베트남 사람들은 자존심이 강하지만 개방적이고 포용적이며 실용적이다. 베트남전에 참전했던 한국군에 대해서도 '먹고살려고 미국의 용병으로 나설 수밖에 없었던 한국군' 정도로 한국과의 과거사를 정리한 상태다. 특히 박정희 전 대통령의 이름은 베트남에서 '꼭두각시' 혹은 '할 수 있다'라는 두 개의 서로 다른 의미를 지닌 보통명사가 되었다고 한다. 반면 중국에 대해서는 반중 의식이 강하다. 베트남의 역사를 '1000년의 지배, 1000년의 저항'으로 정의하기도 하는데 이는 중국과의 관계를 말한다. 프랑스 정예부대를 물리쳤던 1954년 '디엔비엔푸(Dien Bien Phu)' 전투나 1979년 중국과의 전쟁 승리에 대해 모두가 자부심을 가지고 있다. 오늘날 베트남은 우리의 주요 교역 파트너이다. 최근 3년간 한-아세안 교역에서 한국 무역흑자의 60% 이상이 베트남에서 발생하였다. 하지만 한국의 대베트남 무역수지 흑자는 베트남 기업의 기술 및 생산 역량 부족으로 현지 진출한 한국 기업들(삼성전자와 LG 등)이 부품과 소재를 한국서 대부분 수입하거나 중간재 공급 한국 기업들이 동반 진출하면서 나타나는 현상이다. 한국 기업들로 인하여 베트남의 대세계 수출이 큰 폭으로 늘면서 베트남은 무역 흑자국으로 전환했다.

♟ 지식 한 토막: 베트남 커피에 빠지다

베트남 사람들은 자고 일어나면 밖으로 나가 주로 쌀국수(Pho)를 아침으로 먹는다. 가격은 하노이 기준으로 우리 돈 1,500~3,000원 사이이다. 아침 식사 후 젊은이들은 주로 커피를, 나이 드신 분들은 녹차를 많이 마시는 편인데 커피는 우리 돈으로 800원, 녹차는 250원 내외이다. 녹차의 경우 베트남 사람들은 종종 녹찻잎을 한 주먹 티팟에 넣고 진하게 우려내어 강하고 떫은맛을 즐긴다. 커피는 블랙(까페 농),

라테(까페 쓰어농), 아이스 블랙(까페 다), 아이스 라테(까페 쓰어다), 에그 커피(카페 쫑) 다섯 종류가 있다. 베트남에서는 특이한 형태의 스텐레스 브루잉 필터에 커피를 넣고 물을 부어 아래 잔으로 내려 진한 커피를 얻는다. 라테에는 우유 대신에 달짝지근한 연유를 넣어 마신다. 프랑스 선교사에 의해 보급된 커피는 로브스터 종이 대부분이지만 일부는 품질이 매우 우수한 것으로 알려졌다. 신선한 우유를 바로 확보하기 어려웠던 이유로 연유가 프랑스에서 수입되어 우유 대용으로 각광을 받기 시작했다고 한다. 에그 커피는 계란 노른자에 설탕, 버터를 첨가해 계속 저으면서 커피를 부어 만든다. 한때 한국이 수입하는 커피의 40%가 베트남산일 만큼 많은 커피를 베트남서 수입했지만 인스탄트에서 에스프레소로 한국인의 취향이 급속하게 넘어가면서 아라비카 종인 브라질과 콜롬비아산의 수입이 늘고 있다. 젊은이들이 커피를 선호하고 특히 한국식 커피숍이 유행하면서 베트남 커피 시장은 급성장하고 있다.

7

사드 경제보복은 중국에도 득보다 실

안보사안에 경제보복 들이댄 중국
불공정 시장개입 작태만 드러내
한·미·일 스마트 산업생태계 조성을

한국 경제가 사면초가(四面楚歌)에 놓였다. 도널드 트럼프 미국 대통령 당선자가 대미(對美) 무역흑자국들을 상대로 보호주의 칼날을 갈고 있는 사이, 사드(고고도 미사일방어체계) 배치 결정에 반발해 온 중국이 노골적인 경제보복에 나섰다. 일본 정부는 부산에 새로 설치된 소녀상의 철거를 요구하며 한·일 통화스와프 협상 중단을 통보해 왔다.

이 중에서도 최근 중국 정부가 한국에 취한 일련의 경제조치들은 중국이 한국과 자유무역협정(FTA)을 맺고 있는 당사국이라는 점에서 참기 어려운 내용들을 담고 있다. 중국은 화장품 등 소비재에서 폴리실리콘 등 부품·소재에 이르기까지 규제 변경이나 인증 기준의 강화는 물론이고 무분별한 반(反)덤핑 제재를 서슴지 않고 있다. 한류 스타들의 한한령(限韓令)에다 중국에 진출한 롯데를 상대로 세무조사까지 벌이더니 이제는 한국행 전세기 운항마저 중단시켰다.

중국 당국의 이 같은 행보는 적어도 두 가지 측면에서 득(得)보다는 실(失)을 자초할 가능성이 크다.

첫째, 한·중 관계가 냉각기에 접어들면서 기존 경제협력사업의 구체적인 이행은 물론이고 한·중 FTA 후속 협상의 개시와 적기 타결 또한 큰 차질을 빚을 전망이다. 한·중 FTA 발효 후 지난 1년간 양국의 교역은 부진을 면치 못하고 있다. 그 주요 요인으로는 세계 경제의 회복세 둔화와 중국 기업의 수입대체 약진을 들 수 있다. 여행이나 운송, 연예, 오락 등 서비스 무역과 전자상거래 실적이 그나마 증가세를 이어가고 있고 도·소매업이나 금융·보험업을 중심으로 한국의 대중(對中) 서비스투자가 빠르게 증가하는 점은 양국 모두 긍정적인 성과로 평가하고 있다. 결국 서비스·투자 관련 후속 협상의 개시와 전자상거래 규제의 협력을 끌어내기 위해 양국 정부가 머리를 맞대야 할 중요한 시점에 이 불행한 사태가 터진 셈이다.

둘째, 중국의 이번 보복 조치들은 외교적 실익 없이 미·중 혹은 한·중 통상마찰만 심화시키는 악재로 끝날 공산이 크다. 미국의 트럼프 당선자는 올봄에 중국을 환율조작국으로 지정하고 중국의 시장경제지위(MES) 인정을 당분간 거부할 것으로 전문가들은 예측하고 있다. 트럼프는 미국 무역적자 총액의 약 45%가 대중 교역에서 발생하고 있음에 주목하면서 그 이유를 '중국 정부의 불공정한 시장개입'으로 몰아가고 있다. 중국의 사드 보복 조치는 중국 정부의 불공정한 시장 개입 행태를 국제사회에 부각시키는 결정적 계기가 될지도 모른다.

한국 정부의 해법은 무엇인가. 당장은 보복조치들의 국제규범 합치성 여부를 판단해 문제가 있는 경우 세계무역기구(WTO)에 제소하고 한·중 FTA를 통해 확보한 양자 협의 채널을 적극 가동해 더 이상의 확산을 막아야 한다. 그 과정에서 한국도 미국과 같이 '중국 불공정 무역 조치들의 피해자'라는 여론을 국제사회에 형성함으로써 한국이 미국 보호주의 칼날의 또 다른 타깃이 되는 불행한 일은 피했으면 한다.

중·장기적으로는 일본 정부와의 긴밀한 정책협의를 통해 양자 FTA 협상 기반을 굳건히 하고 이를 바탕으로 미래지향적인 한·미·일 3자 FTA 추진을 적극 모색할 필요가 있다. 4차 산업혁명 시대를 맞아 한국이 중간 매개자가 돼 한·미·일 3국 협업에 기초한 스마트 산업생태계를 성공적으로 조성하고 정책 공조 시스템까지 효과적으로 가동할 수 있다면 한국의 대중, 대북 협상력도 눈에 띄게 제고될 것이다.

중국은 남한이 아니라 북한을 압박해 사드 배치의 근본 원인을 제거하고 스스로 국제규범을 존중하는 대국다운 모습을 보여 줬으면 한다. 중국이 주요 2개국(G2)의 당당한 일원이자 진정한 글로벌 리더로 우뚝 서게 될 그날을 기대해 본다.

시론
〈한국경제 2017년 1월 10일〉

용어 설명

통화스왑(currency swap)
외환위기 등 비상시에 자국 통화를 상대국에 맡기고 상대국의 통화나 달러를 받을 수 있도록 하는 계약. 한국은 현재 미국, 중국, 스위스, UAE, 말레이시아, 호주, 인도네시아, 캐나다 등 8개국과 양자 간 통화스왑을, ASEAN+3의 13개국과 다자간 통화스왑을 체결하고 있다. 이 중 한·미간 통화스왑 한도는 600억 달러다. 중국과는 590억 달러, 스위스와는 106억 달러 상당의 스왑을 맺는 등 한국의 통화스왑 한도는 총 1,962억 달러(캐나다 제외) 규모에 이른다. 다만 캐나다와는 스왑 한도가 없고 ASEAN+3 CMIM(치앙마이 이니셔티브)는 384억 달러 가용 상당액이다. 외환스왑이 주로 1년 이하의 단기자금 조달 및 환리스크 헤지 수단으로 이용되는 반면 통화스왑은 주로 1년 이상의 중·장기 환리스크 및 금리리스크 헤지 수단으로 이용된다. 참고로 2021년 외환보유액 세계 순위는 다음과 같다. 1) 中(31,280), 2) 日(13,844), 3) 스위스(10,217), 4) 러시아(5,828), 5) 인도(5,602), 6) 대만(5,012), 7) 홍콩(4,740), 8) 사우디(4,466) (단위: 억 달러)

현재와의 대화: 달면 삼키고 쓰면 뱉는다

'달면 삼키고 쓰면 바로 내뱉는' 비문명적 수준의 외교를 펼치는 나라가 바로 중국이다. 필자는 이 칼럼에서 중국의 이런 후진적 행태를 우리가 원천적으로 차단하기 위해서는 한국 정부가 한·미·일 3국 FTA 추진을 적극 모색할 필요가 있다고 역설했다. 특히 4차 산업혁명 시대를 맞아 한국이 한·미·일 3국 협업의 린치 핀 역할을 담당해 3국 스마트 산업생태계를 조성하고 나아가 환경과 노동 및 인권 등 가치 지향의 통상정책을 미·일과 함께 펼친다면 한국에 대한 중국의 고압적인 자세에도 변화가 오지 않을까 기대해 보았다.

♜ 지식 한 토막: 무역정책이란?

　무역정책은 관세정책과 비관세정책으로 대별할 수 있다. 관세는 국가가 국경을 통과하는 물품에 대해 부과하는 세금이다. 비관세정책은 관세를 제외한 나머지 모든 무역정책수단을 말한다. 먼저 수량할당제도(quota)가 있다. 이는 수입 및 수출상품의 수량을 일정한 양으로 제한하는 것을 말한다. 수입할당제도는 수입상품에 대하여 일정 기간 일정한 수량이나 금액의 범위 내에서만 수입을 허용하는 것이다. WTO는 수량할당제도를 원칙적으로 금지하고 있다. 하지만 여전히 VER이나 TRQ라는 유사한 형태로 사용되고 있다. 수출자율규제(voluntary export restraints: VER)는 수입국의 요청에 따라 수출국이 자국 상품의 수출량을 스스로 제한하는 조치이다. 관세할당(tariff rate quota: TRQ)은 해당 물품에 대하여 정부가 정한 일정 수량까지는 저율의 관세를 부과하고, 일정 수량을 초과하여 수입할 때에는 고율의 관세를 부과하는 제도이다. 이외에 특정상품 수입을 금지하는 수입금지제도, 수입 여부 등을 제한하는 수입허가제도, 최근 주요 비관세장벽으로 광범위하게 활용되고 있는 TBT(무역기술장벽), SPS(위생검역) 등이 있다. 수출을 장려하는 비관세정책도 있는데, 대표적인 것이 수출보조금(export subsidy)이다. 이는 수출의 촉진을 위해서 산업이나 기업활동에 제공되는 각종 지원을 말한다. 이외에도 수출업자에게 금융지원을 하는 수출신용제도 등이 있다. 반덤핑관세제도, 상계관세제도, 긴급수입제한 등의 조치들도 무역정책의 일환이다.

양날의 칼, 韓·中 FTA 타결

　박근혜 대통령과 시진핑 중국 국가주석이 10일 양국 정상회담에서 한·중 FTA 협상의 타결을 공식 선언하였다. 이로써 2년 6개월에 걸친 긴 줄다리기가 마침내 막을 내렸다. 이번 한·중 FTA의 타결은 몇 가지 측면에서 그 의의가 크다.

　첫째, 한국은 한·중 FTA를 계기로 중국 내수시장 공략을 위한 발판을 마련하게 되었다. 실제 중국 수입시장의 한국 제품 점유율은 약 10%인 반면 내수시장 점유율은 6% 내외에 불과하다. 이는 중국 내수시장 점유율이 수입시장 점유율보다 오히려 높은 미국이나 독일과는 대조를 이룬다. 2013년 한국 제품은 일본을 제치고 중국 수입시장 점유율 1위를 차지했지만 내수시장의 성적은 여전히 좋지 않았다. 중국의 민간소비 규모가 확대일로에 있는 만큼 중국의 내수시장을 놓고 여러 나라의 '한판 진검승부'가 불가피할 것으로 보인다.

　둘째, 한·중 FTA는 한국 서비스업의 수출산업화에도 새로운 활력을 불어넣을 것으로 보인다. 지난 10년간 한국의 대중국 서비스 수출은 수송과 관광 및 사업 서비스를 중심으로 매년 약 20% 이상씩 성장해 왔다. 그럼에도 한국 서비스 사업자들의 중국 정부에 대한 불만이 끊이지 않고 있다. 한국은 중국과의 서비스 교역을 통하여 금융·보험·통신·의료·교육·콘텐츠·미용·연예 산업 등에서 많은 혜택을 누릴 것으로 보이지만 지금까지는 중국 정부의 규제와 관료주의, 특유의 상관행 등 때문에 별 소득이 없었다. FTA를 계기로 양국 정부는 무역과 투자를 둘러싼 분쟁과 마찰의 소지를 서서히 줄여 나갈 수 있을 것이다.

셋째, '산업통상'을 기치로 내건 박근혜 정부의 첫 대형 FTA인 한·중 FTA가 가동되면서 양국은 '윈·윈(win-win) 산업협력'을 도모할 수 있을 것이다. 한·중 무역 패턴이 기존의 수직분업 패턴에서 수평분업 구조로 빠르게 전환되고 있는 상황에서 양국은 차세대 신소재, IT, 바이오, 민항기 등 경쟁 관계에 있는 다양한 분야에서 시범사업을 함께 추진하거나 공동기술, 아시아 기술 표준을 개발하는 등의 산업협력을 모색할 수 있을 것이다.

한·중 FTA는 우리 정부가 애초 목표로 정하였던 '높은 수준의 FTA'와는 다소 거리가 있다. 이번 FTA는 이웃한 거대 시장의 외교적 요구를 수용하면서도 우리 내부의 갈등을 최소화하여 사회적 비용을 줄이겠다는 의지가 반영된 작품이다. 이를 위해 양국 정부는 '중간 수준의 FTA'로 한 발짝 물러서는 정치적 대타협을 이룬 셈이다. 따라서 한·중 FTA로 인한 국내 산업의 피해는 애초 알려진 것보다는 적을 것으로 판단된다.

자유무역을 향한 한·중의 이번 첫걸음은 역내포괄적경제동반자협정(RCEP)이나 한·중·일 FTA 협상, 미국 주도의 환태평양경제동반자협정

(TPP)에서의 한국의 역할과 위상을 제고하게 될 것이다. 그러나 동시에 한반도에 대한 중국의 영향력을 더욱 확대시키면서 한국의 중화경제권으로의 본격적 진입을 가속화할 가능성 또한 부인하기 어렵다. 경제적으로는 중국과의 기술 격차를 유지하면서 서비스 산업의 수출 상품화를 적극 모색하는 동시에 정치적으로는 중국의 과도한 영향력을 견제하면서도 사안별로 공조하는 균형 잡힌 산업·외교 전략의 구사가 절실한 시점이다.

시론
〈조선일보 2014년 11월 12일〉

용어 설명

중간 수준의 FTA

자유무역협정을 맺으면서 양국이 서로 기존 관세를 대폭 줄이거나 철폐하고 비관세장벽, 예를 들면 기술장벽, 위생검역, 무역구제조치(반덤핑, 상계, 긴급수입제한제도 등), 국영기업, 보조금, 지적재산권, 환경, 노동, 전자상거래 등에 있어 서로 부담이 될 정도로 자유화하는 경우 우리는 '높은 수준의 FTA'라고 평가한다. 한국이 맺은 미국, EU와의 FTA는 여기에 속한다고 할 수 있다. 하지만 양국이 민감한 품목들을 개방 목록에서 상당부분 제외시키거나 관세 인하 폭도 최소한으로 정하고 비관세장벽 또한 WTO 개장 수준에서 추가적인 자유화가 없는 경우 '낮은 수준의 FTA' 혹은 '무늬만 FTA'가 된다. 한국-인도 FTA인

CEPA가 여기에 속한다. 높은 수준과 낮은 수준의 가운데 정도의 무역 자유화 협상을 '중간 수준의 FTA'라고 한다.

♟ 현재와의 대화: 서비스 개방이 힘든 이유

한·중 FTA는 2015년 12월 발효가 되었다. 한국은 총 12,232개의 상품 중 6,108개(50%)의 상품에 대한 관세를 즉시 철폐하고, 20년간 92.2%의 상품 관세를 철폐하기로 했다. 한편 중국은 총 8,194개의 상품 중 1,649개(20%)의 상품 관세를 즉시 철폐하고, 20년간 90.7%의 관세를 철폐키로 했다. 한·중 FTA 활용률은 2019년 기준으로 57.2%로 아세안 51.3%보다 높다. 현재는 서비스 투자 부문 협상 중으로 작년 10월까지 총 9차례에 걸쳐 후속 협상을 개최했다. 양국 서비스 부문은 완전 개방 분야 6개와 제한적이거나 미개방 분야 149개 부문에 대해 모두 개방을 추진 중이다. 쟁점사항은 주요 서비스 업종별 한·중 간 개방 수준에 큰 간극이 존재하는 점이다. 예를 들어 중국에서 한국 건설업체의 한국 내 건설 실적을 인정하지 않는다든가, 한국업체의 중국인 아웃바운드 영업이 불가능하다는 점 등이 있다. 또한 국내 보이지 않는 규제가 존재하고, 지방 성이나 시 정부별로 이행이 상이하다는 점이다. 드라마 같은 것은 TV 편성이 2.5% 이내로 제한되고, 영화는 제작사 지분이 49% 이내로 제한된다. 여행에서 외자기업은 비자 대행업무가 불가능하다. 이처럼 서비스 개방은 국내 규제나 각국 산업 경쟁력과도 직결되어 있어 개방이 상품의 경우보다 더 까다롭다.

지식 한 토막: FTA 활용률(FTA utilization rate)이란?

FTA 활용률이란 상품을 수출할 때 상대국으로부터 FTA 특혜관세를 적용받게 되는 비율을 말한다. 한국의 경우 2019년 총수출 5,424억 불 중 FTA 체결국으로 한 수출이 3,984억 불(73.5%)다. 이 중 FTA 활용은 1,354억 불로 34%에 이른다. 협정별로 보면, 선진 시장인 미, EU가 전체의 53%, 신흥시장인 아시아, 중국, 인도가 37%를 차지하고 있다. 대기업은 85%, 중소기업은 60.3% 수준이다. 업종별로 보면, 기계업종 활용률이 85%로 제일 높고 그다음이 전기전자, 플라스틱, 화학공업으로 약 69%이고, 생활용품은 56%, 섬유업종은 51%로 최저 수준이다. 한국이 맺은 FTA 상대국가로 수출되는 수출품의 FTA 활용률은 다음과 같다. 미국 85.2%, EU 86.9%, 호주 82.8%, EFTA 83.2%, 캐나다 95.2%, 뉴질랜드 41.2%, 칠레 79.6%, 아세안 51.3%, 인도 73%, 페루 84.7%, 터키 77.5%, 중국 57.2%, 콜롬비아 52.9%

동상이몽, 한·중·일 FTA 감상법

낮은 수준 FTA를 중국은 요구할 것,
日 농업시장 개방걸림돌 될 수도 …
한국은 높은 수준 한·중 FTA 우선,
외교안보 고려해 전략적 접근해야

한·중·일 3국 정부가 마침내 동북아 경제 통합을 위한 FTA 협상의 닻을 올렸다. 지난달 20일 동아시아 정상회의가 열린 캄보디아 프놈펜에서 3국 통상장관이 모여 FTA 협상 개시를 선언한 것이다. 하지만 무슨 짐을 어떻게 싣고 어디로 얼마나 가야 할지는 막막하기만 하다. 더욱이 선장(船長)이 3명이나 되는 상황에서 배가 혹 산으로 가지는 않을까 하는 우려의 목소리도 높다.

중국은 한·중·일 FTA를 지극히 정치적으로 접근하고 있다. 오바마 행정부가 외교 노선으로 천명한 '아시아로의 중심축 이동(Pivot to Asia)'에 촉각을 곤두세우고는 미국을 배제한 아시아 지역경제공동체의 구축에 큰 관심을 보이고 있다. 특히 미국이 환태평양경제동반자협정(TPP)으로 중국을 압박하는 전술을 구사하자 한·중·일 FTA라는 카드를 급히 꺼내 들고 맞대응하는 양상이다.

한·중·일 FTA가 더욱 절실한 나라는 일본이다. 일본의 예상과는 달리 한국이 유럽연합(EU)·미국과의 FTA 발효에 성공한 데 이어 중국과도 FTA 협상에 돌입하자 일본은 몹시 초조하다. 한·중·일 FTA에 대한 최근 일본의 적극적인 행보에는 가까운 장래에 한·중 FTA의 타결이 초래할 한국 상품의 중국 내수 시장 선점과 일본 상품 대체 가능성에 대한 깊은 불안감이 깔려 있다. 말로는 "한국과 힘을 합쳐 중국 시장을 제대로 한번 열어 보자"고 외치지만 내심 팽창일로의 중국을 정치적으로 견제하면서 한·중 FTA, 특히 상품 양허 양자 협상을 3자 구도의 틀에 넣어 시간을 끌어 볼 심산이다.

따라서 협상 타결까지는 난항이 예상된다. 우선 3국은 모든 분야의 협상을 동시에 진행하기로 합의한 상태지만 협상의 결과를 일괄타결 방식을 택할지 아니면 분야별로 순차적으로 타결할지는 정하지 않았다. 양허 방식은 상품의 경우 양자 및 3자 협상을 병용하여 진행하되 서비스와 투자 및 규범 분야는 원칙적으로 3자 협상으로 진행할 것으로 알려졌다. 하지만 개방의 범위와 폭에 관해서는 서로 이해관계가 상충하면서 첨예한 입장 차이를 보이고 있다.

중국은 한·인도 FTA와 같은 매우 낮은 수준의 FTA를 요구할 것이다. 관세 인하의 예외가 될 민감품목을 수입액 혹은 품목 수 기준으로 20~30% 이상 요구하면서 서비스·투자·규범 등의 분야도 '무늬만 FTA'로 일단 몰고 갈 것이다. 일본은 외교부와 경제산업성이 FTA에 전향적인 태도를 보이지만 농민 이익의 포로가 된 정치인과 농림부를 설득하기란 쉽지 않을 것이다. 따라서 일본의 농업시장 개방 문제는 한·중·일 FTA의 협상 결렬 요인으로 작용할 가능성이 크다. 일본의 차별적인 상관행이나 중국의 비관세장벽 철폐 문제도 해결이 만만찮다.

한국은 높은 수준의 한·중 FTA를 우선하여 타결하는 데 방점을 두고 한·중·일 FTA를 전략적으로 접근할 필요가 있다. 물론 한·중·일 FTA를 통하여 역내(域內) 시장 규모의 확대나 서비스 및 투자 자유화를 통한 생산 네트워크의 고도화라는 긍정적 효과를 기대할 수 있을 것이다. 하지만 역내 경제 통합에서 FTA가 갖는 외교안보적 함의 또한 무시할 수 없다. 따라서 정부는 협상 개시가 이미 선언된 역내 포괄적경제동반자협정(RCEP)과 미국 주도의 TPP를 한·중, 한·일, 한·중·일 FTA와 함께 테이블 위에 올려놓고 속도와 순서, 그리고 내용에 관한 큰 그림을 그려야 한다. 이는 차기 정부의 중요한 대외정책 과제이자 동시에 우리가 뽑을 새 대통령의 국제 역량을 가늠하는 첫 시험대가 될 것이다.

시론
〈조선일보 2012년 12월 11일〉

용어 설명

아시아 중시(重視) 전략(Pivot to Asia Strategy)

2011년 힐러리 클린턴 당시 미 국무장관이 외교잡지 「포린폴리시」에 '미국의 태평양시대'라는 기고를 통해 선언한 전략적 개념. 2000년대 이후 이라크와 아프가니스탄 전쟁 등 중동에 집중해 온 미국이 외교·군사정책의 중심을 아시아로 이동시키겠다는 뜻으로, 아시아·태평양지역에서 중국을 견제하기 위한 민주당의 소프트 파워 전략이다. 미국은 아시아 중시 전략의 경제적인 축으로 TPP(환태평양경제동반자협정)를 적극 추진하였고 이에 민감해진 중국은 한국의 TPP 가입을 저지하고자 한국에 한·중 FTA를 강력하게 요구하였다. 한·중 FTA는 미국이 아시아 중시 전략을 본격화하던 2012년 이명박 정부에서 협상 개시가 결정되었고 이후 박근혜 정부에서 본격적인 협상과 타결이 이뤄졌다. 아시아 재균형 정책(Asia Rebalancing Strategy)으로도 불린다.

현재와의 대화: 태생적 불임(不姙), 한·중·일 FTA

한·중·일 FTA는 모두 군불만 지필 뿐, 10년 가까이 어떤 구체적인 성과도 내지 못한 불임(不姙) 기구이다. 3국은 2013년부터 높은 수준의 자유화를 목표로 FTA 협상을 추진해 왔지만 여전히 제자리다. 2013년 3월 1차 협상을 개최하여 상품 및 서비스 시장 개방, 투자 외에도 원산지, 통관, 전자상거래, 지재권 등 다양한 영역을 포괄적으로 협상해 왔다. 3국의 주요 수출품목이 유사해짐에 따라 추진 모멘텀이 약해진 면도 있다. 그 결과 3국 FTA는 상품협상, 서비스, 투자 등에 대한 구체적인 합의에 이르지 못하고 있다. 다만, 매년 2~3차례 '협상을 위한 협상'을 진행하고 있을 뿐이다. 3국은 특히 역사문제나 정치문제, 심지어 영토나 군사문제에서도 갈등과 마찰이 끊이지 않고 있다. 한·중·일 FTA는 딱히 길이 보이지 않는 어두운 터널 속을 지나고 있다. 다만 2020년 11월 RCEP이 공식 서명되면서 한·중·일이 비록 낮은 수준이지만 하나의 경제통합체인 RCEP에 회원국으로 함께 참여하는 계기를 맞게 된 점은 고무적이다.

지식 한 토막: 동상삼몽(同床三夢)에 빠진 한·중·일

　한·중·일 정상은 거의 매년 정상회의를 이어 오고 있다. 하지만 2020년은 정상회의 개최가 무산되었다. 코로나 때문이다. 2019년에는 중국에서 제8차 한·중·일 정상회의를 개최하였는데 여기서 3국 정상들은 2019년 10월에 타결된 15개국 간(인도 제외) 다자 FTA인 RCEP의 서명·비준과 높은 수준의 한·중·일 FTA 진전을 위한 노력에 합의했다. 하지만 한·중·일 FTA를 대하는 3국 정상들은 미묘한 입장차를 보이고 있다. 우선 중국은 미·중 분쟁이 격화되는 가운데 동북아 중심 국가인 한·중·일을 네트워크로 묶어 두기 위해 3국 FTA에 적극적인 입장을 견지하고 있다. 이는 RCEP의 전략적 가치를 재평가해 타결에 서두른 중국의 입장과도 유사하다. 일본은 기존 한·중 FTA가 낮은 수준으로 체결된 FTA이기 때문에 3국으로 확대하는 것이 더욱 어렵다는 점을 인식하고 한·중 FTA나 RCEP보다 훨씬 높은 수준의 합의를 강조하고 있다. 기본적으로 일본은 중국과 FTA를 하겠다는 마음이 없다. 한국은 최근 일본과의 수출통제나 지소미아 등을 둘러싼 불협화음을 의식, 한·중 FTA 서비스·투자 후속협상의 더 큰 관심을 보이면서 중국과 對日 공동연대를 취하는 듯한 입장을 보이고 있다. 삼국 모두 하나같이 다른 꿈을 꾸며 3국 FTA를 바라보는 형국이다.

10

한·중 FTA, 국민적 합의 거쳐 전략적으로 추진해야

우리나라는 2003년 9월 노무현 정부 때 처음으로 FTA 중장기 로드맵을 만들었다. 그동안 진행되어 온 FTA를 평가해 보면 정부의 정책적 지향점이 거대·선진 경제권과의 FTA 네트워크 구축에 있었음을 알 수 있다. 당시 우리 정부가 FTA를 동시다발적으로 추진한 배경에는 많은 이유가 있었지만, 경제의 전반적인 생산성 저하와 수출 시장 선점을 통한 수출 확대를 꼽을 수 있다. 특히 미국과 EU 등 선진경제권과의 FTA는 서비스 분야의 생산성을 높일 수 있는 기회로 보았고 이 때문에 국책연구소의 FTA 경제효과분석에서 'FTA를 통한 매년 1%의 생산성 향상'이라는 가정을 무리 없이 포함시킬 수도 있었다.

노무현 정부가 제시한 FTA 상대국 선정기준을 살펴보면 경제적 타당성과 함께 '정치·외교적 함의'라는 기준이 포함되어 있었지만 학계 혹은 정치권의 큰 주목을 받진 못했다. 따라서 그동안의 우리나라의 FTA는 철저하게 경제적 타당성을 중심으로 체결되었고 이에 기초하여 협상이 이뤄져 왔다고 할 수 있다. 이는 FTA 대상국 선정에 있어서 경제적 이익뿐만이 아니라 자국의 외교정책에 대한 상대국의 지지 여부를 매우 중요하게 여기는 미국이나 미국을 견제하며 '범중화경제권의 확대'에 초점을 맞추는 중국과는 상당히 다른 접근방식이라 할 수 있다.

미국은 '선의의 무시' 정책 취할 것으로 보여

중국과의 FTA 협상에 있어서 우리나라는, 기존 방식대로 경제적 이익의 극대화에 초점을 맞출 것인지 아니면 정치와 외교 그리고 안보라는 다면적이고도 전략적인 접근을 꾀할 것인지 국민적 합의와 공감대 형성이 절실한 시점이다. 이는 중국이 미국이나 EU와는 상당히 다른 협상 상대이기 때문이다.

첫째, 중국은 선진국이 아니다. 미국이나 EU와는 달리 중국과의 FTA를 통해 경제전반의 생산성 향상이나 제도 개혁 혹은 선진화를 기대하기란 어렵다. 특히 많은 개도국과의 FTA 사례가 보여 주듯이 중국은 비관세장벽이 높고 FTA를 통해 국내제도, 법 체계, 상관행을 얼마나 바꿀 수 있을지, 설령 바꾼다 하더라도 중국 정부가 이를 제대로 이행할 수 있을지 의구심이 크다. 특히 우리가 관심을 보이는 투자, 서비스, 지적재산권, 반덤핑 분야는 더욱 그렇다. 중국이 FTA 체결로 한국에서 누릴 혜택이 가시적이고도 단기적이라면, 우리가 중국서 누릴 혜택은 상대적으로 불명확하고 중장기적인 성격이 농후하다.

둘째, 중국은 우리의 전통적인 우방국이 아니라는 점이다. 1992년 한·중 수교 당시에도 논란이 컸지만 중국과의 수교는 명백하게 우리에게 위기보다는 엄청난 기회를 제공한 것이 사실이다. 하지만 수교 이후 한국의 대중국 경제적 의존도의 심화 혹은 한·중 경제관계의 발전이 중국의 대한반도 정치·외교적 정책의 변화를 초래한 명백한 징후는 최근까지도 찾아보기 어렵다. 따라서 정부 혹은 일각에서 '중국과의

FTA를 통해 북한의 급변상황 시 중국의 협조를 구할 수 있다'는 진단과 논리는 현실을 도외시한 우리의 희망사항(wishful thinking)에 그칠 가능성이 크다.

중국은 북한과 여전히 혈맹관계이고 북한에 대해서는 '순망치한(脣亡齒寒)'이라는 사고가 지배적이다. 역으로 중국과의 경제적 의존성의 심화는 향후 '중국의 대한국 영향력 증대'를 의미할 가능성이 크다. 미국은 한국이 중국과의 FTA를 추진하는데 대하여 소위 '선의의 무시(benign neglect)' 정책을 취할 것으로 보이지만, 향후 한반도 정세가 급변할 때 미국 혹은 일본이라는 전통적 우방을 이용한 대중국 협상 레버리지 효과는 오히려 줄어들 가능성을 배제하기 어렵다.

셋째, 중국은 우리의 이웃 나라이다. 지리적으로 가까워 그나마 우리가 외국산에 비교우위를 점하고 있는 신선 야채와 냉장 과일이나 활어 등에도 심각한 타격이 올 것이다. EU와 미국과의 FTA가 이행되는 상황에서 중국과의 FTA가 발효된다면 우리 농수산업에 미치는 충격이 지금까지의 FTA를 모두 합친 것보다 클 것으로 보인다. 따라서 정부는 이 같은 충격을 감내할 구체적인 방안을 제시해야 한다.

'무늬만 FTA'로 전락할 가능성

정부는 중국과의 FTA 협상을 2단계, 즉 농산물 등 민감 분야를 먼저 협상한 후 본 협상을 할 계획으로 알려졌다. 하지만 1단계에서 민감 분야를 상호 상당 부분 제외한다고 하면 한·중 FTA는 WTO+가 아닌, 즉 다자간 협상과 비교해서 크게 자유화의 진전이 없는 협상으로 전락할 가능성이 크다.

경제적인 측면만 고려한다면, 우리로서는 한·중 FTA를 포괄적이고도 자유화 수준이 높은 FTA로 끌고 가야 하는데, 이 경우 중국이 우리가 원하는 분야, 예를 들어 통신, 금융, 보험 등의 서비스 분야와 지재권 등에서 수준 높은 개방을 약속할 수 없을 가능성이 크다. 따라서 한·중 FTA는 소위 '무늬만 FTA'로 전락할 가능성이 크다. 가능성이 희박하지만 설령 포괄적이고도 자유화 수준이 높은 FTA가 체결된다고 하더라도 중화경제권으로의 급속한 편입이 몰고 올 파급효과나 효과적인 이행방안에 대한 정부 차원의 심각한 고민이 있어야 할 것이다.

한·중 FTA 추진은 외교·안보적 함의에 대한 국민적 합의를 충분히 거쳐 전략적으로 그리고 신중하게 추진되어야 할 것이다. 일단 국민적 합의가 모아져 한·중 FTA를 추진하기로 한다면, 우리로서는 원하는 분야와 의제를 명확히 설정하고 우리의 기대에 못 미치는 수준의 협상인 경우 언제든지 깰 수 있다는 자세로 당당하게 임할 필요가 있다. 이는 한·중 FTA의 경제적 효과가 외교·안보적 비용을 충분히 지불하고도 남을 만큼 명확해야 한다는 의미로도 해석할 수 있다.

KERI Column
〈한국경제연구원 2012년 2월 9일〉

♜ 용어 설명

민감품목(sensitive items)

관세양허협상에서 국내 생산자들의 민감성을 고려하여 일반 품목에 비해 관세감축의 신축성이 부여되는 품목을 말한다. 한·중 FTA에서 민감품목은 10년 초과 20년 이내 관세를 철폐하기로 합의했고 초민감품목은 관세 철폐의 예외로 인정했다. 초민감품목 리스트에 한국은 쌀, 보리, 감자, 쇠고기, 돼지고기, 사과, 배, 포도, 마늘, 양파, 고추, 갈치, 고등어 등 농수산물과 동판, 니켈, 편직제의류, 전기 드릴, 승용차, 화물차 등을 포함시켰고 중국은 OLED, 나일론사, 승용차, 기어박스, 핸들, 클러치, 컬러 TV 등 한국이 중국에 수출을 많이 하는 주요 품목을 중심으로 초민감품목 리스트를 정했다. 한국의 경우 전체 농산물 중에서 민감·초민감 품목이 63.4%나 되었는데 이는 한국이 이전에 체결한 FTA의 평균인 36.3%보다 훨씬 높은 비율이다. 민감품목이 많다는 사실은 무역자유화의 정도 혹은 개방의 수준이 낮다는 것을 의미한다.

♜ 현재와의 대화: 한·중 서비스·투자 후속협상에 숨은 중국의 계략

한·중 FTA가 중국 측 요구에 의해 졸속으로 추진될지도 모른다는 우려 때문에 기고했던 칼럼이다. 벌써 한·중 FTA가 발효한 지도 5년이 지났다. 그동안 한·중 관계는 많은 우여곡절을 겪었다. 북핵 문제로 개성공단 특혜관세 조항이 의미를 잃었고 이후 발생한 사드 사태로 한·중 FTA 무용론까지 제기되었다. 정부가 자랑하던 FTA 협력 채널들은 다 어디로 사라졌단 말인가? 한국의 중국 수출은 2019년 감소세로 돌아섰지만 중국은 여전히 한국의 최대 수출시장이다. 2019년 한해 대중 무역흑자는 290억 달러로 한국 전체 무역흑자의 75%에 이른다. 중국 수입시장에서 우리 제품의 평균 점유율은 여전히 1위를 달리고 있다. 하지만 FTA 활용률은 57.2%로 16개 FTA 중 하위에서 4번째다. 양국은 2018년 3월 이후 한·중 FTA 서비스·투자 후속협상을 벌이고 있다. 협상에 주어진 시간은 원칙적으로 2년, 즉 2020년 3월까지 타결했어야 했지만 그럴 수 없었다. 핵심은 문화 콘텐츠와 의료, 관광, 법률, 정보기술, 연구개발 등의 분야에서의 한 단계 더 높은 개방이다. 올해에는 양국이 후속 협상을 잘 마무리하고 이어 기존 상품 협상의 업그레이드에 큰 관심을 보였으면 한다.

♜ 지식 한 토막: 중국의 FTA 대상국 기준은?

중국은 16건의 FTA를 체결했고, 11건의 FTA를 추진 중이며, 5건의 FTA를 검토 중에 있다. 몰디브, RCEP는 서명까지 진행되어 있다. 2015년에는 중-아세안 FTA 개정 협상을 타결하여 처음으로 FTA를 개정하기도 했다. FTA 체결국은 캄보디아, 모리셔스, 몰디브, 조지아, 호주, 한국, 스위스, 아이슬란드, 코스타리카, 페루, 싱가포르, 뉴질랜드, 칠레, 파키스탄, 아세안 등이다. 추진 중인 FTA 상대국으로는 GCC, 한중일, 스리랑카, 이스라엘, 노르웨이, 뉴질랜드(업그레이드), 몰도바, 파나마, 한국(서비스투자협정), 팔레스타인, 페루(업그레이드) 등이다. 캐나다, 콜롬비아, 몽고 등 7개국과는 합동 연구를 진행 중이고 스위스와는 업그레이드 협상을 서로 타진하고 있다. 중국은 FTA를 크게 세 종류의 상대국들과 맺고 있다. 첫째는 자원부국, 둘째는 전략적 동반자, 셋째는 개방 소국인데 FTA 자체를 對세계전략의 일환으로 추진한다고 볼 수 있다.

한·미 관계의 미래: 워싱턴은 서울을 버릴 것인가

바이든 승리 시 주목할 두 가지 변화

탄소조정세, 위협과 기회 동시에 제공
바이든 다자주의 복원, 실효성이 문제
中, '쌍순환 경제견인 전략' 구축할 듯

미국 대선이 코앞으로 다가왔다. 만약 민주당의 바이든 후보가 대통령에 당선된다면 그는 어떤 대외정책을 펼칠까? 우선 두 가지 측면에서 새로운 변화가 포착될 것으로 보인다.

첫째는 '친환경정책의 강화'이다. 바이든 후보는 2025년까지 탄소조정세를 도입할 계획이다. 탄소조정세란 이산화탄소를 배출하는 석유·석탄 등 각종 화석연료의 사용에 부과하는 세금을 말한다. 그는 '취임 첫날, 트럼프 대통령이 탈퇴한 파리기후협약에 재가입하겠다'며 온실가스 감축 목표를 획기적으로 상향할 뜻을 내비쳤다. 아울러 기후변화 대응을 위한 그린인프라 구축에도 4년간 2조 달러를 투자할 계획을 밝혔다. 향후 미국이 EU 등 선진국들과 손잡고 환경 규제를 강화하게 된다면 이는 우리 기업에 강력한 위협이자 새로운 기회로 작용할 가능성이 크다. 철저한 대비책이 요구되는 사안이다.

둘째는 '다자주의의 복원 시도'이다. 바이든은 '국제 이슈를 해결하는 데 있어서 동맹국들과의 협력에 초점을 맞출 것임'을 강조해 왔다.

이미 언급한 파리협약 재가입과 함께 세계보건기구(WHO) 탈퇴절차의 중단, 북대서양조약기구(NATO)와의 관계 복원도 시사했다. 하지만 미·중 갈등이나 세계무역기구(WTO) 개혁, 코로나 팬데믹에 대한 국제 공조 등 시급한 현안에 대해 그는 구체적인 해결 방안을 제시하지 않고 있다. 사실 2001년 중국을 WTO에 가입시킨 것도 민주당의 클린턴 대통령이었고 2008년 글로벌 금융위기 이후 중국의 굴기를 결정적으로 허용한 것도 당시 오바마 대통령과 바이든 부통령이었다. 연방 상원의원으로 35년간 워싱턴에 길들여진 노정객 바이든이 과연 동맹국들을 이끌고 대중(對中) 압박을 주도하여 '중국의 구조 개혁'과 '다자주의의 복원'을 이뤄 낼 수 있을까? 왠지 회의감이 앞선다.

이 외에 바이든 후보가 들고 나온 정책 대부분은 구호가 바뀌었을 뿐 트럼프의 정책과 유사하다. 그의 '더 나은 재건(Build Back Better)'이나 '미국인에 의한 미국 내 제조(Made in America by all of America's Workers)' 정책 등이 대표적이다. 물론 국내적으로는 차별화된 경제 정책들이 눈에 띈다. 바이든은 법인세율을 21%에서 28%로, 개인소득세 최고세율을 37%에서 39.6%로 인상하고 빅테크 기업의 독과점구조를 깰 방법을 찾고 있다. 민주당이 이번 선거에서 상원을 재장악해야 탄력을 받을 수 있는 정책들이다.

시진핑 중국 국가주석은 미국 대통령에 누가 당선되건 상관없이 마이 웨이를 가기로 작심한 듯하다. 이는 워싱턴의 중국 때리기가 상당 기간 초당적으로 지속될 것이라는 현실인식을 반영한 결정으로 판단된다. 미국의 각종 제재가 중국을 '소비에트 연방형 경제'로 내몰고 있는 셈이다. 즉, 홍색공급망 강화와 내수 확대를 핵심으로 하는 '국내 순환'을 경제 발전의 기본 축으로 가져가겠다는 것이 중국 지도부의 계획이다. 물론 동시에 국내·외 순환이 상호 성장을 촉진하게 되는 '쌍순환 메커니즘'을 구축하여 경제를 견인하겠다는 그랜드 전략도 숨기지 않고 있다. 이를 위해 베이징은 기존의 가치사슬 접근에서 탈피, 중국 경제 자체만으로도 생산과 소비의 완결형을 이룰 수 있는 생태계·플랫폼 접근을 통해 위기 국면의 대전환을 꾀할 전망이다.

세계 각국은 2주 앞으로 다가온 미국의 대선 결과와 중국의 대응 전략에 촉각을 곤두세우고 있다. 살아남기 위해 모두가 몸부림을 치는 상황이다. 다양한 글로벌 시나리오의 전개와 이에 따른 최적화된 대외 전략의 구상과 도출이 우리에게도 절실한 시점이다.

한국의 창(窓)
〈한국일보 2020년 10월 21일〉

용어 설명

파리기후변화협약(Paris Climate Change Accord)
2020년 만료된 교토의정서를 대체해 2021년 이후의 기후변화 대응을 담은 국제협약. 2015년 12월 프랑스 파리에서 열린 제21차 유엔기후변화협약(UNFCCC) 당사국총회(COP21)에서 채택된 것으로 새 기후변화 체제 수립을 위한 최종 합의문이다. 파리협약은 선진국만 온

실가스 감축 의무가 있었던 1997년 교토의정서와는 달리 195개 당사국 모두에게 구속력 있는 보편적인 첫 기후 관련 합의라는 점에서 그 의미를 찾을 수 있다. 다만 각국이 제출한 자발적 감축목표(INDC)에 부여하려던 국제법상의 구속력은 결국 제외되었다는 한계가 있다. 파리협약은 '55개국 이상', '글로벌 배출량의 총합 비중이 55% 이상에 해당하는 국가가 비준'이란 두 가지 기준이 충족되면서 2016년 11월에 발효됐다.

♟ 현재와의 대화: 바이든은 트럼프의 대척점에 서 있지 않다!

2020년 미 대선을 약 2주 앞둔 시점에서 바이든이 당선될 경우 세계가 주목해야 할 정책적 변화를 짚어 보았다. 선거 결과는 결국 바이든의 승리로 끝났고 트럼프는 엄청난 득표수에도 불구하고 백악관을 떠나야만 했다. 하지만 그는 4년 후 다시 대선후보로 나설 가능성이 크다. 따라서 우리 정부도 공화당 주요 협력 채널과의 관계를 잘 유지하는 것이 중요하다. 바이든 대통령은 공정무역을 강조하며 민주당의 가치가 반영된 자국 우선주의를 추진하고 있다. 즉, 우방국과의 공조와 의회와의 협력을 바탕으로 일방적인 관세부과(232조나 301조 등)를 지양하고 소프트 파워를 가동한 시스템 통상정책을 펼칠 전망이다. 글로벌 공급망의 취약성을 해소하기 위해 미국 중심의 공급망 구축을 적극 모색하고 있고 미국산 중심의 정부조달 확대, IT산업에 대한 보조금 지급, 미국 내 청정에너지 및 인프라 경쟁력 강화 등을 모색하고 있다. '미국 내 제조(Made in America), 미국산 구매(Buy American)' 등 국내 경제 활성화를 강조하고 있어 미·중 디커플링은 추세적으로는 지속될 전망이다. 바이든은 대선 기간 중 WTO 개혁에 대한 일체의 계획을 밝힌 바 없었지만 그의 참모들은 다자체제의 유용성과 정책적 의미를 잘 이해하고 있는 편이다.

♜ 지식 한 토막: 미국을 위해 WTO 정부조달협정을 개정하라!

향후 미국의 국내 정부조달을 모두 미국산 제품으로 가져가겠다는 것이 바이든의 대선 공약이었다. 바이든은 대선 캠페인 중에 WTO 개혁에 대한 언급은 일체 없이 WTO 정부조달협정 개정의 필요성만을 유일하게 역설하였다. 자신의 선거공약이 WTO 위반이 될 수 있다는 판단에서 이 같은 발언을 한 것이다. 정부조달에 관한 WTO 복수국간 협정. 정부조달협정은 원래 GATT 내국민대우 원칙의 예외 분야로 국제무역의 자유화가 이루어지지 않았던 영역이었다. 1979년에 제정된 도쿄라운드 정부조달협정도 전체 정부조달시장 중 일부(중앙정부기관의 13만 SDR 이상의 물품구매)만을 규율하며, 지방정부나 통신, 전력, 상하수도, 운송 분야 등 주요 공공부분이나 서비스, 건설 구매 등은 포함되지 않았다. 현행 WTO 정부조달협정은 UR 협상과 같은 맥락에서 구협정의 범위를 확대하기 위한 확장 협상을 통해 1993년 12월 새로이 체결되어 그 포괄범위가 중앙, 지방정부기관 및 통신, 전력기관 등 정부 영향력하의 공공기관의 물품, 서비스 및 건설구매로 확대되었다. 1994년 4월 15일 모로코의 마라케쉬에서 가입국들이 서명함으로써 1996년 1월 1일부터 발효되었다. 우리나라의 경우 1년간 유예기간을 두어 1997년 1월 1일부터 발효되었다. 가입국 수는 28개국에서 최근 EU 10개국이 추가됨에 따라 48개국으로 확대되었다. 시장접근을 위한 내국민대우(국내산과 수입산 동일 대우의 원칙)와 양허의 실효성을 확보하기 위한 국제공개입찰을 주요 원칙으로 하고 있다.

미 경제번영네트워크(EPN)의 성공조건

미, 반중 경제블록 한국 참여 압박
트럼프 재선 실패 시, EPN 폐기될 수도
참여이익에 대한 구체적인 청사진 필요

트럼프 행정부가 중국에 대한 압박 수위를 높이고 있다. 중국을 옥죄기 위한 다양한 정책들이 가시화되고 있는 가운데 미 국무부는 작년 11월부터 경제번영네트워크(Economic Prosperity Network: EPN)라는 새로운 동맹체 구축에 나섰다. 반중(反中) 경제블록 혹은 중국을 배제한 글로벌 공급망 정도로 이해되지만 내부를 들여다보면 아직 그 실체가 명확하지 않다.

논의의 주창자는 키스 크라크(Keith Krach) 미 국무부 경제차관이다. 그는 EPN 구상이 미국 경제안보전략 3대 핵심축의 하나임을 강조하고 있다. 나머지 두 축은 '국가경쟁력의 획기적 향상'과 '미국 자산에 대한 보호'이다. 지난달 블룸버그와의 인터뷰에서 그는 EPN이 공급망뿐만 아니라 디지털, 에너지, 금융, 교육, 연구, 인프라 등 수많은 분야에서 '뜻을 같이하는 국가'와 '기업' 그리고 '시민사회'가 함께 구축해야 할 다자협력체임을 천명한 바 있다. 작년 11월 서울에서 열린 제4차 한미 고위급 경제협의회에서 EPN 운을 뗐던 그가 지난달 20일 우리 정부에 EPN을 설명한 데 이어 6월 5일 이태호 외교부 차관과의 통화에서는 한국의 EPN 참여를 요청한 것으로 알려졌다.

EPN 논의 전개에서 눈에 띄는 대목은 '네트워크'라는 용어이다. 네트워크란 그물망인데 서로 이로운 협력이 가능하도록 연결된 행위자들의 집합을 말한다. 이때 행위자들을 연결하는 중심 요소가 바로 표준이다. 표준은 구성원들을 연계하는 특정 방식이자 이들의 협력을 촉진하는 공유 가치를 말한다. 크라크 차관은 EPN이 '신뢰'라는 표준에 의해 움직일 것이며 그 표준을 이루는 가치로는 책임감과 투명성, 상호성 그리고 법치와 재산권에 대한 존중 등을 제시하였다. 하나같이 중국을 겨냥한 용어임을 눈치챌 수 있다.

미국은 영국과 캐나다, 일본을 중심축으로 삼아 G7(주요 7개국 모임: 미국, 영국, 프랑스, 독일, 이탈리아, 캐나다, 일본)과 한국, 호주, 인도, 대만, 이스라엘, 브라질 등으로 EPN의 외연 확장을 꾀하고 있다. 물론 러시아와 베트남, 필리핀, 태국도 우선 포섭 대상이다. 참여국의 숫자 특히 주요국들의 참여가 늘어날수록 네트워크의 힘은 커지기 마련이다. 하지만 두 가지 측면에서 EPN의 미래는 불안하기만 하다.

첫째, 구성원들의 공유 가치가 명확하지 않다. 크라크 차관의 말 어디에도 '자유무역'에 대한 신념을 찾아보기 어렵다. 네트워크에서 공유 가치는 권력이다. 공유 가치가 참여국들의 연결성을 강화하기 때문이다. EPN을 이끌 미국의 표준은 무엇인가? '중국 봉쇄'와 '보호무역주의'가 공유 가치가 될 수는 없기에 하는 말이다. '자국 우선주의'를 들고 나와 '타국의 지지'를 구하는 모순된 상황이 지금 연출되고 있다. 트럼프가 재선에 실패하는 경우 민주당 행정부는 EPN을 폐기하고 일본에 잠시 맡겨둔 포괄적 점진적 환태평양경제동반자협정(CPTPP)의 운전대를 다시 잡을 수도 있다. 따라서 EPN 구축을 위한 본격적인 논의는 트럼프 재선 이후에야 가능할 것으로 판단된다.

둘째, 상당수 다국적기업들은 중국을 배제한 글로벌 가치 사슬 형성에 내심 난색을 표하고 있다. 중국 정부의 보복이 두렵고 탈중국 비용도 엄청난 데다 14억이라는 거대 시장을 포기하기 어렵기 때문이다. 설령 일국 정부가 EPN 참여를 선언해도 그 나라 기업들은 '탈중국'이라는 극단적인 방식보다는 신규 투자에 한해 리쇼어링이나 공장 입지를 재조정하는 방식을 택할 전망이다. EPN이라는 반중스크램에 '기업'의 참여가 필요한 이유이다.

미 국무부의 EPN은 가입 비용이 확실하지만 이익은 도무지 손에 잡히지 않는 힘든 선택지다. 새로운 네트워크를 이끌 비전과 철학 그리고 참여국과 참여 기업이 누리게 될 이익에 대한 청사진이 제시되지 않는다면 EPN은 트럼프 행정부의 '전략적 구상'에 그칠 가능성이 크다.

한국의 창(窓)
〈한국일보 2020년 7월 1일〉

용어 설명

오프쇼어링(offshoring)과 온쇼어링(onshoring)
리쇼어링이란 기업이 해외로 진출했다가 다시 본국으로 돌아오는 것을 말한다. 과거 선진국 글로벌 기업들은 인건비 상승 등 국내 고비용 문제를 해결하기 위해 중국·인도 등 거리가 먼 개도국에 생산기지를 건설했는데, 여기서 역외생산 즉 '오프쇼어링(offshoring)'이라는 개념이 생겨났다. 리쇼어링이란 오프쇼어링에서 탈피, 기지를 본국으로 이전하여 국내 생산을 재개하는 '온쇼어링(onshoring)'으로의 전환을 의미한다. 특히 코로나 팬데믹으로 글로벌 가치사슬의 안정성이 중요해지면서 많은 다국적 기업들이 글로벌 공급망을 단순화하는 동시에 본국 근처에서 공급망을 구축하는, 즉 '니어쇼어링(nearshoring) 혹은 리져날쇼어링(regional shoring)'을 선호하는 경향을 보이고 있다. 중국에 공장을 두고 있는 기업은 베트남이나 인도에 China+α 즉, 컨틴전시(contingency, 비상계획) 공급망을 보완적으로 확보하려는 노력도 기울이고 있다. 제4차 산업혁명으로 인하여 국가 간 차이가 주는 비교우위가 기술과 원산지 및 브랜드 가치 등에 의해 상쇄되면서 전통적인 산업 간 무역의 패턴 또한 균열을 보이고 있다.

현재와의 대화: 낙동강 오리알 된 EPN

트럼프 행정부 말기에 국무부가 중심이 되어 EPN 이니셔티브를 들고 나왔다. 필자는 이 칼럼에서 EPN의 성공 여부는 트럼프의 재선 여부에 달려 있다고 주장하였다. 결국 트럼프는 재선에 실패했고 EPN은 낙동강 오리알이 되었다. 바이든은 EPN을 완전히 폐기할 것인가? 아니면 이름만 바꿔서 동맹국 중심의 국제기구를 창설할 것인가? 바이든 행정부로서는 EPN과 같은 취지의 새로운 복수국 연합체 구축이나 아니면 기존 인도·태평양 전략 특히 쿼드(Quad: 미국, 일본, 인도, 호주)

의 확대 개편을 통한 경제 및 안보 협력체 결성이라는 선택지가 남은 것으로 보인다. 물론 CPTPP에 재가입하여 중국을 견제하는 전략은 여전히 유효하다.

♜ 지식 한 토막: 미국의 CPTPP 복귀 시나리오

민주당의 자산이라고 할 수 있는 CPTPP 혹은 TPP에 미국은 과연 복귀할 것인가? 미국의 CPTPP 복귀 시나리오에 대해 웬디 커틀러(Wendy Cutler)는 1) 원래의 TPP로 복귀하는 방안(returning to the original TPP), 2) CPTPP에 동의하는 방안(acceding to the CPTPP), 3) CPTPP 재협상 방안(renegotiating the CPTPP), 4) 부문별 협상을 추구하는 방안(pursuing interim sectoral deals) 등 4가지를 제시했다. USTR(미무역대표부) 부대표를 지낸 커틀러는 미국이 1차적으로 CPTPP 회원국들과 부문별 협정을 맺어 제도적 연계를 강화하다가 적절한 시기에 본격적인 재협상을 벌이는 방안이 가장 현실적이라고 주장했다. 즉 4)안에서 3)안으로 이행하는 접근법이다.

對美 무역협상, 때로는 '눈에는 눈'으로 대응해야

美·中 갈등이 세계 경제 위협 …
피해액 과소평가는 禁物 …
最惡 가정하고 비상 계획 세울 때
美, 한국 자동차에 관세 부과하면
우리도 日·유럽과 연합하고
러스트벨트 대표 품목에 보복해야

미·중 무역 전쟁이 글로벌 경제를 위협하고 있다. 이제 초기 단계인데 종전(終戰)까지 갈 길은 멀고 험하다. 특히 트럼프가 한국과 일본 등 동맹국으로까지 전선(戰線)을 확대하면서 미국발(發) 무역 전쟁은 참전국이 늘고 장기화하는 양상이다.

중국에 이어 멕시코·캐나다는 미국의 관세 폭탄 투하에 보복 관세로 맞대응하고 있다. 이들은 미국 총수출액의 61%, 약 9,400억 달러어치의 미국산 상품을 수입하는 나라들이다. 반면 미·중 무역 전쟁의 부수적 피해가 클 것으로 알려진 한국과 일본, 대만은 여전히 미국과의 양자협상에 큰 비중을 두고 신중한 행보를 하고 있다. 북한의 핵개발과 중국의 굴기(崛起)라는 동아시아의 급격한 지형 변화가 이들에게 워싱턴과의 전략적 협의를 요구하고 있기 때문이다.

모든 전쟁은 아픈 상처를 남긴다. 무역 전쟁도 예외가 아니다. 올 1월 세탁기, 태양광 패널 등에 대한 미국의 긴급 수입 제한 조치는 이후 철강과 알루미늄 관세 부과로, 최근에는 자동차와 우라늄 조사로 번지고 있다. 수출 기업들의 비명이 지구촌 곳곳에서 터져 나온다. 미국이 반도체를 공격하는 것도 시간문제일 뿐이다. 트럼프는 동시에 불공정 무역 301조에 의거해 해마다 미국에 수입되는 2,500억 달러 규모의 중국산 제품에 대한 관세 부과를 단계별로 현실화하고 있다.

문제는 무역 전쟁의 피해가 관세 부과에 따른 교역 축소에만 국한되지 않는다는 데 있다. 글로벌 불확실성의 증가는 자본 흐름의 단절과 환율 및 주식시장의 변동성 확대, 보험업계의 혼란과 맞물려 투자 위축과 공급망 재조정으로 이어지고 있다. 아울러 미국은 첨단 기술을 둘러싼 국제 투자나 기술 협력의 승인 요건을 강화하고 있다.

오는 11월 중간선거의 결과에 관계없이 트럼프는 보호주의의 고삐를 늦추지 않을 것이다. 경제 여건의 호조로 재선 가능성이 커진 현 상황에서는 더욱 그렇다. 트럼피즘(Trumpism)의 피해자들이 그의 정치적 핵심 지지 기반을 위협하지 않는 한 그는 브레이크를 밟지 않을 것이다. 반면 중국에는 힘겨운 싸움이 될 것이다. 제조업 성장 둔화와 기록적인 기업부도율로 고민이 많은 중국에 미국과의 무역 전쟁으로 수출 급감과 투자 부족까지 겹친다면 쌓인 불만이 폭발할지도 모른다. 결국 시진핑은 미국의 요구를 상당 부분 수용하는 방식으로 정전(停戰) 협상을 시도할 가능성이 크다.

그렇다면 향후 위기를 타개할 우리의 전략과 대책은 무엇인가?

우리 기업들은 이제 한·미 정부 간 협상에 대한 기대 수준을 낮추고 변화한 통상 환경에 적극적으로 적응할 수밖에 없다. 지난 3월 우리 정부는 미국 무역확장법 232조를 적용한 철강 관세 면제국 지위를 받았다. 하지만 이 과정에서 2015~2017년 평균 수출 물량의 70%인 263만 톤으로 축소된 수출량 쿼터를 처음으로 받았다. 이로 인해 작년 수출 물량의 51%만 할당받은 강관업체들은 올해 수출 물량을 이미 다 채운 상태다. 결국 상당수 기업은 한국을 떠나 현지 생산을 늘리는 방식으로 위기에 대응할 수밖에 없다. 정부는 이들을 붙잡아 둘 획기적인 유인책을 제공해야 한다. 외부 요인에다 지금처럼 반(反)기업적 정부 시책이 겹쳐지면 우리 기업들의 탈(脫)한국 행렬이 가속화할 것이고 실업난도 악화될 것이다.

 양자 협상의 기본은 '주고받기'이다. 상대가 너무 무리한 요구를 하면 양보할 카드를 찾기보다 '눈에는 눈(tit-for-tat)' 방식의 보복을 택할 수밖에 없다. 미국이 한국산 자동차에 관세를 부과하거나 쿼터를 할당하면 우리 정부도 이에 맞서 미국산 쇠고기와 과일, 할리 데이비드슨 등 미국 팜벨트와 러스트벨트의 대표 품목에 보복 조치를 취해야 한다. EU·일본 등 피해국들과 연합해 다자(多者)주의 대오를 지키면서 WTO(세계무역기구) 재건에도 나서야 한다. 일본 주도의 11국 메가 자유무역협정인 CPTPP(포괄적·점진적 환태평양경제동반자협정) 가입 준비도 늦출 수 없다. 21세기 디지털 무역 질서를 관장할 CPTPP의 가입은 향후 미국과 중국을 다자적으로 압박하기에 좋은 채널이다.

 무역 전쟁에 대한 과도한 우려도 금물이지만 지나치게 안이한 낙관론 또한 돌이킬 수 없는 결과를 초래할 수 있다. 무역 전쟁의 피해 규모에 대한 많은 연구가 실제 피해액을 과소 추정하는 우를 범하고 있다. 투자나 금융 등 관세 외 영역을 계량화하기가 쉽지 않은 연구 방법론상의 난점 때문이다. 정부와 기업 모두 최악의 상황을 가정하고 비상계획을 수립해야 할 때이다.

시론
〈조선일보 2018년 7월 28일〉

용어 설명

눈에는 눈, 이에는 이

'팃포탯(tit for tat)'은 상대가 가볍게 치면 나도 가볍게 친다는 뜻으로 흔히 팃포탯 전략은 '눈에는 눈, 이에는 이'처럼 상대가 자신에게 한 대로 갚는 맞대응 전략을 말한다. '눈에는 눈, 이에는 이'는 바빌로니아 왕국의 제6대 함무라비 왕이 만든 '함무라비 법전'에서 유래되었다고 한다. 이 법전에는 '만일 사람이 평민이 눈을 상하게 했을 때는 그 사람의 눈도 상해져야 한다'는 조항이 포함되어 동일한 복수법에 기초한 형벌법이다. 하지만, 이 당시 누군가에게 해를 끼치면 그 이상의 복수를 하는 일이 많아, 눈을 상하게 했으면 그 정도의 복수만을 가해야 한다는 복수의 상한 규칙을 만들어 절제와 질서를 통해 법치를 이루어 냈다. 현대에서는 '눈에는 눈'이라는 용어가 강한 복수를 연상하지만 당시에는 '상대가 한 대 때리면 너도 한 대까지만 때릴 수 있다'는 의미였으니 시간이 흐르면서 그 의미가 달라진 경우라 할 수 있다.

♜ 현재와의 대화: 한국이 중국 철강제품의 우회 수출기지인가?

2018년 미국과의 철강 협상에서 한국은 수출 쿼터를 받게 되었다. 트럼프 집권 후 미국의 일방주의적 보호무역조치에 동맹국인 한국 또한 너무 쉽게 당하고만 있는 상황이 안타까워 미국에도 '눈에는 눈, 이에는 이'로 맞서자는 주장을 펼쳐 보았다. 물론 미국 시장이 우리에게 주는 의미는 각별하고 또 상당한 무역흑자를 기록하고 있는 우리로서는 미국의 조치에 대해 맞대응하는 것이 결코 쉬운 일이 아니다. 하지만 미들 파워 중견국들을 중심으로 다자체제 회복을 위한 공동의 노력이 절실한 상황에서 적어도 한국 내부에서 미국에 대한 보복론이 나오는 것도 우리 정부 입장의 대미 협상력을 키우는 의미 있는 일이라는 생각이 들었다. 철강 산업의 경우 미국 한 곳만 아니라 세계 여러 나라에서 수입규제를 강화하는 추세이다. 우리나라의 철강 수출 규모는 2019년 기준 약 3,000만 톤으로 세계 3위를 기록했지만, 수입도 1,600만 톤으로 세계 5위다. 국내시장에 비해 수입 규모도 상당이 크다. 일본과 중국에 이어 최근 동남아 국가로부터의 수입도 늘어나는 추세이다. 미국은 특히 중국 제품의 우회 수출기지로 한국을 의심해 한국에 대한 반덤핑, 원산지 조사를 강화하고 있다. 미국의 공격적인 무역구제조치 발동으로 대미 수출이 어려워진 중국 업체들은 한국에 저가 물량공세를 펼치고 있다. 철강 수입업체들은 가격 상승을 우려해 난색을 표하고 있지만 무역위원회를 중심으로 공격적인 철강 수입규제 조치를 적극 고려해야 할 때이다.

♖ 지식 한 토막: 태양광 가치사슬과 스마일 커브

태양광 가치사슬은 원재료인 폴리실리콘과 이를 녹여 만든 잉곳을 생산하는 단계에서 시작된다. 그리고 얇은 판 형태의 웨이퍼를 만들고 태양전지인 셀을 생산한다. 이후 셀을 단순 조립하는 모듈을 제작하면 태양광 발전기를 설치할 수 있게 된다. 현재 우리나라의 폴리실리콘 생산업체는 두 곳이 남아 있지만, 최근 OCI마저 생산을 중단하고, 한 곳은 법정관리인 상태라 생산업체가 없는 상태이다. 가치사슬의 두 번째 단계인 잉곳이나 웨이퍼 생산도 90% 이상이 중국에서 이루어지고 있어 태양광 하위 제조 단계의 가치사슬은 한국서 사라졌다고 해도 무방하다. 2020년 기준 상위 단계인 셀이나 모듈 부문에서는 우리 제품의 세계 시장 점유율이 약 80%에 육박하고 있지만, 국내 셀 공급량이 부족해 중국산 수입이 지속되고 있다. 한편, 횡축에는 가치사슬 활동을, 종축에는 부가가치를 높고 그래프를 그려 보면 스마일 모양을 발견하게 된다. 즉 횡축의 생산활동이 원점 가까이서부터 R&D-디자인-물류(구매)-생산-물류(판매)-마케팅-서비스 순으로 배열된다면 종축의 부가가치는 R&D 활동 국면에서 가장 높고 이후 디자인, 물류(구매)를 지나며 점차 감소하다 생산에서 최저점을 찍고는 다시 상승국면으로 돌아서 물류(판매), 마케팅을 지나 서비스에 이르는 동안 계속 증가하는 현상을 발견할 수 있다. 이를 그래프로 그리면 완만한 U 자 형의 스마일 형태가 되는데 이를 가치사슬의 스마일커브라 말한다. 경제가 선진화될수록 스마일 커브의 양 끝, 즉 부가가치가 높은 생산활동을 담당하게 된다.

④
한·미 FTA 개정협상을 통해 본 미국의 협상 전술

한·미 FTA 개정협상이 마무리되었다. 3월 27일 원칙적 합의를 도출했던 양국은 문안 확정과 법률 검토까지 마친 것으로 알려졌다. 미국의 트럼프 대통령이 김정은과의 북·미 정상회담 이후로 일단 FTA 최종 서명을 연기함에 따라 일말의 불확실성은 남아 있지만 향후 한국은 영향평가를 거쳐 국회 비준절차를, 미국은 국제무역위원회 검토를 거쳐 의회와의 협의절차를 밟게 될 것이다. 이번 협상에서 우리 정부가 얻어 낸 최고의 성과는 '기존 한·미 FTA가 깨지지 않게 잘 막았다'는 점이 될 것이다. 미국의 농업 추가 개방 요구와 미국 자동차 관세의 2.5% 원상 복귀 및 미국산 부품 강요 등을 저지한 것도 나름의 성과라 할 수 있지만 우리 측 희생도 컸다. 미국의 전방위 개방 압박 속에서 우리의 피해를 최소화하기 위해 노력한 협상이었고 따라서 FTA 개정협상 내에서 우리 이익의 균형을 맞추기란 현실적으로 힘든 상황이었다.

미국은 이번 한·미 FTA 개정협상을 통해 그동안 숨겨 놓았던 날카로운 발톱을 드러냈다. 바로 '이슈 연계를 통한 싱크-빅(think big) 전술'과 '반복 압박을 통한 후려치기(high ball tactic)' 그리고 '미래 협상을 위한 전례 만들기(a precedent setting)'라는 세 가지 협상 전술을 구사한 것이다. 하나씩 구체적으로 살펴보자.

이슈 연계를 통한 싱크-빅 전술

첫째, '이슈 연계를 통한 싱크-빅 전술'은 강대국들이 잘 써먹는 협상 기술이다. 외교와 안보, 산업과 통상을 넘나들며 최고 권력자가 큰 선에서 자신의 입장을 정리하면 구체적인 니블링(nibbling)은 실무진이 치밀하게 준비하여 실행에 옮기게 된다. 사드 문제도 좋은 예라 할 수 있다. 한반도 사드 배치에 대한 시진핑 주석의 단호한 입장을 확인한 중국 관료들은 롯데마트와 현대자동차 그리고 한류와 단체관광 여행사에 대하여 치졸하고도 무자비한 폭력을 행사하였다. 안보이슈에 대한 불만을 경제문제와 연계하여 한국에 교차 보복을 가한 것이었다.

미국은 철강 232조라는, 우리로서는 상상하기 어려운 미국 국내법, 즉 『1962년 통상확대법』 안보조항 적용 이슈를 한·미 FTA 개정협상 테이블에 함께 올렸다. 그리고는 25% 철강관세 부가대상국에서 빼달라고 애원하는 한국을 쿼터 설정과 자동차 산업 추가 개방 요구로 몰아붙였다. 그 결과 철강의 경우 한국은 2015년에서 2017년까지 3년간 평균 수출량의 70%만 앞으로 수출할 수밖에 없는 수량제한을 받게 되었다. 자동차 픽업트럭과 안전기준 그리고 글로벌 혁신 신약에서도 미국은 한국으로부터 큰 양보를 얻어 냈다. 2021년을 무관세 시점을 목표로 픽업트럭 미국시장 진출을 준비해 왔던 쌍용차, 현대차의 꿈은 이제 미국 현지 생산을 통해 혹은 20년 후의 꿈으로 미뤄졌다.

미국의 무역적자 해소에 필요한 약(弱)달러 기조 강화 문제는 무역대표부가 아닌 재무부라는 채널을 통해 한국 기재부를 압박하였다. 협상

바로 며칠 전 트럼프는 '주한 미군 철수 가능성'을 언급하면서 안보를 지렛대로 통상을 흔들더니 협상이 끝난 후에는 북핵과 연계하여 FTA 개정협상 최종 서명을 북·미 정상회담 결과와 조건부 연계를 꾀하는 협상술을 구사하고 있다. 한국 정부의 양팔을 일단 묶어 두고 안보 차원의 협력을 우선적으로 요구하는 전술이다.

실제 워싱턴에서 한·미 경제 이슈는 한·미 안보 동맹의 하위 개념으로 다뤄지는 경향이 있다. 역사적으로 볼 때 워싱턴에서는 안보가 경제를 흔들 수는 있었지만 경제가 안보를 흔든 경우는 드물었다. 2019년 방위비 분담 문제나 미국산 무기 구매 등의 현안을 놓고도 트럼프는 새로운 이슈를 들이밀며 한국을 위협하고는 한국의 방위비 분담금이나 미국산 무기 구매액의 증가를 꾀할 것이다. 중국에 대해서는 북한 제재라는 외교·안보 이슈와 무역수지를 둘러싼 무역 전쟁을 연계하여 협박과 대화를 병행할 것이다. 이 밖에도 트럼프는 국경조정세와 상호세를 언급하며 한국을 포함, 주요 교역상대국을 강하게 때리고는 유리한 국면이 조성되면 슬그머니 빠지는 '치고 빠지기' 전술도 함께 구사하고 있다.

모든 조각을 맞추면 멋진 그림이 되는 직소 퍼즐처럼 백악관은 다양한 이슈를 서로 연계하여 미국 내 여러 정부 부처들 심지어 국제기구인 UN(국제연합)이나 IMF(국제통화기금)까지 동원하여 원하는 큰 그림을 그려 내고 있다.

반복 압박을 통한 후려치기

둘째, '반복 압박을 통한 후려치기 전술'이다. 한·미 FTA 개정협상이 끝난 사흘 후인 올해 3월 30일 미 무역대표부는 『무역장벽보고서』를 발간, 미국산 과일에 대한 한국 시장 개방 압박을 바로 재개했다. 동 보고서는 미국 정부가 한국에서 수입이 금지된 미국산 사과와 배에 대한 시장 접근을 한국 정부에 요청하고 '앞으로도 계속 한국 시장을 압박할 것'이라고 강조하고 있다. 아울러 미국은 '한국산 232조 시행 면제 수정안'을 승인한 바로 다음 날인 5월 2일, 한국산 탄소 합금강 선재에 41.1%의 반덤핑 관세를 부과한다고 발표했다. 이미 4월에도 한국산 유정용 강관에 최고 76.0%의 반덤핑 관세를 부과한 후에 다시 추가적으로 취해진 조치라 철강업계의 충격은 컸다. 특히 미국이 232조 철강 쿼터 적용 시점을 2018년 5월 1일이 아닌 1월 1일로 소급해 적용하기로 확정하면서 우리 철강업계는 올해 쿼터 268만 톤의 35%를 이미 소진한 상태이다. 총 54개 품목 중 스테인리스 냉연, 주단강 잉곳, 평철 선재 및 비정형제품 등 9개 품목은 더 이상 미국에 아예 수출할 수 없는 상황을 맞았다. 대미 수출 비중이 높은 강관업체들의 경우 미국 현지 공장설립을 고려하는, 트럼프가 원하는 수순을 밟고 있다.

정부는 '불확실성을 조기에 차단한 점'을 한·미 FTA 개정협상의 가장 큰 성과로 내세우고 있지만 미국발 불확실성은 사그라들지 않고 있다. 우리가 협상을 성공적으로 끝냈다고 말하는 바로 그 순간 미국은 새로운 압박 카드를 선보이고 있다. 각종 통상 이슈들이 한·미 교역로 곳곳에 언제 터질지 모르는 시한폭탄처럼 설치되어 분초를 다투며 째각거리고 있다. 미국은 한국과의 협상을 1회성 '원샷게임'이 아닌 '반복게임'으로 인식하고, 시간의 흐름까지도 협상의 지렛대로 활용하고 있다.

미래 협상을 위한 전례 만들기

셋째는 '미래 협상을 위한 전례 만들기 전술'이다. 미국은 한국과의 협상을 향후 주요 교역상대국을 다루는 데 있어서 중요한 전례(前例)로 삼겠다는 작전을 실행에 옮기고 있다. 철강만 해도 그렇다. 미국은 한국에 설정한 쿼터를 향후 통상협상에서 상대국을 설득하는 데 사용할 유효한 카드로 보고 있다. 한국과의 환율 합의도 같은 맥락에서 이해할 수 있다. 미국은 환율문제가 양자 간의 사안이 아님을 누구보다도 잘 알고 있다. 하지만 협상이 원칙적으로 타결된 날인 3월 27일에 백악관 고위 관계자는 한·미 FTA 협상의 부속 합의로 환율 합의(currency agreement)가 있었다고 주장하였다. 이어 무역대표부도 28일 '한국 정부와의 협상 성과'라는 제목의 보도자료에서 '환율 합의'를 이번 협상의 큰 성과로 제시하고 홈페이지에 공시하였다. 피터 나바로 백악관 통상산업국장도 한·미 FTA 개정협상의 하위 합의(sub agreement)로 환율 문제가 양국 간에 다뤄졌다고 CNN에서 언급하였다.

이처럼 미국은 한국과의 철강 쿼터 부과와 환율 합의를 미국이 원하는 '새로운 전례'로 국제사회에 내세우며 향후 다른 나라와의 2단계 통상협상에서 이를 적극적으로 활용할 것으로 보인다. 특히 철강의 경우 미국의 협상 상대국이 반발하는 경우 쿼터 물량 기준을 한국보다 더

완화하여 75% 혹은 80%로 확대해 줄 수도 있을 것이다. 미국이 국내 철강의 설비가동률 80%를 목표로 움직이는 이상 쿼터 배분은 동맹국이라도 불가피한 상황이다. 또한 한국과의 환율 합의는 향후 세계 금융시장에 큰 파장을 미칠 수도 있다. 미국은 환율 시장 개입에 대한 정보 공개와 투명성 확보라는 단순한 차원을 넘어서 중국을 위시한 주요 교역국에 대한 일종의 '미국이 주도하는 달러화 관리 체제'를 강요할 기세이다. 올 11월 미국 중간선거는 현재 상·하원 모두 민주당의 선전이 예상된다. 하지만 대선은 다르다. 상승하는 지지율과 함께 트럼프의 재선 가능성이 높게 점쳐지면서 트럼프식의 힘에 의한 반복적인 국제 협상 관행이 세계 경제의 구조적인 변수로 자리 잡게 될 전망이다.

미국의 의도에 대한 정확한 진단과 철저한 준비로 '나쁜 선례'가 되는 상황 피해야

상대를 모르면 백전백패할 뿐이다. '이슈 연계' 문제는 청와대 콘트롤타워의 중요성을 일깨워 주고 있다. 넓은 시각에서 미국의 전략을 찬찬히 들여다보는 통찰력이 우리에게 필요한 시점이다. 상대가 그리고 있는 큰 그림이 무엇인지에 대한 정확한 진단이 우선되어야 한다. 물론 한국과 같은 중견국(middle power)이 미국이라는 패권국의 이슈 연계 전략을 국제사회에서 같은 수준으로 펼치기란 현실적으로 쉽지 않다. 하지만 상대국의 복합적인 협상전략을 제대로 파악조차 하지 못한다면 우리의 대응 자체가 어려워질 것이 자명하다. 우리의 협상 전략이 '안보와 통상은 따로 간다'고 할지라도 상대국의 전략·전술마저 그렇게 갈 것이라고 기대해서는 적절한 대응방안을 마련하기가 어렵다.

'반복 압박' 전술은 앞으로 벌어질 수많은 전투를 긴 호흡으로 차분하게 준비하라는 의미로 해석할 수 있다. 한번 전투에 전력을 소진하는 우(愚)를 범하거나 일개 전초전에 일희일비하지 말라는 뜻이다. 232조 안보 조항 한국산 철강의 면제를 받아내기 위해 '자동차를 포함, 중요한 협상 카드를 모두 소진한 것 아니냐'는 일각의 비판은 이 같은 협상의 전략적 동태성을 강조한 말이다. 중·장기적 비전과 시각에 입각하여 반복되는 협상을 합리적으로 치러 낼 수 있는 소프트파워가 절실한 시점이다.

끝으로 '전례 만들기' 전술은 우리의 협상이 국제적으로 어떤 파장을 미칠지에 대한 보다 신중한 판단을 요구하고 있다. 이는 미국이 다른 나라와 벌이는 협상에 대해서도 우리의 지속적인 관심이 필요한 이유이기도 하다. 아울러 'WTO 금지로 명백하게 규정되어 있는 쿼터를 다자주의의 모범생 한국이 그렇게 덜컥 받아서는 안 된다'는 국제사회의 주문이기도 하고 환율 주권 수호에 대한 정부의 단호한 의지가 왜 필요한지에 대한 이유이기도 하다. '나쁜 선례'가 아닌 '좋은 선례'를 국제사회에 남기기 위해 노력하는 정부의 자세가 필요하다. 2008년 광우병 파동 때에도 정부는 30개월령 이상의 미국산 쇠고기에 대해 정부 간 쿼터 배분 방식이 아닌 '민간 자율협약'의 형식을 취함으로써 국제법적 논란을 피한 바 있다.

정책과 이슈
〈KIET 산업경제(월간) 2018년 5월호〉

♜ 용어 설명

美 무역장벽보고서(Foreign Trade Barriers)

미국 무역대표부(USTR)는 『1974년 통상법』 제181조에 따라 매년 정례적으로 국가별 무역장법에 대해 발표하는 보고서. 미국 내 이해관계자가 제기하는 해외시장 진출 애로사항을 바탕으로 한국, 중국, EU, 일본 등 60여 개 주요 교역국의 무역장벽을 평가해 발표한다. 2020년 보고서에 따르면 한국의 무역장벽은 전년보다 감소했다고 평가했다. 특히 한·미 FTA 개정협정을 긍정적으로 평가한 점이 눈에 띈다. 의약품 가격, 자동차 환경기준, 경쟁정책, 디지털 무역 등 미국의 주요 관심 사항은 지난해 수준으로 언급되었고, 한국의 쌀 관련 이슈는 삭제됐다.

♜ 현재와의 대화: 한국산 픽업트럭과 한·미 FTA 개정협상

이 칼럼에서 필자는 한·미 FTA 개정협상의 타결 내용을 트럼프 행정부의 협상 전술과 연계하여 분석해 보았다. 2018년 12월 7일 우리 국회 본회의를 통과한 한·미 자유무역협정 개정의정서가 2019년 1월 1일 발효되었다. 개정 주요 내용을 살펴보면, 먼저 투자자국가분쟁해결(ISDS) 부문에서 투자자에 의한 ISDS 남소 제한 및 국가의 정당한 정책권한 보호 요소를 포함시켰다. 무역구제 부문에서는 반덤핑·상계관세 조사 관련 현지실사 절차 규정 신설했다. 주요 업종별로는 섬유 부문에서 일부 공급 부족 원료품목에 대해 원산지 기준 완화 추진키로 했다. 화물자동차는 美측 관세 철폐기간 20년 연장(현행 25% 관세를 2041년 1월 1일 철폐)키로 했다. 자동차는 안전기준 관련 동등성 인정상한 확대(2.5만 대 → 5만 대)하고, 환경기준은 차기 연비·온실가스 기준 설정 시 미국 등 글로벌 트렌드 고려하여, 에코이노베이션 크레딧 인정 상한을 확대키로 했다. 우리 자동차 업계가 준비하고 있던 픽업 트럭 등의 수출이 어려워진 것은 안타깝지만 트럼프 행정부의 불확실성을 비교적 조기에 제거한 점은 긍정적으로 평가된다. 참고로 미국산 쇠고기 수입과 관련해 한·미간 합의 내용을 살펴보자. 2008년 광우병 파동으로 한국 정부는 같은 해 6월 통상장관 회담을 개최, 다음과 같은 합의 내용을 발표했다. 첫째, 한·미 양측은 미 정부가 보증하는 '한국 수출용 30개월 월령 미만 증명 프로그램'을 운영해 미국산 30개월 이상 쇠고기의 한국 시장 유입을 차단한다. 둘째, 국내 검역 및 미국 도축장 현지 점검 시 한국 정부의 검역 권한을 보다 강화한다. 셋째, 문제가 되어 온 4개 부위(뇌, 눈, 척수, 머리뼈)는 특정위험물질(SRM)과 무관하게 수입을 차단한다. 정부 간 수출규제 협약은 국제법상 문제가 있어 양국 정부는 미국 육류협회와 한국 수입육협회의 민간 자율규제 형식을 빌어 협상을 마무리하였다.

지식 한 토막: 미국, 환율조작에 상계관세 적용

미국 재무부는 교역상대국이 1) 지난 1년 동안 200억 달러(약 22조 원)를 초과하는 대미 무역흑자, 2) 국내총생산(GDP) 대비 2%를 초과하는 경상흑자, 3) 지속적이고 일방적인 외환시장 개입(GDP의 2%를 초과하는 외환을 12개월 중 6개월 이상 순매수 등 3개 요건에 모두 해당하면 환율조작국, 두 가지 요건에 해당하면 환율관찰대상국으로 분류한다. 환율조작국으로 지정되면 미국기업 투자 시 금융지원을 금지하고 미 연방정부 조달시장 또한 진입할 수 없다. 특히 국제통화기금(IMF)을 통하여 해당 통화 절상 압박을 가하는 동시에 무역협정과 연계하여 수출입 제재 조치를 취할 수도 있다. 환율관찰대상국으로 분류되면 재무부의 모니터링 대상이 된다. 미 재무부는 1994년 클린턴 행정부 이후 25년 만인 2019년 8월, 중국을 환율조작국으로 다시 지정했다. 중국 정부의 위안화 평가 절상 약속 이후인 2020년 1월에야 환율조작국 지정을 해제하고 관찰대상국 리스트에 올렸다. 한국은 관찰대상국이다. 2020년 말에는 스위스와 베트남을 환율조작국으로 지정하였다. 미국 상무부는 미국의 주요 교역국들이 의도적으로 자국의 환율 가치를 낮추고 있다고 판단될 경우 이를 일종의 정부 보조금으로 간주해 해당 수입품에 징벌적 관세를 부과해 공정무역을 달성하겠다는 취지의 환율 상계관세 제도를 도입해 2020년 2월부터 시행에 돌입했다. IMF가 제시하는 실질 실효환율과 실제 환율 간의 차이에 기초해 상계관세율을 결정하게 된다. 베트남산 타이어가 그 첫 적용사례가 될 것으로 보인다.

미국이 15년 만에 휘두른 칼에, 한국은 영문도 모른 채 당하고 있다

세이프가드 발동 2003년 이후 처음
현실과 달리 가는 트럼프 통상정책 혼자 맞설 순 없어
'TPP 11' 등 다자체제 주목해야

미국 대선 캠페인이 한창이던 2016년 가을, 당시 도널드 트럼프 공화당 후보의 참모였던 피터 나바로(현 백악관 국가무역위원장)와 윌버 로스(현 상무장관)는 "트럼프가 대통령이 되면 5,000억 달러에 달하는 무역 적자를 집권 후 1년이나 2년 이내에 메울 계획"이라며 강한 자신감을 내비쳤다. 하지만 집권 후 1년, 상품과 서비스 무역 적자 폭은 전년도에 비해 12.1% 증가한 5,660억 달러, 2008년 이후 최고치를 기록했다. 올 2월 초 로스 상무장관은 "적자를 메울 정확한 날짜를 못 박는 것은 실용적이지 않다"면서 말을 바꿨다.

트럼프는 기존의 통상 정책을 뒤엎으면 무역 적자가 사라질 것으로 믿는 모양이지만 현실은 그 반대다. 법인세 인하와 재정 지출 확대로 올해 미국의 무역수지는 더 악화될 가능성이 크다. 탄탄한 성장세에 이자율 인상에 따른 달러화 강세까지 겹치면 무역 적자는 눈덩이처럼 불어날 것이다. 대미 무역 흑자국을 아무리 때려 봐야 무역수지는 결국 소득과 지출의 차이, 즉 씀씀이로 결정된다는 사실을 트럼프와 그의 참모들은 애써 외면하고 있다.

중국을 정조준하는 미국

올 1월 말 미국은 태양광 패널과 세탁기에 세이프가드(긴급 수입 제한 조치)를 발동했다. 2003년 이후 미국에서는 세이프가드 조사조차 단 한 건도 없었다. 1994년 이후 총 6건 세이프가드를 발동했지만 WTO에서 모두 패소했기 때문이다. 최근 로스 상무장관은 한술 더 떠 철강과 알루미늄의 수입이 '국가 안보'에 위협이 된다는 이유로 트럼프에게 초강력 수입 규제안을 제시했다. 법적 근거는 미국의 '1962 무역 확장법' 232조이다. 1962년 이후 조사 총건수는 26건이고, 이 중 실제 규제 조치로 이어진 것은 단 2건에 불과했다. 1979년 이란산 원유와 1982년 리비아산 원유에 대한 수입 금지였다.

미국의 십자선은 중국을 정조준하고 있다. 2017년 중국의 대미 무역 흑자는 기록적인 3,752억 달러였다. 트럼프는 '세이프가드'와 '안보 232조'라는 재래식 기관단총을 들고 나와 중국에 십자포화를 날리고 있다. 중국의 '지재권(IPR) 탈취', '기술 이전 강요', '사이버 간첩 행위' 등을 때릴 요격기도 출격을 준비 중이다. 상호세(reciprocal tax)라는 정체불명 미사일도 날릴 태세다. 우려했던 미·중 무역 전쟁이 마침내 시작된 것이다.

중국은 미국산 대두(大豆)와 보잉 항공기 구매 취소라는 보복 작전을 준비 중이다. 작년에 중국이 수입한 미국산 대두는 139억 달러. 하지만 이는 서막에 불과하다. 중국에 진출한 미국 기업들은 롯데와 현대차가 겪은 사드 보복을 생생하게 기억하고 있다. 이들은 중국 정부의 차별적 각종 규제와 감사 그리고 반독점 조사의 표적이 될지도 모른다는 공포감에 떨고 있다. 1조 2,000억 달러의 미국 국채를 손에 쥔 중국 정부는 미국에 가는 중국 유학생 수까지 줄일 수 있다고 엄포를 놓고 있다.

카토 연구소의 댄 아이켄슨 박사는 "시진핑이 트럼프와 벌일 무역 전쟁을 반길 수 있다"고 전망했다. 부패와 환경오염, 그리고 인터넷 검열에 중국인들 불만이 고조되는 상황에서 G2 무역 전쟁을 통해 시진핑은 따가운 내부 시선을 미국으로 돌릴지도 모른다. 뮬러 특검의 칼끝이 턱밑까지 다가온 트럼프 또한 11월 중간선거 승리에 올인하고 있다. 지난 대선 때 '중국 때리기'로 재미 좀 본 트럼프는 이제 중국과 한판 무역 전쟁으로 지지층 재규합에 나섰다.

피터슨국제연구소 채드 바운 박사는 트럼프가 1월 세이프가드 발동에 이어 오는 4월 철강과 알루미늄에 대한 수입 제한 조치를 취한다면 가장 큰 타격을 받게 될 나라는 중국이 아니라 한국이라는 연구 결과를 발표했다. 영문도 모르는 한국이 중국과 함께 미국 관세 폭탄의 메인 타깃이 돼 버린 셈이다. 서막이 오른 미·중 무역 전쟁 시대, 우리는 이 위기를 어떻게 극복할 수 있을까.

일본과 손잡고 G2 협상력 키워야

우선은 일본과 획기적으로 관계를 개선해야 한다. 중국의 사드 보복식 압박이나 미국의 트럼프식 공세에 혼자 맞서기란 역부족이다. '자유와 인권 그리고 시장경제'라는 가치를 공유하고 있는 선진국 일본과 협력하고 공동 대응해 G2에 대한 우리의 협상력을 키울 수 있을 것이다. 미국이 빠진 'TPP 11(CPTPP)'이나 트럼프의 '인도·태평양 구상' 또한 '규범에 의한 다자주의'를 구현할 수 있다는 점에서 적극적인 관심을 가질 필요가 있다.

아울러 미국의 세이프가드 발동과 안보 232조 제안, 한국산 철강·섬유·기계·화학제품에 대한 무차별적 반덤핑 조사에 대해서는 우리 정부도 상응하는 보복 조치를 강구했으면 좋겠다. 물론 그 최종 시행 여부는 대통령의 정무적 판단에 달려 있다. 한·미 FTA(자유무역협정) 개정 협상은 2019년도 방위비 분담금 증액 협의 건과 연 6조~7조 원에 이르는 미국산 무기 구매 등의 카드와 연계하여 큰 틀에서 전략적으로 추진되어야 한다.

끝으로 '동맹'의 의미를 다시 생각해 봐야 한다. 우리가 미국에 대해 느끼는 서운함만큼 미국이 우리에게 쌓아온 아쉬움은 없었는지, '동맹국'의 의무와 예의, 그리고 예우에 대해 한국과 미국이 서로 깊이 성찰해야 한다.

WEEKLY BIZ Column
〈조선일보 2018년 2월 24일〉

♜ 용어 설명

카토(케이토) 연구소(Cato Institute)

카토 연구소는 1977년 시장 자유주의 운동가인 찰스 코크(Charles Koch)와 에드워드 크레인(Edward H. Crane)에 의해 설립된 워싱턴의 싱크 탱크이다. '카토 혹은 케이토'라는 용어는 미국 독립전쟁의 철학적 기초를 다지는 데 기여한 일련의 자유주의적 팸플릿인 '케이토의 편지(Cato's Letters)'에서 유래했다. '기업가 정신'과 '자유시장' 등의 요소로 결합된 '시장자유주의' 이념을 강조하는 연구소이다. 특정 기업이나 정부(외국 포함)의 연구 지원금을 일체 받지 않고 풀뿌리 기부금으로 운영하는 것이 연구의 객관성을 높이고 있다. 1981년 워싱턴 DC로 본부를 옮긴 이후 본격적인 성장을 시작하게 되고 파격적인 정책 대안들을 제기하며 언론과 정계 및 기업인들의 관심을 모으기 시작했다. 1993년 현재의 아름다운 건물로 이전하였으며 미국의 대표적 싱크탱크 가운데 하나로 자리를 잡게 된다. 브루킹스연구소, 헤리티지재단, 미국기업연구소, 전략문제연구소, 피터슨연구소 등과 더불어 미국에서 가장 영향력이 큰 싱크탱크 가운데 하나로 손꼽힌다.

♜ 현재와의 대화: 한·일 연합하여 對美 對中 공동전략 펼쳐야

2017년 트럼프 집권 이후 미국의 통상정책은 피터 나바로 백악관 국장이나 윌버 로스 상무부 장관 등 매파가 장악, 강력한 보호정책을 쏟아 내기 시작했다. 필자는 이 칼럼을 통해 미국의 정책이 중국을 정조준하고 있으며 한국은 일본과 연합하여 오히려 미국과 중국을 설득하고 공동 대응하는 전략을 펼쳐야 한다고 주장하였다. 문제는 이후 일본과의 관계가 지속적인 악화일로의 길을 걸었다는 점에 있다. 그나마 다행인 점은 최근 일본 입국 시 기업인의 입국 후 자택 격리 시 근무처 이동이 가능한 비즈니스 트랙을 마련하여 입국 제한이 다소 완화된 점이다.

♟ 지식 한 토막: 바이든 시대 통상정책 낙관할 수 없어

통상교섭본부장을 지낸 박태호 서울대 명예교수(법무법인 광장 국제통상연구원장)는 바이든 이후 국제 통상환경하에서 우리 기업들의 전략적 대응을 다음과 같이 주문하고 있다.

> "이렇듯 다양한 통상조치들이 바이든 임기 초반에 집중적으로 활용될 것으로 예상된다. 그리고 우리는 이러한 통상조치의 대부분이 보호무역주의 성격을 강하게 띨 것이라는 점에 주목해야 한다. 우리 정부는 물론이고 기업들도 새로 출범하는 바이든 정부에 책잡힐 빌미를 주지 않도록 주의해야 할 것이다. 특히 미국을 상대로 무역흑자를 보고 있는 우리나라로서는 더욱 조심할 필요가 있다. 예를 들면 특정 상품의 대미수출 증가율이 지나치게 높아 경계대상이 되지 않도록 관리해야 한다. 또한 우리 기업들은 미·중 통상분쟁의 장기화에 대비해 글로벌 가치사슬을 재정비해야 한다. 즉 가치사슬의 단계 축소, 중국 밖의 지역에 추가 부품생산시설 확보, 동남아지역으로 가공생산지 이전 등 전략적 대응이 필요하다. 나아가 중국의 내수시장을 활용하려는 우리 기업들은 오히려 중국 내 생산시설 확대를 고려해야 할 것이다. (박태호, 2021)"

그렇다면 한국은 어떤 네트워킹 전략을 구사할 것인가? 통상전문가로 잘 알려진 대외경제정책연구원 정철 박사는 '안미경중은 더 이상 쓸 수 없는 용어가 되었다'며 '경제와 안보는 그냥 한 몸으로 봐야 한다'고 주장한다. 다음은 그의 인터뷰 내용 중 일부이다.

"전략적 모호성, 안미경중 등의 표현을 종종 듣는다. 다 말도 안 된다. 특히 안미경중은 요즘 같은 세상에선 쓸 수 없는 용어다. 생각해 보라. 2020년 5월 미국이 수입 변압기에 대한 국가 안보 위협 조사를 시작하면서 내세운 근거가 무역확장법 232조다. 또 미·중 분쟁의 한 축인 지식재산권 침해, 화웨이 제재 등도 통상 이슈인 동시에 안보 이슈다. 경제와 안보는 그냥 한 몸으로 봐야 한다. … 100개 이상 국가의 제1 교역상대국이 중국이다. 중국을 압박하는 미국조차 중국을 완전히 배제하는 건 불가능하다. (정철, 2020)"

미국 철강·세탁기 압박, WTO 제소로 풀어야

'세탁기 세이프가드' 등 거세지는 미국 통상압력
WTO 제소 등 국제분쟁해결기구 적극 활용
미국 내 네트워크 구축, 자체 통상역량도 강화를

국제통상체제 패러다임이 빠르게 바뀌고 있다. 기업 노조 농민 시민단체 등 통상 이슈를 둘러싼 비(非)정부 국내 행위자들의 목소리가 커지면서 '국내 정치 환경에서 통상 문제에 대한 정책적 정당성을 확보하는 것'이 각국 중앙정부의 중요한 과제로 떠올랐다. 특히 2차 세계대전 이후 자유주의 국제 무역질서를 주도해 온 미국 영국 프랑스 등 서방 주요 선진국들이 국내 행위자들의 선호와 수용성을 중심으로 통상정책의 '내부지향성'을 강화하면서 보호주의적 경향은 이제 일시적 현상이 아니라 구조적인 변화로 자리 잡게 됐다.

한국무역협회에 따르면 지난 10월 기준 우리나라의 10대 무역 상대국이 한국산 제품에 대해 수입 제재 중이거나 제재를 검토 중인 건수는 142건에 이르는 것으로 나타났다. 이 중 31건이 미국에서 이뤄진 것이고 8건이 최근 1년 새 발생했다. 지난달 21일 한국산 세탁기에 대해 미국의 국제무역위원회(ITC)가 내린 세이프가드(safeguard, 긴급수입제한조치) 권고안은 사실상 삼성과 LG 제품에 대해 경쟁력을 상실한 월풀사가 미국 정부를 끌어들여 만들어 낸 성과물이라고 할 수 있다.

지난달 초 도널드 트럼프 미국 대통령의 아시아 순방에서도 확인할 수 있듯이 지금 트럼프는 미국의 강력한 힘을 토대로 안보와 경제를 실리적으로 접근하려는 전략적 노선을 취하고 있다. 북미자유무역협정(NAFTA) 재협상의 경우 캐나다와 멕시코가 미국의 폐기 압력과 원산지 강화 요구에 강하게 반발하고 나서면서 연내 타결을 목표로 했던 일정이 내년 1분기로 변경됐다. 특히 캐나다는 미국 보잉사의 전투기 구매 계획을 철회할 정도로 강경하게 대응하고 있다. 이 때문에 미국이 NAFTA보다는 한·미 자유무역협정(FTA) 재협상을 통해 통상 전열을 재정비하고 트럼프의 정치 기반을 강화하려 한다는 분석이 설득력을 얻고 있다. 따라서 우리 역시 캐나다와 멕시코의 대응을 참고하면서 미국발(發) 통상 압력에 대한 대응 수위를 높일 필요가 있다.

우선 검토해 볼 만한 것이 철강과 세탁기에 대한 세계무역기구(WTO) 제소다. 특히 철강제품에 대해 미국은 지난해부터 고율의 반(反)덤핑, 상계관세를 잇달아 결정하면서 불합리한 보호무역조치를 취했다. 따라서 이 두 제품군에 대해서는 대외적으로 충분한 명분이 축적돼 있고 법률적으로도 승소 가능성이 높다는 것이 전문가들 평가다. 다자주의에 회의적 태도를 견지하고 있는 트럼프 행정부조차도 한편으로는 중국 캐나다 등 주요 무역 상대국을 제소해 WTO 체제를 활용하고 있는 상황에서 우리 정부의 WTO 제소는 그 자체만으로도 국제사회에서 미국 정부를 압박하는 효과를 누릴 수 있을 것으로 판단된다.

더불어 우리 기업들도 자체 통상 역량을 강화할 필요가 있다. 수출 대기업은 정부 대책과 별도로 회사 내에 전문 통상 조직을 꾸리는 등

갈수록 심화될 통상 압력에 적극 대비해야 한다. 문제가 불거진 뒤 정부 당국에 어려움을 호소하기보다는 평소에 기업 혹은 협회 차원에서 미국 내 주요 고객, 소비자 단체, 워싱턴 DC의 싱크탱크, 전문 로펌 및 우호 세력 등과 긴밀한 네트워크를 형성하고 유지하는 게 중요하다. 우리 측에 불리한 미국 정부 혹은 의회의 각종 수입제한 조치에 대해 이들 미국 내 네트워크를 활용, 반대 여론을 조성하고 궁극적으로는 제동까지 걸 수 있는 효과적인 통상 시스템 구축이 절실하다.

트럼프 행정부는 각종 무역구제(貿易救濟) 조치를 활용한 일방적 통상 압박과 한·미 FTA 재협상 요구에 더해 미국산 무기 구매, 주한 미군 방위비 분담금 증액 등을 함께 주문하고 있다. 통상과 안보 이슈를 연계해 전방위로 압박하는 미국의 협상전략에 대해 우리 정부 또한 입체적인 대응이 필요한 시점이다. 한·미 동맹관계라는 큰 그림 속에서 '중·장기적 이익의 균형'을 가져오려면 FTA 재협상은 외교·안보 차원의 상황과 맞춰 가면서도 동시에 WTO 제소라는 양자 간 협상이 아니라 제3의 국제분쟁해결기구의 판단을 적극적으로 구하는 자세가 필요하다.

시론
〈한국경제 2017년 12월 19일〉

용어 설명

WTO 분쟁해결절차(Dispute Settlement Process: DSP)

WTO 분쟁해결절차는 어떻게 밟는 것일까? 우선 불만을 가진 제소국(complainant)이 상대국(respondent)에 대해 협의를 요청하고 이를 WTO에 통보하면 공식 분쟁해결 절차가 개시된다. 제소국이 협의를 요청하면 10일 내에 피제소국이 이에 응해 30일 내에 협의를 개시하여 60일 내 협의를 통해 분쟁을 해결해야 한다. 만약 협의로 해결하지 못할 경우, 제소국은 '패널설치'를 요청하게 된다. WTO 패널은 일반적으로 '분쟁해결기구(DSB)'에 의해 설치되며 해당분야 권위자나 통상전문 관료, 학자 등 3명으로 구성된다. 패널은 1개월 내에 위원선정, 작업절차 등 활동에 필요한 작업을 마치고 6개월간 관련 사안을 검토하여 '패널 보고서'를 작성하고 배포한다. WTO 패널은 먼저 양국으로부터 2차례의 서면보고와 심리를 거쳐 사무국을 통해 잠정보고서(interim report)를 분쟁당사국에게 돌린다. 분쟁당사국들은 잠정보고서에 이의가 있으면 논거를 담은 반박문을 보내고 1주일 내에 재검토를 요청할 수 있다. 패널은 이를 감안해 최종보고서를 발표하게 된다. 패널보고서에 대해 당사국이 상소하지 않으면 그 후 2개월 내에 분쟁해결기구(DSB)에서 패널보고서를 '채택'하게 되고, 상소할 경우 상소 기구에서 3인이 2개월 동안의 검토를 거쳐 보고서를 작성한 후, 1개월 내에 DSB에 의해 채택되게 된다. 패널보고서 채택 후 패소국은 패널의 권고나 이행에 대한 입장을 밝혀야 하며 즉시 이행키 어려운 경우 15개월 이내에서 당사자 간 합의 또는 DSB의 동의를 얻어 결정된 '합리적 이행기간'을 부여받는다. 합리적 이행기간 내에 보고서 내용이 이행되지 않는 경우 양 당사자 간 보상을 위한 협의를 하고 미 합의 시 이행기간 만료 후 1개월 내에 승소국이 DSB에 피해에 상응한 '보상, 보복조치의 승인'을 얻어 대응조치를 취할 수 있다.

♜ 현재와의 대화: 미국의 부당한 수입제한에 당당히 맞서야

이 글에서 필자는 트럼프 행정부의 일방주의적 보호무역조치에 맞서 우리도 주권국가로서 WTO에 미국을 당당하게 제소할 것을 요구하였다. 미국 정부는 2018년 1월, 10kg 이상 대형 가정용 세탁기 완제품과 부품에 대해 세이프가드 조치를 발표했다. 세탁기 완제품의 경우 세이프가드 첫 해에 120만 대까지 20% 관세를, 120만 대를 초과하는 물량에는 50% 관세를 부과한다. 2년차에는 120만 대까지 18%, 초과분은 45%의 관세를 부과하고, 3년차에는 각각 16%와 40%의 관세를 매긴다. 실제 한국 정부는 이듬해인 2018년 5월 한국산 세탁기와 태양광에 대한 미국의 세이프가드를 세계무역기구에 정식 제소했다. 한·미 동맹이라는 큰 차원에서의 협력과 공조도 필요하지만 미국의 불합리한 조치에 대해서는 WTO를 통해 국제사회에서 부당함을 공론화하는 작업도 필요하다는 생각이다.

♜ 지식 한 토막: WTO 상소기구의 마비와 임시상소중재기구

WTO 분쟁해결제도는 패널, 상소기구(Appellate Body: AB)라는 2단계로 구성되어 있다. 패널은 사건이 회부될 때마다 새로 설치되는 임시(ad hoc) 기관으로, 심리를 위해 각 사건마다 3명의 패널위원이 선출된다. 패널은 회원국의 조치가 WTO 협정에 합치하는지를 검토하며, 패널 판정은 일방 분쟁당사자에 의해 상소기구에 상소될 수 있다. 상소심의 경우 7명의 상소기구 위원이 사전 임명되어 있고, 임기는 4년이며, 한 차례 연임이 가능하다. 상소 건마다 3명의 상소기구 위원이 무작위로 지정되어 하나의 재판부(division)를 구성하여 상소심을 수행한다. 미국은 2017년 이래 상소기구 위원의 신규임명을 저지하였다. 2020년 11월 30일에는 마지막 상소위원(Hong Zhao)의 임기가 만료됨으로써 상소위원 제로의 시대가 되었다. 미국은 90년대 후반부터 분쟁해결제도의 개정을 요구해 왔다. 회원국이 분쟁기구를 통제해야 한다는 입장이었다. 하지만 다른 회원국들의 지지를 확보하는 데 실패, 개정을 할 수 없었다. 2021년 1월 현재 WTO에 상소기구 기능 정지로 인해 계류 중인 사건은 총 15건에 이르는 것으로 알려졌다. EU는 WTO 상소심을 대체하기 위한 한시적 제도로서 WTO 분쟁해결제도(DSU) 제25조 중재제도를 활용하는 MPIA(임시상소중재기구)를 2020년 4월 30일 출범시킨 바 있다. 현재 51개 WTO 회원국(개별 EU 회원국 포함)이 가입되어 4건이 계류 중인 상태이며 2021년 하반기 이후 MPIA 운영이 개시될 것으로 보인다. 미국 바이든 대통령은 MPIA에 대해 공식적인 입장은 아직 내놓지 않고 있다.

7

한·미 FTA, 효과 극대화는 우리 몫이다

한·미 자유무역협정(FTA) 비준 동의안이 마침내 우리 국회를 전격 통과했다. 이로써 왼쪽은 EU, 오른쪽은 미국 그리고 후방에는 아세안을 배치한 한국 통상 무역의 삼각 편대가 완성되었다. 국회에서는 최루탄이 터지고 의원들의 고함과 눈물이 뒤엉켰지만 2011년 11월 22일은 한국이 미래를 위해 현명한 결단을 한 날로 역사에 기록될 것이다.

사실 2003년 10월 노무현 정부가 FTA 로드맵을 처음 발표했을 때만 해도 한국은 몽골과 함께 세계에서 보기 드문 FTA 불모지였다. 당시 정부는 거대 경제권인 EU와 미국을 중장기 FTA 체결 희망국으로 야심차게 올려놓았지만 이를 실제로 이뤄 내리라고 생각한 전문가는 드물었다. 그리고 8년 1개월 만에 마침내 세계 양대 시장과 FTA를 발효하는 건 경쟁국이 모두 부러워하는 한국의 현실이 되었다.

하지만 자만은 금물이다. FTA는 우리에게 새로운 기회를 열어 줄 뿐이다. 그 기회를 활용하고 효과를 극대화하는 과제는 고스란히 우리 몫이다. 시장 선점(先占) 효과도 중요하지만 과감한 규제 개혁과 고통스러운 구조조정 과정을 통하여 한국 경제 전반의 효율성을 획기적으로 높여야 한다. 그리고 기업은 기업대로, 정부는 정부대로 그동안 주장해 온 한·미 FTA의 경제적 효과가 결코 허구가 아니었음을 국민에게 입증해야 한다.

대기업도 달라져야 한다. 새로운 국제 환경과 외환위기 이후 쌓아온 자체 역량을 바탕으로 FTA 시대 글로벌 경영 전략을 다시 짜야 한다. 자동차 부품이나 컬러 TV, LCD 모니터, 냉장고, 섬유 등 경쟁력 우위 업종은 대미(對美) 관세 인하에서 오는 비용 절감 효과를 가격에 즉각 반영하여 미국 시장점유율 확대에 나설 것인지 아니면 브랜드 인지도 제고나 디자인 개선 또는 R&D에 집중 투입하여 기술 혁신에 성패를 걸 것인지를 결정해야 한다. 이를 위해서는 면밀하게 미국 시장을 분석하고 이에 기초하여 지역별, 계층별, 상품별 전략을 민첩하게 수립하고 선제적으로 움직여야 한다.

중소기업도 국내 대기업 위주나 전통적인 직수출 방식에서 벗어나 확대일로에 있는 온라인 유통 시장이나 경기 위축으로 인기를 끌고 있는 저가 유통 매장 진출 등 미국과 유통 채널을 다양화하는 전략이 필요하다. 아울러 원산지 기준이나 FTA 공급 사슬을 고려한 새로운 생산 네트워크 구축에도 관심을 가져야 한다.

정부의 지원은 비교 열위 산업의 온존이 아니라 경쟁 우위 제품에 대한 인센티브 제공으로 중심축을 과감하게 이동해야 한다. 피해를 본 중소기업에 설비 자금이나 운영자금을 융자해 주는 방식은 이제 지양하고 M&A나 전업 또는 폐업 유도 등 구조조정을 위한 효과적인 컨설팅 제공 쪽으로 지원 방향을 틀어야 한다. 농수축산 분야도 스스로 노력하는 기업과 농가를 발굴하여 국내외 공동 물류나 마케팅 혹은 기술 기반 강화나 전문적인 시장조사 대행 등 구체적이고도 실효성 있는 경쟁력 강화 방식으로 지원 체계를 전환해야 한다.

다자간 무역 협상인 도하 라운드가 2001년 이후 지지부진한 사이, FTA를 통한 무역자유화는 피할 수 없는 생존 전략이 되었다. 6·25 전쟁 이후 폐허가 된 이 땅에서 우리는 대(代)를 이어 기적과 성공의 역사를 쓰고 있다. 선진 통상 대국을 향한 이 자랑스러운 행진은 어떤 정치적 역풍에도 굴하지 않고 계속될 것이다.

시론
〈조선일보 2011년 11월 25일〉

용어 설명

FTA 로드맵(road map)

노무현 정부가 2003년 FTA 관련 구체적 청사진이라 할 수 있는 FTA 로드맵을 처음 발표했다. FTA의 기본 목표는 대외부문에서 경제성장의 동력을 확보하는 것이었다. 특히 당시 한국 경제는 생산성이 지속적으로 하락하는 여건에서 외부 충격을 빌어서라도 내부 개혁이 필요한 상황이었다. 로드맵에 나온 FTA 추진 국가의 선정 기준은 경제적 타당성, 정치 외교적 함의, 상대국의 의사, 거대 선진경제권과의 체결에 도움이 되는 국가로 정하였다. 체결 방식은 순차적이 아닌

동시다발적으로 진행하며 최종적으로 선진·거대경제권과 FTA를 체결하는 것을 목표로 추진하였다. 단기적으로는 일본, 싱가포르, ASEAN, 캐나다, EFTA, 멕시코 등이었고 중장기적으로는 중국, 인도, 미국, EU, 한중일 FTA, EAFTA, MERCOSUR 등이었다. 로드맵이 수립된 이후 20여 년이 지난 지금 대상국가 대부분과 FTA를 체결하는 성과를 거두었다. 다만 단기적으로 체결할 계획이었던 일본, 멕시코와의 FTA는 예상 외로 체결이 어려워 미뤄졌으며 나머지는 대부분 체결했거나 몇몇은 여전히 진행 중인 상태이다.

♜ 현재와의 대화: 궤변과 선동 넘쳐났던 한·미 FTA

말도 많았고 탈도 많았던 미국과의 FTA 비준 동의안이 마침내 2011년 11월 22일 대한민국 국회를 통과하였다. 역사적인 사건이었다. 이 글을 통해 필자는 FTA가 우리에게 제공하는 것은 단지 '기회의 창(窓)'일 뿐, 실제 자유무역협정을 활용하여 이익을 극대화하는 것은 개별 경제주체들의 몫임을 강조했다. 한·미 FTA 반대론자들과 여러 차례 공식, 비공식 토론을 통해 필자가 확인하였던 점은 첫째, 다른 FTA와는 달리 유독 한·미 FTA에 대해서는 한·미 동맹의 강화에 반대하는 강한 정치세력의 조직적인 반대가 2008년 광우병 파동의 연장선상에서 이뤄져 왔다는 점과 둘째, 일부 학자, 시민단체 등의 한·미 FTA 반대 논리가 체계적이지 못하였고 일반 대중을 감성적으로 자극하는 데 치중하는 등 대중 선동적인 측면이 경제논리를 압도했다는 점이다. 당시 피해 예상 그룹, 예를 들면 농민 단체들의 피해 추정액은 수년이 지난 이후 결국 지나치게 부풀려져 있었음도 드러났다.

♜ 지식 한 토막: 한국의 FTA 추진 현황은?

우리나라의 FTA는 2021년 5월 기준으로 57개국과 17건의 FTA를 체결한 상황이다. 한국 FTA 진행 경과를 발효 시점을 중심으로 살펴보자. 2004년 4월, 우리 정부는 중남미 시장의 교두보인 칠레와 사상 처음으로 FTA를 발효시켰다. 이어 2006년 3월에는 싱가포르, 9월에는 EFTA 4개국과의 FTA가 발효되었다. 아세안과는 2007년 6월 상품 FTA를, 2009년 5월에는 서비스 협정을, 9월에는 투자 협정을 발효시켰다. 이는 거대 경제권과 체결한 최초의 FTA였다. 2010년 1월은 인도, 2011년 7월은 거대 선진경제권인 EU와 같은 해 8월에는 페루와의 FTA를 발효시켰다. 세계 최대경제권인 미국과 2012년 3월에, 중앙아시아 진출의 교두보인 터키와는 2013년 5월에 상품무역협정이 발효되었고(서비스, 투자는 2018년 8월), 2014년 12월 호주, 2015년 1월 캐나다, 같은 해 12월에는 우리 제1의 교역대상국인 중국, 뉴질랜드, 베트남에 이어 2016년 7월에는 콜롬비아, 2019년에는 중미 5개국과 FTA를 부분적으로 발효(니카라과, 코스타리카, 온두라스, 엘살바도르)시켰다. 미국과의 FTA 개정협정은 2019년 1월 1일부로, 브렉시트에 대한 대비로 맺었던 영국과의 FTA는 2021년 1월 1일부로 발효되었다. 이스라엘, 인도네시아, 캄보디아와 FTA도 타결되어 발효를 앞두고 있다. 이외에도 2020년에는 RCEP 협상 타결에 성공했다. 2021년 현재 필리핀, 말레이시아, 러시아, 에콰도르, 한·중·일 등과의 FTA 협상이 진행되고 있다. CPTPP는 검토 중이라 할 수 있고 우즈벡이나 EAEU, PA와는 여건 조성 중인 상태이다.

8

소모적 '통상정치'의 비용

FTA는 '속도의 경제'가 지배하는 영역이다. 배타적인 무역 특혜를 협상 상대국에 부여하는 FTA는 경쟁국에 비해 이행이 빠를수록 효과가 극대화된다. 좋은 예가 한·칠레 FTA이다. 2003년 6%였던 칠레의 대(對)한국 평균 관세율은 양국 간 FTA가 발효된 2004년에는 2.91%, 2007년에는 1.65%로 낮아졌다. 이에 힘입어 한국 상품의 칠레 수입시장 점유율은 2003년 2.98%에서 2004년 3.12%, 2007년에는 7.23%로 높아졌다. 하지만 칠레가 2006년 10월에 중국과, 2007년 9월에 일본과 FTA를 체결하면서 한국의 점유율은 2008년 5%대로 떨어졌다.

그러나 역사는 우리가 경쟁국들에 한 발 앞서 칠레시장에서 특혜를 누렸던 2004부터 2007년의 짧은 기간에 극적으로 이뤄졌다. 칠레 수입시장에서 한국이 일본의 시장점유율을 따라잡은 것이 2005년, 난공불락이었던 일본의 아성을 깨고 한국 자동차가 칠레 수입시장 판매 1위로 올라선 것은 2007년이었다. 이 같은 추세는 지금도 무너지지 않고 있다.

한·칠레 FTA의 경험은 우리에게 소모적인 '통상정치'의 천문학적 비용을 역설적으로 일깨워 주고 있다. 온 나라가 내홍(內訌)을 겪으며 한·

미 FTA 비준을 미루는 사이, 시간은 경쟁국의 편이 되어 우리가 지불해야 할 '느림의 비용'을 쌓아 가고 있다. 재(再)재협상도, 재재재협상도 중요하지만 지금 우리가 더 관심을 가져야 할 것은 '속도'라는 변수의 역할과 의미이다.

민주당은 한·미 FTA 비준과 관련하여 '10+2', 즉 열 가지 재재협상 조항과 두 가지 국내 보완대책을 들고 나왔다. 그러나 재재협상안은 지난 4년 동안 신물 나게 토론하고 검증을 마친 주제를 나열한 것에 불과하다. 현실성이 없고, 설령 재재협상을 한다고 해도 우리가 챙길 수 있는 실익이란 제한적이다. 재재협상안은 시간을 끌면서 결국 한·미 FTA를 좌초시키겠다는 의도로 해석될 수밖에 없다.

반면 민주당이 국내 보완대책으로 제시한 통상절차법 제정과 무역조정지원제도 강화는 참신한 제안이다. 통상행정의 추진과정을 민주적으로 투명하게 제도화하는 통상절차법은 선진통상대국을 지향하는 우리 경제의 제도적 인프라라고 할 수 있다. 아울러 FTA로 피해를 보는 중소기업에 대한 지원을 확대하는 무역조정지원의 강화안도 시기적으로 적절하다. 외교통상부는 통상절차법이 대통령의 헌법적 권한을 침해할 소지가 있고 협상의 효율성을 저해할 수 있다는 점과 정보보호 문제를 들어 법의 제정에 부정적인 입장이지만 국회와 이해집단을 책임 있는 정부의 파트너로 재정립하기 위해서는 이들의 권한과 책임을 합리적 수준에서 조정할 필요가 있다. 2007년 5월부터 시행된 무역조정지원제도도 지식경제부뿐 아니라 노동부와 FTA 국내대책본부 등 관련 부서들이 함께 참여하여 운용 시스템과 지원 내용을 새롭게 구축해야 한다.

미국 하원과 상원은 12일 한·미 FTA 이행법안을 초당적(超黨的)으로 비준했다. 공은 마침내 우리 국회로 넘어왔다. 글로벌 경제위기를 맞아 한국 기업들이 생존을 위해 세계시장에서 몸부림치는 지금, 우리에게는 해묵은 논쟁을 다시 시작할 시간도, 재재협상을 기다릴 인내심도 없다. 시간이 멈춘 자리, 그곳이 여의도가 아니길.

시론
〈조선일보 2011년 10월 14일〉

용어 설명

한국의 통상절차법

2012년에 제정된 법으로 통상조약의 체결절차 및 이행에 관하여 필요한 사항을 규정함으로써 국민의 이해와 참여를 통하여 체결 절차의 투명성을 제고하고, 효율적인 통상협상을 추진하며, 통상조약의 이행과정에서 우리나라의 권리와 이익을 확보하여 국민경제의 건전한 발전에 이바지함을 목적으로 한다. 한·미 FTA, 한·유럽연합(EU) FTA 진행과정에서 통상협상에 관한 정보가 전혀 국민에게 알려지지 않아 논란이 되었다. 이에 통상절차법은 이와 관련해 통상조약체결계획의 중요 사항을 변경하는 경우와 국내산업 또는 경제적 파급효과에 중대한 변화가 예상되는 경우 국회에 보고하도록 규정하고 있다. 한편, 통상절차법은 상대방이 자국의 이해와 관계되는 정보를 이유로 요청하는 경우와 국익에 현저히 침해하는 경우 비공개할 수 있는 예외조항이 있어 논란이 된 바 있다.

♟ 현재와의 대화: 통상절차법이 위헌?

2010년 필자는 이화여대 최병일 교수(국제대학원), 최원목 교수(법학전문대학원)와 함께 통상절차법의 초안을 만들어 당시 외교통상부 조정관을 만나 부처 입법 가능성을 타진한 적이 있다. 국회의 여야를 포함, 시민단체, 피해그룹 등 많은 이해당사자들을 통상절차법에 기초하여 FTA 협상의 논의 과정에 직접 참여시켜 대외 협상의 레버리지도 높이고 대내 협상을 원활하게 가져가는 것이 중요하다고 판단했기 때문이었다. 하지만 외교통상부의 입장은 부정적이었다. 우선 통상절차법이 대통령의 헌법적 권한을 침해할 소지가 크고 협상의 효율성을 저해할 수 있다는 점과 정보보호상의 난점 등을 들어 법의 제정에 반대 입장을 명확히 하였다. 일리 있는 지적이었지만 FTA를 둘러싼 불필요한 사회적 갈등을 애써 외면한다는 인상을 받았다. 국회와 이해집단을 책임 있는 정부의 파트너로 재정립하기 위해서는 이들의 권한과 책임을 합리적 수준에서 조정할 필요가 있다는 것이 우리의 판단이었다. 하지만 이후 비슷한 문제의식을 지닌 여러 의원들의 발의로 통상절차법은 국회를 통과하였고 지금 시행 중에 있다.

♟ 지식 한 토막: 현대·기아차, 센카쿠에 웃고 사드에 울다

통상정치의 영역은 국내에만 국한되지 않는다. 국제관계의 급격한 변화는 기업의 흥망으로 이어진다. 2012년 센카쿠 열도를 둘러싼 중·일 영토분쟁이 격화되면서 중국서는 관제(官製) 일본차 불매운동이 시작되었다. 2011년까지 중국 시장에서 고속 질주하던 도요타, 혼다, 닛산에 급브레이크가 걸린 것이다. 현대·기아차는 이 절호의 기회를 맞아 대대적인 마케팅과 홍보에 돌입했고 그 결과 상당수 일본차 고객의 발걸음을 한국차 매장으로 돌리는 데 성공했다. 2011년 117만 대였던 현대·기아차의 중국시장 판매 수는 센카쿠 분쟁 중·일 대립으로 2012년에는 134만 대로 급증하더니 이후 승승장구, 2016년에는 피크인 179만 대를 찍었다. 하지만 중국의 사드보복이 시작되자 현대·기아차의 판매 수는 급감, 2017년에는 115만 대로 주저앉더니 하락 행보를 지속해 2020년에는 67만 대로 추락했다. 중국서 연 250만 대의 생산능력을 갖춘 현대·기아차로서는 수용하기 어려운 굴욕적인 수치였다. 반면 2020년 중국 시장에서 도요타는 기록적인 180만 대, 혼다는 163만 대, 닛산은 146만 대를 팔았다. 센카쿠 충격 이후 8년 만에 일본차는 독일차를 제치고 작년 중국시장의 외국계 판매 1위에 등극했다. 일본차는 중국서 모두 520만 대나 팔렸다. 독일은 510만 대. 중국이 왜 중요한가? 시장 규모 면에서 단연 세계 1위이기 때문이다. 1년에 무려 2,500만 대가 팔린다. 특히 중국 정부가 2030년부터 신차 판매의 50%를 전기차, 나머지 50%는 하이브리드차로 채울 계획으로 있어 '중국서 밀리면 미래도 끝'이라는 이야기가 나오고 있다. 일본차의 극적인 반등은 한국차의 불행에만 의존한 게 아니라 센카쿠 악몽 이후 끊임없이 현지에 적합한 설계와 현지 부품조달에 힘썼기 때문이라는 분석이 나온다. 소비자 구매수준과 취향에 맞춘 다양한 가격과 사양을 선보이는 동시에 현지 중국 기업들과의 합작을 통해 미래차 개발에 적극 나선 일본 완성차 업체들의 중국 시장 질주가 무섭기만 하다.

9

FTA 재협상, 한·미 모두에 독(毒)이다

무리한 '자동차 요구' 제2의 촛불 부를 수도

오바마 미국 대통령 당선자는 노조의 반대를 의식, 선거 캠페인 동안 한미 FTA에 대한 반대 입장을 반복해서 표명해 왔다. 특히 그는 양국 자동차 교역의 심각한 불균형을 지적하면서 "한미 자동차 무역은 자유무역이 아니다"라고 목소리를 높였다. 물론 그의 이러한 행보는 다분히 정치적이었다. 선거 전략의 일환으로 자동차 산업과 관련된 미시간, 오하이오, 인디애나, 미주리주 등 주요 접전지에서 보호무역의 달콤한 냄새를 풍기며 유권자들의 품을 파고들었고, 결과는 최악의 금융위기와 맞물려 대성공이었다.

하지만 앞으로도 그가 보호무역의 벼랑으로 미국 경제를 끌고 갈 것으로 전망하는 이는 드물다. 오바마의 통상정책 관련 공약을 보면 그의 가장 큰 관심은 두 가지, 일자리 창출과 사회 안전망의 확충이다. 그는 상호성 원칙에 입각하여 해외시장을 적극 개방함으로써 미국 내에 양질의 일자리를 만들어 내고 그에 상응하는 미국 시장의 개방에 대하여 '보호'가 아닌 '보상'을 확대하여 피해자들의 어려움에 대처하겠다는 입장이다. 그의 통상정책은 반덤핑조치를 강화하는 등 보호주의적 색채를 일부 띠긴 하겠지만 전체적으로는 공정무역에 입각한 자유무역주의의 공격적 관철이라는 모습으로 우리에게 다가올 것이다.

물론 유세기간 중 취한 입장을 대통령이 되었다고 단기간 내에 바꾸기는 힘들 것이다. 그는 내년 상반기쯤에 그를 지지한 유권자들을 의식한 정치적 제스처를 취할 것이고, 자동차 부문에 대한 재협상 요구는 그런 맥락에서 가능한 시나리오다. 하지만 이를 실제 관철시키기란 불가능할 것이다. 한국도 그렇지만, 미국 역시 치러야 할 비용이 너무 크기 때문이다.

우선 한국의 경우, 쇠고기 추가 협상의 악몽이 아직 채 가시지 않은 상태에서, 정부가 미국의 자동차 재협상 요구를 수용한다는 것은, 겨우 꺼져 가는 촛불의 심지에 다시 기름을 퍼붓는 격이 될 수가 있다. 이 점을 미국 또한 모를 리 없다. 재협상 논의는 한미 FTA를 원점으로 되돌리게 되고 그나마 겨우 봉합된 국내 세력 간의 갈등은 수면 위로 다시 떠오를 것이다. 정부가 판도라의 상자를 다시 여는, 위험천만의 위기상황을 다시 초래하는 셈인 것이다.

미국은 어떠한가? 미국의 요구로 노동 및 환경에 대한 재협상까지 마친 상태에서 한국에 대해 특정 분야의 재협상을 다시 요구하는 것은 향후 대외 협상에 있어서 미국의 신뢰도를 크게 떨어뜨릴 것이 분명하다. 그리고 오바마는 자동차 재협상을 통해 얻을 것이 무엇인지 깊이 생각해야 한다. 미국 자동차 3사의 위기는 불공정한 무역 때문이 아니라 약화된 경쟁력에 그 뿌리를 두고 있기 때문이다. 또한 미국의 전략적 고려가 초당적으로 충분히 반영된, 대(對)아시아 전략의 중요한 외교적 함의를 안고 있는 한미 FTA를, 미국은 과연 포기할 수 있을까?

이러한 중요성에 비추어 미 의회도 결국은 한미 FTA를 비준할 것으로 예상된다. 물론 그 시점은 내년 하반기로 넘어갈 가능성이 크다. 그렇다면 우리는 어떻게 해야 할 것인가?

야권에서는 기본적으로 미 의회의 상황을 봐 가면서 우리도 유연하게 처리해야 한다는 입장이다. 일리가 있다. 하지만 '우리가 먼저 비준을 하더라도 미국 측은 움직이지 않을 것'이라는 일부의 전망은 너무 패배주의적이다. 우리가 먼저 비준을 끝낸 다음 미국을 움직일 수 있다는 확신하에 미 의원에 대한 개별적인 설득뿐만 아니라 미 재계, 학계, 싱크 탱크, 언론 등에 대한 접촉을 강화하면서 밑으로부터의 여론 조성에 주력하는 것이 지금으로서는 올바른 선택이 아닐까? 아울러 한·EU FTA를 연내에 조속히 타결함으로써 미 의회를 압박하는 전략도 함께 구사할 필요가 있다. 그리고 국제관례를 무시하고 미국이 재협상이라는 부당한 요구를 해 온다면, 우리는 주권국가로서 당당히 맞서야 할 것이다.

시론
〈조선일보 2008년 11월 15일〉

용어 설명

양당제 착시효과와 오바마의 통상정책

트럼프 전 美 대통령의 '미국 우선주의'를 보면서 많은 사람들이 과거 오바마의 대척점에서 양 대통령을 비교하곤 한다. 최근 바이든이 대통령에 부임하면서 그가 트럼프와는 달리 자유무역으로의 회귀를 꾀할 것이라 예측하기도 한다. 한마디로 '양당제 착시효과'에 기인한 잘못된 진단이다. 오바마는 대선 캠페인에서 보호주의 색채가 강한 정책들을 쏟아 내었다. 우선 북미자유무역협정(NAFTA)을 무역 불균형의 대표적 사례로 보고 재협상 의지를 밝혔다. 트럼프는 이런 오바마에게서 영감을 얻은 듯하다. 둘째, 미국 일자리 보호와 창출을 위해 해외 이전 기업에 대한 조세 지원 중단을 명시했다. 이는 최근 바이든이 들고 나온 '오프쇼어링 징벌세(offshoring tax penalty)'와 같은 맥락의 정책이다. 오바마는 집권 이후 반덤핑과 상계관세 등을 적극 활용하였다. 구조적 변화라고 볼 만큼 보호무역 조치들을 남용하기 시작하였다. 2008년 금융위기로 촉발된 국내 경제 위기 대응에 통상 정책을 적극 활용한 것이다. 집권 2기에서는 TTIP(미국·EU무역협정), TPP(환태평양경제동반자협정) 등 거대 FTA를 통한 수출시장 확대정책에 치중했지만 가시적 성과를 도출하지는 못했다.

현재와의 대화: 오바마와 트럼프, 한국 진보진영을 난처하게 만들다

한·미 FTA 협상 당시 반대 진영에서는 '굴욕적 협상', '퍼주기 협상'이라며 한국 정부를 비판하고 그 부정적인 파급 효과 홍보에 전력을 쏟았는데 막상 미국 오바마 당선자가 '한·미 FTA가 미국에 불리하게 맺어져 재협상을 해야 한다'고 나서자 난처한 입장에 처하게 되었다. 그렇게 일방적인 퍼주기 협상이었다면 미국이 왜 재협상 카드를 들고 나온 것일까? 한·미 FTA 협상은 결국 재협상을 거쳐 2012년 발효하게 되었고 이후 트럼프가 집권한 후 다시 한번 개정 협상을 거치게 된다. 2021년인 오늘 '만약 그때 한·미 FTA를 맺지 않았다면 우리 경제가 어디로 흘러갔을까' 아찔한 생각이 든다. WTO를 중심으로 하는 다자무역체제가 입법·사법·행정 모든 부분에서 정상적인 작동을 멈춘 지금, 한국 경제는 그동안 성공적으로 형성한 FTA 네트워크 덕분에 그나마 수출로 겨우 버티는 모습이다.

♟ 지식 한 토막: 우리나라의 FTA 재협상

우리나라가 FTA 개정협정을 맺은 것은 미국이 최초라고 할 수 있다. 그간 아세안, 터키 등과는 상품협정에 이어 서비스·투자협정을 이어서 했거나 EU와는 잠정 적용을 한 사례가 있지만 이는 후속 협상이지 개정은 아니다. 현재 우리나라는 인도, 아세안, 칠레, 중국과 FTA 업그레이드를 위한 추가 협상을 진행 중이다. 인도와는 상품 양허를 확대하거나 원산지 기준을 개선하기 위해 노력 중이지만, 인도의 무역수지 적자 증가가 심각해 쉽지 않은 상황이다. 아세안과는 교역 확대와 통상환경 변화를 반영하기 위해 노력 중이다. 칠레와도 역시 통상환경 변화를 반영하여 FTA 업그레이드를 위해 협상 중이다. 중국과는 서비스·투자 후속협상을 진행 중이다. 중국이 우리의 서비스 상품의 제1의 수출국인 만큼 서비스 협상이 신속히 진행되어야 할 것이나 서비스 개방이란 문제는 결국 국내 규제와 부처 이해주의와 연결되어 있어 협상 진척이 좀처럼 이루어지지 않고 있는 상황이다. FTA는 시간이 지나면 현실에 맞게 업데이트해야 한다. 서로의 입장과 이해관계를 반영하여 디지털 무역협정 등 새로운 규범을 업그레이드하거나 도입하는 것은 양자의 교역 확대에 필요한 작업이다.

10
클린턴, 페로, 그리고 한·미 FTA

빌 클린턴(Clinton) 전 미국 대통령이 미 경제전문지 포브스가 지난해 선정한 '2007년의 유명인사 100명' 가운데 55위를 차지, 전·현직 정치인 가운데서 가장 높은 순위를 기록했다고 한다. 매년 강연 수입으로 벌어들이는 돈만 1,000만 달러에 이른다고 하니, 그의 명성은 웬만한 할리우드 스타 못지않다.

그런데 재임 시절 부동산 문제, 여자 문제 등 각종 스캔들로 수많은 정적(政敵)들의 공격을 받았던 그가 퇴임 후에 따끈따끈한 인기를 유지할 수 있는 비결은 무엇일까? 혹 그의 수려한 외모? 거침없는 언변? 글쎄, 이런 외형적인 요소가 결정적인 것 같지는 않다. 그것보다는 재임 기간을 통하여 대중적 인기에 영합하지 않으면서 미래의 비전을 제시하고 이를 강력하게 실천함으로써 보여 준 그의 '용기와 열정의 리더십'에 미국인들이 아직도 열광하고 있다는 생각이다. 미국 역사상 유례가 없었던 8년 연속 장기 호황이라는 그의 경제적 업적도 바로 이런 리더십의 산물인 셈이다.

클린턴 리더십의 대표적인 예로는 NAFTA(북미자유무역협정)를 들 수 있을 것이다. 공화당인 전임 부시 행정부가 시작한 NAFTA는 클린턴 입장에서 보면 '정치적 생명'을 건 위험한 도박이었다. 그의 정치적 기반이라 할 수 있는 노조나 민주당 내의 의원들조차 반대의 목소리가 압도적으로 높았다. 여론도 불리했다. 1992년 무소속으로 대통령에 출마하여 19%를 획득한 텍사스의 억만장자 로스 페로(Perot)는 "미국 전역에서 일자리가 멕시코로 빨려 들어가게 될 것"이라며 국민들을 선동하고 클린턴을 압박했다.

그러나 클린턴은 고심 끝에 용단을 내렸다. 그는 반대자들의 요구와 갖은 압력, 그리고 부정적인 여론에도 굴하지 않고 'NAFTA와 함께할 미국의 미래'를 과감하게 선택했다. 그리고 반대자들을 상대로 끈질기고도 열정적인 설득 작업에 돌입했다.

"여러분이 느끼는 개방에 따른 모든 공포심은 NAFTA와 관계없이 현실화될 것입니다. 하지만 NAFTA를 추진하지 않는다면 다가올 현실은 예상보다 더욱 끔찍해질 것입니다. 변화를 수용하고 미래의 일자리를 창출할 것인지, 아니면 낡은 경제구조를 끌어안고 변화를 거부할 것인지는 이제 여러분의 몫입니다."

1993년 조지 H 부시(Bush), 제럴드 포드(Ford), 지미 카터(Carter) 세 전직 대통령을 모신 자리에서 빌 클린턴은 정파를 초월하여 NAFTA를 수용하겠다고 공개 선포했다. 그리고 의회 비준을 받기 위해 열심히 노력한 결과 하원에서 공화당의 압도적 지지와 민주당 의원의 40% 지지를 확보하고, 결국 비준을 얻는 데 성공했다. 발효된 NAFTA는 1990년대 미국 경제의 호황을 이끄는 데 초석이 되었다.

15년이 지난 오늘, 로스 페로를 기억하는 사람은 아무도 없다. 그는 진실을 외면한 채 유권자들의 좌절을 이용하고 그들의 분노를 자극하여 선거의 승리에만 집착한, '추한 정치인' 정도로만 역사에 기록될 뿐이다. 반면 빌 클린턴은 미국의 도약을 이끈 지도자의 반열에 지금 당당히 서 있다.

수많은 내홍과 진통 속에 어렵게 타결된 한·미 FTA의 비준 동의안이 국회 해당 상임위에 안건으로 상정조차 되지 않고 있다니 걱정이 앞선다. 정치인들이 대선 정국이니 총선 정국이니 하면서 피하려고만 한다면 우리에게 미래는 없다. 지금 우리에게 절실한 것은 바로 빌 클린턴이 보여 준 '용기'와 '열정', 그리고 '설득의 리더십'이다.

시론
〈조선일보 2008년 2월 2일〉

용어 설명

거액의 재산을 트럼프 선거 캠프에 기부한 로스 페로

로스 페로(Ross Perot)는 1930년 텍사스 生. 1992년 무소속으로 18.9%를 득표, 돌풍을 일으킨 바 있다. 하지만 이때 오히려 공화당의 부시 표를 잠식하여 빌 클린턴의 당선에 기여했다. 1996년에는 개혁당으로 출마하여 8.4%를 득표하기도 했다. 페로의 선전은 당시 민주-공화 양당체제에 대한 미국 유권자들의 강한 불만을 여실히 보여 준

사건이었다. 그의 18.9% 득표율은 1912년 시어도어 루스벨트 전 대통령이 27%를 득표한 이후로는 무소속 또는 제3의 후보로서 최고의 득표율이다. 페로는 미 해군사관학교 출신으로 1962년 1천 달러로 일렉트로닉 데이터 시스템즈(EDS)를 만들어 대형 데이터 프로세싱 회사로 키워 낸 입지전적 인물이다. 1969년 베트남 전쟁 당시에는 미군 포로들에게 식량과 의약품을 제공하려는 돈키호테식 시도를 했고, 1979년 이란 혁명 시기에는 직원 2명을 대담하게 구조하면서 미국 대중의 영웅으로 떠오르기도 했다. 포브스誌에 따르면 그는 미국 내에서 101번째로 부유한 인물이기도 했다. 2019년 7월 백혈병으로 사망했으며, 사망 전에는 거액의 재산을 도널드 트럼프 재선 캠프에 기부했다. 그가 트럼프 재선에 돈을 기부한 것은 트럼프야말로 워싱턴을 흔들 수 있는 정치 이단아이자 자신과 같은 비즈니스맨 출신이라는 이유에서다. 2016년 트럼프의 당선은 양당정치에 식상한 미국 유권자들이 벌인 거대한 도박이라 할 수 있고 그런 측면에서 트럼프는 로스 페로의 맥을 잇고 있는 정치인인 셈이다. 트럼프로서는 2020 대선 결과를 끝까지 수용할 수 없었고 결과는 2021년 1월 6일 트럼프 지지자들의 국회의사당 난입과 사망이란 참혹한 사건으로 이어졌다. 많은 해외 언론들은 '트럼피즘(Trumpism, 트럼프주의)이 미국 민주주의를 파괴했다'는 시각으로 이 사건을 다뤘다.

♟ 현재와의 대화: 교차투표자는 배신자

빌 클린턴 전 대통령은 당시 의회 비준을 받기 위해 백방으로 뛰었다. 하원에서 공화당의 압도적 지지와 민주당 의원의 40% 지지를 확보하는 데 성공했고 결국 NAFTA를 비준시켰다. 이처럼 빌 클린턴이 민주당 출신 대통령이었지만 공화당 의원들은 교차투표를 통해 사안별로 그의 입장을 지지했다. 헌법기관인 국회의원이 자신의 이름을 걸고 사안에 따라 독립적으로 움직이는 것은 미국 의회의 전통이기도 하다. 정치 후진국일수록 소위 '당론'이라는 것을 정해 '이탈자'가 생기지 않게 만전을 기하는 정치 행태가 눈에 띈다. 당론에 반하는 의견이나 이념을 가진 의원은 '배신자'로 찍어 유형·무형의 불이익을 가하게 되고 결국은 당에서 솎아 내는 행태도 서슴지 않는다. 이는 정치 후진성의 또 다른 단면인 셈이다. 미국 민주당의 보수적인 의원은 공화당의 진보적인 의원보다 더욱 보수적인 사람이 많다. 다양성을 포용하지 못하는 정치 풍토에서는 교차투표가 나올 수가 없다. 결국 변화는 멈추게 되고 진영논리가 판을 치게 된다.

♟ 지식 한 토막: NAFTA는 착한 FTA

　NAFTA는 미국 경제에 어떤 영향을 미쳤을까. NAFTA 발효 7년 후인 2001년 겨울, 미국 경제학회가 발행하는 Journal of Economic Perspective에는 버피셔(Burfisher) 교수 외 3인 공저 논문이 실렸다. 논문 제목은 'NAFTA가 미국에 미친 영향(The Impact of NAFTA on the United States)'. 이들은 계량 분석을 통해 다음의 결론을 도출했다. 첫째, GDP 대비 NAFTA로 인한 이익은 멕시코가 가장 크고 그다음이 캐나다, 미국 순이다. 둘째, NAFTA가 미국 노동시장에 미친 영향은 미미하였다. 셋째, NAFTA의 무역창출 효과는 무역전환 효과를 충분히 상쇄하고도 남는 규모였다. 이 같은 결과는 대다수 경제학자들이 주장한 내용을 뒷받침하는 것이었다. 특히 시민단체, 노조를 중심으로 미국의 일자리가 멕시코에 다 빼앗겼다는 주장은 업종별로는 사실이지만 국민경제라는 큰 그림에서는 근거가 없는 것으로 밝혀졌다. 물론 3국은 상호 의존성이 커지면서 경제가 서로 동조화되는 구조를 갖게 되었다. 실제 NAFTA 발효 이후 미국·캐나다·멕시코 북미 3국의 교역은 세 배 이상 늘어났다. 늘어난 교역으로 3국에서는 업종별로 일자리 손실이 있었지만 비교우위 부문에서 일자리가 늘어났고 특히 관세 감소로 인해 상품의 가격 하락과 품질 개선이 발생하여 소비자 후생이 증가했다는 평가 보고서가 최근까지 워싱턴의 싱크탱크들에서 속속 나오고 있다. 미국 제조업의 쇠락은 NAFTA와는 관계가 없는, 전반적인 미국 상품의 경쟁력 약화에 기인하는 것으로 판단된다. 트럼프 집권 후 NAFTA 2.0 추진은 지지세력을 결집하고 새로운 지역협정을 통해 다른 국가들을 압박하기 위한 전략으로 보인다. 중국을 겨냥한 환율금지 조항이나, 비시장 경제 나라들과 무역협상을 하는 경우 정보를 공개토록 한 것은 중국과 무역협정을 맺으려는 캐나다와 멕시코에게 향후 걸림돌로 작용할 것으로 보인다. 이 밖에도 미국은 USMCA(미국·멕시코·캐나다무역협정)에서 디지털 통상규범을 강화했으며 특히 강화된 내용을 싱가포르, 호주, 칠레와 같은 국가들을 통해 유사한 디지털 무역협정을 확산하고 있으며 미·일 디지털 협정에서도 그러한 경향을 보였다.

11

한·미 FTA 실익이 더 많다

캐나다·멕시코, NAFTA로 새 성장동력 확보
對美수출·외국인투자 증가 … 일자리·경제 성장 기여
美경제 의존도 커지고 소득 불균형 심화 해결 과제로

    미국·캐나다·멕시코 3국 간 자유무역협정(FTA)이라 할 수 있는 NAFTA(북미자유무역협정)는 캐나다와 멕시코 경제에 긍정적인 영향을 미친 것으로 평가된다. 두 나라는 무엇보다 세계 최대 시장인 미국에서 자국 상품의 입지를 확고하게 다질 수 있었다. 또 FTA를 내부 개혁 추진의 지렛대로 활용해 새로운 성장 동력을 확보했다. 아울러 FTA를 통해 국가 신인도를 제고해 미국을 비롯한 외국 기업으로부터 대규모 직접투자 유치에 성공했다. 이 같은 대미 수출의 확대와 외국인 직접투자의 증대는 고용 창출과 경제 성장으로 다시 연결되었다.

    캐나다의 경우 NAFTA 체결 이전 10년간의 연평균 경제성장률은 2.6%였으나 체결 이후 10년간은 3.5%로 크게 높아졌다. 미국에 대한 수출 증가율도 1989~1993년 평균 6.1%이던 것이 체결 이후 10년간은 14.6%로 높아졌다. 2005년의 경제성장률은 2.9%로 G-7 국가 중 미국에 이어 2위를 차지했고, 지난 6년간 연평균 경제성장률은 3%로 G-7 1위를 기록했다. 이러한 성과를 모두 NAFTA 때문이라고 할 수는 없다. 하지만 NAFTA가 캐나다 경제의 강력한 추동력으로 작용하고 있다는 점은 부인하기 어렵다. 멕시코 역시 NAFTA 체결 이전 10년간 2.5%이던 연평균 경제성장률이 체결 후 연 2.7%로 개선되었다.

물론 NAFTA의 부작용도 있었다. 캐나다와 멕시코 모두 미국 경제에 대한 의존성이 커지면서 미국과의 경기 동조화가 심화되었다.

캐나다의 경우 소득 불균형이 다소 심화되었고, 제조업의 기술혁신 투자 및 노동생산성 또한 소폭의 감소세를 보이고 있다. 멕시코에서는 지역 간, 산업 간 불평등이 확대되었고, 산업구조 또한 미국계 다국적 기업의 노동집약적 생산 조립 공정에 특화되는 특징을 보이게 되었다. 또 NAFTA 이후 구조조정과 페소화 위기로 소득 양극화가 심화되는 아픔도 있었다. 그러나 2000년 이후 노동시장이 안정을 되찾으며 전반적으로 개선되는 상황이며, 인플레이션도 한 자릿수로 떨어지면서 하락세를 지속하고 있다. 비숙련 노동자의 실질 임금 상승으로 도시 빈민층의 비율도 줄어들었다.

혹자는 NATFA 체결 이후 멕시코 경제의 일부 부정적인 측면을 강조하면서 우리도 미국과 FTA를 체결하면 엄청난 충격에 휩싸일 것이라고 주장하지만 과장된 표현이다. '태양의 그림자'를 보고 '밤이 왔다'고 소리칠 수는 없다.

만약 멕시코가 NAFTA에 가입하지 않았다면 멕시코 경제는 지금보다 더욱 어려운 상황에 처했을 것이다. NAFTA는 멕시코에서 양질의 일자리를 창출하였고 산업의 효율성도 제고하였다. 그리고 대미 비교

우위 산업이나 물적·인적 인프라, 거시경제 등에 있어서 멕시코와 한국의 상이함을 인정한다면 멕시코의 부정적 경험만을 한국에 일방적으로 강조할 수는 없는 일이다.

한·미 양국 정부가 개방 피해자들의 저항만을 의식하여 지금처럼 소극적인 자세로 남은 협상에 임한다면 한·미 FTA가 체결되더라도 그 경제적 효과가 제한적이 될 가능성이 크다.

FTA는 우리에게 '재도약의 기회'를 제공할 것이 분명하다. 그 기회를 탐스러운 열매로 무르익게 하기 위해서는 장기적 국익을 생각하는 적극적인 협상 자세와 이를 뒷받침할 수 있는 지속적인 제도 개혁이 필요하다.

특집논단
〈조선일보 2007년 1월 18일〉

용어 설명

NAFTA(북미자유협정)

미국, 캐나다, 멕시코 3국이 관세와 무역 장벽을 폐지하고 자유무역권을 형성한 협정을 말하며 North American Free Trade Agreement의 약자이다. 1992년 8월 체결되었으며 1994년 1월 정식 발효되었다. 미국과 캐나다 양국은 그 이전인 1989년 1월 자유무역협정을 체결한 상태였으며, 1989년 9월 멕시코가 미국과의 자유무역협정 추진을 미국에 제의함에 따라 3국간 자유무역협정으로 확대되었다. NAFTA 출범으로 북미경제는 EU와 대등한 협상력을 갖추게 되었고 3국의 상호 보완성을 활용해 권역 내 생산성을 극대화하는 전략을 실현할 수 있었다.

현재와의 대화: 신의 한 수, 진보정권의 한·미 FTA 추진

'FTA야말로 먹고사는 문제'로 규정한 2007년 노무현 대통령의 한·미 FTA 협상개시는 '신의 한 수'로 통할 만큼 한국 현대사에 있어서 획기적인 정책 전환이었다. 노무현 정권에 대해 '좌회전 깜박이를 켜고 우회전한다'는 진보 진영의 비아냥거림이 나온 것도 이때였다. 물론 FTA가 만능 키는 아니다. 멕시코를 예로 들어보자. NAFTA는 멕시코 농산물의 대미 수출을 거의 세 배나 증가시켰다. 수십만 개에 달하는 자동차 산업 일자리가 새로 생겨났다. 하지만 부정적인 면도 드러났다. 1993년에서 2013년 사이 멕시코 경제는 연평균 1.3%의 성장에만 그쳤다. 빈곤은 1994년과 동일한 수준에 머물러 있다. 실업도 증가했다. 특히 200만 명의 소규모 농부들이 일자리를 잃었고, 이들 중 상당수는 미국으로 불법 이주하였다. 캐나다는 어떤가? 캐나다는 국경 간 투자로 큰 이득을 보았다. 미국과 멕시코의 對캐나다 투자는 세 배로 늘었다. 미국 투자는 1993년 700억 달러에서 2013년에 3,680억 달러 이상으로 성장하였다. 수출도 NAFTA 이후 캐나다의 대미 수출은 1,100억 달러에서 3,460억 달러까지 성장했다. 그럼에도 캐나다와 미국의 생산성 차이는 좁혀지지 않았다. 2017년까지 캐나다의 노동생산성은 미국 수준의 72%에 그쳤다. 전반적으로 캐나다는 미국과의 무역에 더 의존적으로 되었고, 수출의 75%를 미국에 의존하게 되었다.

♖ 지식 한 토막: 보몰 효과(Baumol Effect) 누리는 대한민국 공무원

FTA는 잘나가는 산업을 더욱 잘되게, 못나가는 산업을 더욱 어렵게 하는 경향이 있다. 이는 FTA가 시장을 확대시켜 비교우위 산업의 활동 공간을 넓히는 효과를 초래하기 때문이다. 생산성이 높은 곳에 사람이 몰리고 근로자들은 높은 임금을 누리게 된다. 하지만 비생산적인 산업의 임금도 시차를 두고 덩달아 상승한다. 이를 주창자인 경제학자 보몰(William J. Baumol)의 이름을 따 보몰 효과라 말한다. 저명한 도시경제학자인 허동훈 박사(인천발전연구원, 前한국지방세연구원장)의 설명을 들어보자.

"한 나라의 경제가 생산성 상승속도가 빠른 산업과 느린 산업으로 구성되어 있다고 하자. 그리고 편의상 전자를 A산업, 후자를 B산업이라고 하자. A산업 생산성이 높아지면 종업원들에게 더 높은 임금을 줄 수 있다. A산업 임금이 올라가면 사람들이 그쪽 일을 더 찾게 된다. A산업은 일하려는 사람이 늘고 B산업은 일하려는 사람이 줄게 될 것이다. 달리 표현하면, 노동시장의 경쟁이 작동한다. 그 결과 A산업 임금은 오르긴 하지만 약간 덜 오르고 B산업 임금도 오르게 된다. A산업 생산성이 올라서 생산성이 그대로인 B산업 임금도 덩달아 오르는 것이다. 일반적으로 A산업은 기술집약적 혹은 자본집약적 산업이고 B산업은 노동집약적인 산업이다. 그래서 보몰은 공공부문 서비스가 노동집약적이기 때문에 생산성이 잘 오르지 않는데 생산성이 빠르게 올라간 다른 산업 때문에 임금이 같이 오르게 된다고 본다. 그러지 않으면 누가 공무원을 하려고 하겠는가? (허동훈, 2019)"

무역 이야기:
무역이 만들어 가는
더 멋진 세상

① 대청봉에 BTS 상설 공연장 들어선다면

"한국, 살아보니 어디가 좋아요?" 나는 한국에 유학 온 외국 학생들에게 종종 이런 질문을 던진다. 대답은 비슷하다.

첫째는 쇼핑. 재래시장·대형마트·백화점마다 상품이 넘쳐난다. 둘째는 안전한 밤 문화. 해가 져도 호프집·식당가·클럽에는 활기가 가득하다. 셋째는 편리함. 시공을 초월하는 배달 문화에 디지털 인프라도 완벽에 가깝다.

지난 5월 한국관광공사가 발표한 자료에 따르면 올해 1분기 입국한 외국인 관광객들은 한국의 매력으로 1위는 쇼핑, 2위는 식도락, 3위는 자연 풍경을 꼽았다.

"한국, 뭐가 싫어요?" 언어 소통에 대한 불평이 쏟아진다. 경주와 전주를 제외하면 대부분 도시가 특색이 없다고 입을 모은다. '디자인 감각의 집단적 결여'라는 지적도 나온다. 시골 벌판 한가운데 생뚱맞게 나타나는 고층 아파트가 그 단적인 예다.

흥미로운 점은 한국에 놀러 온 외국인들 중 1030세대의 비율이 50%가 넘었다는 사실이다. 이들은 쇼핑·먹거리·한류에 관심이 있지만 지출은 제한적이다. 씀씀이가 큰 중국 관광객(1인당 평균 1,735달러 지출)의 수까지 줄어들면서 올 1분기 외래 관광객 1인당 평균 지출액은 10년 전 수준인 1,268달러로 주저앉았다.

관광산업이 발전하려면 50대 이후 장·노년층들이 한국을 즐겨 찾아야 한다. 이들은 돈 쓸 여유도 있고 장기 체류도 가능한 소비 주도 계층이다.

문제는 이들에게 한국이 그다지 매력적이지 않다는 데 있다. 왜 그럴까. 이들의 여행 패턴은 국립공원과 문화유적 탐방, 예술 공연 관람 등인데 한국의 유명한 산들은 정상까지 직접 걸어 올라가야 하는 곳이 많고 특히 버킷리스트에 올릴 만한 문화재나 건축물 혹은 예술 공연이 많지 않기 때문이다.

세계 각국은 급증하는 장·노년 관광객 유치에 사활을 걸고 있다. 중국의 60세 이상 인구는 2억 3,000만 명, 일본의 65세 이상 인구는 3,500만 명에 이른다. 일본 다테야마의 알펜루트는 기차·트램·케이블카 등을 일곱 번 이상 갈아타고 정상에 오른다. 휠체어를 탄 노인과 장애인이 산 정상에서 환상적인 설원을 즐긴다.

유럽도 예외가 아니다. 피요르드의 불꽃 노르웨이 베르겐 도심에서 등산 열차를 타면 10분 만에 동쪽 플로위엔 산 정상(해발 320m)에 이른다. 시내와 항구가 한눈에 들어오는 카페에는 맥주잔을 든 노인들의 웃음이 끊이지 않는다. '걷는 여행'도 좋지만 노약자를 배려한 '타는 여행'으로 세계 관광 지형이 변하고 있다.

우리도 노고단에서 천왕봉까지 산악 열차를 건설하고 백록담을 가로지르는 스카이워크를 설치했으면 한다. 장애인과 임산부도 탈 것을 이용해 대청봉 정상에 오를 권리가 있다.

대청봉 부근에 6성급 호텔과 카지노, BTS(방탄소년단) 등 한류 스타들의 고품격 상설 공연장에다 고산 툰드라 지형을 이용한 이색 골프장, 헬리포트를 지어 미국 콜로라도주 아스펜처럼 세계의 부자들이 북적대는 한국형 럭셔리 휴양지를 개발하면 어떨까.

문화재 정책도 보존은 기본이고 그 활용에 더 큰 관심을 가질 필요가 있다. 헝가리 부다왕궁은 대통령 집무실로도 사용되고 있다.

크로아티아 스플리트의 디오클레티아누스왕궁 안에는 수많은 상점과 카페가 성업 중이다. 인도와 터키의 일부 왕궁들은 특급 호텔로 변신해 관광객들의 사랑을 받고 있다.

이들은 조상이 물려준 유산을 신줏단지처럼 떠받들고 사는 게 아니라 현재와 호흡하며 일자리와 소득 창출을 위한 소중한 문화 채널로 활용하고 있다. 보존과 현상 유지 차원을 넘어선 활용과 발전적 계승에 방점을 둔 문화 관광정책이 절실한 이유다.

허윤의 경제 돋보기
〈한경비즈니스 2019년 7월〉

용어 설명

방탄소년단(BTS)

'빅히트 엔터테인먼트' 소속의 7인조 남성그룹. BTS로 통하는 방탄소년단 이름은 방탄이 총알을 막아 내는 것처럼, 편견과 억압을 이겨 내고 자신만의 음악과 가치를 지켜 내겠다는 의미를 담고 있다. 2017년에는 방탄소년단 로고를 교체하며, 'Beyond The Scene'의 준말로 의미를 추가했다. 최근 '제62회 그래미 어워즈'에서 한국 가수 최초로 공연을 펼치면서 '빌보드 뮤직 어워즈'와 '아메리칸 뮤직 어워즈', '그래미 어워즈'까지 미국 3대 음악 시상식을 석권하는 신기록을 세웠다. 미 CNN은 'BTS가 미국을 완전히 무너뜨렸다. 비틀스보다 높은 언어 장벽에도 미국 시장을 뚫은 건 더 큰 성과'라고, BBC는 '21세기 비틀스이자 글로벌 팝 센세이션'이라고 평가했다. BTS의 팬덤 이름을 아미라고 칭하는데, 방탄소년단의 강릉 앨범 촬영지는 아미들의 성지로 불리우는 등 관광객 유치에도 기여하고 있다. 2020년에는 《다이너마이트》를 발매하여 빌보드 핫 100에서 3주 1위를 기록한 바 있으며 2021년 6월에는 신곡 〈버터〉가 발매 첫 주에 싱글차트 1위를 차지하는 기염을 토했다. BTS의 핫 100 1위 곡은 〈다이너마이트〉, 〈새비지 러브〉, 〈라이프 고즈 온〉에 이어 총 4곡이 됐는데 이는 전설의 비틀스도 이루지 못한 기록이다. BTS는 2021년 5월 현재 전 세계에서 2,500만 장 이상의 음반을 판매한 것으로 알려졌다.

♜ 현재와의 대화:
오스트리아, 2,600개 산악노선으로 연 6천만 명 관광객 유치

권태신 전국경제인연합회 상근부회장이 2020년 7월 3일 자 한국경제신문 「다산칼럼」에 게재한 '산(山)을 국민 모두에게 돌려주자'는 제목의 칼럼을 함께 읽어 보자.

"각종 규제와 반대에도 불구하고 케이블카는 지역경제 활성화에 큰 도움이 되고 있다. 2008년 문을 연 통영 해상 케이블카와 2014년 완공된 여수 케이블카는 각각 한 해 200억 원의 매출을 기록하고 있으며, 지역경제에 각각 1,500억여 원에 달하는 간접 효과를 가져오고 있다고 한다. 해외 사례를 보면 그 규모는 어마어마하다. 우리가 잘 아는 산악관광의 메카 스위스는 전 국토에 450개 노선을 가지고 연간 3,200만 명의 관광객을 불러들이고 있다. 경제효과만 해도 13억 스위스프랑(약 1조 5,000억 원)에 달한다고 한다. 스위스뿐이랴. 오스트리아는 2,600개 노선을 두고 연간 이용액 6,600만 명을 유치하고 있으며 연간 14억 유로(약 1조 8,700억 원)의 경제효과를 거두고 있다. … 케이블카가 환경을 파괴한다는 반대논리도 사실 근거가 부족하다. … 일례로 중국 장자제(張家界)에는 도심과 산 정상을 연결하는 7,455m 세계 최장 케이블카가 운행되고 있지만 천하기경(天下奇景)을 그대로 유지하고 있다. 일본의 북알프스라 불리는 히다산맥의 신호타카 케이블카도 50년간 운행되고 있는데도 일본 최고의 비경을 자랑하고 있다. 멀리 갈 것도 없다. 환경단체의 극렬한 반대를 뚫고 2003년 개통한 두륜산 케이블카도 자연경관 유지와 관광객 유치 두 마리 토끼를 다 잡고 있다."

이처럼 관광이나 교육, 엔터테인먼트 등 서비스 산업의 수출화 전략은 중요한 화두이다. 표인수 변호사(법무법인 태평양, 국제통상)는 소프트웨어의 중요성을 다음과 같이 지적한다.

"디지털 산업화가 빠르게 일어나고 있고 언택트 산업이 발전할 것이라는 점에 전적으로 공감한다. 다만 몇 가지 짚어 봐야 할 문제가 있다. 한국은 ICT 강국이라 하드웨어는 훌륭하지만 문제는 여전히 그곳에 탑재되는 소프트웨어에 대한 많은 부분이 숙제로 남아 있다는 것이다. 방탄소년단 같은 글로벌 스타의 탄생이나 '아기 상어'의 이례적인 인기는 SNS 활성화 등 우리나라가 가진 강력한 하드웨어 덕분이었다. 따라서 소프트웨어 쪽에 인력을 투입하고 좋은 생태계를 만들어 가는 것이 중요하다. 보안 문제 역시 따라올 것이다. 개인의 사생활 보호와 산업 활성화에 있어서 현명한 절충안이 필요하고 이것을 어떻게 해결해 나갈지에 대한 대비책을 준비해야 한다. (표인수, 2020)"

♖ 지식 한 토막: 서비스 교역의 4가지 유형

외국인이 한국에 와서 관광을 하거나 BTS 공연을 보는 것은 우리나라 서비스 산업의 수출(輸出)이 된다. 세계무역기구(WTO)는 서비스 교역을 모드 1(Mode 1) '국경 간 거래', 모드 2(Mode 2) '해외소비', 모드 3(Mode 3) '상업적 주재', 모드 4(Mode 4) '자연인의 이동' 등 4개 유형으로 구분한다. 모드 1은 '국경 간(cross border) 거래'라고 해서 서비스 수요자와 공급자가 모두 이동하지 않고 서비스만 교역하는 경우이다. 전자상거래나 인터넷을 통한 각종 자문 등이 여기에 속한다. 모드 2는 '해외소비(consuption abroad)'라고 하는데 서비스 수요자가 공급자가 있는 해외에 가서 서비스를 소비하는 경우이다. 바로 아미가 한국에 와서 공연을 보거나 관광을 하는 경우 혹은 외국인의 한국 유학 등이 모드 2 서비스 수출의 단적인 예이다. 모드 3은 '상업적 주재(commercial presence)'의 경우로 서비스 공급자가 수요국으로 가서 서비스를 공급하는 경우이다. 투자은행이 해외에 지사를 설치하거나 AS 센터를 설립하는 경우 등이 이에 속한다. 모드 4는 자연인의 일시적 이동(temporary movement of natural person)이라고 하는데 의사나 엔지니어가 해외에 가서 서비스를 제공하고 돈을 버는 방식의 서비스 수출을 말한다.

② 브랜드 아파트의 명(明)과 암(暗)

최근 서울의 주요 노후 아파트 단지들이 정부의 규제강화로 주춤했던 재건축 사업 준비에 재시동을 걸고 있다.

서울 아파트에 대한 수요는 여전한 상황에서 신규 공급이 부족하다 보니 오래되고 불편한 아파트를 팔고 새 아파트로 이사하기도 쉽지 않다. 가격이 너무 많이 올랐기 때문이다. 결국 재건축으로 주거 여건을 개선하는 것이 합리적이라고 판단한 것이다.

한국인의 절반은 아파트에 산다. 해외 출장을 다니면서 매번 느끼는 일이지만 우리의 아파트 문화는 참 특이하다. 대표적인 것이 바로 건설사 이름 혹은 브랜드가 아파트 주소로 사용된다는 점이다. 아파트 벽면에 페인트로 큼직하게 건설사 이름을 적어 놓은 곳도 우리 말고는 없다. 건설사가 아파트의 품질의 무한 보증을 공개적으로 약속한 것으로 해석할 수도 있지만 한편으로는 홍보 효과 또한 만만치 않아 보인다.

역사적으로 살펴보면 현대건설이 1976년 압구정동에 지은 아파트를 '현대'로 이름 짓고 아파트 외벽에 '현대(現代)'라는 글자를 새긴 것이 최초가 아닐까 싶다. 그 이전 1950~1960년대에 지어진 한국의

1세대 아파트들이 하나같이 종암·마포·동대문·정동 등 지역명에 따라 이름이 붙여졌던 것과는 전혀 다른 행보였다. 주거공간을 고급화해 표준화된 아파트 시대를 우리나라에 처음 열고자 하는 현대건설의 파격적인 시도는 대성공을 거뒀다.

이후 '현대(現代)'라는 이름의 아파트는 부유층 주거공간의 상징으로 전국 방방곡곡에 보급됐다. 이에 뒤질세라 삼성·대우·쌍용·롯데·삼익·삼부·경남·한신·럭키·대림·삼호·극동·선경·우성·한화·한양·두산·반도 등 아파트 동(棟)마다 시공사 이름을 새긴 아파트가 전국을 뒤덮었다. 이들은 힘든 가사노동을 지면이 평탄한 아파트 실내로 끌어들여 주부들의 고통을 획기적으로 줄이는 데 크게 기여했다.

압구정 '현대(現代)' 이후 40년, 우리는 선경과 한양에 사는 친구들과 함께 롯데 상가에서 김밥을 먹고 삼호에 사는 친구까지 불러내 쌍용 플라자에서 커피를 마시는, 그야말로 기업친화적(?)인 일상을 보내고 있다.

사실 19세기만 하더라도 세상은 브랜드에 대한 개념이 희박했다. 중국을 떠난 도자기는 '차이나'가 됐고 개성에서 출하된 인삼은 해외에서 '고려인삼(Korean ginseng)'으로 통했다. 안달루시아 소도시 코르도바에서 만든 가죽은 '코르도반'으로 거래됐다. 상품을 생산한 기업이나 장인의 이름이 아니라 생산지역이 바로 상표로 통하던 시대였다. 하지만 19세기 중·후반 거대 기업들이 세계 시장에 등장하면서 이야기가 달라졌다.

이들이 여러 지역에 대량 생산이 가능한 공장을 짓고 외국인들을 상대로 물건을 팔기 시작했다. 그 결과 생산지의 중요성은 그 의미가 크게 퇴색됐지만 생산 기업의 상표가 품질을 보증하게 되는 소위 '브랜드 시대'가 열린 것이다.

목화·장미·개나리·진달래·청실·홍실 등 40년 세월 속에 그나마 살아남은 예쁜 아파트 이름들마저 재건축으로 이미 사라졌거나 조만간 사라질 운명이다.

새로 짓는 아파트에는 사는 지역의 역사나 풍광, 인물 혹은 전설이 반영된 그런 멋진 이름이 붙여졌으면 좋겠다. 물론 희망 사항일 뿐이다. 입주 주민들 상당수가 동의하지 않을 것을 잘 알기 때문이다. 이들은 대기업 브랜드가 아파트를 만나는 순간 프리미엄이 발생해 집값이 쑥쑥 올라가는데 '무슨 한가한 소리'냐고 힐난할 것이 뻔하다.

허윤의 경제 돋보기
〈한경비즈니스 2019년 6월〉

용어 설명

하이엔드 브랜드

국내 아파트 브랜드는 계속해서 진화 중이다. 현대아파트는 힐스테이트로, GS는 자이, 삼성은 래미안, 대우는 푸르지오, 포스크는 더샵,

롯데는 롯데캐슬, 현대산업개발은 아이파크, 대림은 e편한세상, SK는 SK뷰로 진화했다. 강남권이나 한강권 등 고급아파트를 타깃으로 하이엔드 브랜드라는 프리미엄을 강조한 새로운 이름이 만들어지고 있다. 힐스테이트는 디에이치(대략 분양가 3,500만 원 이상에 붙는다고 한다), 푸르지오는 푸르지오 서밋, 롯데건설은 르엘 등이 그 예다. 이러한 브랜드의 프리미엄화는 다양한 상품에서도 만날 수 있다. 특히 자동차를 보면 현대 자동차의 프리미엄 브랜드 제네시스, 도요타의 프리미엄 브랜드 렉서스, 닛산은 인피니티 등을 쓰고 있다. 의류를 보면 자라의 상위브랜드 마시모두띠나 버버리의 블랙라벨, 보스의 휴고보스 등이 있다. 화장품에서도 프리미엄 브랜드는 설화수나 후 등을 볼 수 있다.

♖ 현재와의 대화: 아파트 외벽 반을 차지한 B(?) 건설사의 이름 두 자

몇 년 전 금강 하구에서 유람선을 타면서 시야에 들어온 강 건너 한 아파트의 전경은 나로서는 충격 그 자체였다. 아파트 외벽의 거의 절반을 아파트 시공사의 이름 두 자가 차지하고 있었다. 세계 어디에도 아파트 외벽에 건설사의 이름을 페인트로 거대하게 칠해 건설사를 홍보하는 나라는 없다. 우리 모두가 건설사 사원 아파트의 주민으로 전락한 셈이 되었다. 이 글은 그런 문제의식에서 씌어졌다. 앞으로 새로 짓는 아파트에는 그 지역의 전설과 풍광 혹은 인물이 반영된 멋진 이름이 붙여지길 기대해 본다.

♜ 지식 한 토막: '영끌' 젊은이들, 땡빚을 얻어 집을 사다

최근 3년간 전국적으로 집값이 무려 50%나 넘게 상승했다. 요즘 20~30대들 사이에서는 '영끌(영혼까지 끌어 모으다)'에 '청포족(청약 포기족)' 등의 말들이 유행한다. 청약 가점이 낮아 분양은 힘드니 집값이 더 오르기 전에 땡빚을 얻어서라도 집을 사야 한다는 공감대가 젊은 층 사이에 확산되고 있다. TV 토론회에서 한 민주당 국회의원은 '정부가 그래봤자 집값 안 떨어진다'고 속내를 얘기한다. 정부 고위 공직자들도 강남 집은 그대로 둔 채 지방에 보유한 아파트나 집을 처분하는 방식으로 1주택자로의 신분(?)세탁을 시도한다. 사회지도층의 부동산 매각은 부동산 시장의 광풍을 잠재우는 데 심리적 안정제 역할을 할 수 있을 것이다. 하지만 이들의 다주택 매도로 부동산 시장이 안정될 것이라는 기대는 성급하다. 사고 싶은 지역에 원하는 부동산의 공급이 늘지 않는데 어떻게 가격이 떨어질 것인가. 수요 억제만으로 공급확대 없이 가격을 잡을 수 있다고 생각하는 것 자체가 놀랍다. 부동산은 의식주의 문제다. 청년들에게 10년 부지런히 일하면 그래도 내 집을 마련할 수 있다는 희망이 필요하다. '집 있는 과장'이 '집 없는 부장'을 동정하는 세상이 되었다. 발상의 전환이 필요한 시점이다.

③ 삼성·애플 스마트워치와 스위스 명품 시계의 '손목 대결' 승자는?

"세계인의 손목을 누가 차지할까" 한판 승부 흥미진진
삼성이 리드하고 애플이 치고 나온 스마트워치 시장
전자시계에 밀려났던 스위스 시계, 또 반격 성공할까?

"손목시계를 차느니 차라리 치마를 입겠다!" 20세기 초만 해도 유럽 남성들에게 손목시계는 조롱거리에 가까웠다. 시계의 크기가 작아 정확도도 떨어졌고, 귀족 여성들의 '사치스러운 장신구'라는 인식이 팽배해 있었기 때문이다. 1868년 폴란드인 파텍(Patek)과 동업자 프랑스인 필립(Philippe)은 헝가리 백작 부인 코스코비츠(Koscowicz)를 위해 팔찌를 제작했다. 보석으로 만든 팔찌 한가운데 콩알만 한 시계 하나를 박아 놓았는데 역사는 이를 세계 최초의 손목시계로 기록하고 있다.

시계 역사와 '롤렉스' 등 스위스 명품 시계의 등장

17세기 이후 300년 이상 유럽의 남성들은 회중시계에 열광했다. 정교한 문양에 금장을 입힌 유럽산 회중시계는 멀리 아랍이나 중국, 러시아의 왕실에서도 인기가 높았다. 하지만 전쟁이 모든 것을 바꿔 놓았다. 쏟아지는 포탄과 총알 속에서 주머니 속 회중시계를 꺼내 보다가 적잖은 군인들이 '시계가 필요 없는, 저 영원한 세계'로 떠났다. 엘진(Elgin), 론진(Longines), 해밀턴(Hamilton) 등 유럽과 미국의 회사들이 군(軍)에 대량으로 손목시계를 납품한 것도 바로 1차 세계대전 때였다.

롤렉스(Rolex) 또한 전쟁 특수를 누렸던 회사 중 하나였다. 24세의 독일 시계공 한스 윌스도르프(Hans Wilsdorf)가 1905년 런던에 차렸던 영국 회사 롤렉스. 그러나 영국 정부가 독일에서 수입되는 시계 부품에 33%의 높은 관세를 부과하고 금과 은의 수입을 금지하자 1919년 롤렉스는 본사를 스위스 제네바로 옮기게 된다. 롤렉스는 이후 수많은 히트 상품을 출시해 명품 시계의 대명사가 되었다. '시계 강국'의 옛 영화만 간직한 지금의 영국으로서는 '롤렉스의 스위스 이전'이 되돌릴 수 없는 상처가 되었다.

작년 한 해 스위스가 전 세계로 수출한 손목시계는 약 3,000만 개. 매년 12억 개가 거래되는 세계시장에서 개수로는 2.5%에 불과하지만 금액으로는 무려 54%에 이른다. 평균 가격 300만 원인 명품 시계의 경우 스위스의 시장 점유율은 90%를 넘는다. 주 고객은 중국인과 미국인이다. 반면 중국은 작년에 무려 7억 개의 시계를 수출했지만 수출 평균가격은 3달러, 매출액은 전체 시장의 13%에도 못 미쳤다. 50조 원 규모의 세계 손목시계 시장에도 양극화가 심화되고 있다.

삼성이 리드하고 애플이 치고 나온 스마트워치 시장

최근 애플이 '애플워치'로 스마트워치 시장에 뛰어들면서 손목시계 시장이 요동칠 조짐을 보이고 있다. 애플워치는 모델 종류가 38개에 이르고, 개중엔 1,900만 원짜리 금장 제품까지 있다. 애플은 과연 스와치(Swatch)와 리슈몽(Richemont) 그룹 등 스위스 군단에 맞서 19세기 후반 미국 시계 산업의 황금기를 재건할 수 있을까? 애플, 삼성, 나이키, 소니 등 40여 개 스마트워치 제조사들은 스위스가 독식해 온 손목시계 시장의 기존 질서를 무너뜨릴 수 있을까?

이에 대해 라이언 라파엘리(Ryan Raffaelli) 하버드대 교수의 견해는 부정적이다. 애플의 적극적인 마케팅으로 더 많은 젊은이들이 시계 차는 습관을 가지게 될지는 몰라도 최종 승자는 스위스 시계 회사들이 될 것이라고 예측한다. 시계를 차지 않던 젊은 층이 스마트워치의 등장으로 시계 차는 습관이 붙게 되고, 이들이 나이가 들면서 구매력이 커지면 스위스 명품 시계로 갈아탈 것이라는 예측이다. 재주는 애플과 삼성이 부리고 돈은 스위스가 버는 형국이 된다는 것이다.

전자시계에 밀려났던 스위스 명품시계, 또 반격할까?

물론 반론도 만만찮다. 스마트워치의 등장이 1970년대 쿼츠시계의 상용화에 버금가는 파괴력을 보일 것이라는 주장이다. 1969년 12월 일본의 세이코(Seiko)가 전자식 시계 아스트론(Astron)을 처음 출시하자 '이제 기계식 시계는 끝났다'는 패배감이 스위스 시계산업을 덮쳤다. 9만 명에 달했던 스위스 시계공 중에서 무려 6만 명이 직장을 떠났고, 1,600개의 스위스 시계 제조사 중 약 1,000개가 사라졌다.

그러나 절망의 긴 골짜기에서 반격의 불꽃이 타올랐다. 1983년 스위스의 니콜라스 하이예크(Nicolas Hayek)는 플라스틱 재질에 혁신적인 디자인을 가미해 중저가 쿼츠 시장의 공략에 나섰다. 바로 '스와치(Swatch) 혁명'이다. 이후 스와치는 승승장구하면서 티쏘(Tissot), 캘빈 클라인(Calvin Klein)에서 명품인 브레게(Breguet), 브랑팡(Blancpain), 자케 드로(Jaquet Droz)에 이르기까지 모두 18개의 브랜드를 거느린 세계 최대의 시계 재벌로 성장했다. 쿼츠로 위협받게 되자 쿼츠를 역으로 공격해 승리하고, 그 여세를 몰아 기계식 시계 시장까지 복원시켜 장악한 것이다.

삼성이 리드하고 애플이 치고 나온 지금의 스마트워치 시장에서 스위스 업체들은 소극적 대응에 머물고 있다. 물론 태그 호이어(Tag Heuer)가 구글, 인텔과 함께 스마트워치 생산을 준비하고 있고 스와치 그룹의 가르민(Garmin)이 이미 제품을 선보였지만 대다수 명품시계 업체들은 전혀 움직이지 않고 있다.

세계인의 손목을 둘러싸고 '핸드폰'과 '예술품'의 한판 승부가 시작되었다. 스위스 명품 시계 군단이 첨단 기능을 앞세운 스마트워치 연합군의 공격에 대응해 어떤 극적인 전략을 펼칠지 흥미진진하다.

허윤 교수 칼럼
〈데일리한국 2015년 5월〉

🏰 용어 설명

스와치 혁명(Swatch Revolution)

스와치는 세컨드 워치(Second Watch)의 준말로 두 번째 시계라는 뜻이다. 미국에서는 '두 번째 별장은 가지면서 왜 두 번째 시계는 갖지 않나요?'라는 광고 카피를 선보였다. 스와치는 인기 폭발의 일본 시계를 제압하기 위해 먼저 시계 부품의 수를 대폭 줄였다. 기존 아날로그 시계에 약 100개의 부품이 소요되는 반면 스와치는 부품 수를 51개로 대폭 줄이는 데 성공했다. 조립공정도 축소했다. 보통 시계는 세 부분으로 이루어졌는데, 케이스를 따로 만들고 부품을 조립한 뒤 끼워 맞췄다. 하지만 스와치는 케이스 안에 바로 부품을 조립해 넣고 유리도 붙박이로 끼워 맞췄다. 라이프 스타일을 반영한 시계 디자인도 인기에 큰 몫을 하였다. 첨단 유행을 강조하는 패션 아이템으로 자신의 시계 콘셉트를 알리게 한 것이다. 마케팅 전략도 성공적이었다. 두 번째 시계라는 광고와 더불어 디자인과 색깔을 6개월마다 선보였다. 가격도 확 낮춰 소비자들이 지갑을 부담 없이 열도록 했다. 직판망도 설치해 유통을 직접 관리했다. 메가스토어라는 커다란 체험공간도 만들었다. 일종의 플래그십 스토어인 셈이다. 결과는 혁명적이었다. 절망을 희망으로 바꾼 위대한 전쟁의 극적인 승리를 사람들은 스와치 혁명이라 부른다.

♜ 현재와의 대화: 스위스 시계 위협하는 애플워치

스위스 시계산업연맹(FH)에 따르면, 2019년 스위스 시계 업체들은 약 2천만 개의 시계를 수출하였다. 이는 애플워치 출하량(약 3천만 개)의 3분의 2에 그치는 숫자다. 스위스 시계 산업은 스마트워치의 등장과 함께 최근에는 차이나 리스크의 부정적인 영향을 받고 있다. 홍콩의 민주화 시위 때문에 홍콩시장의 판매 부진에다 코로나19 등장으로 판매 부진이 이어지는 상황이다. 홍콩은 스위스 시계의 가장 큰 판매처인데 고객은 대부분 중국 본토인들이다. 스마트워치 시장이 눈에 띄는 변화가 생긴 건 2015년부터다. 애플은 그해 처음으로 애플워치를 공개하며 시장 점유율 1위에 올라섰다. 소비자들은 애플워치를 일종의 액세서리로 받아들이며, 성공하는 듯했으나, 2016년 1분기 애플워치는 220만 대를 기록하며 전분기의 절반 아래로 떨어졌다. 여기에 반전을 보인 것이 헬스케어 기능이었다. 방수기능과 걷기·운동·서기 등을 감지할 수 있는 활동 앱을 탑재했던 것이 주효했다. 2017년 4분기 애플워치는 3세대 모델을 780만 대나 판매하며 부활했다. 그리고 4세대 모델은 넘어짐, 심전도 기능을 추가하며 수요가 더욱 폭발하기 시작했다. 애플워치로 심방세동 증상을 알려줘 생명을 구했다는 사례가 줄을 이었다. 문제는 한국의 스마트워치 시장이다. 우리 시장은 이런 헬스케어 기능을 뒷받침하지 못하고 있다. 삼성전자는 세계 최초의 혈압 측정 앱 탑재를 앞두고 있는 등 글로벌 최고의 기술력을 갖고 있지만 국내 규제와 제도에 막혀 어려움을 겪고 있다.

♜ 지식 한 토막: 시계일까, 통신기기일까? 알쏭달쏭한 갤럭시 기어의 정체

"갤럭시 기어는 블루투스 통신으로 특정 스마트폰과 연동하여 전화 통화가 가능하고 'S 보이스' 기능으로 전화 수발신이 가능하며 메일, 문자, GPS 시간 정보를 스마트폰으로부터 전송받아 자동으로 화면에 디스플레이해 준다. 또한 휴대폰을 꺼내지 않고도 카메라를 이용하여 사진과 짧은 영상을 기록할 수 있으며 메모 기능을 활용해 대화를 저장할 수 있고, 저장된 음성은 자동으로 텍스트로 변환해 주는 물품이다. 이러한 갤럭시 기어를 두고 국제기구에서 투표가 벌어졌다. 시계인지 통신기기인지 초등학교 시험문제에 나올만한 이 문제를 해결하기 위해 표결에 부친 것이다. 2016년 3월 16일 벨기에 브뤼셀에서 WCO(세계관세기구) 품목분류위원회에서 40개국 대표 중 31개국은 갤럭시 기어가 무선통신기기라고 하고 나머지 8개국은 시계라고 주장했다. 갤럭시 기어의 정체성을 두고 투표를 벌이게 된 건 바로 관세 때문이다. 그간 상당수 국가는 갤럭시 기어를 무선통신기기라고 보아 세계 IT 제품 협정에 따라 관세를 매기지 않았다. 그러나 인도, 터키, 태국은 갤럭시 기어를 시계로 분류해 각각 10%, 4%, 6%의 관세를 매겨 왔고, 요르단은 기타의 전자기기로 분류해 30%의 관세를 부과했다. (조세일보, 2016)"

지금 생각해 보면 삼성전자의 쉽지 않은 승리였다. 스위스, 이집트, 남아공 등이 시계라고 강력히 주장하는 가운데 WCO 사무국조차도 시계로 분류될 수 있다는 의견을 투표 이전에 표명했던 것이다.

4

중세 이슬람 세계선 커피가 '숙취 없는 술' 공장선 졸음 쫓는 각성제로

예멘 모카, 커피 무역 중심지

2014년 스타벅스는 몇 년 내에 미국의 수천 개 매장에서 술을 판매할 계획이라고 밝혔다. 신성한(?) 커피 전문점에 생뚱맞게 웬 술이냐는 비판도 만만찮다.

하지만 역사적으로 커피는 술이었다. 와인이라는 뜻의 아랍어 카와(quawah)가 터키로 건너가 카베(quaveh)가 되었고, 이탈리아에서 카페(caffe)가 되었다. 커피를 세상에서 처음 마신 사람들은 15세기 초 예멘 지역의 이슬람 신비주의자 수피(Sufi)들이었다. 이들은 주전자에 커피 빈 한 움큼을 집어 넣고는 물에 팔팔 끓여 우려 낸 진한 블랙커피를 마셨다. 취한다는 점에서 와인과 비슷했지만, 와인과는 달리 몸이 취할수록 머리는 맑아지고 신경이 흥분되어 기도와 명상에는 그만이었다. 한 사람에 한 주전자씩 커피를 마신 수피들은 서로 손을 잡고 신전 안을 뱅뱅 돌면서 알라신을 반복해서 부르고 춤을 추었는데, "눈 앞에서 접신의 황홀경이 펼쳐졌다"고 전했다. 커피는 알코올이 금지된 이슬람 사회에서 '숙취가 없는' 술로 각광을 받았다.

15세기에서 18세기 초까지 300년 이상 세계 커피 무역의 중심지는 예멘의 모카(Mocha)항이었다. 아랍인·인도인·이집트인 중간 상인들은 예멘의 산악 지역에서 소량으로 생산되는 커피 원두를 독점적으로 매집, 낙타와 배로 홍해를 거쳐 이집트의 카이로와 알렉산드리아로 운반했고, 다시 배로 프랑스의 마르세유항이나 터키의 이스탄불로 수출했다. 따라서 커피는 진귀한 고가품이었다.

　메카의 종교 지도자들은 한때(AD1511~1524년) 커피를 마약으로 분류, 커피를 팔다 걸리면 처음에는 몽둥이로 때리고, 두 번째는 사람을 가죽 부대에 넣어 자루를 꿰맨 후 보스포루스 바다로 던졌다. 커피의 중독성이 '지고를 향한 영적 탐구 활동'을 방해하기 때문이라고 금지 이유를 들었지만 사실은 사람들이 모여 커피를 마시면서 벌이는 정치 토론이 체제 유지에 위협적이었기 때문이었다.

　유럽에서 커피를 본격적으로 마시기 시작한 도시는 런던이었다. 남성들의 고급 사교 클럽이 된 런던의 커피하우스는 귀족과 부르주아들의 사무실이기도 했다. 브라질산 담배를 물고 예멘 혹은 자바산 커피와 대서양 섬에서 온 럼주를 마시며 정치와 사업을 도모했던 런던의 로이드 카페(Lloyd's cafe)는 훗날 세계 최대 보험사가 되었다. 예술가와 정치인 또한 파리와 빈의 카페에 밤낮으로 모여 예술적 영감을 나누고 혁명을 꿈꾸며 정치적 음모를 꾀하였다.

　그러나 19세기 후반을 지나면서 커피는 산업 현장의 각성제로 전락한다. 커피가 근로자들의 생산성을 높이고 사고율을 낮춘다는 사실이 알려지면서 기업과 공장에서 커피 브레이크가 도입됐다. 직원들의 졸음을 쫓아내고 긴장감을 높이되 카페인에 취하지는 않게, 그래서 농도는 묽고 양이 많은 아메리카노가 전 세계적으로 보급됐고, 군대에서 지급됐던 인스턴트 커피가 일상에 침투하기 시작했다. 산업화 시대의 검은 윤활유이자 자본주의를 지탱하는 소모품이 된 것이다. 우리는 이제 커피를 입에 머금은 채 '나는 누구를 위해 그리고 왜 깨어 있어야 하는지' 스스로 물어봐야 한다.

최근 서울의 스타벅스 커피 값이 뉴욕이나 도쿄보다 높은 이유에 대해 "우리나라는 외국과 달리 매장에서 장기 체류하는 손님이 많아 단가가 높을 수밖에 없다"는 업주 측 의견이 보도된 적이 있다. 하지만 하루 종일 '죽치는 행위'야말로 커피 문화의 진수라 할 수 있다. 커피잔 하나를 앞에 놓고 명상에 잠긴 사람, 정치 토론에 열 올리는 아저씨들, 떠오르는 영감을 기록하고 있는 예술가, 10시간째 책 읽고 있는 대학생, 이들이야말로 세계사를 찬란하게 장식했던 커피 문화의 한국판 후예들이다.

허윤의 무역 이야기
〈조선일보 Weekly Biz 2015년 3월〉

♟ 용어 설명

보험회사 로이즈(Lloyd's)

15세기부터 17세기까지는 새로운 바닷길을 통한 대항해 시대였다. 해상활동이 늘어남에 따라 사망보험이 등장하고, 물건에 대한 보상 필요성이 대두되었고, 최초의 해상보험 거래가 로이드 커피하우스에서 시작되었다. 로이드 커피하우스는 1687년경 사무엘 로이드(Samuel Lloyd)가 처음 문을 열었다. 사업가, 학생뿐만 아니라 선원들이 모여, 선박의 출항이나 도착 등 무역거래에 관한 정보를 교환하기 시작했고, 로이즈 카페(Lloyd's Cafe)는 고객 편의를 위해 이러한 정보를 '로이즈 리스트(Lloyd's List)'라는 정기 정보지를 발간했다. 해상무역에서 여러 손실 리스크에 노출되어 있던 선원들을 보고, 리스크를 보험업자들끼리 공동 인수하면서 영국 해상보험의 시작이 되었다. 정식 보험 약관은 아니지만 종이 한 장(slip)에 보상 내용을 약속한 뒤 하단에 서명하였는데, '작은 종이 조각'이란 뜻의 slip은 오늘날 보험 가입할 때 쓰는 '청약서'란 용어로 사용되고 있다.

♟ 현재와의 대화: 세계 6위 커피 소비시장, 한국

글로벌 커피 원두 생산은 지난 3년간 매년 약 10% 이상씩 성장하고 있다고 한다. 그중 한국은 세계 6위 규모의 커피 소비 국가다. 국내 커피 소매시장 규모는 약 2.4조 원 수준인데 국내 커피시장은 커피 전문점을 중심으로 확대되고 있으며, 글로벌 브랜드의 성장이 국내 토종 브랜드를 압도하고 있는 상황이다. 스타벅스는 커피업계 최초로 연

매출 1조 원을 돌파했고, 2018년 영업이익 1,000억 원이라는 기록을 세웠다. 여전히 업계 매출액 1위를 달리고 있으며, 2위 투썸플레이스 매출액을 크게 상회하고 있다. 가맹점 수 기준으로 국내 1위 브랜드 이디야 커피는 3위권을 형성하고 있다.

지식 한 토막: 스타벅스의 성공 비결

"한때 '국민 카페'로 불렸던 카페베네는 결국 경영난을 견디지 못해 법정관리까지 가는 신세가 됐다. 반면 스타벅스코리아는 지난해 한국시장 진출 18년 만에 영업이익 1,000억 원을 돌파했다. 2016년에는 매출 1조 원대를 기록했다. 스타벅스코리아는 미국 스타벅스 본사와 한국 신세계 이마트의 5 대 5 합작법인이다. 업계 2~5위권인 투썸플레이스, 이디야, 엔제리너스, 커피빈의 매출과 영업이익이 각각 1,000억~2,000억 원대와 100억~200억 원대에 그치는 것을 감안하면 스타벅스는 그야말로 '독주' 중이다. … 스타벅스의 고속 성장 배경에는 스타벅스가 다른 프랜차이즈 커피점과 달리 출점 제한을 전혀 받지 않는다는 것이 작용했다는 설명이다. 모든 점포가 직영 체제인 스타벅스는 프랜차이즈 업종과 달리 법적으로 출점 제한을 받지 않는다. 2010년까지 전국에 327개였던 스타벅스 점포 수는 2013년 500개를 넘었고 2016년엔 1,000호점을 돌파했다. 지난해에도 140개가 더 생겨 작년 말 기준 점포 수는 1,140개다. 스타벅스는 다른 커피점들과 달리 커피 수요가 많은 일부 지역에서는 반경 500m 내에 여러 점포가 붙어 있다. (신수정, 2018)"

공정거래위는 2012년 제빵, 치킨·피자, 커피전문점, 편의점 등의 모범거래기준을 발표한 바 있다. 피자는 1,500m, 치킨은 800m, 제빵·커피는 500m, 편의점은 250m 내 신규 출점을 제한하는 것이 골자이다. 이 기준은 외국계 기업에는 적용되지 않았다. 2014년 폐지되었지만, 아직도 가맹본부에서는 이 기준을 참고하여 가맹 점포를 출점시키는 현실이다. 모범거래기준이 운영된 이후 국내 토종 커피 가맹점은 매출액 둔화에 직면한 반면 글로벌 브랜드의 매장당 평균 매출액은 확대되었다. (현대경제연구원, 2019)

하지만 공격 출점만으로 스타벅스의 독주를 설명하기란 쉽지 않다. 토종 대표 커피 브랜드였던 카페베네가 한때 매장 수가 1,000여 개에 이르렀지만 결국 파산한 이유는 무리한 사업 다각화로 가맹점 사업에 소홀해졌기 때문이라는 지적이 잇따른다. 반면 스타벅스는 100% 직영 체제를 바탕으로 브랜드 이미지를 고급화하는 전략을 구사해 왔다.

18세기 스웨덴 … 중국까지 항해 한 번으로 국가 GDP만큼 벌었다는데

"이봐 김 마담, 이번에 인천에 배만 들어오면 말이야, 내가 다이아 반지 하나 해 줄게." 50년대와 60년대, 한국 영화계를 주름잡았던 허장강의 명대사다. 허풍쟁이라면 한 번쯤 따라 했던 복고풍 작업 코멘트의 전설, '인천에 배만 들어오면…'.

하지만 무역의 역사는 이런 대사가 결코 헛소리가 아니었음을 증명하고 있다. 돈은 배와 함께 들어왔고, 배는 대박의 설렘을 안고 거친 바다를 오갔다.

기원전 450년경 고대 아테네는 시칠리아와 이집트에서 곡물을, 스페인과 흑해에서는 염장(鹽藏) 생선을 수입했다. 와인과 생활용품, 각종 공예품을 가득 싣고 나간 배가 밀 400톤을 싣고 입항했다는 기록이 남아 있으니 해양 무역의 규모가 상당했음을 알 수 있다.

당시 무역은 선주와 무역상 그리고 투자자라는 세 주체가 컨소시엄을 이뤄 주도했다. 무역상은 배의 일정 면적을 빌려 수출입을 동시에 진행했는데, 화물을 담보로 투자자로부터 돈을 빌렸다. 아테네의 무역 거래는 증인 입회하에 구두 형태로 이뤄져 그 전모를 파악하기 쉽지 않지만, 다행히 데모스테네스(Demosthenes)란 투자자가 원고로 나선 송사(訟事) 기록이 남아 있다. 뉴욕대학의 라이오넬 카슨(Lionel Casson) 교수는 그의 책 『고대 무역과 사회(Ancient Trade and Society)』에서 그 내용을 다음과 같이 자세히 소개하고 있다.

아테네의 투자자는 선주나 무역상의 배나 화물을 담보로 (저당가는 시가의 50%) 돈을 투자했는데, 이자율은 3개월에 평균 67.5%였고 100%가 넘는 경우도 허다했다. 당시 아테네에서 부동산 투자는 연 8%, 예금은 약 10%, 우량 채권은 10~12%, 비우량 채권은 16~18%, 제조업 수익률은 20% 정도였던 것으로 추정된다. 따라서 무역에 100을 연초에 투자했다면 1년에 네 번 무사히 배만 들어온다면 연말에 무려 787이라는 엄청난 원리금을 기대할 수 있었다. 물론 배나 화물이 사고로 사라지는 경우엔 전액 손실을 감수해야 했다.

피소된 무역상은 와인 단지 3,000개를 담보로 돈을 투자받았는데, 조사 결과 3,000개가 아닌 450개만 싣고 떠났으며, 해외에서 물건을 싣고 와서는 다른 곳에 하역하고 그 화물이 태풍 때문에 사라졌다고 거짓 진술한 것으로 기록은 전한다. 이 송사 기록에는 또 데모스테네스 부친이 돈을 어떻게 굴렸는지에 대한 대목이 자세히 나오는데, 당시 아테네 부자들은 유동 자산의 약 20%를 해양 무역에 투자하고 '아테네항에 배 들어오길…' 학수고대했다는 점을 엿볼 수 있다.

18세기 초, 프랑스로 배경을 바꿔 보자. 여행가이자 작가였던 장 로

크(Jean de la Roque)는 프랑스 동인도사 소속의 배 3척을 이끌고 1년 항해 끝에 1708년 예멘의 모카(Mocca)항에 도착한다. 그는 아프리카를 돌아 홍해로 가는 항해 길을 연 첫 프랑스인이었다. 그의 목표는 단 하나, 예멘에서 알렉산드리아를 거쳐 프랑스로 수입되는 커피를 중간 상인 없이 예멘 생산자와 직거래하겠다는 것이었다. 당시 프랑스 의사들은 커피가 인체에 해롭다고 경고하면서 정부에 수입 금지를 요구하는 상황이었지만, 로크는 오히려 커피 시장에서 유럽의 미래를 보았다. 그는 세계의 커피 독점 공급 기지였던 예멘에서 인도 중간 상인에게 사기당하는 등 갖은 고초를 겪었지만, 6개월 동안 현지에서 백방으로 노력한 끝에 마침내 커피 600톤을 구입해 프랑스로 금의환향하게 된다. 그의 배가 마르세유항에 들어오면서 프랑스의 카페 문화가 본격적으로 시작되었고, 단 한 번 거래로 그는 엄청난 돈방석에 앉았다. 2년 뒤 그가 다시 모카를 찾았을 때 그는 예멘의 왕과 식사하는 사이가 되었다.

그로부터 약 30년 후인 1743년 3월, 스웨덴의 범선 예테보리호는 예테보리항을 떠나 중국으로 세 번째 항해를 시작한다. 자바섬을 지날 때 선원 21명이 괴혈병으로 숨졌지만, 남은 선원 120명은 1744년 9월 마침내 중국 광저우(廣州)에 도착한다. 이들은 배에 실어온 약 250만 스페인 은원(백은)을 들고 중국 무역상에게 달려가 차, 도자기, 비단, 진주 등 유럽인들이 꿈에 그리는 상품 700톤을 사고는 다시 9개월 항해를 거쳐 고향 앞바다에 도착한다. 가족들의 환호성에 뒤덮인 부두를 불과 1km 앞둔 예테보리호는 그러나 암초를 들이받고 침몰한다. 리궈룽(李國榮)의 저서 『제국의 상점』에 따르면 배가 가라앉자 선원들은 화물의 일부(약 3분의 1)를 급히 건져 탈출했는데, 그것만으로도 항해에 든 모든 비용과 심지어 선박 건조 비용까지 남겼다고 한다. 이 배가 1차 항해에서 번 돈이 당시 스웨덴의 GDP와 비슷했다고 하니 '예테보리항에 배만 들어오길…' 기다렸던 스웨덴 사람들의 기대와 염원이 상상이 가고도 남는다.

　무역은 세상을 바꾸었다. 질병과 풍랑, 해적과 싸우며 거친 바다를 누볐던 무역상들이야말로 오늘의 우리를 있게 만든 역사의 주역이다. 오늘 인천에 배 들어오는 모습이 보고 싶다.

허윤의 무역 이야기
〈조선일보 Weekly Biz 2015년 3월〉

♟ 용어 설명

예테보리, 스칸디나비아의 항구

　스웨덴 남서부에 위치한 항구도시 예테보리는 고텐부르크(Gothenburg)라고도 불린다. '북방의 사자'로 불린 스웨덴 왕 구스타브 2세는 문무를 겸비한 군주로 스웨덴을 북유럽의 강자로 만들었다. 발트해 동쪽으로 영토를 넓히고, 광산을 개발하고 항만을 지어 국제 무역에도 힘을 기울였다. 예테보리는 인구 50만이 넘는 스웨덴 제2의 도시가 됐다. 우리로 치면 부산에 해당한다. 과거 세계 최고 수준을 자랑했던 스웨덴 조선소의 중심지였으나 또 다른 항구도시 말뫼를 중심으로 번창했던 스웨덴 조선업은 한국, 일본, 중국에 밀려 많은 조선소들이 문을 닫았다. 글로벌 자동차 기업인 볼보의 고향으로도 유명하여 자동차공장 등이 활발할 공업도시이기도 하다. 북유럽 통상 중심지 가운데 한 곳이기도 한 예테보리는 화물, 에너지 등 스웨덴 대외 무역의 약 30%를 처리할 수 있는 인프라를 갖추고 있다. 스웨덴 동인도 회사 소속 무역선이었던 예테보리호는 1984년 해양 고고학자들에 의해 발굴되어 95년 복원을 시작해 2003년 진수식을 했다. 스웨덴과 중국의 경제협력 강화 행사의 일환으로 2005년 10월 예테보리를 떠나 남아프리카공화국 희망봉을 거쳐 인도양을 횡단해 중국 상하이까지 다녀오는 1년 7개월여의 항해를 마쳤다. 행사는 스웨덴 자동차 회사 볼보 지원으로 이루어졌다. 볼보는 지난 2010년 중국 지리자동차에 인수됐다.

현재와의 대화: 생존 전략 모색하는 글로벌 해운선사들

한국의 해운산업은 역사가 길지 않지만 정부의 다양한 지원정책과 수출 증가로 2009년 말 세계 상선 보유 순위 5위로 도약했다. 그러나 2016년 최대 국적선사인 한진해운이 무너지면서 이후 순위는 7위 아래로 곤두박질치고 있다. 지금 생각해 보면 안타깝기 그지없다. 삼면이 바다인 우리는 현실적으로 해운에 수출입을 의존할 수밖에 없다. 또 해운산업은 전후방 산업연계 효과가 높다. 해운물동량이 증가하면 신규 선박 수주가 증가하고, 철강 수요도 늘어나게 된다. 조선과 철강 등 한국의 주력산업과 연관성이 높은 만큼 우리는 에테보리호의 영광을 넘어설 수 있도록 지속적인 산업 재건에 힘쓸 필요가 있다. 세계 1위 선사인 머스크(Maersk)는 최근 물류 자회사를 사업부문으로 편입하는 등 해운·항만·물류를 묶어 성장에 방점을 둔 성공전략보다는 위험 관리 모드의 생존 전략을 모색하고 있다. 세계 5대 해운선사는 머스크(덴마크), MSC(스위스), COSCO(중국), CMA CGM(프랑스), 하팍로이드(독일). 최근 글로벌 해운업 불황 속에서 해운사간 M&A를 통한 이합집산의 주기가 짧아지고 있다.

♜ 지식 한 토막: 241년을 바닷속에서 버텨 온 중국 보이차

예테보리호가 다시 세상에 나왔을 때 오래된 상자 하나가 세간의 주목을 끌었다고 한다. 그것은 차가운 바닷속에서 241년을 버텨온 보이차 상자였다고 한다. 상자를 열었는데, 예상과는 달리 은은한 차 향기가 나왔고, 놀랍게도 지금도 안심하고 음용할 수 있었다고 한다. 차를 포장했던 중국 무역상들의 뛰어난 방수·방염 기술에 놀랄 따름이다. 그런데 오늘날 예테보리호가 차, 도자기, 비단, 진주 등을 실고 갔다면 그 절차가 어땠을까. 필자는 2017년 예테보리를 방문한 적이 있다. 배를 타고 도시와 인근 바다를 구경했는데 연안 부두나 작은 섬에는 문을 닫은 조선소들이 여러 개 눈에 띄었다. 관광 안내원이 "아시아 국가들 때문에 조선소들이 모두 망했다"고 메가폰으로 크게 외쳤고 나는 괜히 미안한 마음이 들어 잠시 고개를 떨구었던 기억이 난다.

감사의 글

이 책을 쓰면서 많은 분들의 도움을 받았다.

박태호 서울대 명예교수, 안세영 서강대 명예교수, 최병일 이화여대 교수, 정인교 인하대 교수, 이재형 고려대 교수, 정철 대외경제정책연구원 박사, 최원목 이화여대 교수, 안덕근 서울대 교수, 이재민 서울대 교수와의 수많은 대화와 토론은 내게 너무나 소중한 지적 자양분이 되었다. 김도훈 전 산업연구원장, (법무법인) 태평양의 표인수 변호사, 김영한 성균관대 교수, 김태황 명지대 교수와의 지적 교류는 무디어진 이성을 다시금 일깨워주는 신선한 자극 그 자체였다. 이들 한국 최고의 통상 석학들께 감사의 말씀을 전하고 싶다.

특히 부족한 후배를 항상 격려해 주시고 스스로 큰 모범이 되어 주신 한국 경제학계의 원로 이영선 전 한림대 총장, 안충영 중앙대 석좌교수, 구정모 강원대 명예교수께 감사의 큰 절을 올린다. 또한 한·미 FTA 주역이었던 김종훈 전 통상교섭본부장, 최석영 경제통상 대사, 이혜민 전 프랑스 대사는 뛰어난 협상가의 경험과 식견만이 허용하는 예리한 시각과 통찰력을 맘껏 즐길 수 있는 만남의 시간들을 허락해 주셨다. 선진통상대국을 향한 주요 길목에서 항상 최적의 솔루션과 정책 방향을 제시해 우리의 미래를 밝히는 데 평생을 헌신해 오신 선배님들께 지면을 빌어 존경과 고마움을 표한다. 세종대 김정숙 교수는 자료 검색과 이슈 분석에 많은 조언을 주었다. 대한상의 유종철 차장은 바쁜 시간을 쪼개 자료 수집에서 정리까지 참으로 큰 도움을 주었다. 제자이기도 한 이들의 헌신이 없었다면 이 책의 출간은 불가능했을 것이다.

서강대에 부임한 것이 엊그제 같은데 벌써 17년이란 긴 세월이 흘렀다. 국제대학원 동료 교수들은 통상·금융에서 외교, 안보, 지역 문제에 이르기까지 내가 궁금해하는 국제 이슈들을 항상 술술 막힘없이 잘 설명해 주셨다. 서강대에서의 아름다운 시간들이 내겐 하늘이 내려 준 축복이라는 생각이 든다.

자료를 정리하고 원고를 작성하면서 유난히 돌아가신 어머니 생각이 많이 났다. 책 읽기와 글쓰기를 좋아하셨던 어머니는 자식이 쓴 책이라면 내용에 상관없이 밑줄을 쳐 가며 밤새워 열독을 하시는 그런 분이셨다. 그리움과 사랑을 담아 이 책을 하늘에 계신 부모님께 바친다. 아울러 묵묵히 서로를 지키며 사랑으로 함께해 온 아내와 두 아들 단과 재에게도 고맙다는 말을 전한다.

끝으로 짧은 시간에 책을 만드느라 애를 쓴 '지식과감성' 편집부에 깊이 감사드린다. 그럼에도 불구하고 이 책에 남아 있는 모든 오류는 전적으로 저자의 몫이다.

세상을 지으신 그분을 찬양하며….

2021년 5월
교정이 환히 내다보이는
서강대 J관 706호 연구실에서
허윤 씀

용어 색인

ㄱ

가용성 폭포 106
개발도상국 지위 279
갤럭시 기어 486
경제번영네트워크 183, 288, 334, 405
경제통합 5단계 289
관세의 경제적 효과 241
광우병 사태 103, 106
교차투표 308, 458, 459
국가 브랜드 152
국가주의 44
국방수권법 228
국영기업 42, 175, 178, 188, 211, 278, 292, 325, 373, 383
국영무역 143
국제수출통제 171
국제화 39, 40
규제완화 91, 148, 159
글로벌 가치사슬 295
기술이전 32, 202, 207, 221, 233, 235, 246

ㄴ

낙수효과 55, 259, 263, 264
내국민 대우 257
내셔널리즘 19, 20, 44, 51, 56, 57, 59, 170
네트워크 연구 282
넥스트 컨버전스 25
노동부가가치 기준 31
누적 원산지 규정 296
닉슨 도서관 연설 29

ㄷ

다보스포럼 79
대중국 전략보고서 116
도요타 171, 172, 351, 448, 478
도이머이 372
동반성장위원회 163
디엔비엔푸 374

ㄹ

러스트벨트 316, 410, 412
레이거노믹스 261
로이드 커피하우스 490
롤렉스 480, 481

용어 색인 501

리쇼어링 236, 297, 298, 407, 408
리쇼어링 원인 236
리슈몽 그룹 482

ㅁ

무역대표부 85, 245, 265, 266, 278
무역장벽보고서 419, 423
무역전환 302, 303, 459
무역정책 380
무역조정지원제도 153, 154, 155, 156, 157, 158
무역창출 302, 303, 459
무역촉진권한 309
무역특혜 연장법 86
무역확장법 232조 204
미국 철강 수입규제 240
미국 탄핵절차 25
미국 통상법 85, 86
미국 통상정책 452
미디어 산업 344, 502
미·일 무역협정 205, 206, 235
민감품목 395
미·중 1단계 무역합의 191, 192, 211
민영화 91, 159, 262
민족경제론 218

ㅂ

반덤핑관세 71
반덤핑마진 80
반도체 동맹 186
반중 서방 블록 183
방탄소년단 471
베트남 커피 374, 375
보몰효과 465
보험회사 로이즈 490
보호주의 84, 85, 88, 89, 90, 228
불화수소 349
브렉시트 59
블랙핑크 152
비관세장벽 144, 145, 380, 392
비대칭성 123, 207, 211
비시장경제지위 284
빅딜 188
빈곤선 178

ㅅ

사드보복 176, 448
사스 48, 49, 50, 54, 116
산업혁명 38
상계관세 71
상생협력 기금 157
서비스 개방 384, 453
서비스 교역 4가지 유형 473

서비스의 수출 산업화 119
세계경제포럼 79
세계화 39, 40, 45, 46, 51, 274
세계화 십계명 45
세종학당(한글학당) 367
세이프가드 79
셰일가스 110
수입대체정책 218, 219
수출자율규제 171
수출제한조치 64
스마트 워치 480, 482, 483, 485
스몰딜 13, 187, 191
스무트-홀리법 84
스와치 혁명 484
스타벅스 212, 487, 489, 490, 491, 492
스페인 독감 35, 36, 38, 48, 49, 50, 54
시계산업 482, 485
시진핑의 위선 75, 77
신자유주의 89, 91, 92, 158, 159, 261, 262
쌍순환 전략 78

ㅇ

아메리카 리즈법안 169
아스트론 482
안미경미 115
안미경중 113, 432
안보 외부성 62
애플워치 482, 485
양면전략 265, 267, 270
엔텔레키 80
역사의 종언 56, 60
예테보리 496
오프쇼어링 407
온쇼어링 407
외국기업 책임법 33
워싱턴 컨센서스 158, 159
원산지 규정 31
위챗 170
유치산업 218, 229, 311
유턴법 297
음모론 102, 103, 104, 105
이디야 커피 491
이민자 51, 56, 57, 58, 97, 99, 340
인간욕구 5단계 126
인도·퍼시픽 153
일대일로 336

ㅈ

자유무역협정 210
저율할당관세 256
전략적 경쟁법 34
전략적 통상정책 129, 132

정체성 정치 57, 60
종속이론 218
종합무역법 86
중국 국가기관 337
중국몽 78
중국제조 2025 189
중상주의 88, 228, 316
지렛대 전략 27, 113, 201
지소미아 109
직권조사 248
집단극화 105

ㅊ

차이나 쇼크 53
철강 232조 240, 417
최혜국대우 256
출점제한 491

ㅋ

카토연구소 430
카페베네 491, 492
코로나 35, 36, 37, 38, 39
코로노믹스 48, 52
쿼드 183
쿼터 241, 249, 256, 258, 419, 420, 421, 422
퀴어축제 59
킨들버그 함정 173

ㅌ

탄소조정세 177, 400
태양광 85, 410, 415, 427, 437
통상절차법 445, 446, 447
통상정책 어젠다 251
통상정치 444, 447
통화스왑 378
투썸플레이스 491
투키디데스 함정 173
트럼프 리스크 207
트럼프의 배신 75
틱톡 170

ㅍ

파리기후변화협약 402
파시스트 98, 100, 101, 356
패치워크 80, 81
팬데믹 44
포용적 통상정책 130, 132
포퓰리스트 55, 70, 97, 98, 99, 100, 101, 123
포퓰리즘 53
포토레지스트 349
폭포효과 102, 103
퓨 리서치센터 24
피셔효과 86
피케티 법칙 164

ㅎ

하이엔드 브랜드 477
한국 FTA 추진 현황 443
한·미 FTA 개정협상 416, 417, 419, 420, 423
한·중 FTA 381, 382, 383, 384, 391, 392, 393, 394, 395
한·중·일 FTA 386, 387, 388, 389, 390
항행규칙 265
행동경제학 102
허드슨 연설 32, 33
협상 전술 15, 416, 423
형평성 127, 128, 155
홍콩 범죄인 인도법안 342
화웨이 217
화이트 리스트 254
환율조작 424, 425
효율성 117, 127, 128, 154, 447
희토류 198

A

ADD 71
AFA 72
AIIB 269
APEC 319
ASEAN 277, 318, 323, 328, 369, 379, 442

B

BRI 336
BTS 471

C

CATO 430
CDB 215, 504
CEPA 210, 384, 504
CFIUS 224, 226, 234, 255
CPTPP 277
CSIS 185
CVD 71

D

DDA 90, 91, 92, 93, 286, 324

E

EPN 183

ESG 131

F

FDI 235, 271
FIRRMA 224
FTA Divide 301
FTA Roadmap 441
FTA Utilization Rate 385

G

GATT 63
GSOMIA 109
GVC 295
G2 177

I

ISDS 233, 321, 423

K

Kindleberger Trap 173

M

MEGA FTA 287
MERCOSUR 210, 442
MFN 256
MIC 2025 189

MPIA 438

N

NAFTA 463
NDAA 228
NT 257

O

ODA 151

P

PIIE 192, 211
PMS 72

R

RCEP 277
RCEP15 277
RSC 297

S

SOE 221

T

THAAD 73, 307, 336, 358
Thucydides Trap 173

TPA 309
TPP 314
TRQ 256
TTIP 329

U

USMCA 30
USTR 245

V

VER 171
VLMC 369

W

WTO AB 437
WTO DSP 436
WTO MC 91

참고문헌

열린 사회와 그 적들:
승자의 미소 뒤에 드리운 그림자

루비콘강 건넌 미국의 민주·공화 연합군

- Bhagwati, Jagdish, *Free Trade Today*, pp.7-9, Princeton University Press, 2002

흑역사 쓰고 추락하는 소통령 트럼프

- Spence, Michael, *The Next Convergence*, pp.92-96, PICADOR Publishing, 2011
- 에런 제임스, 『또라이 트럼프(Assholes: A Theory of Donald Trump)』, p.71. 한국경제신문, 2016
- 안세영, 『트럼프와 협상하는 법』, p.41(트럼프 고백 재인용), pp.41-69, 한국경제신문, 2017

'벨벳 장갑 속의 강철 주먹' 캐서린 타이

- 안덕근, 『미국 통상정책의 특징과 국제통상체제의 발전』, KITA(무역협회) 통상리포트 Vol.12, 2020 (USMCA 설명 부분은 동 보고서에서 발췌하여 인용)
- 허윤, "미·중 충돌이 한국 경제에 미치는 영향", 『미·중 충돌과 한국의 선택』, pp.130-159, 재단법인 한반도평화만들기 연례학술대회, 2019년 7월 11일

코로나, 100년 전의 데자뷔?

- Autor, David, "Why Are There Still So Many Jobs? The History and Future of Workplace Automation", *Journal of Economic Perspectives*, Vol.29, No.3, pp.3-30, 2015
- Dicken, Peter, *Global Shift: Transforming the World Economy*, New York: The Guilford Press, 1998
- Hirst, Paul and Grahame Thomson, *Globalization in Question*, Cambridge: Polity Press, 1996
- 허윤, "탈냉전과 한국 재벌의 세계화 전략", 『탈냉전사의 인식』, 한길사, 2012

'빅 브라더 신드롬'이라는 또 하나의 바이러스

- Wolf, Martin, *Why Globalization Works*, pp.319-320, Yale Nota Bene, 2004

수요·공급·금융 3重 충격 … 'GDP −6%' 스페인 독감 근접할 듯

- Barro, Robert, Jose Ursua and Joanna Weng, "The Coronavirus and the Great Influenza Epidemic− Lessons from 'Spanish Flu' for the Coronavirus's Potential Effects on Mortality and Economic Activity", CESifo Working Paper No. 8166, 2020
- Krugman, Paul, "2020 Was the Year Reaganism Died", The New York Times Opinion, 2020년 12월 28일 자
- Krugman, Paul, *End This Depression Now*, Norton, 2013

자유무역이 불러낸 내셔널리즘의 망령

- Fukuyama, Francis, *The End of History and the Last Man*, Free Press, 1992

안보·통상 분리 시대는 끝났다

- Polachek, S. W., "Conflict and Trade", *Journal of Conflict Resolution*, Vol.24, No.1, 1980
- 최병일, 『미중전쟁의 승자, 누가 세계를 지배할 것인가?』, pp.222-223, 책들의 정원, 2019

글로벌 무역전쟁과 한국 경제의 대응

- Pak, Jung H., "Trying to loosen the linchipin: China's approach to South Korea", *Global China*, Brookings Institute, July 2020
- 무역협회, "Brookings 보고서: 미국의 린치핀인 한국에 대한 중국의 접근법", 〈워싱턴통상정보〉 474호, 2020년 7월 17일
- 김경화, "미국 PMS 적용관행의 변화와 CIT 판정의 시사점", 2020년 12월 4일, 글로벌통상환경세미나, 발제자료 (PMS, AFA 등 관련 용어 설명은 동 자료에서 부분적으로 인용)

트럼프의 배신, 시진핑의 위선
- 홍찬선,『패치워크 인문학』, pp. 322-323, NEXEN Media, 2019

보호주의 악행이 부메랑으로 돌아와
- 안덕근,『미국 통상정책의 특징과 국제통상체제의 발전』, KITA(무역협회) 통상리포트 Vol.12, 2020

몰려오는 먹구름:
대한민국의 생존전략을 묻다

'포퓰리즘' 열차에 올라탄 한국 정치
- Judis, John B., *The Populist Explosion*, pp.154-157, Columbial Global Reports, 2016
- Kazin, Michael, *The Populist Persuasion: An American History*, Basic Books, 1995

음모론에 휩싸인 대한민국의 낮과 밤
- 대니얼 카너먼,『생각에 관한 생각』, 김영사, 2012
- 허윤·이지훈,『불균형사회』, pp.36-37, 한국경제신문사, 2017

버뮤다 삼각지대 진입하는 '시계 제로' 한국 경제
- 김태황, "한·일 무역 갈등, 더 끌 이유 없다", 〈시론〉, 한국경제신문, 2019년 10월 21일 자

안미경미(安美經美) 지렛대 전략 필요하다
- White House, "United States Strategic Approach to the People's Republic of China", 2020
- 이지훈,『단(單): 버리고, 세우고, 지키기』, pp.341-349, 문학동네, 2015

알맹이 빠진 정부의 수출제고 대책
- 전경련, "글로벌 수출강국 현황과 시사점", 국제협력팀, 2020년 8월

북핵과 포퓰리즘 그리고 한국 경제
- 구정모, "누더기 세제(稅制), 부동산 시장의 붕괴", 〈시론〉, 서울경제신문, 2020년 12월 7일 자
- Frankfurt, Harry G., *On Inequality*, pp.34-40, Princeton Univ. Press, 2015

통상, 앞으로가 문제다
- 이재민, "통상 전문 인력 양성, 이제 국가적 과제 돼야", 〈월간 통상〉, 산업통상자원부, 2019년 6월

외면하고 징징대면 통상 마찰 해결되나
- UNCTAD TRAINS, "Non-Tariff Measures(NTMs) based on official regulations", www.trains.unctad.org, 2019

한국의 '지구촌 나눔' 성적은 D 학점
- Brand Finance, "Nation Brands 2019", www.brandirectory.com

실패한 정책, 한국의 무역조정지원제도
- Spence, Michael, *The Next Convergence*, pp.92-96, PICADOR Publishing, 2011

'성장' 없으면 '동반성장'도 없다
- Kishtainy, Niall, *A Little History of Economics*, p.233, Yale, 2017

역사의 시작:
피할 수 없는 한판 싸움

중국 기업 '소유권' 넘보는 트럼프
- Allison, Graham, *Destined for War: Can America and China Escape Thucydides' Trap?* Houghton Mifflin Harcourt, 2017

중국이 변해야 세상이 안전해진다
- Bhagwati, Jagdish *In Defense of Globalization*, pp. 64-67, Oxford, 2007

미·중 新냉전 파고 맞설 준비 돼 있나
- Kennedy, Scott, "Washington's China Policy Has Lost Its Wei" CSIS Briefs, CSIS, July 2020

정치적 셈법이 낳은 美·中 무역 '스몰딜'
- 무역협회, '중국 제조 2025 추진성과와 시사점', 연구보고서, 2019
- Inside US Trade, US-China Trade Deal, 2020년 6월 21일

미·중 무역전쟁 쉽게 안 끝난다
- 한국광물자원공사 블로그 外 , https://blog.naver.com/koreslove/221704499446(희토류에 관한 용어설명을 부분적으로 발췌하여 인용)
- Bloomberg, New Economy Conversation Series: Saving Global Trade, 2020년 7월
- 베르나르 베르베르 (2003), 『나무』, pp.299-300, 열린 책들, 2003

중국 겨냥한 트럼프의 '지렛대 전략'
- CATO, Seminar, "Supreme Court Balks, but Congress Should Act to Restore Its Authority over Trade Policy" 2020년 07/22, https://www.kita.net/cmmrcInfo/cmercInfo/areaAcctoCmercInfo/usaCmercInfo/usaCmercInfoDetail.do?pageIndex=1&no=8500

- 안덕근, "미국 통상정책의 특징과 국제통상체계의 발전", KITA(무역협회) 통상리포트, Vol.12, 2020 (무역확장법 등 용어설명에 동 보고서를 부분적으로 발췌하여 인용)
- 유지영, "미-일 디지털 무역협정(DTA) 주요 내용 및 시사점", 통상환경세미나 발제자료, 2020년 12월 15일 (미·일 무역협정 및 미·일 디지털 무역협정에 이 자료를 부분적으로 발췌하여 인용)
- 설송이, "미국 통상법의 주요 내용과 시사점", 무역협회 통상리포트 2018 Vol.18 KITA(무역협회) 통상리포트 Vol. 18, 2021 (무역확장법 등 미국 통상법 설명에 동 보고서를 부분적으로 발췌하여 인용)

타결 임박 美·中 협상, 자유무역 복원 아니다

- 정인교, 『FTA 통상론』, 율곡출판사, 제2판, 2016
- Bowen, Chad P., "Trump's phase one deal relies on China's state-owned enterprises", PIIE Trade and Investment Policy Watch, March 3, 2020
- Lincicome, Scott, "Trump's China Trade Deal Was Designed to Fail", Cato Institute Commentary, June 26, 2020
- 김영한, "'바이든 시프트' 걸림돌, 트럼프의 유산", 〈월간중앙〉, 2021년 1월호

근본적 합의 불가능한 美·中 무역협상

- Irwin, Douglas A., "The Rise and Fall of Import Substitution", PIIE Working Paper 20-10, 2020년 7월

미·중 무역전쟁, 장기화 불가피

- Schott, Jeffrey, "Rebuild the TPP Back Better", PIIE, Nov. 2020
- Ikenson, Daniel, "The Bipartisan Consensus to Destroy U.S. Trade Policy", Cato Institute, July 2020
- 정인교, "바이든 시대, 韓 기업 현지생산 등 대책 찾아야", 〈이코노미조선〉 인터뷰, 2021년 1월 24일 자

미·중 무역전쟁 승기 잡은 트럼프의 속셈

- Veronica, Y.C., "Reshoring to the EU and the USA: Problems, Trends and Prospects", *Journal of Economics* Vol. 28, 160-171, 2020
- Vanchan, V., Mulhall, R., and Bryson J., "Repartication or Reshoring of Manufacturing to the US and UK: Dynamica and Global Production Networks from Here to There and Back Again", *Glowth and Change* Vol.1, pp97-121, 2018

美, 중국산 수입품 보호무역조치 강화, 기업 M&A도 제동

- Markusen et al., *International Trade Theory*, revised material, 2015

중국, 경제적으로 부상했으나 '미국의 길들이기'에 빠진 형국

- Froman, Michael, "The Strategic Logic of Trade: New Rules of the Road for the Global Market", *Foreign Affairs*, Nov./Dec. 2014

메가-FTA: 자유무역을 구할 것인가

자유무역 회복에 물꼬 틀 RCEP

- Petri, Peter A., and Michael Plummer, "East Asia Decouples from the United States: Trade War, COVID-19, and East Asia's New Trade Blocs", PIIE Working Paper, 2020

RCEP 출범, 자유무역 진영의 국지적 승리

- 정인교, "역내포괄적경제동반자협정(RCEP) 타결과 시사점", 〈대한상의 브리프〉 제136호, 2020
- Grewal, D.S., *Network power. The social dynamics of globalization*. Yale Univ. Press, 2008

메가 FTA 시대, 개방을 두려워 마라
- KDI, 지역통합의 다섯 단계, 경제교육센터, 2015

세계경제 37% 차지하는 TPP … 韓國 가입 땐 어떻게 될까?
- 국회입법조사처, "글로벌 가치사슬 동향과 향후 과제", 의회 외교: 동향과 분석, 제47호, 2020년 5월
- 한국은행, "글로벌 가치사슬의 현황 및 시사점", 국제경제리뷰, 2018-11호, 2018년 6월

국제분업체계 재편할 TPP서 소외되면 안 돼
- 강문성·나수엽, "미국 무역증진권한(TPA)의 도입과 시사점", 〈오늘의 세계경제〉, 2002-25, 대외경제정책연구원, 2002
- 허난이, "디지털 무역규범의 최근 논의 동향과 시사점", 제105호 브리프, 〈대한상의 브리프〉 제105호, 2019 (디지털 무역 규범 동향에 대하여 부분적으로 인용)
- 이효영, "글로벌 디지털무역협정의 동향 및 쟁점", 글로벌통상환경세미나, 발제자료, 2020년 11월 (디지털 신통상 질서에 관해서는 동 자료를 인용)

3차 세계 무역大戰 … TPP 놓고 미·중 사생결단
- 산업연구원, "신통상질서 전망과 한국의 대응", 통상교섭본부장 간담회 발제자료, 2020년 12월 29일
- 대외경제정책연구원, "CPTPP 등 신통상질서 대응방안", 통상교섭본부장 간담회 발제자료, 2020년 12월 29일

동아시아의 협력과 경쟁:
한·중, 한·일, 한·베 다이내믹스

미국이 넘볼 수(?) 없는 한국 만들기
- [네이버 지식백과] 중국 정치체제와 국가기구, https://terms.naver.com/entry.nhn?docId=1525122&cid=42989&categoryId=42989 (중국의 국가기관 용어 설명에 발췌하여 인용)

'헥시트' 이후 시나리오 준비돼 있나
- Huffington, Ariana, "Media of the Future", in Morson, Gary S. and Morton Schapiro, ed., *The Fabulous Future?* pp.180-181, Northwestern Univ. Press, 2015

일본의 대한(對韓) 수출규제와 우리의 대응 전략
- 호시키리 도시오, 『도요타의 원가』, pp.105-107, 한국경제신문, 2017

여론·소송·국내戰으론 역부족
- 유발 하라리, 전병근 옮김, 『21세기를 위한 21가지 제언』, pp.268-269, 김영사, 2018
- 강석훈, 『기회가 강물처럼: 강석훈의 호프노믹스』, p.59, 핏북, 2020

한·미 관계의 미래:
워싱턴은 서울을 버릴 것인가

미 경제번영네트워크(EPN)의 성공조건
- Cutler, Wendy, "Reengaging the Asia-Pacific on Trade: A TPP Roadmap for the Next U.S. Administration", ASPI(Asia Society Policy Institute) Report, 30 Sep., 2020

한·미 FTA 개정협상을 통해 본 미국의 협상 전술
- 허윤·이지훈, 『불균형 사회』, pp.144-145, 한국경제신문, 2017년 4월

미국이 15년 만에 휘두른 칼에, 한국은 영문도 모른 채 당하고 있다
- Bloomberg, New Economy Conversation Series: Saving Global Trade, 2020년 7월
- 박태호, "바이든 시대 통상정책 낙관할 수 없어", 〈중앙시평〉, 중앙일보 2021년 1월 19일 자
- 정철, "트럼프, 차라리 쉽다 … 바이든 더 까다로울 수도", 〈조선비즈〉 인터뷰, 조선일보, 2020년 11월 2일 자

한·미 FTA, 효과 극대화는 우리 몫이다
- 한국의 FTA 추진현황, https://www.fta.go.kr/main/situation/kfta/ov/

소모적 '통상정치'의 비용
- 통상절차법 (법령정보), https://www.law.go.kr/LSW/lsInfoP.do?efYd=20170726&lsiSeq=195398#0000

클린턴, 페로, 그리고 한·미 FTA
- Burfisher, Mary E., Sherman Robinson, and Caren Thierfelder, "The Impact of NAFTA on the United States", *Journal of Economic Perspectives*, 15(1), pp.125-144, 2001

한·미 FTA 실익이 더 많다
- 허동훈, 『인천, 경제자유구역을 말하다』, pp.229-230, (도서출판) 다인아트, 2019

무역 이야기:
무역이 만들어 가는 더 멋진 세상

대청봉에 BTS 상설 공연장 들어선다면
- 권태신, "산을 국민 모두에게 돌려주자" 〈다산칼럼〉, 한국경제신문, 2020년 7월 3일 자
- 표인수, "글로벌 공급망 붕괴 쇼크, 어떻게 극복할 것인가", 〈월간 통상〉 커버스토리 인터뷰, 2020년 5월호
- 한국은행 경제용어 사전 (서비스 교역 등 경제용어 설명에 부분적으로 인용)

삼성·애플 스마트워치와 스위스 명품 시계의 '손목 대결' 승자는?
- 조세일보, "관세청, '비정상의 정상화'를 위해, 갤럭시 기어는 어떻게 '무관세'가 됐을까?", 조세일보, 2016년 1월 5일 자

중세 이슬람 세계선 커피가 '숙취 없는 술' 공장선 졸음 쫓는 각성제로
- 현대경제연구원, "커피 산업의 5가지 트렌드 변화와 전망", 2019년 7월
- 신수정, [데스크 진단], "카페베네와 스타벅스", 동아일보, 2018년 1월 22일 자

18세기 스웨덴 ⋯ 중국까지 항해 한 번으로 국가 GDP만큼 벌었다는데
- 리궈룽, 『제국의 상점』, 이화승(옮긴이), 개정판, 소나무, 2019
- Casson, Lionel, *Ancient Trade and Society*, Wayne State Univ. Press, 1984